ŒUVRES
COMPLÈTES
DE MOLIÈRE

COLLATIONNÉES SUR LES TEXTES ORIGINAUX ET COMMENTÉES

PAR

M. LOUIS MOLAND

DEUXIÈME ÉDITION

SOIGNEUSEMENT REVUE ET CONSIDÉRABLEMENT AUGMENTÉE

Une composition de Staal, gravée sur acier, accompagne chaque pièce

---

TOME HUITIÈME

PARIS

GARNIER FRÈRES, LIBRAIRES-ÉDITEURS

6, RUE DES SAINTS-PÈRES

AVIS AUX SOUSCRIPTEURS. — Le premier volume, consacré entièrement à la **Vie de Molière** et aux documents biographiques, paraîtra en dernier lieu.

Cet ouvrage est sous presse depuis deux ans, comme on le peut voir par la date de ce volume. Nous avons voulu que la moitié en fût imprimée avant de le mettre en vente, pour être certains que la publication n'éprouvera aucun retard et qu'un nouveau volume pourra être envoyé régulièrement tous les deux mois aux souscripteurs.

CHEFS-D'ŒUVRE

DE LA

LITTÉRATURE

FRANÇAISE

7 bis.

PARIS. — IMPRIMERIE A. QUANTIN
7, RUE SAINT-BENOIT

ŒUVRES
COMPLÈTES
DE MOLIÈRE

TOME HUITIÈME

PASTORALE COMIQUE

ŒUVRES
COMPLÈTES
DE MOLIÈRE

COLLATIONNÉES SUR LES TEXTES ORIGINAUX ET COMMENTÉES

PAR

M. LOUIS MOLAND

DEUXIÈME ÉDITION

SOIGNEUSEMENT REVUE ET CONSIDÉRABLEMENT AUGMENTÉE

Une composition de Staal, gravée sur acier, accompagne chaque pièce

---

TOME HUITIÈME

PARIS
GARNIER FRÈRES, LIBRAIRES-ÉDITEURS
6, RUE DES SAINTS-PÈRES, 6

—

MDCCCLXXXII

LE
MÉDECIN MALGRÉ LUI

COMÉDIE EN TROIS ACTES

6 août 1666

NOTICE PRÉLIMINAIRE.

« Ces gens-là, disait Molière en parlant de son public, ne s'accommoderoient nullement d'une élévation continuelle dans le style et les sentiments. » Aussi eut-il soin de faire promptement succéder au *Misanthrope* un de ces ouvrages plus légers qui, au lieu d'appeler sur les lèvres le demi-sourire de la raison émue et réjouie, provoquent le rire franc et sonore, ce gros rire qui nous enlève à nous-mêmes, et qu'on aurait tort de dédaigner. Le *Médecin malgré lui* fut applaudi le 6 août 1666. Subligny, qui, dans *la Muse Dauphine*, avait rendu hommage aux beautés supérieures du *Misanthrope*, se montra également juste appréciateur de l'œuvre nouvelle. Il en constata le succès par les vers suivants :

> Pour changer de propos, dites-moi, s'il vous plaît,
> Si le temps vous permet de voir la comédie.
> *Le Médecin par force* étant beau comme il est,
>   Il faut qu'il vous en prenne envie.
>   Rien au monde n'est si plaisant
>   Ni si propre à vous faire rire :
>   Et je vous jure qu'à présent
>   Que je songe à vous en écrire,
>   Le souvenir fait, sans le voir,
>   Que je ris de tout mon pouvoir
>   Molière, dit-on, ne l'appelle
>   Qu'une petite bagatelle ;
> Mais cette bagatelle est d'un esprit si fin
>   Que, s'il faut que je vous le die,
> L'estime qu'on en fait est une maladie
> Qui fait que, dans Paris, tout court au *Médecin*.

Ch. Robinet, de son côté, dans l'apostille de sa lettre du 15 août 1666, s'exprime comme il suit :

> Les amateurs de la santé
> Sauront que, dans cette cité,
> Un *Médecin* vient de paraître
> Qui d'Hippocrate est le grand maître.
> On peut guérir, en le voyant,
> En l'écoutant, bref, en riant.
> Il n'est nuls maux en la nature
> Dont il ne fasse ainsi la cure.
> Je vous cautionne, du moins,
> (Et j'en produirois des témoins,
> Je le proteste, infini nombre),
> Que le chagrin tout le plus sombre,
> Et dans le cœur plus retranché,
> En est à l'instant déniché.
> Il avoit guéri ma migraine;
> Et la traîtresse, l'inhumaine
> Par stratagème m'a repris.
> Mais, en reprenant de son ris
> Encore une petite dose,
> Je ne crois vraiment pas qu'elle ose
> Se reposter dans mon cerveau.
> Or ce *medicus* tout nouveau,
> Et de vertu si singulière,
> Est le propre monsieur Molière,
> Qui fait, sans aucun contredit,
> Tout ce que ci-dessus j'ai dit,
> Dans son *Médecin fait par force*
> Qui pour rire chacun amorce;
> Et tels médecins valent bien,
> Sur ma foi! ceux... Je ne dis rien.

Grimarest, dans sa vie de Molière, a dit que dès la quatrième représentation du *Misanthrope*, Molière fut obligé de le soutenir par les scènes facétieuses du *Fagotier*. C'est fort exagéré, comme on va le voir. Première du *Misanthrope*, 4 juin. Première du *Médecin malgré lui*, 6 août : on n'avait pas cessé de jouer *le Misanthrope* dans l'intervalle ; on l'avait donné vingt et une fois, à la fin avec des recettes assez basses, il est vrai : 349 livres, 299 livres, 301 livres, 213 livres, 268 l. 5 s.

Le *Médecin malgré lui* est donné d'abord avec d'autres pièces que *le Misanthrope*, deux fois avec *la Mère coquette*, trois fois avec *le Favori*, et six fois avec *les Fâcheux*. Il ne soutenait pas seul une pièce qui n'était pas du goût du public, car, avec *le Favori* de Mme de Villedieu, il ne produit la seconde fois que 299 l. 10 s., et la troisième fois que 139 l. 10 s.

Il n'est joué avec *le Misanthrope*, qui était disparu de la scène pendant tout le mois d'août, que le 3 septembre. On les donne cinq fois ensemble, avec d'assez belles recettes : 973 l. 10 s., 913 livres, 558 l. 5 s., 646 livres, 866 livres. Après cela, *le Misanthrope* est remplacé par *Marianne, Sertorius, les Visionnaires, le Menteur, le Dépit amoureux*. *Le Médecin malgré lui* disparaît lui-même du 5 au 28 octobre, après vingt-six représentations consécutives, reparaît le 28, et est joué encore neuf fois jusqu'au départ de la troupe pour Saint-Germain, au 1er décembre.

Le Médecin malgré lui resta une des petites pièces de Molière qu'on représentait le plus fréquemment. M. Despois en a compté cinquante-neuf représentations jusqu'à la mort de Molière, et deux cent quatre-vingt-deux jusqu'à celle de Louis XIV.

Le Médecin malgré lui n'était pas, à ce qu'il semble, une pièce tout nouvellement composée. Ce sujet faisait probablement partie des canevas, imités de la *commedia dell' arte*, que la troupe de Molière avait rapportés de province et qu'elle exploitait encore de temps en temps à Paris. Ainsi nous voyons une farce inscrite sur le registre de La Grange, sous le titre du *Fagotier*, le 14 septembre 1661; sous celui du *Fagoteux*, le 20 avril 1663 ; sous celui du *Médecin par force*, le 9 septembre 1664. Tous ces titres désignent, selon toute apparence, une seule facétie qui était au répertoire, et que Molière se borna sans doute à arranger, compléter et écrire, pour en faire *le Médecin malgré lui*.

Le Médecin malgré lui est composé de deux parties distinctes, puisées chacune à des sources différentes. Il y a d'abord l'idée du rustre à qui sa femme, pour se venger, joue le tour de le faire passer pour un habile médecin dont le zèle a besoin d'être stimulé par des coups de bâton, lequel rustre, une fois préconisé docteur par ce moyen énergique, s'acquitte supérieurement de son rôle et accomplit des prodiges. Il y a, d'autre part, l'idée de la fille muette ou soi-disant muette, à qui l'on rend l'usage de la parole, et qui en abuse tellement qu'on regrette aussitôt l'infirmité qu'elle n'a plus.

Cette dernière plaisanterie est un vieux thème de farce qui avait cours au xvi⁰ siècle, et peut-être auparavant. Rabelais, au chapitre xxxiv de son IIIᵉ livre, rappelle un divertissement de ce genre qui eut lieu dans sa jeunesse à Montpellier, et auquel il prit part comme acteur : « Monsieur nostre maistre, vous soyez le très bien venu, fait-il dire à un de ses personnages ; je ne vous avois oncques puys veu que jouastes à Montpellier avecques nos antiques amis Ant. Saporta, Guy Bourguier, Balthazar Noyer, Tollet, Jean Quentin, François Robinet, Jean Perdrier et François Rabelais, la morale comédie de celuy qui avoit espousé une femme mute. Le bon mary voulut qu'elle parlast. Elle parla par l'art du médicin et du chirurgien, qui luy couppèrent un encyliglotte qu'elle avoit soubs la langue. La parolle recouvrée, elle parla tant et tant que son mary retourna au médicin pour remède de la faire taire. Le médicin respondit en son art bien avoir remèdes propres pour faire parler les femmes, n'en avoir pour les faire taire ; remède unique estre surdité du mary, contre cestuy interminable parlement de femme. Le paillard devint sourd, par ne sçay quelz charmes qu'ilz firent. Sa femme, voyant qu'il estoit sourd devenu, qu'elle parloit en vain, de luy n'estoit entendue, devint enragée. Puys, le médicin demandant son salaire, le mary respondist qu'il estoit vrayement sourd, et qu'il n'entendoit sa demande. Le médicin luy jecta au doz ne sçay quelle poudre par vertu de laquelle il devint fol. Adoncques le fol mary et la femme enragée se rallièrent ensemble, et tant battirent les médicin et chirurgien qu'ilz les laissèrent à demy morts. Je ne ris oncques tant que je fis à ce patelinage. »

La première idée est plus ancienne encore. Elle remonte aux contes indiens. On la trouve dans la collection sanscrite nommée la *Goukasaptati*. Voici la traduction de l'anecdote telle que la donne cet ancien recueil[1]

« Dans la ville de Pantchapoura vivait un roi nommé Satroumardana. Sa fille, appelée Madanarekha, avait un abcès dans la gorge. Les médecins lui appliquèrent toutes sortes d'emplâtres et se donnèrent bien de la peine, mais rien n'y fit. Enfin ils s'accordèrent à dire qu'il n'y avait point de remède. Le roi fit alors publier par tout le pays que celui qui guérirait la princesse aurait une riche récompense. La femme d'un brahmane qui habitait un village, ayant entendu cette publication, dit au messager : « Mon mari est le plus habile magicien et charmeur qu'il « y ait au monde. Prenez-le avec vous, et il guérira la princesse. » Et elle dit à son mari : « Donne-toi pour un magicien et un char- « meur, et va-t'en hardiment à la ville pour guérir la princesse : « tu n'y perdras pas ton temps. » Le brahmane se rendit donc au château, auprès de la princesse, l'aspergea d'eau, souffla sur elle, et fit ce que font les charmeurs, tout en marmottant entre ses dents ; puis, tout à coup, criant à tue-tête, il se mit à débiter une enfilade de mots, les plus bizarres qui lui vinrent à l'esprit. En entendant ce flux de paroles étranges, la princesse fut prise d'un tel accès de rire que l'abcès creva dans sa gorge et qu'elle fut guérie. Le roi, transporté de joie, combla le brahmane de présents. »

Cette anecdote s'était répandue en Europe en même temps que toutes celles qui forment la plus grande partie de nos contes populaires. Elle se développa chez nous. L'idée de la vengeance de la femme s'ajouta au thème primitif, sans qu'on puisse dire précisément d'où elle venait. Elle nous est restée principalement dans un fabliau du XIIIe siècle, intitulé *le Vilain Mire*. C'est l'histoire d'un riche et avare laboureur qui a épousé la fille d'un chevalier. Ce rustre craint le sort réservé à la plupart de ceux qui prennent des femmes d'une autre condition que la leur. Pour échapper à la destinée, il s'avise de battre vigoureusement son épouse chaque matin, avant d'aller aux champs, afin qu'occupée à pleurer pendant le jour elle ne songe pas à écouter les galants. Un jour que la malheureuse se lamente comme à l'ordinaire, surviennent deux messagers chargés par le roi de chercher un médecin capable de guérir sa fille, qui a avalé une arête de poisson. La femme du paysan saisit l'occasion de se venger. « Mon mari, dit-elle aux messagers, est un médecin fort savant ; mais il ne veut pas l'avouer, et il ne ferait rien pour personne si on ne le contraignait à force de le battre. — Qu'à cela ne tienne ! » disent les messagers. Et en effet ils le bâtonnent à plusieurs reprises, et de telle sorte qu'il se laisse conduire au palais du roi et qu'il entreprend la guérison de la princesse. Il la fait rire, par une grossière et peu décente bouffonnerie. L'arête est chassée du gosier dans l'effort qu'elle fait, et la malade est guérie. Le roi n'entend pas se priver des services d'un si habile homme et, par les mêmes moyens de persuasion, il l'oblige à rester à sa cour. Le roi, pour profiter du savoir du grand docteur, convoque tous les malades de la ville, et il enjoint à celui-ci de les guérir sous peine de recevoir la bastonnade accoutumée, et le paysan, par un stratagème un peu plus fin, réussit à renvoyer les malades sinon guéris, du moins se déclarant tous en bonne santé. Cette dernière partie n'a plus aucun rapport avec la pièce de Molière, mais la première partie, l'épisode du paysan, de sa femme et des messagers du roi, est bien évidemment la même aventure qui sert de point de départ à notre comédie.

Le lecteur trouvera à la suite de la pièce le fabliau du *Vilain Mire*, avec la traduction en langage moderne.

Il y a une filiation bien certaine entre le fabliau du XIIIe siècle et la comédie du XVIIe. Nous ne voudrions pourtant pas en conclure que Molière eût découvert dans les manuscrits gothiques le texte que nous mettons sous vos yeux, et qu'il eût été peut-être assez embarrassé de lire. Mais les facéties des trouvères s'étaient conservées à travers les âges, et, sous forme d'anecdotes, répandues un peu partout, non-seulement dans les conteurs, mais dans les moralistes, les chroniqueurs, les sermonnaires, etc. Ainsi, dans un recueil latin de la fin du XVe siècle, la *Mensa philosophica*, attribuée à l'Irlandais Thomas Anguilbert, on trouve l'ancien conte résumé en trois lignes : *Quædam mulier percussa a viro suo ivit ad castellanum infirmum, dicens virum suum esse medicum, sed non mederi cuique nisi forte percuteretur; et sic eum fortissime perculi procuravit.* « Une femme maltraitée par son mari alla trouver le châtelain malade, et lui dit que son mari était médecin, mais qu'il ne guérissait personne s'il n'était battu. C'est ainsi qu'elle trouva le moyen de faire rendre à son mari les coups qu'elle en avait reçus. »

On cite encore la dixième *Sérée* de Guillaume Bouchet, qui vécut au XVIe siècle.

Adam Oléarius, dans son *Voyage en Moscovie* publié en 1647, raconte le même fait comme s'étant passé sous le règne de Boris Gudenof. Voici un résumé de son récit : « Boris Gudenof, étant attaqué de la goutte, promit de très grandes récompenses à celui qui indiquerait un sûr remède pour cette maladie. Une femme que son mari maltraitait souvent, et qui s'était bien promis de s'en venger, répandit partout le bruit qu'il en possédait un excellent. On le fit venir et on l'interrogea ; lui, de jurer qu'il n'avait de remèdes pour aucune maladie. On le fustige et on le jette dans un cachot; on lui fait enfin savoir qu'il ait à préparer son remède ou à se préparer à mourir. Comme ce dernier parti lui semblait un peu extrême, il opta pour le premier et se résigna à faire le médecin. Il eut donc l'air d'avouer avec peine qu'il avait craint jusque-là d'employer son remède pour le prince ; mais que, puisque celui-ci l'exigeait absolument, il était prêt à lui obéir. Il envoya à Czirbach, à deux journées de Moscou, chercher une grande quantité d'herbes prises au hasard, et les fit bouillir dans une eau dont il prépara un bain pour le prince. Celui-ci recouvra la santé. Mais, persuadé que, si ce médecin de fraîche date ne l'avait pas guéri plus tôt, c'était par entêtement, il le fit de nouveau fouetter; ensuite, on le renvoya avec de très riches présents, et en lui défendant d'avoir la moindre rancune contre sa femme. La chronique ajoute qu'il se soumit de bonne grâce à cet ordre et devint un meilleur mari. »

Molière, selon toute apparence, avait eu connaissance de quelque imitation plus directe et plus prochaine. L'auteur d'une Vie de Molière écrite en 1724, parlant du *Médecin malgré lui,* raconte « qu'il tenoit d'une personne fort avancée en âge que Molière avoit pris l'idée de cette pièce dans une histoire qui réjouit beaucoup Louis XIV, et qu'on disoit arrivée du temps de François Ier, qui lui-même y auroit joué un rôle ». La destinée des fabliaux était, en effet, de vivre ainsi dans la tradition, et il n'est pas impossible que Molière eût entendu raconter sous le règne de Louis XIV une histoire dont les trouvères égayaient les contemporains de Philippe-Auguste. Mais il n'est guère probable que ce fût en présence du roi que Molière entendit pour la première fois cette histoire, puisqu'il était sans doute en possession du sujet du *Fagotier* avant d'avoir pris pied à la cour. Il est vrai que, comme apprenti tapissier, il était allé à la cour avant d'être comédien.

Notez encore : Lope de Vega, avec sa pièce *El Acero de*

Madrid, où l'on voit une jeune fille, malade par feinte d'amour, avoir pour complice de sa ruse un valet bouffon affublé en docteur et parsemant ses discours de latin burlesque. Mais c'est plutôt dans les origines du *Médecin volant* qu'il faudrait placer *El Acero de Madrid*.

Pour les détails du dialogue, il y aurait un grand nombre de rapprochements à faire avec cette farce du *Médecin volant*, que nous avons éditée dans notre deuxième volume.

Ménage et Brossette ont prétendu découvrir dans Sganarelle le perruquier Didier l'Amour, que Boileau fit plus tard figurer dans *le Lutrin*. « Didier l'Amour, dit Brossette, perruquier qui demeuroit dans la cour du Palais, et dont la boutique étoit sous l'escalier de la Sainte-Chapelle, étoit un gros et grand homme d'assez bon air, vigoureux et bien fait. Il avoit été marié deux fois; sa première femme étoit extrêmement emportée... Molière a peint le caractère de l'un et de l'autre dans son *Médecin malgré lui*. » Molière n'avait certes pas eu besoin de modèles déterminés pour peindre Martine et Sganarelle. « Sganarelle, dit Auger, est l'image fidèle et plaisante d'une espèce d'hommes assez commune dans les derniers rangs de la société, de ces hommes possédant un fonds naturel d'esprit et de gaieté; fertiles en quolibets et en reparties grivoises; fiers de quelques grands mots mal appris et plus mal employés, qui les font admirer de leurs égaux; docteurs au cabaret et sur la voie publique; aimant leurs femmes et leur donnant des coups; chérissant leurs enfants et ne leur donnant pas de pain; travaillant pour boire et buvant pour oublier leurs peines; n'ayant ni regret du passé, ni soin du présent, ni souci de l'avenir, véritables épicuriens populaires, à qui peut-être l'éducation seule a manqué pour figurer, sur une plus digne scène, parmi les beaux esprits et les hommes aimables. »

Voici une anecdote qu'on raconte ordinairement à propos du *Médecin malgré lui*. Peu de jours après la première représentation, le président Rose, se trouvant avec l'auteur chez le duc de Montausier, l'accusa, au milieu d'un cercle nombreux, de s'être approprié, sans en faire honneur à qui de droit, le couplet que chante Sganarelle :

> Qu'ils sont doux,
> Bouteille jolie,
> Qu'ils sont doux,
> Vos jolis glougloux!
> Mais mon sort feroit bien des jaloux
> Si vous étiez toujours remplie;
> Ah! bouteille, ma mie,
> Pourquoi vous videz-vous?

Molière soutint qu'il était de lui; Rose répliqua qu'il était traduit d'une épigramme latine, imitée elle-même de l'*Anthologie grecque;* Molière le défia de produire cette épigramme; Rose la lui dit sur-le-champ :

> Quam dulces,
> Amphora amœna,
> Quam dulces
> Sunt tuæ voces!
> Dum fundis merum in calices,
> Utinam semper esses plena!
> Ah! cara mea lagena,
> Vacua cur jaces?

Molière restait confondu, quand son ami, après avoir joui un moment de son embarras, s'avoua enfin pour l'auteur de la chanson latine.

Le Mercure de France de 1739 nomme parmi les acteurs qui interprétèrent *le Médecin malgré lui* après la mort de Molière : Rosimond, Du Croisy, La Grange, Hubert, Mlles Debrie et Guérin (veuve de Molière). On a là probablement la distribution primitive, sauf Rosimond, qui remplaçait Molière dans le rôle de Sganarelle.

Ce rôle de Sganarelle a fourni toujours aux meilleurs acteurs comiques le moyen de déployer leur verve. Les Dugazon, père et fils, s'y sont distingués. Monménil (le fils de René Le Sage), Préville, Thénard, Cartigny, Monrose, Samson, Régnier, sont les Sganarelles qu'on cite. MM. Got et Coquelin aîné tiennent ce personnage avec non moins de talent que leurs devanciers.

Le Médecin malgré lui est une des petites comédies de Molière qui a été le plus tôt transformée en opéra-comique. M. Paul Lacroix mentionne dans sa *Bibliographie moliéresque : le Médecin malgré lui,* opéra-comique par Désaugiers fils, musique de Marc-

Antoine Désaugiers père, représenté le 26 janvier 1792 sur le théâtre Feydeau. Depuis nous avons eu : le *Médecin malgré lui,* comédie de Molière arrangée en opéra-comique par MM. Jules Barbier et Michel Carré, musique de M. Ch. Gounod, donnée pour la première fois au Théâtre-Lyrique de Paris le 15 janvier 1858.

L'édition *princeps* a pour titre : « *Le Médecin malgré lui,* par J.-B. P. de Molière; à Paris, chez Jean Ribou, au Palais, sur le grand perron, vis-à-vis de la porte de l'église de la Sainte-Chapelle, à l'image S. Louis. 1667. Avec privilège du roi. » La date du privilège est du 8 octobre 1666, accordé à J.-B. P. de Molière pour sept ans, cédé à J. Ribou. L'achevé d'imprimer pour la première fois est du 24 décembre. Une gravure représente Sganarelle passant le bras autour du cou de Géronte pour l'empêcher de surveiller l'entretien de Léandre et de Lucinde.

Une seconde édition parut en 1673 chez Henry Loison ; le privilège est du 18 mars 1671, accordé à Molière. Elle fut achevée d'imprimer le 21 mars 1673, un mois environ après la mort de Molière. Nous indiquerons les variantes de cette édition, qui a pu se faire en partie du vivant de l'auteur, quoique le frontispice mentionne qu'elle se vend au profit de la veuve.

Nous joignons à ces deux textes celui de 1682 : « *Le Médecin malgré lui,* comédie, par J.-B. P. de Molière, représentée pour la première fois à Paris, sur le théâtre du Palais-Royal, le vendredi 6 du mois d'août 1666. »

LE

MÉDECIN MALGRÉ LUI

PERSONNAGES.	ACTEURS.
SGANARELLE, mari de Martine.	MOLIÈRE [1].
MARTINE, femme de Sganarelle	Mlle DEBRIE.
GÉRONTE, père de Lucinde.	DU CROISY.
LUCINDE, fille de Géronte.	Mlle MOLIÈRE [2].
LÉANDRE, amant de Lucinde	LA GRANGE [3].
M. ROBERT, voisin de Sganarelle.	
VALÈRE, domestique de Géronte [4].	
LUCAS, mari de Jacqueline.	
JACQUELINE, nourrice chez Géronte, et femme de Lucas.	
THIBAUT, père de Perrin, } paysans [5].	
PERRIN, fils de Thibaut,	

1. Voici le costume de Molière d'après l'inventaire après décès : « *Item* un coffre de bahut rond dans lequel se sont trouvés les habits pour la représentation du *Médecin malgré lui*, consistant en pourpoint, haut de chausses, col, ceinture, fraise et bas de laine et escarcelle, le tout de serge jaune, garni de radon vert; une robe de satin avec un haut de chausses de velours ras ciselé. » Dans cette description n'est pas compris le « chapeau des plus pointus », que Sganarelle portait lorsqu'il paraissait en robe, c'est-à-dire en médecin (voyez acte II, scène III).

2. Voici le costume de Mlle Molière, d'après l'inventaire après décès : « L'habit du *Médecin malgré lui*, composé en une jupe de satin couleur de feu, avec trois guipures et trois volants, et le corps de toile d'argent et soie verte. »

3. Il n'y a de certitude que pour les rôles de Molière et de sa femme. Voyez dans la Notice préliminaire (page 11) sur quel renseignement l'attribution des autres est fondée.

4. *Domestique* de Géronte, dans le sens où l'on employait ce mot au XVIIe siècle, c'est-à-dire *vivant dans la maison* de Géronte, sans doute en qualité d'intendant, de secrétaire, d'homme de confiance.

5. Le manuscrit de Mahelot donne les indications suivantes sur la mise en scène : « Il faut du bois, une grande bouteille, deux battes, trois (ou quatre) chaises, un morceau de fromage, des jetons, une bourse. »

LE
MÉDECIN MALGRÉ LUI

COMÉDIE

ACTE PREMIER[1].

SCÈNE PREMIÈRE.

SGANARELLE, MARTINE, paroissant sur le théâtre en se querellant.

SGANARELLE.

Non, je te dis que je n'en veux rien faire, et que c'est à moi de parler et d'être le maître.

MARTINE.

Et je te dis, moi, que je veux que tu vives à ma fantaisie, et que je ne me suis point mariée avec toi pour souffrir tes fredaines !

SGANARELLE.

Oh ! la grande fatigue que d'avoir une femme ! et qu'Aristote a bien raison quand il dit qu'une femme est pire qu'un démon !

---

1. Le théâtre représente un lieu proche des maisons de Sganarelle et de M. Robert, et fort près du bois où Sganarelle fait ses fagots.

MARTINE.

Voyez un peu l'habile homme, avec son benêt d'Aristote.

SGANARELLE.

Oui, habile homme. Trouve-moi un faiseur de fagots qui sache comme moi raisonner des choses, qui ait servi six ans un fameux médecin, et qui ait su dans son jeune âge son rudiment[1] par cœur.

MARTINE.

Peste du fou fieffé !

SGANARELLE.

Peste de la carogne !

MARTINE.

Que maudit soit l'heure et le jour où je m'avisai d'aller dire oui !

SGANARELLE.

Que maudit soit le bec cornu[2] de notaire qui me fit signer ma ruine !

MARTINE.

C'est bien à toi, vraiment, à te plaindre de cette affaire ! Devrois-tu être un seul moment sans rendre grâces au ciel de m'avoir pour ta femme ? et méritois-tu d'épouser une femme comme moi ?

SGANARELLE.

Il est vrai que tu me fis trop d'honneur, et que j'eus lieu de me louer la première nuit de nos noces ! Hé ! morbleu ! ne me fais point parler là-dessus ; je dirois de certaines choses...

1. « *Rudiment*, petit livre qui contient les principes de la langue latine. » (*Dict. Acad.* 1694.)

2. *Bec cornu* est la traduction de l'italien *becco cornuto*, bouc portant cornes. Nous avons déjà rencontré cette expression dans *l'École des Femmes* (voyez acte IV, scène VI).

ACTE I, SCÈNE 1.

MARTINE.

Quoi? que dirois-tu?

SGANARELLE.

Baste, laissons là ce chapitre. Il suffit que nous savons ce que nous savons, et que tu fus bien heureuse de me trouver.

MARTINE.

Qu'appelles-tu, bien heureuse de te trouver? Un homme qui me réduit à l'hôpital, un débauché, un traître, qui me mange tout ce que j'ai!

SGANARELLE.

Tu as menti : j'en bois une partie[1].

MARTINE.

Qui me vend, pièce à pièce, tout ce qui est dans le logis!

SGANARELLE.

C'est vivre de ménage[2].

MARTINE.

Qui m'a ôté jusqu'au lit que j'avois!

SGANARELLE.

Tu t'en lèveras plus matin.

MARTINE.

Enfin, qui ne laisse aucun meuble dans toute la maison.

SGANARELLE.

On en déménage plus aisément.

MARTINE.

Et qui, du matin jusqu'au soir, ne fait que jouer et que boire!

---

1. Plaisanterie dont on trouve d'assez nombreux exemples dans les auteurs de l'époque.
2. Il en est de même de celle-ci.

SGANARELLE.

C'est pour ne me point ennuyer.

MARTINE.

Et que veux-tu, pendant ce temps, que je fasse avec ma famille?

SGANARELLE.

Tout ce qu'il te plaira.

MARTINE.

J'ai quatre pauvres petits enfants sur les bras.

SGANARELLE.

Mets-les à terre.

MARTINE.

Qui me demandent à toute heure du pain.

SGANARELLE.

Donne-leur le fouet; quand j'ai bien bu et bien mangé, je veux que tout le monde soit soûl dans ma maison.

MARTINE.

Et tu prétends, ivrogne, que les choses aillent toujours de même?

SGANARELLE.

Ma femme, allons tout doucement, s'il vous plaît.

MARTINE.

Que j'endure éternellement tes insolences et tes débauches?

SGANARELLE.

Ne nous emportons point, ma femme.

MARTINE.

Et que je ne sache pas trouver le moyen de te ranger à ton devoir?

SGANARELLE.

Ma femme, vous savez que je n'ai pas l'âme endurante, et que j'ai le bras assez bon.

ACTE I, SCÈNE I.

MARTINE.

Je me moque de tes menaces.

SGANARELLE.

Ma petite femme, ma mie, votre peau vous démange, à votre ordinaire.

MARTINE.

Je te montrerai bien que je ne te crains nullement.

SGANARELLE.

Ma chère moitié, vous avez envie de me dérober quelque chose[1].

MARTINE.

Crois-tu que je m'épouvante de tes paroles?

SGANARELLE.

Doux objet de mes vœux, je vous frotterai les oreilles.

MARTINE.

Ivrogne que tu es!

SGANARELLE.

Je vous battrai.

MARTINE.

Sac à vin!

SGANARELLE.

Je vous rosserai.

MARTINE.

Infâme!

SGANARELLE.

Je vous étrillerai.

MARTINE.

Traître! insolent! trompeur! lâche! coquin! pendard! gueux! belître! fripon! maraud! voleur!...

---

1. Ceci est encore un dicton populaire; on le trouve dans *la Comédie des Proverbes,* d'Adrien de Montluc : « Si tu m'importunes davantage, tu me déroberas un soufflet. »

SGANARELLE.

Ah! vous en voulez donc? (Sganarelle prend un bâton et lui en donne.)

MARTINE, criant.

Ah! ah! ah! ah!

SGANARELLE.

Voilà le vrai moyen de vous apaiser.

SCÈNE II.

M. ROBERT, SGANARELLE, MARTINE.

MONSIEUR ROBERT.

Holà! holà! holà! Fi! Qu'est-ce ci? Quelle infamie! Peste soit le coquin, de battre ainsi sa femme!

MARTINE, les mains sur les côtés, lui parle en le faisant reculer, et à la fin lui donne un soufflet.

Et je veux qu'il me batte, moi.

MONSIEUR ROBERT.

Ah! j'y consens de tout mon cœur.

MARTINE.

De quoi vous mêlez-vous?

MONSIEUR ROBERT.

J'ai tort.

MARTINE.

Est-ce là votre affaire?

MONSIEUR ROBERT.

Vous avez raison.

MARTINE.

Voyez un peu cet impertinent, qui veut empêcher les maris de battre leurs femmes!

MONSIEUR ROBERT.

Je me rétracte.

MARTINE.

Qu'avez-vous à voir là-dessus?

MONSIEUR ROBERT.

Rien.

MARTINE.

Est-ce à vous d'y mettre le nez?

MONSIEUR ROBERT.

Non.

MARTINE.

Mêlez-vous de vos affaires.

MONSIEUR ROBERT.

Je ne dis plus mot.

MARTINE.

Il me plaît d'être battue.

MONSIEUR ROBERT.

D'accord.

MARTINE.

Ce n'est pas à vos dépens.

MONSIEUR ROBERT.

Il est vrai.

MARTINE.

Et vous êtes un sot de venir vous fourrer où vous n'avez que faire.

MONSIEUR ROBERT.

(Il passe ensuite vers le mari, qui pareillement lui parle toujours en le faisant reculer, le frappe avec le même bâton et le met en fuite.)

Compère, je vous demande pardon de tout mon cœur. Faites, rossez, battez comme il faut votre femme; je vous aiderai si vous le voulez.

SGANARELLE.

Il ne me plaît pas, moi.

MONSIEUR ROBERT.

Ah! c'est une autre chose.

SGANARELLE.

Je la veux battre, si je le veux; et ne la veux pas battre, si je ne le veux pas.

MONSIEUR ROBERT.

Fort bien.

SGANARELLE.

C'est ma femme, et non la vôtre.

MONSIEUR ROBERT.

Sans doute.

SGANARELLE.

Vous n'avez rien à me commander.

MONSIEUR ROBERT.

D'accord.

SGANARELLE.

Je n'ai que faire de votre aide.

MONSIEUR ROBERT.

Très volontiers.

SGANARELLE.

Et vous êtes un impertinent de vous ingérer des affaires d'autrui. Apprenez que Cicéron dit qu'entre l'arbre et le doigt il ne faut point mettre l'écorce. (Ensuite il revient vers sa femme, et lui dit en lui pressant la main :)

SCÈNE III.

SGANARELLE, MARTINE.

SGANARELLE.

Oh çà! faisons la paix nous deux. Touche là.

MARTINE.

Oui, après m'avoir ainsi battue!

SGANARELLE.

Cela n'est rien. Touche.

MARTINE.

Je ne veux pas.

SGANARELLE.

Hé?

MARTINE.

Non.

SGANARELLE.

Ma petite femme!

MARTINE.

Point.

SGANARELLE.

Allons, te dis-je.

MARTINE.

Je n'en ferai rien.

SGANARELLE.

Viens, viens, viens.

MARTINE.

Non; je veux être en colère.

SGANARELLE.

Fi! c'est une bagatelle. Allons, allons.

MARTINE.

Laisse-moi là.

SGANARELLE.

Touche, te dis-je.

MARTINE.

Tu m'as trop maltraitée.

SGANARELLE.

Hé bien! va, je te demande pardon; mets là ta main.

MARTINE.

Je te pardonne; (Elle dit le reste bas.) mais tu le payeras.

SGANARELLE.

Tu es une folle de prendre garde à cela : ce sont

petites choses qui sont de temps en temps nécessaires dans l'amitié; et cinq ou six coups de bâton, entre gens qui s'aiment, ne font que ragaillardir l'affection. Va, je m'en vais au bois, et je te promets aujourd'hui plus d'un cent de fagots.

SCÈNE IV.

MARTINE, seule.

Va, quelque mine que je fasse, je n'oublie pas mon ressentiment;* et je brûle en moi-même de trouver les moyens de te punir des coups que tu me donnes. Je sais bien qu'une femme a toujours dans les mains de quoi se venger d'un mari; mais c'est une punition trop délicate pour mon pendard : je veux une vengeance qui se fasse un peu mieux sentir; et ce n'est pas contentement pour l'injure que j'ai reçue.

SCÈNE V.

VALÈRE, LUCAS, MARTINE.

LUCAS, à Valère, sans voir Martine.

Parguenne! j'avons pris là tous deux une gueble de commission; et je ne sais pas, moi, ce que je pensons attraper.

VALÈRE, à Lucas, sans voir Martine.

Que veux-tu, mon pauvre nourricier? il faut bien obéir à notre maître : et puis, nous avons intérêt, l'un et l'autre, à la santé de sa fille, notre maîtresse; et sans doute son mariage, différé par sa maladie, nous vaudroit quelque

---

* Var. *Je n'oublierai pas mon ressentiment* (1673, 1682).

récompense.* Horace, qui est libéral, a bonne part aux prétentions qu'on peut avoir sur sa personne ; et quoiqu'elle ait fait voir de l'amitié pour un certain Léandre, tu sais bien que son père n'a jamais voulu consentir à le recevoir pour son gendre.

MARTINE, rêvant à part elle.

Ne puis-je point trouver quelque invention pour me venger ?

LUCAS, à Valère.

Mais quelle fantaisie s'est-il boutée là dans la tête, puisque les médecins y avont tous pardu leur latin ?

VALÈRE, à Lucas.

On trouve quelquefois, à force de chercher, ce qu'on ne trouve pas d'abord ; et souvent en de simples lieux...

MARTINE, se croyant toujours seule.

Oui, il faut que je me venge, à quelque prix que ce soit. Ces coups de bâton me reviennent au cœur ; je ne les saurois digérer ; et... (Elle dit tout ceci en rêvant, de sorte que, ne prenant pas garde à ces deux hommes, elle les heurte en se retournant, et leur dit :) Ah ! messieurs, je vous demande pardon ; je ne vous voyois pas, et cherchois dans ma tête quelque chose qui m'embarrasse.

VALÈRE.

Chacun a ses soins dans le monde, et nous cherchons aussi ce que nous voudrions bien trouver.

MARTINE.

Seroit-ce quelque chose où je vous puisse aider ?

VALÈRE.

Cela se pourroit faire ; et nous tâchons de rencontrer quelque habile homme, quelque médecin particulier, qui

---

* VAR. *Nous vaudra quelque récompense* (1673, 1682).

pût donner quelque soulagement à la fille de notre maître, attaquée d'une maladie qui lui a ôté tout d'un coup l'usage de la langue. Plusieurs médecins ont déjà épuisé toute leur science après elle ; mais on trouve parfois des gens avec des secrets admirables, de certains remèdes particuliers, qui font le plus souvent ce que les autres n'ont su faire ; et c'est là ce que nous cherchons.

MARTINE, bas, à part.

Ah ! que le ciel m'inspire une admirable invention pour me venger de mon pendard ! (Haut.) Vous ne pouviez jamais vous mieux adresser pour rencontrer ce que vous cherchez ; et nous avons ici un homme,* le plus merveilleux homme du monde pour les maladies désespérées.

VALÈRE.

Et, de grâce, où pouvons-nous le rencontrer ?

MARTINE.

Vous le trouverez maintenant vers ce petit lieu que voilà, qui s'amuse à couper du bois.

LUCAS.

Un médecin qui coupe du bois !

VALÈRE.

Qui s'amuse à cueillir des simples, voulez-vous dire ?

MARTINE.

Non ; c'est un homme extraordinaire qui se plaît à cela, fantasque, bizarre, quinteux, et que vous ne prendriez jamais pour ce qu'il est. Il va vêtu d'une façon extravagante, affecte quelquefois de paroître ignorant, tient sa science renfermée, et ne fuit rien tant tous les jours que d'exercer les merveilleux talents qu'il a eus du ciel pour la médecine.

* VAR. *Et nous avons un homme* (1673, 1682).

ACTE I, SCÈNE V.

VALÈRE.

C'est une chose admirable que tous les grands hommes ont toujours du caprice, quelque petit grain de folie mêlé à leur science.

MARTINE.

La folie de celui-ci est plus grande qu'on ne peut croire, car elle va parfois jusqu'à vouloir être battu pour demeurer d'accord de sa capacité; et je vous donne avis que vous n'en viendrez pas à bout, qu'il n'avouera jamais qu'il est médecin, s'il se le met en fantaisie, que vous ne preniez chacun un bâton, et ne le réduisiez, à force de coups, à vous confesser à la fin ce qu'il vous cachera d'abord. C'est ainsi que nous en usons quand nous avons besoin de lui.

VALÈRE.

Voilà une étrange folie!

MARTINE.

Il est vrai; mais, après cela, vous verrez qu'il fait des merveilles.

VALÈRE.

Comment s'appelle-t-il?

MARTINE.

Il s'appelle Sganarelle. Mais il est aisé à connoître : c'est un homme qui a une large barbe noire, et qui porte une fraise, avec un habit jaune et vert.

LUCAS.

Un habit jaune et vart! C'est donc le médecin des parroquets?

VALÈRE.

Mais est-il bien vrai qu'il soit si habile que vous le dites?

MARTINE.

Comment! c'est un homme qui fait des miracles. Il y a

six mois qu'une femme fut abandonnée de tous les autres médecins : on la tenoit morte il y avoit déjà six heures, et l'on se disposoit à l'ensevelir, lorsqu'on y fit venir de force l'homme dont nous parlons. Il lui mit, l'ayant vue, une petite goutte de je ne sais quoi dans la bouche; et, dans le même instant, elle se leva de son lit, et se mit aussitôt à se promener dans sa chambre comme si de rien n'eût été.

LUCAS.

Ah!

VALÈRE.

Il falloit que ce fût quelque goutte d'or potable[1].

MARTINE.

Cela pourroit bien être. Il n'y a pas trois semaines encore qu'un jeune enfant de douze ans tomba du haut du clocher en bas, et se brisa sur le pavé la tête, les bras et les jambes. On n'y eut pas plutôt amené notre homme, qu'il le frotta par tout le corps d'un certain onguent qu'il sait faire; et l'enfant aussitôt se leva sur ses pieds, et courut jouer à la fossette.

LUCAS.

Ah!

VALÈRE.

Il faut que cet homme-là ait la médecine universelle.

MARTINE.

Qui en doute?

---

1. L'or potable passa longtemps pour un remède souverain. Il existe une quittance de Ferrault de Bonnel, alchimiste de Louis XI, pour une somme à lui payée en remboursement de quatre-vingt-seize écus d'or vieux qu'il avait employés à faire certain breuvage appelé *aurum potabile*, et ordonné au roi pour médecine. Le Dispensaire dont se servait encore la Faculté de médecine de Paris à la fin du dernier siècle, contenait la recette de cette prétendue panacée.

LUCAS.

Testigué! velà justement l'homme qu'il nous faut. Allons vite le charcher.

VALÈRE.

Nous vous remercions du plaisir que vous nous faites.

MARTINE.

Mais souvenez-vous bien au moins de l'avertissement que je vous ai donné.

LUCAS.

Hé! morguenne! laissez-nous faire : s'il ne tient qu'à battre, la vache est à nous.

VALÈRE, à Lucas.

Nous sommes bien heureux d'avoir fait cette rencontre; et j'en conçois, pour moi, la meilleure espérance du monde.

SCÈNE VI.

SGANARELLE, VALÈRE, LUCAS.

SGANARELLE, chantant derrière le théâtre.

La, la, la...

VALÈRE.

J'entends quelqu'un qui chante, et qui coupe du bois.

SGANARELLE entre sur le théâtre, en chantant et tenant une bouteille et sans apercevoir Valère ni Lucas.

La, la, la... Ma foi, c'est assez travaillé pour un coup.* Prenons un peu d'haleine. (Il boit, et dit après avoir bu :) Voilà du bois qui est salé comme tous les diables[1].

* VAR. *Ma foi! c'est assez travaillé pour boire un coup* (1673, 1682).

1. Un *bois salé,* comme on dit un *ragoût salé,* parce qu'on a soif après avoir coupé de l'un, comme après avoir mangé de l'autre.

> Qu'ils sont doux,
> Bouteille jolie,
> Qu'ils sont doux,
> Vos petits glougloux!
> Mais mon sort feroit bien des jaloux,
> Si vous étiez toujours remplie.
> Ah! bouteille, ma mie,
> Pourquoi vous videz-vous[1]?

Allons, morbleu! il ne faut point engendrer de mélancolie.

VALÈRE, bas, à Lucas.

Le voilà lui-même.

LUCAS, bas, à Valère.

Je pense que vous dites vrai, et que j'avons bouté le nez dessus.

VALÈRE.

Voyons de près.

SGANARELLE, les apercevant, les regarde en se tournant vers l'un et puis vers l'autre; et, abaissant sa voix, dit :

Ah! ma petite friponne! que je t'aime, mon petit bouchon!

> Mon sort... feroit... bien des... jaloux,
> Si...

Que diable! à qui en veulent ces gens-là?

VALÈRE, à Lucas.

C'est lui assurément.

LUCAS, à Valère.

Le velà tout craché comme on nous l'a défiguré.

---

1. Dans une comédie de Pierre Larivey (*la Veuve*), une femme chante :
> Ma bouteille, si la saveur
> De ce vin répond à l'odeur,
> Je prie Dieu et sainte Hélène
> Qu'ils te maintiennent toujours pleine!

ACTE I, SCÈNE VI.

SGANARELLE, à part.

(Ici il pose sa bouteille à terre, et, Valère se baissant pour le saluer, comme il croit que c'est à dessein de la prendre, il la met de l'autre côté; ensuite de quoi, Lucas faisant la même chose, il la reprend et la tient contre son estomac, avec divers gestes qui font un grand jeu de théâtre.)

Ils consultent en me regardant. Quel dessein auroient-ils?

VALÈRE.

Monsieur, n'est-ce pas vous qui vous appelez Sganarelle?

SGANARELLE.

Hé! quoi?

VALÈRE.

Je vous demande si ce n'est pas vous qui se nomme Sganarelle.

SGANARELLE, se tournant vers Valère, puis vers Lucas.

Oui et non, selon ce que vous lui voulez.

VALÈRE.

Nous ne voulons que lui faire toutes les civilités que nous pourrons.

SGANARELLE.

En ce cas, c'est moi qui se nomme Sganarelle[1].

VALÈRE.

Monsieur, nous sommes ravis de vous voir. On nous a adressés à vous pour ce que nous cherchons; et nous venons implorer votre aide, dont nous avons besoin.

SGANARELLE.

Si c'est quelque chose, messieurs, qui dépende de mon petit négoce, je suis tout prêt à vous rendre service.

VALÈRE.

Monsieur, c'est trop de grâce que vous nous faites.

1. Nous avons signalé précédemment cet emploi variable et arbitraire, quant au nombre et à la personne, du verbe qui suit le pronom relatif. (Voyez tome II, page 383.)

Mais, monsieur, couvrez-vous, s'il vous plaît; le soleil pourroit vous incommoder.

LUCAS.

Monsieu, boutez dessus.

SGANARELLE, à part.

Voici des gens bien pleins de cérémonie. (Il se couvre.)

VALÈRE.

Monsieur, il ne faut pas trouver étrange que nous venions à vous; les habiles gens sont toujours recherchés, et nous sommes instruits de votre capacité.

SGANARELLE.

Il est vrai, messieurs, que je suis le premier homme du monde pour faire des fagots.

VALÈRE.

Ah! monsieur...

SGANARELLE.

Je n'y épargne aucune chose, et les fais d'une façon qu'il n'y a rien à dire.

VALÈRE.

Monsieur, ce n'est pas cela dont il est question.

SGANARELLE.

Mais aussi je les vends cent dix sous le cent.

VALÈRE.

Ne parlons point de cela, s'il vous plaît.

SGANARELLE.

Je vous promets que je ne saurois les donner à moins.

VALÈRE.

Monsieur, nous savons les choses.

SGANARELLE.

Si vous savez les choses, vous savez que je les vends cela.

VALÈRE.

Monsieur, c'est se moquer que...

SGANARELLE.

Je ne me moque point, je n'en puis rien rabattre.

VALÈRE.

Parlons d'autre façon, de grâce.

SGANARELLE.

Vous en pourrez trouver autre part à moins : il y a fagots et fagots; mais pour ceux que je fais...

VALÈRE.

Hé! monsieur, laissons là ce discours.

SGANARELLE.

Je vous jure que vous ne les auriez pas, s'il s'en falloit un double[1].

VALÈRE.

Hé! fi!

SGANARELLE.

Non, en conscience; vous en payerez cela. Je vous parle sincèrement, et ne suis pas homme à surfaire.

VALÈRE.

Faut-il, monsieur, qu'une personne comme vous s'amuse à ces grossières feintes, s'abaisse à parler de la sorte! qu'un homme si savant, un fameux médecin comme vous êtes, veuille se déguiser aux yeux du monde, et tenir enterrés les beaux talents qu'il a!

SGANARELLE, à part.

Il est fou.

VALÈRE.

De grâce, monsieur, ne dissimulez point avec nous.

SGANARELLE.

Comment?

1. Deux deniers, un quart de sou, un liard.

LUCAS.

Tout ce tripotage ne sart de rian; je savons cen que je savons.

SGANARELLE.

Quoi donc ! que me voulez-vous dire ?* Pour qui me prenez-vous ?

VALÈRE.

Pour ce que vous êtes, pour un grand médecin.

SGANARELLE.

Médecin vous-même; je ne le suis point, et ne l'ai jamais été.

VALÈRE, bas.

Voilà sa folie qui le tient. (Haut.) Monsieur, ne veuillez point nier les choses davantage; et n'en venons point, s'il vous plaît, à de fâcheuses extrémités.

SGANARELLE.

A quoi donc ?

VALÈRE.

A de certaines choses dont nous serions marris.

SGANARELLE.

Parbleu ! venez-en à tout ce qu'il vous plaira; je ne suis point médecin, et ne sais ce que vous me voulez dire.

VALÈRE, bas.

Je vois bien qu'il faut se servir** du remède. (Haut.) Monsieur, encore un coup, je vous prie d'avouer ce que vous êtes.

LUCAS.

Hé ! testigué ! ne lantiponez[1] point davantage, et confessez à la franquette que v' êtes médecin.

* Var. *Que voulez-vous dire* (1682).
** Var. *Qu'il se faut servir* (1682).

1. *Lantiponer,* mot du langage populaire qui signifiait : importuner par

ACTE I, SCÈNE VI.

SGANARELLE, à part.

J'enrage.

VALÈRE.

A quoi bon nier ce qu'on sait?

LUCAS.

Pourquoi toutes ces fraimes-là[1]? A quoi est-ce que ça vous sart?

SGANARELLE.

Messieurs, en un mot autant qu'en deux mille, je vous dis que je ne suis point médecin.

VALÈRE.

Vous n'êtes point médecin?

SGANARELLE.

Non.

LUCAS.

V' n'êtes pas médecin?

SGANARELLE.

Non, vous dis-je.

VALÈRE.

Puisque vous le voulez, il faut s'y résoudre.*

(Ils prennent chacun un bâton, et le frappent.)

SGANARELLE.

Ah! ah! ah! messieurs, je suis tout ce qu'il vous plaira.

VALÈRE.

Pourquoi, monsieur, nous obligez-vous à cette violence?

---

* VAR. *Il faut donc s'y résoudre* (1682).

des lenteurs inutiles, perdre le temps à des riens, à des fadaises. C'est à peu près le même sens que *lanterner*. On peut remarquer que, dans l'édition *princeps*, ce mot est écrit partout avec une apostrophe : *l'antiponer*, *l'antiponage*.

1. *Frime*, que Lucas prononce *fraime*, appartient aussi au langage populaire et signifie un mensonge badin, un déguisement ridicule.

LUCAS.

A quoi bon nous bailler la peine de vous battre?

VALÈRE.

Je vous assure que j'en ai tous les regrets du monde.

LUCAS.

Par ma figué! j'en sis fâché, franchement.

SGANARELLE.

Que diable est ceci, messieurs? De grâce, est-ce pour rire, ou si tous deux vous extravaguez, de vouloir que je sois médecin.

VALÈRE.

Quoi! vous ne vous rendez pas encore, et vous vous défendez d'être médecin?

SGANARELLE.

Diable emporte si je le suis!

LUCAS.

Il n'est pas vrai qu'ous sayez médecin?

SGANARELLE.

Non, la peste m'étouffe! (Ils recommencent de le battre.) Ah! ah! Hé bien! messieurs, oui, puisque vous le voulez, je suis médecin, je suis médecin; apothicaire encore, si vous le trouvez bon. J'aime mieux consentir à tout que de me faire assommer.

VALÈRE.

Ah! voilà qui va bien, monsieur : je suis ravi de vous voir raisonnable.

LUCAS.

Vous me boutez la joie au cœur, quand je vous vois parler comme ça.

VALÈRE.

Je vous demande pardon de toute mon âme.

ACTE I, SCÈNE VI.

LUCAS.

Je vous demandons excuse de la libarté que j'avons prise.

SGANARELLE, à part.

Ouais! seroit-ce bien moi qui me tromperois, et serois-je devenu médecin sans m'en être aperçu?

VALÈRE.

Monsieur, vous ne vous repentirez pas de nous montrer ce que vous êtes; et vous verrez assurément que vous en serez satisfait.

SGANARELLE.

Mais, messieurs, dites-moi, ne vous trompez-vous point vous-mêmes? Est-il bien assuré que je sois médecin?

LUCAS.

Oui, par ma figué!

SGANARELLE.

Tout de bon?

VALÈRE.

Sans doute.

SGANARELLE.

Diable emporte si je le savois!

VALÈRE.

Comment? vous êtes le plus habile médecin du monde.

SGANARELLE.

Ah! ah!

LUCAS.

Un médecin qui a gari je ne sais combien de maladies.

SGANARELLE.

Tudieu!

VALÈRE.

Une femme étoit tenue pour morte il y avoit six heures; elle étoit prête à ensevelir, lorsque, avec une goutte de quelque chose, vous la fîtes revenir et marcher d'abord par la chambre.

SGANARELLE.

Peste!

LUCAS.

Un petit enfant de douze ans se laissit choir du haut d'un clocher, de quoi il eut la tête, les jambes et les bras cassés; et vous, avec je ne sais quel onguent, vous fîtes qu'aussitôt il se relevit sur ses pieds, et s'en fut jouer à la fossette.

SGANARELLE.

Diantre!

VALÈRE.

Enfin, monsieur, vous aurez contentement avec nous, et vous gagnerez ce que vous voudrez en vous laissant conduire où nous prétendons vous mener.

SGANARELLE.

Je gagnerai ce que je voudrai?

VALÈRE.

Oui.

SGANARELLE.

Ah! je suis médecin, sans contredit. Je l'avois oublié; mais je m'en ressouviens. De quoi est-il question? Où faut-il se transporter?

VALÈRE.

Nous vous conduirons. Il est question d'aller voir une fille qui a perdu la parole.

SGANARELLE.

Ma foi, je ne l'ai pas trouvée.

VALÈRE, bas, à Lucas.

Il aime à rire. (A Sganarelle.) Allons, monsieur.

####### SGANARELLE.

Sans une robe de médecin?

####### VALÈRE.

Nous en prendrons une.

####### SGANARELLE, présentant sa bouteille à Valère.

Tenez cela, vous : voilà où je mets mes juleps. (Puis se tournant vers Lucas en crachant.) Vous, marchez là-dessus, par ordonnance du médecin.

####### LUCAS.

Palsanguenne! velà un médecin qui me plaît; je pense qu'il réussira, car il est bouffon.

ACTE DEUXIÈME[1].

SCÈNE PREMIÈRE.
GÉRONTE, VALÈRE, LUCAS, JACQUELINE.

VALÈRE.

Oui, monsieur, je crois que vous serez satisfait; et nous vous avons amené le plus grand médecin du monde.

LUCAS.

Oh! morguenne! il faut tirer l'échelle après ceti-là, et tous les autres ne sont pas daignes de li déchausser ses souliés.

VALÈRE.

C'est un homme qui a fait des cures merveilleuses.

LUCAS.

Qui a gari des gens qui étiant morts.

VALÈRE.

Il est un peu capricieux, comme je vous ai dit; et, parfois, il a des moments où son esprit s'échappe, et ne paroît pas ce qu'il est.

LUCAS.

Oui, il aime à bouffonner; et l'an diroit parfois, ne v's en déplaise, qu'il a quelque petit coup de hache à la tête.

---

1. Le théâtre doit représenter une chambre de la maison de Géronte.

VALÈRE.

Mais, dans le fond, il est toute science; et bien souvent il dit des choses tout à fait relevées.

LUCAS.

Quand il s'y boute, il parle tout fin drait comme s'il lisoit dans un livre.

VALÈRE.

Sa réputation s'est déjà répandue ici ; et tout le monde vient à lui[1].

GÉRONTE.

Je meurs d'envie de le voir ; faites-le-moi vite venir.

VALÈRE.

Je le vais querir.

SCÈNE II.

GÉRONTE, JACQUELINE, LUCAS.

JACQUELINE.

Par ma fi, monsieu, ceti-ci fera justement ce qu'ant fait les autres. Je pense que ce sera queusi queumi ; et la meilleure médeçaine que l'an pourroit bailler à votre fille, ce seroit, selon moi, un biau et bon mari, pour qui alle eût de l'amiquié.

GÉRONTE.

Ouais! nourrice, ma mie, vous vous mêlez de bien des choses!

LUCAS.

Taisez-vous, notre ménagère Jacquelaine ; ce n'est pas à vous à bouter là votte nez.

---

1. Ceci prépare la seconde scène du troisième acte, où nous verrons Thibaut et Perrin venir demander des remèdes à Sganarelle.

JACQUELINE.

Je vous dis et vous douze[1] que tous ces médecins n'y feront rian que de l'iau claire ; que votre fille a besoin d'autre chose que de rhibarbe et de séné, et qu'un mari est une emplâtre* qui garit tous les maux des filles.

GÉRONTE.

Est-elle en état maintenant qu'on s'en voulût charger, avec l'infirmité qu'elle a? Et lorsque j'ai été dans le dessein de la marier, ne s'est-elle pas opposée à mes volontés?

JACQUELINE.

Je le crois bian ; vous l'y vouliez bailler cun homme** qu'alle n'aime point. Que ne prenais-vous ce monsieu Liandre, qui li touchoit au cœur? alle auroit été fort obéissante ; et je m'en vas gager qu'il la prendroit, li, comme alle est, si vous la li vouillais donner.

GÉRONTE.

Ce Léandre n'est pas ce qu'il lui faut ; il n'a pas du bien comme l'autre.

JACQUELINE.

Il a eun oncle qui est si riche, dont il est hériquié.

GÉRONTE.

Tous ces biens à venir me semblent autant de chansons. Il n'est rien tel que ce qu'on tient ; et l'on court grand risque de s'abuser, lorsque l'on compte sur le bien qu'un autre vous garde. La mort n'a pas toujours les oreilles ouvertes aux vœux et aux prières de messieurs les héritiers ; et l'on a le temps d'avoir les dents longues, lorsqu'on attend, pour vivre, le trépas de quelqu'un.

* Var. *Un emplâtre* (1682).
** Var. *Eun homme* (1673, 1682).

1. Jeu de mots populaire fondé sur la ressemblance de *dis* avec *dix*.

ACTE II, SCÈNE II.

JACQUELINE.

Enfin j'ai toujours ouï dire qu'en mariage, comme ailleurs, contentement passe richesse. Les pères et les mères ant cette maudite couteume de demander toujours Qu'a-t-il? et Qu'a-t-elle? et le compère Piarre a marié sa fille Simonette au gros Thomas pour un quarquié de vaigne qu'il avoit davantage que le jeune Robin, où alle avoit bouté son amiquié; et velà que la pauvre criature en est devenue jaune comme un coing, et n'a point profité tout depuis ce temps-là. C'est un bel exemple pour vous, monsieu. On n'a que son plaisir en ce monde; et j'aimerois mieux bailler à ma fille eun bon mari qui li fût agriable, que toutes les rentes de la Biausse.

GÉRONTE.

Peste! madame la nourrice, comme vous dégoisez! Taisez-vous, je vous prie; vous prenez trop de soin, et vous échauffez votre lait.

LUCAS.
(En disant ceci, il frappe sur la poitrine à Géronte.)

Morgué! tais-toi! t'es cune impartinente.* Monsieu n'a que faire de tes discours, et il sait ce qu'il a à faire. Mêle-toi de donner à teter à ton enfant, sans tant faire la raisonneuse. Monsieu est le père de sa fille; et il est bon et sage pour voir ce qu'il li faut.

GÉRONTE.

Tout doux! Oh! tout doux!

LUCAS.

Monsieu, je veux un peu la mortifier, et li apprendre le respect qu'alle vous doit.

GÉRONTE.

Oui. Mais ces gestes ne sont pas nécessaires.

* VAR. *Eune impartinente* (1673, 1682).

SCÈNE III.

VALÈRE, SGANARELLE, GÉRONTE, LUCAS, JACQUELINE.

VALÈRE.

Monsieur, préparez-vous. Voici notre médecin qui entre.

GÉRONTE, à Sganarelle.

Monsieur, je suis ravi de vous voir chez moi, et nous avons grand besoin de vous.

SGANARELLE, en robe de médecin, avec un chapeau des plus pointus.

Hippocrate dit... que nous nous couvrions tous deux.

GÉRONTE.

Hippocrate dit cela?

SGANARELLE.

Oui.

GÉRONTE.

Dans quel chapitre, s'il vous plaît?

SGANARELLE.

Dans son chapitre... des chapeaux.

GÉRONTE.

Puisque Hippocrate le dit, il le faut faire.

SGANARELLE.

Monsieur le médecin, ayant appris les merveilleuses choses...

GÉRONTE.

A qui parlez-vous, de grâce?

SGANARELLE.

A vous.

GÉRONTE.

Je ne suis pas médecin.

SGANARELLE.

Vous n'êtes pas médecin?

GÉRONTE.

Non, vraiment.

SGANARELLE.

Tout de bon?

GÉRONTE.

Tout de bon. (Sganarelle prend un bâton, et bat Géronte comme on l'a battu.) Ah! ah! ah!

SGANARELLE.

Vous êtes médecin maintenant; je n'ai jamais eu d'autres licences.

GÉRONTE, à Valère.

Quel diable d'homme m'avez-vous là amené?

VALÈRE.

Je vous ai bien dit que c'étoit un médecin goguenard.

GÉRONTE.

Oui; mais je l'enverrois promener avec ses goguenarderies.

LUCAS.

Ne prenez pas garde à ça, monsieu; ce n'est que pour rire.

GÉRONTE.

Cette raillerie ne me plaît pas.

SGANARELLE.

Monsieur, je vous demande pardon de la liberté que j'ai prise.

GÉRONTE.

Monsieur, je suis votre serviteur.

SGANARELLE.

Je suis fâché...

GÉRONTE.

Cela n'est rien.

SGANARELLE.

Des coups de bâton...

GÉRONTE.

Il n'y a pas de mal.

SGANARELLE.

Que j'ai eu l'honneur de vous donner.

GÉRONTE.

Ne parlons plus de cela. Monsieur, j'ai une fille qui est tombée dans une étrange maladie.

SGANARELLE.

Je suis ravi, monsieur, que votre fille ait besoin de moi; et je souhaiterois de tout mon cœur que vous en eussiez besoin aussi, vous et toute votre famille, pour vous témoigner l'envie que j'ai de vous servir.

GÉRONTE.

Je vous suis obligé de ces sentiments.

SGANARELLE.

Je vous assure que c'est du meilleur de mon âme que je vous parle.

GÉRONTE.

C'est trop d'honneur que vous me faites.

SGANARELLE.

Comment s'appelle votre fille?

GÉRONTE.

Lucinde.

SGANARELLE.

Lucinde! Ah! beau nom à médicamenter[1]! Lucinde!

GÉRONTE.

Je m'en vais voir un peu ce qu'elle fait.

---

1. Les acteurs déclinent souvent ce nom : *Lucindus, Lucinda, Lucindum.*

SGANARELLE.

Qui est cette grande femme-là?

GÉRONTE.

C'est la nourrice d'un petit enfant que j'ai.

SCÈNE IV.

SGANARELLE, JACQUELINE, LUCAS.

SGANARELLE, à part.

Peste! le joli meuble que voilà! (Haut.) Ah! nourrice, charmante nourrice, ma médecine est la très humble esclave de votre nourricerie, et je voudrois bien être le petit poupon fortuné qui tetât le lait (Il lui porte la main sur le sein.) de vos bonnes grâces. Tous mes remèdes, toute ma science, toute ma capacité est à votre service; et...

LUCAS.

Avec votre parmission, monsieu le médecin, laissez là ma femme, je vous prie.

SGANARELLE.

Quoi! est-elle votre femme?

LUCAS.

Oui.

SGANARELLE.

Ah! vraiment je ne savois pas cela, et je m'en réjouis pour l'amour de l'un et de l'autre. (Il fait semblant de vouloir embrasser Lucas, et, se tournant du côté de la nourrice, il l'embrasse.)

LUCAS, tirant Sganarelle, et se remettant entre lui et sa femme.

Tout doucement, s'il vous plaît.

SGANARELLE.

Je vous assure que je suis ravi que vous soyez unis ensemble : je la félicite d'avoir un mari comme vous; (Il fait encore semblant d'embrasser Lucas, et, passant dessous ses bras, il se jette au cou de la nourrice.) et je vous félicite, vous, d'avoir une femme si belle, si sage, et si bien faite comme elle est.

LUCAS, le tirant encore.

Hé ! testigué ! point tant de compliments, je vous supplie.

SGANARELLE.

Ne voulez-vous pas que je me réjouisse avec vous d'un si bel assemblage ?

LUCAS.

Avec moi tant qu'il vous plaira ; mais avec ma femme, trêve de sarimonie.

SGANARELLE.

Je prends part également au bonheur de tous deux : et (Il continue le même jeu.) si je vous embrasse pour vous témoigner ma joie, je l'embrasse de même pour lui en témoigner aussi.

LUCAS, le tirant pour la troisième fois.

Ah ! vartigué, monsieur le médecin, que de lantiponages !

SCÈNE V.

GÉRONTE, SGANARELLE, LUCAS, JACQUELINE.

GÉRONTE.

Monsieur, voici tout à l'heure ma fille qu'on va vous amener.

SGANARELLE.

Je l'attends, monsieur, avec toute la médecine.

GÉRONTE.

Où est-elle ?

SGANARELLE, se touchant le front.

Là dedans.

GÉRONTE.

Fort bien.

SGANARELLE, en voulant toucher les tetons de la nourrice.

Mais, comme je m'intéresse à toute votre famille, il faut que j'essaye un peu le lait de votre nourrice, et que je visite son sein.

LUCAS, le tirant, et lui faisant faire la pirouette.

Nanin, nanin; je n'avons que faire de ça.

SGANARELLE.

C'est l'office du médecin de voir les tetons des nourrices.

LUCAS.

Il gnia office qui quienne, je sis votte sarviteur.

SGANARELLE.

As-tu bien la hardiesse de t'opposer au médecin? Hors de là.

LUCAS.

Je me moque de ça.

SGANARELLE, en le regardant de travers.

Je te donnerai la fièvre.

JACQUELINE, prenant Lucas par le bras, et lui faisant aussi faire la pirouette.

Ote-toi de là aussi; est-ce que je ne sis pas assez grande pour me défendre moi-même, s'il me fait queuque chose qui ne soit pas à faire?

LUCAS.

Je ne veux pas qu'il te tâte, moi.

SGANARELLE.

Fi, le vilain, qui est jaloux de sa femme!

GÉRONTE.

Voici ma fille.

SCÈNE VI.

LUCINDE, GÉRONTE, SGANARELLE, VALÈRE, LUCAS, JACQUELINE.

SGANARELLE.

Est-ce là la malade?

GÉRONTE.

Oui. Je n'ai qu'elle de fille; et j'aurois tous les regrets du monde si elle venoit à mourir.

SGANARELLE.

Qu'elle s'en garde bien! Il ne faut pas qu'elle meure sans l'ordonnance du médecin.

GÉRONTE.

Allons, un siège.

SGANARELLE, assis entre Géronte et Lucinde.

Voilà une malade qui n'est pas tant dégoûtante, et je tiens qu'un homme bien sain s'en accommoderoit assez.

GÉRONTE.

Vous l'avez fait rire, monsieur.

SGANARELLE.

Tant mieux : lorsque le médecin fait rire le malade, c'est le meilleur signe du monde. (A Lucinde.) Hé bien! de quoi est-il question? Qu'avez-vous? quel est le mal que vous sentez?

LUCINDE répond par signes, en portant la main à sa bouche, à sa tête, et sous son menton :

Han, hi, hon, han.

SGANARELLE.

Hé! que dites-vous?

LUCINDE continue les mêmes gestes.

Han, hi, hon, han, han, hi, hon.

SGANARELLE.

Quoi?

LUCINDE.

Han, hi, hon.

SGANARELLE, la contrefaisant.

Han, hi, hon, han, ha. Je ne vous entends point. Quel diable de langage est-ce là?

GÉRONTE.

Monsieur, c'est là sa maladie. Elle est devenue muette, sans que jusques ici on en ait pu savoir la cause; et c'est un accident qui a fait reculer son mariage.

SGANARELLE.

Et pourquoi?

GÉRONTE.

Celui qu'elle doit épouser veut attendre sa guérison pour conclure les choses.

SGANARELLE.

Et qui est ce sot-là, qui ne veut pas que sa femme soit muette? Plût à Dieu que la mienne eût cette maladie! je me garderois bien de la vouloir guérir.

GÉRONTE.

Enfin, monsieur, nous vous prions d'employer tous vos soins pour la soulager de son mal.

SGANARELLE.

Ah! ne vous mettez pas en peine. Dites-moi un peu : ce mal l'oppresse-t-il beaucoup?

GÉRONTE.

Oui, monsieur.

SGANARELLE.

Tant mieux. Sent-elle de grandes douleurs?

GÉRONTE.

Fort grandes.

SGANARELLE.

C'est fort bien fait[1]. Va-t-elle où vous savez?

GÉRONTE.

Oui.

SGANARELLE.

Copieusement?

GÉRONTE.

Je n'entends rien à cela.

SGANARELLE.

La matière est-elle louable?

GÉRONTE.

Je ne me connois pas à ces choses.

SGANARELLE, se tournant vers la malade.

Donnez-moi votre bras. (A Géronte.) Voilà un pouls qui marque que votre fille est muette.

GÉRONTE.

Hé! oui, monsieur, c'est là son mal; vous l'avez trouvé tout du premier coup.

SGANARELLE.

Ha! ha!

JACQUELINE.

Voyez comme il a deviné sa maladie!

SGANARELLE.

Nous autres grands médecins, nous connoissons d'abord

---

1. « Ésope (fable XLIII, *Ægrotus et Medicus*) conte qu'un malade estant interrogé par son médecin quelle opération il sentoit des médicaments qu'il lui avoit donnés : « J'ay fort sué, respondit-il. — Cela est bon », dit le médecin. Une aultre fois il luy demanda comment il s'étoit porté depuis : « J'ay « eu un froid extrême, feit-il, et si ay fort tremblé. — Cela est bon », suivit le médecin. A la troisiesme fois, il luy demanda derechef comment il se portoit : « Je me sens, dit-il, enfler et bouffir comme d'hydropisie. — Voylà « qui va bien », adjouta le médecin. L'un de ses domestiques venant après à s'enquérir à luy de son estat : « Certes, mon amy, respondit-il, à force de « bien estre, je me meurs. » (*Essais* de Montaigne, livre II, ch. xxxvii.)

LE MÉDECIN MALGRÉ LUI.

les choses. Un ignorant auroit été embarrassé, et vous eût été dire : C'est ceci, c'est cela; mais moi, je touche au but du premier coup, et je vous apprends que votre fille est muette.

GÉRONTE.

Oui ; mais je voudrois bien que vous me pussiez dire* d'où cela vient.

SGANARELLE.

Il n'est rien de plus aisé; cela vient de ce qu'elle a perdu la parole.

GÉRONTE.

Fort bien. Mais la cause, s'il vous plaît, qui fait qu'elle a perdu la parole?

SGANARELLE.

Tous nos meilleurs auteurs vous diront que c'est l'empêchement de l'action de sa langue.

GÉRONTE.

Mais encore, vos sentiments sur cet empêchement de l'action de sa langue?

SGANARELLE.

Aristote, là-dessus, dit... de fort belles choses.

GÉRONTE.

Je le crois.

SGANARELLE.

Ah ! c'étoit un grand homme !

GÉRONTE.

Sans doute.

SGANARELLE.

Grand homme tout à fait; (Levant le bras depuis le coude.) un homme qui étoit plus grand que moi de tout cela.

---

* VAR. *Que vous pussiez dire* (1682).

Pour revenir donc à notre raisonnement, je tiens que cet empêchement de l'action de sa langue est causé par de certaines humeurs, qu'entre nous autres savants nous appelons humeurs peccantes; peccantes, c'est-à-dire... humeurs peccantes; d'autant que les vapeurs formées par les exhalaisons des influences qui s'élèvent dans la région des maladies, venant... pour ainsi dire... à... Entendez-vous le latin?

GÉRONTE.

En aucune façon.

SGANARELLE, se levant brusquement.

Vous n'entendez point le latin?

GÉRONTE.

Non.

SGANARELLE, en faisant diverses plaisantes postures.

Cabricias arci thuram, catalamus, singulariter, nominativo, hæc musa la muse, *bonus, bona, bonum. Deus sanctus, est-ne oratio latinas? Etiam,* oui. *Quare?* pourquoi? *Quia substantivo et adjectivum concordat in generi, numerum, et casus*[1].

GÉRONTE.

Ah! que n'ai-je étudié!

JACQUELINE.

L'habile homme que velà!

LUCAS.

Oui, ça est si biau que je n'y entends goutte.

---

1. Les quatre premiers mots de cette tirade prétendue latine sont des mots forgés qui n'appartiennent à aucune langue. Le reste est une citation estropiée de quelques lignes du rudiment de Despautère, et principalement de ce passage : *Deus sanctus, est-ne oratio latina? Etiam. Quare? Quia substantivum et adjectivum corcordant in genere, numero, casu.* (AUGER.)

Il est de tradition au théâtre que, en prononçant ce mot *casus*, qui signifie en latin à la fois *cas* et *chute*, l'acteur, s'asseyant avec trop de pétulance, renverse son siège et culbute en arrière.

SGANARELLE.

Or, ces vapeurs dont je vous parle venant à passer, du côté gauche où est le foie, au côté droit où est le cœur, il se trouve que le poumon, que nous appelons en latin *armyan*, ayant communication avec le cerveau, que nous nommons en grec *nasmus*, par le moyen de la veine cave, que nous appelons en hébreu *cubile*[1], rencontre en son chemin lesdites vapeurs qui remplissent les ventricules de l'omoplate; et parce que lesdites vapeurs... comprenez bien ce raisonnement, je vous prie; et parce que lesdites vapeurs ont une certaine malignité... écoutez bien ceci, je vous conjure.

GÉRONTE.

Oui.

SGANARELLE.

Ont une certaine malignité qui est causée... soyez attentif, s'il vous plaît.

GÉRONTE.

Je le suis.

SGANARELLE.

Qui est causée par l'âcreté des humeurs engendrées dans la concavité du diaphragme, il arrive que ces vapeurs... *Ossabandus, nequeis, nequer, potarinum, quipsa milus*[2]. Voilà justement ce qui fait que votre fille est muette.

JACQUELINE.

Ah! que ça est bian dit, notte homme!

---

1. *Armyan* n'est d'aucune langue; *nasmus* non plus. Quant à *cubile*, mot hébreu, suivant Sganarelle, il est latin, et signifie lit ou tanière.

2. Voilà encore six mots forgés qui ne sont pas tous de l'invention de Molière : on trouve les trois premiers dans *la Sœur*, comédie de Rotrou, où ils sont écrits de cette manière : *ossasando, nequei, nequet*. Dans *la Sœur*, ils sont donnés pour mots turcs; ils ne sont pas plus turcs que latins.

LUCAS.

Que n'ai-je la langue aussi bian pendue!

GÉRONTE.

On ne peut pas mieux raisonner, sans doute. Il n'y a qu'une seule chose qui m'a choqué : c'est l'endroit du foie et du cœur. Il me semble que vous les placez autrement qu'ils ne sont; que le cœur est du côté gauche, et le foie du côté droit.

SGANARELLE.

Oui, cela étoit autrefois ainsi; mais nous avons changé tout cela, et nous faisons maintenant la médecine d'une méthode toute nouvelle [1].

GÉRONTE.

C'est ce que je ne savois pas, et je vous demande pardon de mon ignorance.

SGANARELLE.

Il n'y a point de mal; et vous n'êtes pas obligé d'être aussi habile que nous.

GÉRONTE.

Assurément. Mais, monsieur, que croyez-vous qu'il faille faire à cette maladie?

SGANARELLE.

Ce que je crois qu'il faille faire?

GÉRONTE.

Oui.

---

1. On croit que cette phrase fait allusion à un événement qui fit alors beaucoup de bruit. « Un de nos docteurs, nommé Renier, dit Guy Patin, ayant obtenu le corps d'un malfaiteur pour faire des opérations de chirurgie, on y a remarqué une chose fort extraordinaire, savoir, le foie du côté gauche, et la rate du côté droit. Tout le monde a été voir cette particularité. M. Renier en a fait un petit discours qu'il fera imprimer. » Aujourd'hui ce n'est plus une chose mise en doute ni fort extraordinaire : il n'est pas très rare de remarquer, dans les cadavres, de ces transpositions de viscères, et la curiosité ne s'en émeut plus.

SGANARELLE.

Mon avis est qu'on la remette sur son lit, et qu'on lui fasse prendre pour remède quantité de pain trempé dans du vin.

GÉRONTE.

Pourquoi cela, monsieur?

SGANARELLE.

Parce qu'il y a dans le vin et le pain, mêlés ensemble, une vertu sympathique qui fait parler. Ne voyez-vous pas bien qu'on ne donne autre chose aux perroquets, et qu'ils apprennent à parler en mangeant de cela?

GÉRONTE.

Cela est vrai! Ah! le grand homme! Vite, quantité de pain et de vin.

SGANARELLE.

Je reviendrai voir sur le soir en quel état elle sera.

SCÈNE VII.

GÉRONTE, SGANARELLE, JACQUELINE.

SGANARELLE, à Jacqueline.

Doucement, vous. (A Géronte.) Monsieur, voilà une nourrice à laquelle il faut que je fasse quelques petits remèdes.

JACQUELINE.

Qui? moi? Je me porte le mieux du monde.

SGANARELLE.

Tant pis, nourrice ; tant pis. Cette grande santé est à craindre, et il ne sera mauvais* de vous faire quelque petite saignée amiable, de vous donner quelque petit clystère dulcifiant.

---

* Var. *Et il ne sera pas mauvais* (1673, 1682).

GÉRONTE.

Mais, monsieur, voilà une mode que je ne comprends point. Pourquoi s'aller faire saigner quand on n'a point de maladie ?

SGANARELLE.

Il n'importe, la mode en est salutaire; et, comme on boit pour la soif à venir, il faut se faire aussi saigner pour la maladie à venir[1].

JACQUELINE, en s'en allant.

Ma fi, je me moque de ça, et je ne veux point faire de mon corps une boutique d'apothicaire.

SGANARELLE.

Vous êtes rétive aux remèdes; mais nous saurons vous soumettre à la raison.

SCÈNE VIII.

GÉRONTE, SGANARELLE.

SGANARELLE

Je vous donne le bonjour.

GÉRONTE.

Attendez un peu, s'il vous plaît.

---

1. La médecine du temps ordonnait sans cesse des purgations ou des saignées de précaution. Louis XIV prenait médecine chaque mois, *pour la maladie à venir*, comme dit Sganarelle. En une occasion solennelle, Valot, « trouvant le roi en une forte résolution de ne songer à aucun remède, pas même à une saignée de précaution, pressa très fort M. le cardinal Mazarin d'obtenir du roi ce qu'il n'avoit pu gagner sur son esprit ». Mais le cardinal fit réponse que le roi, « en l'état où étoient ses affaires, ne se rendroit à aucun remède ni régime *s'il n'étoit malade*, et qu'il n'avoit aucun dessein de se servir de précaution ». Voilà qui était parler net; le pauvre Valot fut bien obligé de se soumettre. On peut lire ses doléances en pareil cas, *passim* dans le *Journal de la santé du Roi* (Édition de J.-A. Leroi, 1862).

ACTE II, SCÈNE VIII.

SGANARELLE.

Que voulez-vous faire?

GÉRONTE.

Vous donner de l'argent, monsieur.

SGANARELLE, tendant sa main derrière, par-dessous sa robe, tandis que Géronte ouvre sa bourse.

Je n'en prendrai pas, monsieur.

GÉRONTE.

Monsieur...

SGANARELLE.

Point du tout.

GÉRONTE.

Un petit moment.

SGANARELLE.

En aucune façon.

GÉRONTE.

De grâce!

SGANARELLE.

Vous vous moquez.

GÉRONTE.

Voilà qui est fait.

SGANARELLE.

Je n'en ferai rien.

GÉRONTE.

Hé!

SGANARELLE.

Ce n'est pas l'argent qui me fait agir[1].

---

1. Ce trait contre les médecins est imité de Rabelais. Panurge, ayant consulté le médecin Rondibilis, « s'approcha de luy, et luy mist en main sans mot dire quatre nobles à la rose. Rondibilis les print très bien, puis luy dist en effroi, comme indigné : « Hé! hé! hé! monsieur, il ne falloit rien. « Grand mercy, toutesfois. De meschantes gens jamais je ne prens rien. Rien « jamais des gens de bien je ne refuse. Je suis tousjours à vostre commande-

GÉRONTE.

Je le crois.

SGANARELLE, après avoir pris l'argent.

Cela est-il de poids?

GÉRONTE.

Oui, monsieur.

SGANARELLE.

Je ne suis pas un médecin mercenaire.

GÉRONTE.

Je le sais bien.

SGANARELLE.

L'intérêt ne me gouverne point.

GÉRONTE.

Je n'ai pas cette pensée.

SGANARELLE, seul, regardant l'argent qu'il a reçu.

Ma foi, cela ne va pas mal; et pourvu que...

SCÈNE IX.

LÉANDRE, SGANARELLE.

LÉANDRE.

Monsieur, il y a longtemps que je vous attends; et je viens implorer votre assistance.

SGANARELLE, lui prenant le poignet.

Voilà un pouls qui est fort mauvais.

LÉANDRE.

Je ne suis point malade, monsieur; et ce n'est pas pour cela que je viens à vous.

SGANARELLE.

Si vous n'êtes pas malade, que diable ne le dites-vous donc?

« ment. — En payant, dist Panurge. — Cela s'entend », respondit Rondibilis. » Régnier et beaucoup d'autres ont fait leur profit de ce passage.

ACTE II, SCÈNE IX.

LÉANDRE.

Non. Pour vous dire la chose en deux mots, je m'appelle Léandre, qui suis amoureux de Lucinde, que vous venez de visiter; et comme, par la mauvaise humeur de son père, toute sorte d'accès m'est fermé auprès d'elle, je me hasarde à vous prier de vouloir servir mon amour, et de me donner lieu d'exécuter un stratagème que j'ai trouvé pour lui pouvoir dire deux mots, d'où dépendent absolument mon bonheur et ma vie.

SGANARELLE, paroissant en colère.

Pour qui me prenez-vous? Comment oser vous adresser à moi pour vous servir dans votre amour, et vouloir ravaler la dignité de médecin à des emplois de cette nature?

LÉANDRE.

Monsieur, ne faites point de bruit.

SGANARELLE, en le faisant reculer.

J'en veux faire, moi. Vous êtes un impertinent.

LÉANDRE.

Hé! monsieur, doucement.

SGANARELLE.

Un malavisé.

LÉANDRE.

De grâce!

SGANARELLE.

Je vous apprendrai que je ne suis point homme à cela, et que c'est une insolence extrême...

LÉANDRE, tirant une bourse, qu'il lui donne.

Monsieur...

SGANARELLE.

De vouloir m'employer... (Tenant la bourse.) Je ne parle pas pour vous, car vous êtes honnête homme; et je serois ravi de vous rendre service; mais il y a de certains impertinents au monde qui viennent prendre les gens pour ce qu'ils ne sont pas ; et je vous avoue que cela me met en colère.

LÉANDRE.

Je vous demande pardon, monsieur, de la liberté que...

SGANARELLE.

Vous vous moquez. De quoi est-il question?

LÉANDRE.

Vous saurez donc, monsieur, que cette maladie que vous voulez guerir est une feinte maladie. Les médecins ont raisonné là-dessus comme il faut, et ils n'ont pas manqué de dire que cela procédoit, qui du cerveau, qui des entrailles, qui de la rate, qui du foie[1] ; mais il est certain que l'amour en est la véritable cause, et que Lucinde n'a trouvé cette maladie que pour se délivrer d'un mariage dont elle étoit importunée. Mais, de crainte qu'on ne nous voie ensemble, retirons-nous d'ici, et je vous dirai en marchant ce que je souhaite de vous.

SGANARELLE.

Allons, monsieur : vous m'avez donné pour votre amour une tendresse qui n'est pas concevable ; et j'y perdrai toute ma médecine, ou la malade crèvera, ou bien elle sera à vous.

---

1. *Qui*, répété disjonctivement pour *celui-ci, celui-là*.

Qui lance un pain, un plat, une assiette, un couteau ;
Qui, pour une rondache, empoigne un escabeau.
(RÉGNIER, *le Festin.*)

ACTE TROISIÈME[1].

SCÈNE PREMIÈRE.
LÉANDRE, SGANARELLE.

LÉANDRE.

Il me semble que je ne suis pas mal ainsi pour un apothicaire; et, comme le père ne m'a guère vu, ce changement d'habit et de perruque est assez capable, je crois, de me déguiser à ses yeux.

SGANARELLE.

Sans doute.

LÉANDRE.

Tout ce que je souhaiterois seroit de savoir cinq ou six grands mots de médecine, pour parer mon discours et me donner l'air d'habile homme.

SGANARELLE.

Allez, allez, tout cela n'est pas nécessaire; il suffit de l'habit : et je n'en sais pas plus que vous.

LÉANDRE.

Comment!

SGANARELLE.

Diable emporte si j'entends rien en médecine! Vous

---

1. Auger et la plupart des éditeurs indiquent ici que le théâtre représente un lieu voisin de la maison de Géronte. Cette indication, qui ne se trouve pas dans les éditions originales, se justifie par ce que dit Sganarelle à Léandre : « Qu'il aille l'attendre auprès du logis de sa maîtresse. » M. Mesnard croit que c'est plutôt dans le jardin même de la maison de Géronte que la scène se passe.

êtes honnête homme, et je veux bien me confier à vous comme vous vous confiez à moi.

LÉANDRE.

Quoi ! vous n'êtes pas effectivement...

SGANARELLE.

Non, vous dis-je ; ils m'ont fait médecin malgré mes dents. Je ne m'étois jamais mêlé d'être si savant que cela ; et toutes mes études n'ont été que jusqu'en sixième. Je ne sais point sur quoi cette imagination leur est venue ; mais quand j'ai vu qu'à toute force ils vouloient que je fusse médecin, je me suis résolu de l'être aux dépens de qui il appartiendra. Cependant vous ne sauriez croire comment l'erreur s'est répandue, et de quelle façon chacun est endiablé à me croire habile homme. On me vient chercher de tous côtés ; et, si les choses vont toujours de même, je suis d'avis de m'en tenir toute ma vie à la médecine. Je trouve que c'est le métier le meilleur de tous : car, soit qu'on fasse bien, ou soit qu'on fasse mal, on est toujours payé de même sorte. La méchante besogne ne retombe jamais sur notre dos ; et nous taillons comme il nous plaît sur l'étoffe où nous travaillons. Un cordonnier, en faisant des souliers, ne sauroit gâter un morceau de cuir qu'il n'en paye les pots cassés ; mais ici l'on peut gâter un homme sans qu'il en coûte rien. Les bévues ne sont point pour nous, et c'est toujours la faute de celui qui meurt. Enfin le bon de cette profession est qu'il y a parmi les morts une honnêteté, une discrétion la plus grande du monde ; et jamais on n'en voit* se plaindre du médecin qui l'a tué[1].

---

* Var. *Du monde : jamais on n'en voit* (1682).

Il faut sous-entendre : Jamais on n'en voit *un* se plaindre du médecin qui l'a tué.

1. Ce passage est imité d'une nouvelle de Cervantes, intitulée *le Licencié*

LÉANDRE.

Il est vrai que les morts sont fort honnêtes gens sur cette matière.

SGANARELLE, voyant des hommes qui viennent à lui.

Voilà des gens qui ont la mine de me venir consulter. (A Léandre.) Allez toujours m'attendre auprès du logis de votre maîtresse.

SCÈNE II.
THIBAUT, PERRIN, SGANARELLE.

THIBAUT.

Monsieu, je venons vous charcher, mon fils Perrin et moi.

SGANARELLE.

Qu'y a-t-il?

THIBAUT.

Sa pauvre mère, qui a nom Parrette, est dans un lit malade il y a six mois.

SGANARELLE, tendant la main comme pour recevoir de l'argent.

Que voulez-vous que j'y fasse?

THIBAUT.

Je voudrions, monsieu, que vous nous baillissiez queuque petite drôlerie pour la garir.

SGANARELLE.

Il faut voir de quoi est-ce qu'elle est malade.

---

de verre (el Licenciado Vidriera.) « Le juge, y est-il dit, peut violer la justice ou la retarder; l'avocat peut, par intérêt, soutenir une mauvaise cause; le marchand peut nous attraper notre argent; enfin toutes les personnes avec lesquelles la nécessité nous force de traiter peuvent nous faire quelque tort, mais aucune ne peut nous ôter impunément la vie. Les médecins seuls ont ce droit; ils peuvent nous tuer sans crainte, sans employer d'autres armes que leurs remèdes; et leurs bévues ne sont jamais découvertes, parce qu'au moment même la terre les cache et les fait oublier. »

THIBAUT.

Alle est malade d'hypocrisie, monsieu.

SGANARELLE.

D'hypocrisie?

THIBAUT.

Oui, c'est-à-dire qu'alle est enflée partout; et l'an dit que c'est quantité de sériosités qu'alle a dans le corps, et que son foie, son ventre, ou sa rate, comme vous voudrais l'appeler, au glieu de faire du sang, ne fait plus que de l'iau. Alle a, de deux jours l'un, la fièvre quotiguenne, avec des lassitules* et des douleurs dans les mufles des jambes. On entend dans sa gorge des fleumes qui sont tout prêts à l'étouffer ; et parfois il lui prend des syncoles et des conversions que je crayons qu'alle est passée. J'avons dans notte village un apothicaire, révérence parler, qui li a donné je ne sais combien d'histoires; et il m'en coûte plus d'eune douzaine de bons écus en lavements, ne v's en déplaise, en apostumes qu'on li a fait prendre, en infections de jacinthe, et en portions cordales. Mais tout ça, comme dit l'autre, n'a été que de l'onguent miton-mitaine. Il veloit li bailler d'eune certaine drogue que l'on appelle du vin amétile[1]; mais j'ai-z-eu peur franchement que ça l'envoyît à *patres;* et l'an dit que ces gros médecins tuont je ne sais combien de monde avec cette invention-là.

* Var. *Lassitudes* (1673, 1682).

1. Il est à peine besoin de rétablir tous ces mots que Thibaut estropie : « hydropisie, sérosités, muscles des jambes, syncopes, convulsions, apozèmes, confection ou infusion d'hyacinthe, potions cordiales, et vin émétique. » Sganarelle, éclairé par les deux écus de Perrin, va du reste rectifier lui-même quelques-uns des termes défigurés par le paysan, « qui ne sait pas se faire entendre ».

SGANARELLE, tendant toujours la main, et la branlant
comme pour signe qu'il demande de l'argent.

Venons au fait, mon ami, venons au fait.

THIBAUT.

Le fait est, monsieu, que je venons vous prier de nous dire ce qu'il faut que je fassions.

SGANARELLE.

Je ne vous entends point du tout.

PERRIN.

Monsieu, ma mère est malade; et velà deux écus que je vous apportons pour nous bailler queuque remède.

SGANARELLE.

Ah! je vous entends, vous. Voilà un garçon qui parle clairement, qui s'explique comme il faut.* Vous dites que votre mère est malade d'hydropisie, qu'elle est enflée par tout le corps, qu'elle a la fièvre, avec des douleurs dans les jambes, et qu'il lui prend parfois des syncopes et des convulsions, c'est-à-dire des évanouissements?

PERRIN.

Hé! oui, monsieu, c'est justement ça.

SGANARELLE.

J'ai compris d'abord vos paroles. Vous avez un père qui ne sait ce qu'il dit. Maintenant vous me demandez un remède?

PERRIN.

Oui, monsieu.

SGANARELLE.

Un remède pour la guérir[1]?

---

* VAR. *Et qui s'explique comme il faut* (1682).

1. Cette interrogation serait encore plus comique, je crois, si Sganarelle s'adressait à Thibaut, c'est-à-dire au mari de la malade. (AUGER.)

PERRIN.

C'est comme je l'entendons.

SGANARELLE.

Tenez, voilà un morceau de formage qu'il faut que vous lui fassiez prendre.

PERRIN.

Du fromage, monsieu?

SGANARELLE.

Oui, c'est un formage[1] préparé, où il entre de l'or, du corail et des perles, et quantité d'autres choses précieuses.

PERRIN.

Monsieu, je vous sommes bien obligés; et j'allons li faire prendre ça tout à l'heure.

SGANARELLE.

Allez. Si elle meurt, ne manquez pas de la faire enterrer du mieux que vous pourrez.

SCÈNE III.

JACQUELINE, SGANARELLE; LUCAS, dans le fond du théâtre.

SGANARELLE.

Voici la belle nourrice. Ah! nourrice de mon cœur, je suis ravi de cette rencontre; et votre vue est la rhubarbe,

---

1. Sganarelle dit deux fois *formage;* et le paysan Perrin dit *fromage,* comme si ce dernier était une corruption de l'autre, à l'usage des gens de la campagne. Il est certain qu'on a dit à une époque, et qu'on devrait dire *formage,* ce mot venant de l'éclisse où le fromage prend sa forme. Les Italiens disent toujours *formaggio.*

Dans beaucoup d'éditions on a fait exactement le contraire de ce qui existe dans les éditions originales : Sganarelle dit *fromage,* et Perrin *formage,* l'usage ayant en effet opéré entre ces deux manières de prononcer le mot une véritable transposition.

la casse, et le séné, qui purgent toute la mélancolie de mon âme.

JACQUELINE.

Par ma figué, monsieu le médecin, ça est trop bian dit pour moi, et je n'entends rian à tout votte latin.

SGANARELLE.

Devenez malade, nourrice, je vous prie; devenez malade, pour l'amour de moi. J'aurois toutes les joies du monde de vous guérir.

JACQUELINE.

Je sis votte sarvante; j'aime bian mieux qu'an ne me guérisse pas.*

SGANARELLE.

Que je vous plains, belle nourrice, d'avoir un mari jaloux et fâcheux comme celui que vous avez!

JACQUELINE.

Que velez-vous, monsieu? C'est pour la pénitence de mes fautes; et là où la chèvre est liée, il faut bian qu'alle y broute.

SGANARELLE.

Comment! un rustre comme cela! un homme qui vous observe toujours, et ne veut pas que personne vous parle!

JACQUELINE.

Hélas! vous n'avez rien vu encore; et ce n'est qu'un petit échantillon de sa mauvaise humeur.

SGANARELLE.

Est-il possible? et qu'un homme ait l'âme assez basse pour maltraiter une personne comme vous? Ah! que j'en sais, belle nourrice, et qui ne sont pas loin d'ici, qui se tiendroient heureux de baiser seulement les petits bouts

---

* VAR. *Qu'an ne me guarisse pas* (1673, 1682).

de vos petons ! Pourquoi faut-il qu'une personne si bien faite soit tombée en de telles mains ! et qu'un franc animal, un brutal, un stupide, un sot... pardonnez-moi, nourrice, si je parle ainsi de votre mari.

JACQUELINE.

Hé ! monsieu, je sais bian qu'il mérite tous ces noms-là.

SGANARELLE.

Oui, sans doute, nourrice, il les mérite ; et il mériteroit encore que vous lui missiez quelque chose sur la tête, pour le punir des soupçons qu'il a..

JACQUELINE.

Il est bien vrai que si je n'avois devant les yeux que son intérêt, il pourroit m'obliger à queuque étrange chose.

SGANARELLE.

Ma foi, vous ne feriez pas mal de vous venger de lui, avec quelqu'un. C'est un homme, je vous le dis, qui mérite bien cela ; et, si j'étois assez heureux, belle nourrice, pour être choisi pour...

(En cet endroit tous deux apercevant Lucas, qui étoit derrière eux et entendoit leur dialogue, chacun se retire de son côté, mais le médecin d'une manière fort plaisante[1].)

---

1. La manière dont la mention des jeux de scène est rédigée dans cette pièce, l'abondance inaccoutumée des détails, certains traits, comme celui-ci, qui semblent partir plus naturellement d'un spectateur que de l'acteur lui-même, peuvent faire douter que Molière ait pris la peine de formuler cette partie intéressante de la pièce, bien qu'elle existe, telle que nous la reproduisons, dans l'édition de 1667.
Dans l'édition de 1734, on lit : « Dans le temps que Sganarelle tend les bras pour embrasser Jacqueline, Lucas passe sa tête par dessous, et se met entre eux deux. Sganarelle et Jacqueline regardent Lucas, et sortent chacun de leur côté. »

SCÈNE IV.
GÉRONTE, LUCAS.

GÉRONTE.

Holà! Lucas, n'as-tu point vu ici notre médecin.

LUCAS.

Et oui, de par tous les diantres, je l'ai vu, et ma femme aussi.

GÉRONTE.

Où est-ce donc qu'il peut être?

LUCAS.

Je ne sais; mais je voudrois qu'il fût à tous les guebles!

GÉRONTE.

Va-t'en voir un peu ce que fait ma fille.

SCÈNE V.
SGANARELLE, LÉANDRE, GÉRONTE.

GÉRONTE.

Ah! monsieur, je demandois où vous étiez.

SGANARELLE.

Je m'étois amusé dans votre cour à expulser le superflu de la boisson. Comment se porte la malade?

GÉRONTE.

Un peu plus mal depuis votre remède.

SGANARELLE.

Tant mieux; c'est signe qu'il opère.

GÉRONTE.

Oui; mais en opérant je crains qu'il ne l'étouffe.

SGANARELLE.

Ne vous mettez pas en peine; j'ai des remèdes qui se moquent de tout, et je l'attends à l'agonie.

GÉRONTE, montrant Léandre.

Qui est cet homme-là que vous amenez?

SGANARELLE, faisant des signes avec la main que c'est un apothicaire.

C'est...

GÉRONTE.

Quoi?

SGANARELLE.

Celui...

GÉRONTE.

Hé!

SGANARELLE.

Qui...

GÉRONTE.

Je vous entends.

SGANARELLE.

Votre fille en aura besoin.

SCÈNE VI.

LUCINDE, GÉRONTE, LÉANDRE, JACQUELINE, SGANARELLE.

JACQUELINE.

Monsieu, velà votre fille qui veut un peu marcher.

SGANARELLE.

Cela lui fera du bien. Allez-vous-en, monsieur l'apothicaire, tâter un peu son pouls, afin que je raisonne tantôt avec vous de sa maladie. (En cet endroit, il tire Géronte à un bout du théâtre, et, lui passant un bras sur les épaules, lui rabat la main sous le menton, avec laquelle il le fait retourner vers lui lorsqu'il veut regarder ce que sa fille et l'apothicaire font ensemble, lui tenant, cependant, le discours suivant pour l'amuser.)

Monsieur, c'est une grande et subtile question entre les docteurs, de savoir si les femmes sont plus faciles à guérir que les hommes. Je vous prie d'écouter ceci, s'il vous plaît. Les uns disent que non, les autres disent que oui : et moi, je dis que oui et non ; d'autant que l'incongruité des humeurs opaques, qui se rencontrent au tempérament naturel des femmes, étant cause que la partie brutale veut toujours prendre empire sur la sensitive[1], on voit que l'inégalité de leurs opinions dépend du mouvement oblique du cercle de la lune ; et comme le soleil, qui darde ses rayons sur la concavité de la terre, trouve...

LUCINDE, à Léandre.

Non, je ne suis point du tout capable de changer de sentiments.

GÉRONTE.

Voilà ma fille qui parle ! ô grande vertu du remède ! ô admirable médecin ! Que je vous suis obligé, monsieur, de cette guérison merveilleuse ! et que puis-je faire pour vous après un tel service ?

SGANARELLE, se promenant sur le théâtre, et s'essuyant le front.

Voilà une maladie qui m'a bien donné de la peine !

LUCINDE.

Oui, mon père, j'ai recouvré la parole ; mais je l'ai recouvrée pour vous dire que je n'aurai jamais d'autre époux que Léandre, et que c'est inutilement que vous voulez me donner Horace.

GÉRONTE.

Mais...

LUCINDE.

Rien n'est capable d'ébranler la résolution que j'ai prise.

---

1. Sganarelle copie ici Gros-René du *Dépit amoureux* :

    La partie brutale alors veut prendre empire
    Dessus la sensitive.

GÉRONTE.

Quoi!

LUCINDE.

Vous m'opposerez en vain de belles raisons.

GÉRONTE.

Si...

LUCINDE.

Tous vos discours ne serviront de rien.

GÉRONTE.

Je...

LUCINDE.

C'est une chose où je suis déterminée.

GÉRONTE.

Mais...

LUCINDE.

Il n'est puissance paternelle qui me puisse obliger à me marier malgré moi.

GÉRONTE.

J'ai...

LUCINDE.

Vous avez beau faire tous vos efforts.

GÉRONTE.

Il...

LUCINDE.

Mon cœur ne sauroit se soumettre à cette tyrannie.

GÉRONTE.

Là...

LUCINDE.

Et je me jetterai plutôt dans un couvent[1] que d'épouser un homme que je n'aime point.

1. Dans les textes originaux il y a *convent*, forme primitive de ce mot, qui alors était encore employée fréquemment.

ACTE III, SCÈNE VI.

GÉRONTE.

Mais...

LUCINDE, parlant d'un ton de voix à étourdir.

Non. En aucune façon. Point d'affaire. Vous perdez le temps. Je n'en ferai rien. Cela est résolu.

GÉRONTE.

Ah! quelle impétuosité de paroles! Il n'y a pas moyen d'y résister. (A Sganarelle.) Monsieur, je vous prie de la faire redevenir muette.

SGANARELLE.

C'est une chose qui m'est impossible. Tout ce que je puis faire pour votre service est de vous rendre sourd, si vous voulez.

GÉRONTE.

Je vous remercie. (A Lucinde.) Penses-tu donc...

LUCINDE.

Non, toutes vos raisons ne gagneront rien sur mon âme.

GÉRONTE.

Tu épouseras Horace dès ce soir.

LUCINDE.

J'épouserai plutôt la mort.

SGANARELLE, à Géronte.

Mon Dieu! arrêtez-vous, laissez-moi médicamenter cette affaire; c'est une maladie qui la tient, et je sais le remède qu'il y faut apporter.

GÉRONTE.

Seroit-il possible, monsieur, que vous pussiez aussi guérir cette maladie d'esprit?

SGANARELLE.

Oui; laissez-moi faire, j'ai des remèdes pour tout; et notre apothicaire nous servira pour cette cure. (Il appelle (l'apothicaire et lui parle.) Un mot. Vous voyez que l'ardeur qu'elle a pour ce Léandre est tout à fait contraire aux volontés du père; qu'il n'y a point de temps à perdre; que les humeurs sont fort aigries, et qu'il est nécessaire de trouver promptement un remède à ce mal, qui pourroit empirer par le retardement. Pour moi, je n'y en vois qu'un seul, qui est une prise de fuite purgative, que vous mêlerez comme il faut avec deux dragmes de matrimonium en pilules. Peut-être fera-t-elle quelque difficulté à prendre ce remède; mais comme vous êtes habile homme dans votre métier, c'est à vous de l'y résoudre, et de lui faire avaler la chose du mieux que vous pourrez. Allez-vous-en lui faire faire un petit tour de jardin, afin de préparer les humeurs, tandis que j'entretiendrai ici son père; mais surtout ne perdez point de temps. Au remède, vite! au remède spécifique!

SCÈNE VII.

GÉRONTE, SGANARELLE.

GÉRONTE.

Quelles drogues, monsieur, sont celles que vous venez de dire? Il me semble que je ne les ai jamais ouï nommer.

SGANARELLE.

Ce sont drogues dont on se sert dans les nécessités urgentes.

GÉRONTE.

Avez-vous jamais vu une insolence pareille à la sienne?

SGANARELLE.

Les filles sont quelquefois un peu têtues.

GÉRONTE.

Vous ne sauriez croire comme elle est affolée de ce Léandre.

SGANARELLE.

La chaleur du sang fait cela dans les jeunes esprits.

GÉRONTE.

Pour moi, dès que j'ai eu découvert la violence de cet amour, j'ai su tenir toujours ma fille renfermée.

SGANARELLE.

Vous avez fait sagement.

GÉRONTE.

Et j'ai bien empêché qu'ils n'aient eu communication ensemble.

SGANARELLE.

Fort bien.

GÉRONTE.

Il seroit arrivé quelque folie, si j'avois souffert qu'ils se fussent vus.

SGANARELLE.

Sans doute.

GÉRONTE.

Et je crois qu'elle auroit été fille à s'en aller avec lui.

SGANARELLE.

C'est prudemment raisonné.

GÉRONTE.

On m'avertit qu'il fait tous ses efforts pour lui parler.

SGANARELLE.

Quel drôle !

GÉRONTE.

Mais il perdra son temps.

SGANARELLE.

Ah ! ah !

GÉRONTE.

Et j'empêcherai bien qu'il ne la voie.

SGANARELLE.

Il n'a pas affaire à un sot, et vous savez des rubriques qu'il ne sait pas. Plus fin que vous n'est pas bête.

SCÈNE VIII.
LUCAS, GÉRONTE, SGANARELLE.

LUCAS

Ah! palsanguenne, monsieu, vaici bian du tintamarre; votte fille s'en est enfuie avec son Liandre. C'étoit lui qui étoit l'apothicaire; et velà monsieu le médecin qui a fait cette belle opération-là.

GÉRONTE.

Comment! m'assassiner de la façon! Allons, un commissaire, et qu'on empêche qu'il ne sorte. Ah! traître, je vous ferai punir par la justice.

LUCAS.

Ah! par ma fi, monsieu le médecin, vous serez pendu ; ne bougez de là seulement.

SCÈNE IX.
MARTINE, SGANARELLE, LUCAS.

MARTINE, à Lucas.

Ah! mon Dieu! que j'ai eu de peine à trouver ce logis! Dites-moi un peu des nouvelles du médecin que je vous ai donné.

LUCAS.

Le velà qui va être pendu.

MARTINE.

Quoi! mon mari pendu! Hélas! et qu'a-t-il fait pour cela?

LUCAS.

Il a fait enlever la fille de notre maître.

MARTINE.

Hélas! mon cher mari, est-il bien vrai qu'on te va pendre?

SGANARELLE.

Tu vois. Ah!

MARTINE.

Faut-il que tu te laisses mourir en présence de tant de gens?

SGANARELLE.

Que veux-tu que j'y fasse?

MARTINE.

Encore, si tu avois achevé de couper notre bois, je prendrois quelque consolation.

SGANARELLE.

Retire-toi de là, tu me fends le cœur.

MARTINE.

Non, je veux demeurer pour t'encourager à la mort; et je ne te quitterai point que je ne t'aie vu pendu[1].

SGANARELLE.

Ah!

SCÈNE X.

GÉRONTE, SGANARELLE, MARTINE.

GÉRONTE, à Sganarelle.

Le commissaire viendra bientôt, et l'on s'en va vous mettre en lieu où l'on me répondra de vous.

---

1. Voiture écrivait à mademoiselle de Rambouillet : « Voici, mademoiselle, où j'en étois quand j'ai reçu votre seconde lettre, qui m'a fort adouci, en m'apprenant que vous ne désireriez pas que je fusse pendu sans que vous y fussiez. »

SGANARELLE, le chapeau à la main.

Hélas! cela ne se peut-il point changer en quelques coups de bâton?

GÉRONTE.

Non, non; la justice en ordonnera. Mais que vois-je?

SCÈNE XI.
GÉRONTE, LÉANDRE, LUCINDE, SGANARELLE, LUCAS, MARTINE.

LÉANDRE.

Monsieur, je viens faire paroître Léandre à vos yeux, et remettre Lucinde en votre pouvoir. Nous avons eu dessein de prendre la fuite nous deux, et de nous aller marier ensemble; mais cette entreprise a fait place à un procédé plus honnête. Je ne prétends point vous voler votre fille, et ce n'est que de votre main que je veux la recevoir. Ce que je vous dirai, monsieur, c'est que je viens tout à l'heure de recevoir des lettres par où j'apprends que mon oncle est mort, et que je suis héritier de tous ses biens.

GÉRONTE.

Monsieur, votre vertu m'est tout à fait considérable[1], et je vous donne ma fille avec la plus grande joie du monde[2].

---

1. M. Mesnard cite le jeu d'un ancien acteur de l'Odéon nommé Duparai, qui était particulièrement plaisant lorsque, tenant le bâton levé sur Léandre, il l'abaissait tout à coup en apprenant que celui-ci avait fait un riche héritage, et le saluait en disant avec conviction : « Monsieur, votre vertu, etc. »

2. La pièce de Villiers, *Zélinde*, dirigée contre Molière en 1663, se dénouait d'une manière semblable : un père, surprenant sa fille avec un amant qu'il lui a défendu de voir, s'emporte contre tous deux; arrive un laquais qui annonce au jeune homme la mort d'un oncle dont la succession lui revient; alors le père s'apaise aussi vite au moins que M. Géronte, et, comme lui, il consent au mariage des deux amants. Ce dénoûment commode a été, par la suite, celui d'un assez grand nombre de comédies.

ACTE III, SCÈNE XI.

SGANARELLE, à part.

La médecine l'a échappé belle !

MARTINE.

Puisque tu ne seras point pendu, rends-moi grâce d'être médecin, car c'est moi qui t'ai procuré cet honneur.

SGANARELLE.

Oui ! c'est toi qui m'as procuré je ne sais combien de coups de bâton.

LÉANDRE, à Sganarelle.

L'effet en est trop beau pour en garder du ressentiment.

SGANARELLE.

Soit. (A Martine.) Je te pardonne ces coups de bâton en faveur de la dignité où tu m'as élevé ; mais prépare-toi désormais à vivre dans un grand respect avec un homme de ma conséquence, et songe que la colère d'un médecin est plus à craindre qu'on ne peut croire[1].

---

1. La satire contre les médecins, dans cette pièce, n'est point directe ; Sganarelle n'est pas de la Faculté ; il ne fait qu'imiter grotesquement les discours et les manières des véritables docteurs ; mais il y a, dans cette caricature, une sorte de ressemblance grossière qui fait que le ridicule résultant de l'imitation se partage entre le copiste et ses modèles. Si l'on a devant les yeux la théorie du ridicule, si fortement développée dans la « Lettre sur *l'Imposteur* », on s'expliquera que cette attaque, tout indirecte qu'elle est, n'en atteint pas moins sûrement son but.

FIN DU MÉDECIN MALGRÉ LUI.

CI DU VILAIN MIRE

LE VILAIN MÉDECIN[1]

CI DU VILAIN MIRE.	LE VILAIN MÉDECIN.
Jadis estoit uns vilains riches	Jadis était un riche vilain
Qui moult estoit avers et chiches;	Qui était fort avare et fort chiche;
Une charrue adès avoit,	Il avait toujours une charrue,
Tos tens par lui la maintenoit	Et en tous temps la conduisait lui-même
D'une jument et d'un roncin.	A l'aide d'une jument et d'un roussin.
Assez ot char et pain et vin,	Il ne lui manquait ni viande, ni pain, ni vin,
Et quanques mestier li estoit.	Ni rien de ce dont il avait besoin.
Més por fame que pas n'avoit	Mais, parce qu'il n'avait pas de femme,
Le blasmoient moult si ami	Il était blâmé de ses amis
Et toute la gent autressi.	Et de tous les gens du pays également.
Il dist volentiers en prendroit	Il dit qu'il en prendrait volontiers
Une bonne, se la trouvoit.	Une bonne, s'il la trouvait.
El païs ot un chevalier;	Au même pays était un chevalier,
Viez hom estoit et sans moillier;	D'un grand âge, et veuf,
S'avoit une fille moult belle	Qui avait une fille fort belle
Et moult courtoise damoiselle.	Et fort courtoise demoiselle.
Mais, porce qu'avoirs li failloit,	Mais, parce que la fortune lui faisait défaut,
Li chevaliers pas ne trovoit	Le chevalier ne trouvait personne
Qui sa fille li demandast;	Qui lui demandât sa fille;
Que volentiers la mariast,	Il l'eût cependant mariée volontiers,
Porce que ele estoit d'aage	Parce qu'elle était en âge
Et en point d'avoir mariage.	Et en état d'entrer en ménage.
Li ami au vilain alèrent	Les amis du vilain allèrent
Au chevalier, et demandèrent	Au chevalier, et lui demandèrent
Sa fille por le païsant	Sa fille pour le paysan
Qui tant avoit or et argent,	Qui avait tant d'or et d'argent,
Plenté forment et plenté dras.	Abondance de froment, abondance de linge.
Il leur dona isnel le pas,	Il l'accorda sur-le-champ,

1. C'est-à-dire : « le rustre médecin »; mais comme le mot *rustre* ne rend lui-même qu'imparfaitement le mot *vilain*, qui désignait à la fois la bassesse de condition et la rudesse de mœurs, nous conservons ce dernier mot dans notre traduction; il suffira d'avoir rappelé ici que son acception au moyen âge était fort différente de son acception moderne.

Et otroia cest mariage.
La pucele, qui moult fu sage,
N'osa contredire son père,
Quar orpheline estoit de mère;
Si otroie ce qui li plot,
Et li vilains, plustost qu'il pot,
Fist ses noces, et espousa
Celi cui formant en pesa,
S'ele autre chose en osast fere.
Quant trespassé ot cel afere
Et des noces et d'autre chose,
Ne demora mie grant pose
Quant li vilains se porpensa
Que malement esploitie a :
N'aferist mie à son mestier
D'avoir fille de chevalier.
Quant il ira à la charrue,
Li vassaus ira lez la rue,
A cui toz les jors ot foiriez.
Et, quant il sera esloingniez
De sa maison, li chapelains
Vendra tant, et hui et demain,
Que sa fame (caressera),
Ne jamais jor ne l'amera,
« Ne ne me prisera deux pains !
Las ! moi chetiz, fet li vilains,
Or ne me sai je conseillier,
Quar repentir n'i a mestier. »
Lors se commence à porpensser
Coment de ce la puist garder :
« Diex ! fet il, se je la batoie
Au matin, quant je leveroie,
Ele plorroit au lonc du jor.
Je m'en iroie en mon labor.
Bien sai, tant com ele plorroit,
Que nus ne la desvoieroit.
Au vespre, quand je reviendrai,
Por Dieu, merci li crierai.
Je la ferai au soir haitie,
Més au matin ert couroucie.
Je prendrai jà à li congié,
Si je avoie un poi mangié. »
Li vilains demande à disner.
La dame li cort aporter.
N'orent pas saumon ne pertris;
Pain et vin orent, et oes fris,

Et consentit à ce mariage.
La jeune fille, qui était bien apprise,
N'osa contredire son père,
Orpheline de mère qu'elle était:
Elle se soumit à ce qui lui plut;
Et le vilain, le plus tôt qu'il put,
Fit les noces, et épousa
Celle à qui cela pesait extrêmement,
Et qui eût fait autrement si elle eût osé.
Quand fut achevée cette affaire
Et des noces et du reste,
Il ne se passa pas longtemps
Avant que le vilain réfléchit
Qu'il avait fait de méchante besogne :
Il ne lui appartenait pas, dans sa condition,
D'épouser la fille d'un chevalier.
Quand il ira à la charrue,
Le gentilhomme guettera dans la rue,
Car pour lui tous les jours sont fériés.
Et, pendant qu'il sera éloigné
De sa maison, le chapelain
Viendra tant, aujourd'hui et demain,
Qu'il caressera sa femme,
Tandis qu'elle l'aimera fort peu lui-même,
« Et m'estimera moins que deux pains !
Hélas ! pauvret que je suis, fait le vilain,
Je ne sais à quel parti me résoudre,
Car il n'est plus temps de me repentir. »
Il commence alors à méditer
Comment il pourra garder sa femme.
« Mon Dieu ! fait-il, si je la battais
Au matin en me levant,
Elle pleurerait au long du jour.
Je m'en irais à mon travail;
Je le sais bien, tant qu'elle pleurerait,
Nul ne lui ferait suivre un mauvais chemin.
Le soir, quand je reviendrai,
Pour Dieu, je lui demanderai pardon ;
Je la mettrai le soir en belle humeur;
Mais le matin elle aura du chagrin.
Je prendrais immédiatement congé d'elle,
Si j'avais mangé un peu. »
Le vilain demanda son diner.
La dame s'empressa de le lui apporter.
Ils n'eurent ni saumon, ni perdrix;
Mais pain et vin, œufs frits,

LE VILAIN MÉDECIN.

Et du fromage à grant plenté	Et du fromage en grande quantité,
Que li vilains ot amassé.	Dont le vilain avait fait provision.
Et, quant la table fu ostée,	Et, quand la table fut ôtée,
De la paume q'ot grant et lée	De la paume de sa large main
Fiert si sa fame lez la face	Il frappa sa femme au visage,
Que des doiz i parut la trace;	Tellement que la trace des doigts y parut
Puis l'a prise par les cheveus	Puis, il l'a prise par les cheveux,
Li vilains, qui moult estoit feus,	Car le vilain était fort brutal,
Si l'a batue tout ausi	Et il l'a battue tout de même
Com s' ele l'éust deservi.	Que si elle eût mérité de l'être.
Puis vait aus chans isnelement,	Après quoi, il s'en va aux champs au plus vite,
Et sa fame remest plorant.	Et sa femme demeure tout en larmes.
« Lasse, fet ele, que ferai,	« Hélas! fait-elle, que ferai-je
Et coment me conseillerai?	Et quel sera mon recours?
Or ne sai je més que je die.	Je ne sais ce que je dois dire.
Or m'a mon père bien trahie,	Mon père m'a bien trahie
Qui m'a donné à cel vilain,	Quand il m'a donnée à ce vilain,
Cuidoie je morir de fain!	Eussé-je été près de mourir de faim!
Certes bien oi au cuer la rage,	Et moi, j'eus bien la rage au cœur
Quant j'otroiai tel mariage.	Quand je consentis à ce mariage.
Diex! porquoi fu ma mère morte? »	Dieu! pourquoi ma mère était-elle morte? »
Si durement se desconforte,	Elle se lamentait si cruellement
Toutes les gens qui i venoient	Que tous ceux qui venaient
Por li veoir, s'en retornoient.	La voir s'en retournaient.
Ainsi a dolor demené	Elle s'est ainsi livrée à sa douleur
Tant que soleil fut esconssé,	Jusqu'à ce que le soleil fût caché,
Que li vilains est reperiez.	Et que le vilain revint au logis.
A sa fame chéi aus piez	Il se jeta aux pieds de sa femme
Et li pria, por Dieu, merci.	Et, pour Dieu, la pria de lui pardonner.
« Sachiez ce me fist Anemi,	« Sachez que c'est le Diable
Qui me fist fere tel desroi.	Qui m'a fait faire cette méchante action.
Tenez, je vous plevis ma foi	Tenez, je vous engage ma foi
Que jamés ne vous toucherai,	Que jamais je ne vous toucherai,
De tant com batue vous ai	Tant les coups que je vous ai donnés
Sui je courouciez et dolenz! »	Me causent de regret et de peine! »
Tant a dit li vilains pulenz	Tant parla le vilain infect
Que la dame lors li pardone,	Que la dame lui pardonna,
Et à mangier tantost li done	Et lui servit à manger
De ce qu'ele ot appareillié.	Ce qu'elle avait préparé.
Quant il orent assez mengié,	Quand ils eurent mangé assez,
Si alèrent couchier en pais.	Ils allèrent coucher en paix.
Au matin, li vilains pusnais	Au matin, le vilain punais
R'a sa fame si estordie,	A de nouveau étourdi sa femme,
Por poi qu'il ne l'a meshaingnie.	Tellement qu'il l'a presque mise à mal.
Puis s'en revait aux chans arer.	Après quoi, il va aux champs à son labour.
La dame comence à plorer :	La dame recommence à pleurer.

— « Lasse, dist ele, que ferai
Et coment me conseillerai?
Bien sai que mal m'est avenu.
Fu onques mon mari batu?
Nenil, il ne set que cops sont.
S'il le séust, por tout le mont,
Il ne m'en donast pas itant. »
Que qu'ainsi s'aloit dementant,
Es vos deus messagiers le roi,
Chascun sor un blanc palefroi.
Envers la dame esperonèrent,
De par le roi la saluèrent,
Puis demandèrent à mengier,
Que il en orent bien mestier.
Volentiers lor en a doné;
Et puis si leur a demandé :
— « Dont estes vous, et où alez?
Et dites moi que vous querez. »
Li uns respont : « Dame, par foi,
Nous sommes messagiers le roi;
Si nous envoie un mire querre.
Passer devons en Engleterre.
— Por quoi fere? — Damoisele Ade,
La fille le roi, est malade.
Il a passé huit jors entiers
Que ne pot boivre ne mangier,
Quar une areste de poisson
Li aresta ou gavion;
Or est li roi si corouciez,
S'il la pert ne sera més liez. »
Et dist la dame : « Vous n'irez
Pas si loin comme vous pensez,
Quar mon mari est, je vous di,
Bons mires, je le vous afi;
Certes il scet plus de mécines
Et de vrais jugemens d'orines
Que onques ne sot Ypocras.
— Dame, dites le vous à gas?
— De gaber, dist ele, n'ai cure;
Més il est de tele nature
Qu'il ne feroit por nului rien
S'ainçois ne le batoit on bien. »
Et cil dient : « Or i parra;
Jà por batre ne remaindra.
Dame, où le pourrons nous trover?
— Aus chans le porrez encontrer,

« Hélas! dit-elle, que ferai-je,
Et quel sera mon recours?
Je vois bien que je suis vouée au malheur.
Mon mari a-t-il jamais été battu?
Non, il ne sait ce que sont les coups;
S'il le sut, pour tout le monde,
Il ne m'en donnerait pas autant. »
Pendant qu'elle se désolait ainsi,
Voici venir deux messagers du roi
Chacun sur un palefroi blanc.
Ils éperonnèrent vers la dame,
La saluèrent de par le roi,
Et lui demandèrent à manger,
Dont ils avaient grand besoin.
Elle a volontiers satisfait leur désir.
Puis elle les a interrogés :
« D'où êtes-vous, et où allez-vous?
Dites-moi ce que vous cherchez. »
L'un d'eux répond : « Dame, par ma foi,
Nous sommes messagers du roi;
Il nous envoie querir un médecin.
Nous devons passer en Angleterre.
— Pourquoi faire? — Demoiselle Ade,
La fille du roi, est malade :
Il y a plus de huit jours entiers
Qu'elle n'a pu boire ni manger,
Parce qu'une arête de poisson
S'est arrêtée dans son gosier;
Le roi en est si affligé
Que, s'il la perd, il n'aura jamais joie. »
La dame dit : « Vous n'irez
Pas si loin que vous pensez,
Car mon mari est, je vous assure,
Bon médecin, je vous le garantis;
Certes, il sait plus de médecines
Et de vrais jugements d'urines
Que n'en sut jadis Hippocrate.
— Dame, est-ce une plaisanterie que vous faites?
— De plaisanter, reprit-elle, je n'ai cure,
Mais mon mari est de telle nature
Qu'il ne ferait rien pour personne,
Si d'abord on ne le battait bien. »
Les autres dirent : « On verra cela;
S'il ne tient qu'à battre, tout ira au mieux.
Dame, où le pourrons-nous trouver?
— Aux champs vous pourrez le rencontrer,

LE VILAIN MÉDECIN.

Quant vous istrez de ceste cort,
Tout ainsi com cil ruissiaus cort ;
Par defors cele gaste rue,
Toute la première charrue
Que vous troverez, c'est la nostre.
Alez ; à saint Pere l'apostre,
Fet la dame, je vous comant.
Et cil s'en vont esperonant,
Tant qu'il ont le vilain trové.
De par le roi l'ont salué,
Puis li dient sanz demorer :
— Venez en tost au roy parler.
— A que fere ? » dist li vilains.
— Por le sens dont vous estes plains ;
Il n'a tel mire en ceste terre ;
De loing vous somes venu querre. »
Quant li vilains s'ot clamer mire,
Trestoz li sans li prent à frire ;
Dist qu'il n'en set ne tant ne quant.
« Et qu'alons nous ore atendant ?
Ce dist li autres, bien sez tu
Qu'il veut avant estre batu,
Que il face nul bien ne die. »
Li uns le fiert delez l'oïe,
Et li autres parmi le dos
D'un baston qu'il ot grant et gros.
Il li ont fet honte à plenté,
Et puis si l'ont au roi mené ;
Si le montent à reculons,
La teste devers les talons.
Li rois les avoit encontré,
Si lor dist : « Avez rien trové ?
— Sire, oïl, » distrent il ensamble.
Et li vilains de paor tramble.
Li uns d'aus li dist primerains
Les teches qu'avoit li vilains,
Et com ert plains de felonie ;
Quar de chose que on li prie,
Ne feroit il por nului rien,
S'ainçois ne le batoit on bien.
Et dist li rois : « Mal mire a ci,
Ainc mais d'itel parler n'oï.
Bien soit batus, puisqu'ainsi est ! »
Dist un serjans : « Je sui tout prest ;
Jà si tost nel comanderois
Que je li paierai ses droits. »

Si, en sortant de cette cour,
Vous suivez le cours de ce ruisseau,
Au bout de cette voie déserte,
La première charrue
Que vous apercevrez, c'est la nôtre.
Allez ; à l'apôtre saint Pierre,
Fait la dame, je vous recommande. »
Et ceux-ci jouent des éperons,
Tant qu'ils ont trouvé le vilain ;
De par le roi ils l'ont salué,
Puis lui ont dit sans différer :
« Venez tôt parler au roi.
— Pour quoi faire ? dit le vilain.
— A cause du savoir dont vous êtes rempli :
Il n'y a pareil médecin en cette terre ;
De loin nous sommes venus vous chercher. »
Quand le vilain s'entend proclamer médecin,
Tout le sang lui bout dans les veines.
Il répond qu'il ne sait rien ni peu ni prou.
« Et qu'attendons-nous davantage ?
Dit l'autre ; tu sais bien
Qu'il faut avant tout le battre ;
Sans quoi il ne fait ni ne dit rien de bon. »
Celui-ci le frappe sur l'oreille,
Celui-là lui frotte le dos
D'un bâton gros et pesant.
Ils lui ont fait honte tant et plus ;
Puis ils l'ont conduit au roi,
En le montant sur le cheval de l'un d'eux,
La face tournée du côté de la croupe.
Le roi vint à leur rencontre
Et leur dit : « Avez-vous trouvé ce qu'il faut ?
— Sire, oui, » répondirent-ils ensemble.
Et le vilain tremble de peur.
L'un des messagers raconte au roi
Les travers qu'avait le vilain
Et comme il était plein de félonie,
Car, de quelque chose qu'on le prie,
Il ne ferait rien pour personne
Si on ne le battait bien fort.
Le roi dit : « Voici un méchant médecin,
Je n'ai jamais ouï parler d'un pareil.
Qu'il soit battu, puisqu'il en est ainsi ! »
Un serviteur ajoute : « Je suis prêt ;
Vous ne l'aurez pas plus tôt ordonné
Que je lui payerai ses honoraires. »

Li rois le vilain apela.
« Mestre, fet il, entendez ça ;
Je ferai ma fille venir,
Quar grant mestier a de garir. »
Li vilains li cria merci :
« Sire, por Dieu qui ne menti !
Si m'aït Dieu ! Je vous di bien,
De fisique ne sai je rien ;
Onques de fisique ne soi. »
Et dist li rois : « Merveilles oi ;
Batez le moi. » Et cil saillirent
Qui assez volentiers le firent.
Quant li vilains senti les cops,
Adonques se tint il por fols.
Merci commença à crier :
« Je la garrai sans delaier ! »
La pucele fu en la sale,
Qui moult estoit et tainte et pale.
Et li vilains se porpenssa
En quel manière il la garra ;
Quar il sçait bien que à garir
Li convient il, ou à morir.
Lors se comence à porpensser.
Se garir la veut et sauver,
Chose li covient fere et dire
Par quoi la puisse fere rire,
Tant que l'areste saille hors,
Quar ele n'est pas dans le cors.
Lors dist au roi : « Fetes un feu
En cele chambre, en privé leu ;
Vous verés bien que je ferai,
Et, se Dieu plaist, je la garrai. »
Li rois a fet le feu plenier ;
Vallet saillent et escuier,
Si ont le feu tost alumé
Là où li rois l'ot comandé.
Et la pucele au feu s'assist
Seur un siège que l'en li mist.
Et li vilains se despoilla
Toz nus, et ses braies osta,
Et s'est travers le feu couchiez,
Si s'est gratez et estrilliez.
Ongles ot grans et le cuir dur.
Il n'a homme dusqu'à Samur,
Là on louast gratéeur point,
Que cil ne fust moult bien à point.

Le roi appela le vilain :
« Maître, fait-il, entendez ceci :
Je vais faire venir ma fille
Qu'il est bien urgent de guérir. »
Le vilain lui demande grâce :
« Sire, au nom de Dieu qui point ne mentit !
Que Dieu m'assiste ! je vous affirme
Que je ne sais mot de médecine,
Et n'en ai jamais rien su. »
Le roi dit : « J'en suis grandement étonné ;
Battez-le-moi. » Aussitôt se présentèrent
Des gens qui obéirent de bon cœur.
Quand le vilain a senti les coups,
Il s'est alors tenu pour fol.
Il se mit à crier merci :
« Je la guérirai sans délai ! »
La jeune fille vint dans la salle,
Elle était très hâve et très pâle.
Le vilain fait réflexion
Sur la manière dont il la guérira,
Car il voit bien qu'il faut la guérir :
Il n'y a pas d'autre choix, ou mourir.
Il commence à songer
Que, s'il la veut sauver,
Il lui convient faire et dire
Chose qui puisse la faire rire,
Si bien que l'arête soit jetée dehors,
Puisqu'elle n'est pas entrée profondément.
Il dit donc au roi : « Faites du feu
Dans cette chambre, en lieu secret.
Vous allez voir ce que je vais faire :
S'il plaît à Dieu, je la guérirai. »
Le roi commande de faire grand feu ;
Valets et écuyers se mettent à l'œuvre
Et ont vite allumé le feu
Là où le roi l'a commandé.
Et la jeune fille s'assit au feu,
Sur un siège qu'on mit pour elle.
Alors le vilain se dépouilla
Tout nu, et ôta jusqu'à ses braies,
Puis il se coucha en travers du feu ;
Il s'est alors gratté et étrillé.
Il avait les ongles grands et le cuir dur.
On n'eût point trouvé jusqu'à Saumur,
Si l'on eût voulu louer un gratteur,
Quelqu'un aussi bien à point que celui-ci.

LE VILAIN MÉDECIN.

Et la pucele qui ce voit, | La jeune fille qui voit cela,
Atout le mal qu'ele sentoit, | Malgré le mal qu'elle sentait,
Vout rire ; si s'en efforça | Voulut rire ; elle fit de tels efforts
Que de la bouche li vola | Que de la bouche lui partit
L'areste hors, enz el brasier. | L'arête, jusque dans le brasier.
Et li vilains sanz delaier | Et le vilain, sans plus attendre,
Revest ses dras et prent l'areste ; | Revêt ses habits et prend l'arête ;
De la chambre ist fesant grant feste. | Il sort de la chambre en grande fête.
Où voit le roi, en haut li crie : | Dès qu'il aperçoit le roi, il lui crie :
« Sire, vostre fille est garie ; | « Sire, votre fille est guérie,
Vez ci l'areste, Dieu merci ! » | Voici l'arête, Dieu soit loué ! »
Et li rois mout s'en esjoï, | Le roi s'en réjouit fort,
Et dist li rois : « Or sachiez bien | Et dit : « Sachez bien
Que je vous aim seur toute rien. | Que je vous aime sur toute chose ;
Or aurez vous robes et dras. | Vous aurez et des habits et du linge.
— Merci, sire, je nel vueil pas, | — Sire, merci, je n'en veux point ;
Ne ne vueil o vous demorer ; | Je ne veux pas demeurer près de vous ;
A mon ostel m'estuet aler. » | J'ai besoin de retourner à mon logis. »
Et dist li rois : « Tu non feras, | Le roi lui dit : « Tu n'en feras rien,
Mon mestre et mon ami seras. | Tu seras mon docteur et mon ami.
— Merci, sire, por saint Germain ! | — Sire, merci, pour saint Germain
A mon ostel n'a point de pain : | A ma maison le pain manque :
Quant je m'en parti ier matin, | Quand j'en partis hier matin,
L'en devoit carchier au molin. » | On devait charger pour le moulin. »
Li rois deux garçons apela : | Le roi appelle deux serviteurs :
« Batez le moi, si demorra. » | « Battez-le, il demeurera. »
Et cil saillent sans delaier, | Ceux-ci s'empressent aussitôt,
Et vont le vilain ledengier. | Et sans respect traitent le vilain.
Quant li vilains senti les cops | Quand celui-ci sentit les coups
Es bras, es jambes et ou dos, | Aux bras, aux jambes et au dos,
Merci lor commence à crier : | Il commence à crier grâce :
« Je demorrai, laissiez me ester. » | « Je resterai, laissez-moi respirer. »
Li vilains est à cort remez, | Le vilain est demeuré à la cour ;
Et si l'a on tondu et rez, | On l'a tondu et rasé,
Et si ot robe d'escarlate. | On lui a mis une robe d'écarlate.
Fors cuida estre de barate, | Il pensait n'avoir plus besoin de stratagèmes,
Quant les malades du païs, | Lorsque les malades du pays,
Plus de quatre vingt, ce m'est vis, | Plus de quatre-vingts, il me semble,
Vindrent au roi à cele feste. | Vinrent au roi, en cette fête.
Chascuns li a conté son estre. | Chacun lui a dépeint son état.
Li rois le vilain apela : | Le roi appela le vilain :
« Mestre, dist il, entendez ça ; | « Maître, dit-il, entendez ceci :
De ceste gent prenez conroi ; | Prenez soin de ces gens ;
Fetes tost, garissez les moi. | Faites tôt, guérissez-les-moi.
— Merci, sire, li vilains dist, | — Grâce, sire, dit le vilain,
Trop en i a, se Diex m'aït ! | Il y en a trop, que Dieu m'assiste !

Je n'en porroie à chief venir,	Je n'en pourrais venir à bout,
Si n'es porroie toz garir. »	Je ne saurais tous les guérir. »
Li rois deux garçons en apele,	Le roi appelle ses deux serviteurs,
Et chascuns a pris une estele,	Et chacun d'eux prend un gourdin,
Quar chascuns d'ausmoult bien savoit	Car ils savaient très bien tous deux
Porquoi li rois les apeloit.	Pourquoi le roi les mandait.
Quant li vilains les vit venir,	Quand le vilain les voit venir,
Li sans li comence à fremir.	Tout son sang se met à frémir.
Merci lor comence à crier :	Il commence à crier grâce :
« Je les garrai sans arester! »	« Je les guérirai sans retard! »
Li vilains a demandé laingne;	Le vilain a demandé du bois,
Assez en ot coment qu'il praingne.	Il en a autant qu'il peut en prendre.
En la sale fu fez li feus,	En la salle fut fait le feu,
Et il méismes en fu keus.	Et lui-même en fut le tisonneur.
Les malades i aüna;	Il y rassembla les malades;
Et puis après au roi pria :	Et ensuite il requiert au roi :
« Sire, vous en irez aval,	« Sire, vous vous en irez là-bas
Et tuit cil qui n'ont nul mal. »	Avec tous ceux qui n'ont aucun mal. »
Li rois s'en part moult bonement;	Le roi se retire de bonne grâce;
De la sale ist, lui et sa gent.	Il sort de la salle avec ses gens.
Li vilains aus malades dist :	Le vilain dit aux malades :
« Seignor, par cel Dieu qui me fist!	« Seigneurs, par ce Dieu qui me fit!
Moult a grant chose à vous garir.	C'est une grande affaire que de vous guérir.
Je n'en porroie à chief venir.	Je n'en pourrais venir à bout.
Le plus malade en eslirai,	Je choisirai le plus malade d'entre vous.
Et en cel feu le meterai,	Et le mettrai dans ce feu;
Si l'arderai en icest feu;	Dans ce feu je le ferai brûler;
Et tuit li autre en auront preu,	Et tous les autres en auront profit,
Quar cil qui la poudre bevront	Car ceux qui boiront de sa cendre
Tout maintenant gari seront. »	Tout aussitôt seront guéris. »
Li uns a l'autre regardé;	Ils se sont regardés l'un l'autre.
Ainz n'i ot boçu ne enflé,	Mais il n'y eut bossu ni enflé
Qui otriast, por Normendie,	Qui avouât, pour toute la Normandie,
Qu'éust la graindre maladie.	Qu'il eût la pire maladie.
Li vilains a dit au premier :	Le vilain a dit au premier :
« Je te voi moult afebloier,	« Je te vois bien affaibli,
Tu es des autres li plus vains.	Tu es de tous le plus épuisé.
— Merci, sire, je suis toz sains	— Pardon, seigneur, je suis mieux portant
Plus que je ne fui onques mais;	Que je ne l'ai jamais été :
Alegiez sui del grief fais	Je suis soulagé du pesant fardeau
Que j'ai éu mout longuement,	Que j'ai porté si longtemps;
Sachiez que de rien ne vous ment.	Sachez que je ne vous mens point.
— Va donc aval, qu'as-tu ci quis? »	— Va donc là-bas; que fais-tu ici? »
Et cil a l'uis maintenant pris.	Et l'autre a vivement pris la porte.
Li rois demande : « Es tu gari?	Le roi lui demande : « Es-tu guéri?
— Oïl, sire, la Dieu merci!	— Oui, sire, Dieu merci!

Je sui plus sains que une pomme.	Je suis plus sain qu'une pomme ;
Moult a ou mestre bon preudomme. »	C'est un bon prud'homme que le docteur. »
Que vous iroie je contant ?	Que vous irais-je contant ?
Onques n'i ot petit ne grant	Il n'y eut petit ni grand
Qui, por tot le mont, otriast	Qui, pour le monde entier, consentit
Que l'en en cel feu le boutast.	Qu'on le jetât en ce feu.
Ainçois s'en vont tout autressi.	Mais ils s'en vont tous de même,
Com se il fussent tuit gari.	Se prétendant tout à fait guéris.
Et quant li rois les a véuz,	Quand le roi les a vus,
De joie fu toz esperduz.	Il fut tout éperdu de joie.
Puis a dit au vilain : « Biaus mestre,	Il a dit au vilain : « Beau maître,
Je me merveil ce que puet estre	Je m'étonne comment il peut se faire
Que si tost gariz les avez.	Que vous les ayez guéris si promptement.
— Merci, sire, j'es ai charmez ;	— Pardon, sire, je les ai charmés ;
Je sai un charme qui mieux vaut	Je sais un charme qui vaut mieux
Que gingenbre ne citouaut. »	Que gingembre ni cannelle. »
Et dist li rois : « Or en irez	Le roi dit : « Vous vous en irez
A vostre ostel quant vous voudrez,	A votre maison quand vous voudrez.
Et si aurez de mes deniers,	Et vous aurez de mon argent,
Et palefroiz et bons destriers ;	Et palefrois et bons destriers ;
Et quant je vous remanderai,	Mais quand je vous manderai de nouveau,
Vous ferez ce que je voudrai	Vous ferez ce que je voudrai ;
Si serez mes bons amis chiers,	Ainsi vous serez mon ami,
Et en serez tenus plus chiers	Et vous serez tenu plus cher
De toute la gent du païs.	Par tous les gens du pays.
Or ne soiez plus esbahis,	Ne faites donc plus le niais,
Ne ne vous fetes plus ledir,	Et ne nous forcez plus à vous maltraiter,
Quar ontes est de vous ferir.	Car c'est une honte de vous battre.
— Merci, sire, dist le vilain,	— Sire, merci, dit le vilain,
Je sui vostre home et soir et main,	Je suis votre sujet, matin et soir,
Et serai tant com je vivrai,	Et le serai toute ma vie,
Ne ja ne m'en repentirai. »	Sans m'en repentir jamais. »
Du roi se parti, congié prent	Prenant congé, il quitte le roi,
A son ostel vint liement.	Et s'en revient gaiement chez lui.
A son ostel en est venuz ;	De retour à sa maison,
Riches mananz ainz ne fu plus,	Ce ne fut plus seulement un riche paysan ;
Ne plus n'ala à la charrue ;	Il n'alla plus à la charrue ;
Ne onques puis ne fu batue	Jamais depuis ne fut battue
Sa fame, ainz l'ama et chiéri.	Sa femme, qu'il aima et chérit.
Ainsi ala com je vous di :	Les choses advinrent comme je vous dis :
Par sa fame, et par sa voisdie,	Grâce à sa femme, et par sa finesse,
Fu bons mestres, et sans clergie.	Il fut bon docteur, et sans avoir étudié.
EXPLICIT DU VILAIN MIRE.	FIN DU VILAIN MÉDECIN

MÉLICERTE

COMÉDIE PASTORALE HÉROÏQUE

2 décembre 1666

NOTICE PRÉLIMINAIRE.

La Grange nous apprend que, le 1ᵉʳ décembre 1666, la troupe du Palais-Royal partit pour Saint-Germain-en-Laye, où elle fut employée dès le lendemain dans le Ballet des Muses. Ce Ballet des Muses marquait la reprise des fêtes de la cour, interrompues pendant près d'une année par la mort de la reine mère. Il était l'œuvre de Benserade, qui passait pour fort habile à arranger ces sortes de divertissements. Non seulement la troupe de Molière, mais celle de l'hôtel de Bourgogne, mais les comédiens italiens et espagnols, furent appelés à contribuer à celui-ci. J.-B. Lulli en composa la musique. Le roi, Madame, les principaux personnages de la cour y figurèrent dans plusieurs entrées, et prirent, comme on le verra par le livret, une part très active aux danses et aux jeux mythologiques.

Molière était chargé d'acquitter le tribut dû à Thalie, la troisième muse; il fournit d'abord pour son contingent les deux premiers actes de *Mélicerte*, comédie pastorale héroïque; puis un acte intitulé *Pastorale comique,* dont il ne nous reste que les couplets.

En écrivant la première de ces pièces, Molière, préoccupé sans doute du cadre où elle devait prendre place et du voisinage de Pyrame et Thisbé, qui faisaient hommage de leurs sentiments héroïques à Melpomène, Molière voulut représenter son art sous l'aspect le plus fleuri et le plus orné; il voulut lui faire exprimer uniquement la grâce, la tendresse, la délicatesse exquise des sentiments, dans un rêve idéal imité des bergeries de l'*Astrée*. *Mélicerte* n'échappe pas à l'insipidité d'un genre tout artificiel ; il y a pourtant dans cet ouvrage de la sensibilité et de la fraîcheur, et il n'est certainement pas inférieur aux pastorales de l'Espagne et de l'Italie. On aurait tort, lorsqu'on veut apprécier l'ensemble de l'œuvre de Molière, de ne pas tenir compte de ce précieux débris. L'esprit trop exclusif, qui admet difficilement qu'un écrivain réunisse diverses aptitudes, cet esprit qui existait déjà au xviie siècle, et qui eut tant de peine à accorder à Racine le succès des *Plaideurs*, frappa d'impuissance absolue tous les essais que fit Molière en dehors de la comédie. Il n'y a peut-être pas lieu de regretter cette intolérance si nous lui devons quelques œuvres comiques de plus. Mais pour l'étude du génie, pour la connaissance de l'homme, les ébauches incomplètes qui lui réussirent si peu offrent pourtant un vif intérêt. Quiconque négligerait de lire *Don Garcie, la Princesse d'Élide, Mélicerte, les Amants magnifiques,* n'apprécierait Molière qu'imparfaitement. Parmi ces créations, où le comique n'a qu'une faible part, où le sentiment domine, *Mélicerte* est, sans contredit, la plus significative.

Molière puisa, dit-on, son sujet dans l'épisode de Timarète et Sésostris, du roman de *Cyrus*. Les lignes suivantes suffiront à faire estimer ce que le poète put, somme toute, devoir au romancier. Mlle de Scudéry décrit comme il suit la situation de ces deux augustes personnages : « La condition de leurs pères leur sembloit égale, leur âge étoit proportionné ; il n'y avoit pas une bergère, en toute l'île, à qui Sésostris pût parler un quart d'heure ; il n'y avoit pas non plus un berger que Timarète pût souffrir qu'il la regardât : ainsi, leur raison leur disant à tous deux qu'Aménophis et Thraséas voudroient bien qu'ils s'épousassent, ils abandonnèrent leur cœur sans résistance à l'amour que leur mérite y faisoit naître[1]. » Comme on le voit, la dette est minime. Ces enfants, nés d'un sang royal, cachés sous des habits de bergers, qui s'aiment comme s'ils se reconnaissaient de même race et devinaient qu'ils sont faits l'un pour l'autre, présentent du reste une

---

1. *Artamène ou le Grand Cyrus*, tome VI, livre ii, page 661.

combinaison romanesque alors fort commune, soit qu'on feignît que tous deux ignorassent leur véritable origine, soit qu'on n'enveloppât de mystère que la naissance de l'un ou de l'autre. On se rappelle dans le *Conte d'hiver*, de Shakespeare, les scènes charmantes de Florizel et Perdita. Si *Mélicerte* avait été terminée par Molière, les deux églogues auraient pu servir de pendants l'une à l'autre.

C'est pour le jeune Baron que Molière composa son idylle. Cet acteur de treize ans, que, depuis une année environ, Molière avait recueilli, était un prodige d'élégance et d'intelligence précoce. « Objet des innocentes caresses des jeunes femmes de la troupe, dit M. P. Chasles, cet enfant, d'une beauté rare et d'une grâce parfaite, placé comme l'Indien Crichna au milieu des bergères ou gopis, offrait un spectacle tout à fait digne de la pastorale. Molière mit en scène ce riant ensemble. » Mais une querelle qui s'éleva pendant les répétitions vint déconcerter ses projets. « Mademoiselle Molière, raconte Grimarest, s'emporta un jour jusqu'à donner à Baron un soufflet sur un sujet assez léger. Le jeune homme crut son honneur intéressé d'avoir été battu par une femme. Voilà de la rumeur dans la maison. « Est-il possible, « dit Molière à son épouse, que vous ayez l'imprudence de frap- « per un enfant aussi sensible que vous connoissez celui-là ; et « encore dans un temps où il est chargé d'un rôle de six cents « vers dans la pièce que nous devons représenter incessamment « devant le roi ? »

Molière tâcha vainement d'adoucir le jeune acteur irrité. Tout ce qu'il put obtenir, c'est que Baron jouerait son personnage de Myrtil. Après la représentation, celui-ci eut la hardiesse de demander au roi, à Saint-Germain, la permission de se retirer. Elle lui fut accordée ; il partit, et courut pendant plus de trois ans la province.

Ce fut sans doute cette circonstance qui détourna Molière d'achever la pièce, dont il n'avait pu produire que les deux premiers actes dans le Ballet des Muses. Elle ne revit le jour que seize ans plus tard, dans l'édition de 1682, où La Grange et Vinot la publièrent telle que son auteur l'avait laissée.

Dix-sept ans après cette publication, en 1699, Guérin, fils du comédien de ce nom qui avait épousé la veuve de Molière, entreprit d'achever *Mélicerte*. « M. de Molière, disait-il dans sa préface, avoit commencé *Mélicerte;* lecteur assidu des productions de ce grand homme, je me suis étonné cent fois de ce qu'il n'avoit pas donné la dernière main à un ouvrage dont l'heureux commencement nous promettoit une suite aussi parfaite... et ce fut dans ces moments que je formai le dessein de le continuer. »

Guérin mit en vers irréguliers les deux actes que Molière avait écrits en vers réguliers, y fit quelques modifications qu'il jugea avantageuses; par exemple, il s'avisa qu'il valait mieux que Myrtil, entrant en scène, apportât à Mélicerte un bouquet de fleurs qu'un oiseau, sans doute parce que ce nouveau présent lui parut prêter plus amplement au madrigal; et enfin il ajouta un troisième acte entièrement de sa façon, dont l'épisode de Sésostris et Timarète lui fournit la matière : « J'avouerai en tremblant, dit-il encore, que le troisième acte est mon ouvrage, et que je l'ai travaillé sans avoir trouvé dans les papiers de M. de Molière ni le moindre fragment, ni la moindre idée. Heureux s'il m'eût laissé quelque projet à exécuter! Tout ce que je pus conjecturer, c'est qu'il avoit tiré *Mélicerte* de l'histoire de Timarète et de Sésostris, qui est dans *Cyrus*. Je le lus avec attention, et là-dessus je traçai mon sujet[1]. » Mélicerte est reconnue pour fille d'Amasis, roi d'Égypte, qui avait usurpé la couronne sur Apriez; et dans Myrtil on retrouve Sésostris, fils du roi légitime, devenu lui-même, par la mort de son père, légitime héritier du trône. Amasis, que de longs remords avaient déjà dégoûté d'un pouvoir injustement acquis, rend le sceptre à Sésostris et lui accorde la main de sa fille.

Cet ouvrage, malgré la protection toute particulière de la princesse de Conti, fut accueilli très froidement. Guérin avait gâté les deux premiers actes, et entassé dans le troisième la double reconnaissance de Myrtil et de Mélicerte, l'abdication de l'usurpateur Amasis, qu'on était obligé de faire venir des bords du Nil sur ceux du Pénée, et le mariage des deux amants. C'était trop. La musique de Lalande ne réussit pas à soutenir tout cela. Gacon, qui assistait, à Fontainebleau, à la représentation de la

---

1. *Myrtil et Mélicerte*, pastorale héroïque, 1699, in-12. — Réimprimée par D. Jouaust dans la *Nouvelle Collection moliéresque*, 1882, avec une notice par Ed. Thierry et une préface par le bibliophile Jacob.

pièce ainsi refaite, dit, dans la satire XXIV du *Poète sans fard,*
en parlant de l'imposant spectacle de la messe du roi :

> Et pendant que nos yeux contemploient ces merveilles,
> Lalande par ses tons enchantoit nos oreilles :
> Heureux si, satisfait de nous plaire en latin,
> Il n'eût point travaillé sur les vers de Guérin !
> Car, dès le même soir, la cour, à *Mélicerte,*
> De Lulli, de Molière exagéra la perte;
> Et Lalande et Guérin, sifflés des courtisans,
> Même au sein des flatteurs furent sans partisans.

Ce dernier coup termina pour jamais les destinées de *Mélicerte.*

Quant à la *Pastorale comique,* on a peine à en deviner le bizarre dessin, car Molière prit à son égard un parti plus rigoureux et plus radical. Il en supprima et anéantit le manuscrit, de sorte qu'on n'en retrouve que les couplets chantés, conservés dans le livre du Ballet et dans la partition. Ces couplets indiquent de folâtres ébats, que l'on croirait plus dignes de Lulli que de Molière, et que, pour celui-ci, on est tenté d'expliquer par un violent besoin de s'étourdir. Dans ce rôle de Lycas, que Molière joua entre deux accès de maladie, ses traits amaigris, noirs et creusés, semblent avoir fait les principaux frais de la plaisanterie. Son insulteur posthume, dont nous aurons à parler plus tard, Jaulnay, lorsqu'il l'appelait « ce marmouset hideux », se souvenait peut-être de ce personnage de Lycas, que les magiciens et les démons entreprennent vainement d'embellir.

Nous reproduirons le livre du Ballet des Muses afin de mettre, suivant notre coutume, le lecteur à même de se figurer exactement le milieu où les œuvres du poète ont paru ; elles sont ainsi placées dans leur vrai jour ; et le cadre qui les entoure leur sert de premier commentaire fidèle et authentique.

Une circonstance essentielle à noter, c'est qu'il n'est aucunement question de *Mélicerte* dans le livre du Ballet, ni dans la partition. Il s'ensuit que l'on a été assez embarrassé pour déterminer l'endroit du divertissement où eut lieu la représentation de cette comédie. La *Pastorale comique* étant assignée par le livret à la troisième entrée en l'honneur de Thalie, la plupart des éditeurs ont, après les frères Parfait[1], placé *Mélicerte* à la qua-

---

1. *Histoire du Théâtre françois,* tome X, page 135.

trième entrée consacrée à Euterpe. Mais le livret présente, pour cette quatrième entrée, un dialogue chanté par des bergers et des bergères, et, de plus, la danse du roi et de Madame. A supposer que le chant des bergers et des bergères ait pu servir de prologue à *Mélicerte* et suppléer à cette pièce, quand elle disparut, l'autre cérémonie était trop importante pour que, si elle avait eu lieu à la suite d'une représentation théâtrale, l'on omît de le constater. Il y a là un problème dont nous allons chercher la solution.

Un ballet comme celui dont nous avons à nous occuper n'était pas, dès le premier jour, constitué d'une manière immuable; c'était au contraire une œuvre essentiellement mobile, un thème qui prêtait à des variations presque indéfinies. Les changements que subit le Ballet des Muses pendant les trois mois où il servit de cadre aux fêtes de la cour furent considérables. Le livre du Ballet tel que nous le possédons ne permet pas de distinguer facilement ces modifications successives. Daté de 1666, mis en vente dès le 11 décembre de cette année, comme Robinet le constate, il contient cependant des parties qui ne furent certainement introduites dans la composition primitive que pendant les mois de janvier et de février 1667 : ainsi, la mascarade espagnole; ainsi, *le Sicilien*. Cela ne peut s'expliquer que par la transformation du livet lui-même, et, en examinant cet opuscule, on s'aperçoit, en effet, que c'est un volume composite, dont une double pagination irrégulière trahit surtout les remaniements. Le livre du Ballet ne saurait donc nous éclairer sur l'ordre dans lequel se suivirent les pièces de Molière ni sur le moment où elles parurent. Nous sommes obligé, pour avoir quelques indications sur ce point, de consulter les gazettes du temps. La Gazette en prose dit en peu de mots ce que fut la représentation du 2 décembre. On lui écrit de Saint-Germain-en-Laye, à la date du 4 décembre 1666 :

« Le 2 du courant, fut ici dansé pour la première fois, en présence de la reine, de Monsieur et de toute la cour, le Ballet des Muses, composé de treize entrées; ce qui s'exécuta avec la magnificence ordinaire dans les divertissements de Leurs Majestés. Il commence par un dialogue de ces divinités du Parnasse en l'honneur du roi; et tous les Arts, que l'on voit si bien refleurir par les soins de ce grand monarque, étant venus les recevoir, se déterminent à faire en faveur de chacune d'elles une entrée particulière. Dans la première, pour Uranie, on représente les sept planètes. Dans la deuxième, pour Melpomène, on fait paroître l'aventure de Pyrame et de Thisbé, désignés par le comte d'Armagnac et le marquis de Mirepoix. La troisième est une pièce comique en faveur de Thalie. La quatrième, pour Euterpe, est composée de bergers et de bergères; et Sa Majesté, pour s'y délasser, en quelque façon, de ses travaux continuels pour l'État, y représente l'un de ces pasteurs, accompagné du marquis de Villeroi, ainsi que Madame l'une de ces bergères, aussi accompagnée de la marquise de Montespan et des damoiselles de La Vallière et de Toussi. Dans la cinquième, pour Clio, se voit la bataille donnée entre Alexandre et Porus; et la sixième, en faveur de Calliope, est dansée par cinq poètes. Dans la septième, qui est accompagnée d'un récit, paroît Orphée, qui, par les divers tons de sa lyre, inspire la douleur et les autres passions à ceux qui le suivent. La huitième, pour Érato, est dansée par six amants, entre lesquels Cyrus est désigné par le roi, et Polexandre par le marquis de Villeroi. La neuvième, pour Polymnie, est composée de trois philosophes et de trois orateurs, représentés par les comédiens françois et italiens. La dixième est de quatre Faunes et d'autant de femmes sauvages, en faveur de Terpsichore, avec un très beau récit; et dans la onzième, il se fait une danse des plus agréables par ces Muses et les filles de Piérus, représentées par Madame, avec les filles de la reine, de son Altesse royale, et d'autres dames de la cour. La douzième est composée de trois Nymphes qu'elles avoient choisies pour juger de leur dispute; et dans la dernière, Jupiter vient punir les Piérides pour n'avoir pas reçu le jugement qui avoit été prononcé; toutes ces entrées étant si bien concertées et exécutées qu'on ne peut rien voir de plus divertissant. »

Ainsi il n'y avait, dans cette première représentation du Ballet des Muses, ni la comédie des *Poètes* jouée par les comédiens de l'hôtel de Bourgogne, ni la mascarade des Espagnols et des Espagnoles; et le divertissement se terminait bien à la treizième entrée, c'est-à-dire par la métamorphose des Piérides en pies. Robinet, dans sa lettre du 11 décembre, un peu trop verbeuse pour être reproduite ici, confirme ces différents points. On jouait une pièce de Molière dans la troisième entrée; une seule : était-ce *Mélicerte?* était-ce la *Pastorale comique?* C'était *Mélicerte,* selon nous. Le terme « une pièce comique » dont se sert la Gazette est, surtout dans la langue du temps, parfaitement applicable à cette dernière production. Quant à Robinet, voici comment il s'exprime :

> Thalie, aimant plus sagement
> Ce qui donne de l'enjouement,
> Est comiquement divertie
> Par une belle comédie
> Dont Molière, en cela docteur,
> Est le très admirable auteur.

Nous ne croyons pas que le continuateur de la Muse historique eût employé ces mots : « une belle comédie, » pour désigner la *Pastorale comique.* En outre, si l'on considère combien il est vraisemblable que *Mélicerte,* inachevée comme elle était, dut se produire dans le premier moment et avec l'excuse de la précipitation; si l'on tient compte de la tradition relative au jeune Baron, telle que nous l'avons rapportée ci-dessus d'après Grimarest; si l'on remarque enfin que La Grange, sur son registre, cite *Mélicerte* en premier lieu, l'on conservera peu de doutes, et ce qui va suivre achèvera de les dissiper.

On manque de renseignements sur les représentations du Ballet des Muses pendant le mois de décembre. La Gazette n'en fait pas mention; Robinet se borne à dire vaguement, dans sa lettre du 26 :

> L'auguste Ballet des neuf Sœurs,
> Où l'on voit d'excellents danseurs,
> Divertit toujours à merveille
> La cour, des cours la non pareille.

La reine se trouvant dans un état de grossesse avancée, il y eut sans doute une interruption pendant la seconde quinzaine de décembre. Lorsque, le 2 janvier 1667, Sa Majesté fut heureusement accouchée d'une fille, les fêtes recommencèrent. Suivons, parmi ces réjouissances, les destinées du Ballet des Muses autant que le permettent les gazettes en prose et en vers. A la Gazette en prose, on écrit de Saint-Germain-en-Laye, à la date du 7 janvier 1667 : « Le 5, les réjouissances en furent continuées par le Ballet, lequel divertit d'autant plus agréablement la cour qu'on y avoit ajouté une *pastorale* des mieux concertées. » Et Robinet de son côté, dit dans sa lettre du 9 janvier :

> Mercredi (5), le cas est certain,
> Le Ballet fut des mieux son train,
> Mélangé d'une *pastorale*
> Qu'on dit tout à fait joviale,
> Et par Molière faite exprès
> Avecque beaucoup de progrès.

Ce mot *pastorale,* employé de part et d'autre, sans parler de l'épithète que Robinet y attache, confirme toutes les présomptions et doit nous convaincre que cette seconde production de Molière insérée dans le Ballet pour la représentation du 5 janvier, c'est la *Pastorale comique,* substituée dès lors à *Mélicerte.*

Relevons encore ce que la Gazette nous apprend sur les représentations du Ballet des Muses pendant ce mois de janvier. On lui écrit de Saint-Germain-en-Laye, à la date du 14 janvier : « Le 8 et le 10, on continua de prendre le divertissement du Ballet. » A la date du 28 janvier : « Le 25, on continua le divertissement du Ballet des Muses, avec de nouveaux embellissements entre lesquels étoit une entrée espagnole, qui fut trouvée des mieux concertées et des plus agréables; de sorte qu'on ne vit jamais plus d'allégresse en cette cour, la reine et la jeune princesse étant, grâces à Dieu, dans une parfaite santé. » Enfin, à la date du 4 février : « Le 31 (janvier), la cour prit derechef le divertissement du Ballet, qui paroît toujours nouveau et de plus en plus agréable par les scènes qu'on y ajoute et les autres embellissements des mieux concertés. »

Arrêtons ici, pour la reprendre plus tard, cette suite de renseignements. Ils ne laissent pas supposer que, pendant ce mois, Molière ait rien ajouté à ses compositions précédentes. C'est, comme on le voit, à la troupe espagnole, et très probablement aux comédiens de l'hôtel de Bourgogne, que le Ballet dut ses nouveaux embellissements.

En résumé, Molière avait apporté au premier jour les deux actes de *Mélicerte;* pendant le mois de décembre, il avait arrangé, avec le concours de Lulli, la *Pastorale comique,* qui signala la reprise du 5 janvier, et à laquelle on donna place dans le livret définitif du Ballet. Dans le courant de janvier, il prépara une nouvelle œuvre qui ne vit probablement le jour que le mois suivant (voyez la notice préliminaire du *Sicilien*). C'est ainsi que se dessine, pour ainsi dire, la collaboration de Molière au Ballet des Muses durant le trimestre qu'il passa avec sa troupe à Saint-Germain. Il nous a paru qu'il n'était pas sans intérêt d'élucider autant que possible ces questions de détail, à côté desquelles tous les éditeurs, jusqu'à notre première édition, avaient passé trop négligemment.

Nous publions le Ballet des Muses tel qu'il parut « à Paris, chez Robert Ballard, seul imprimeur du roi pour la musique, 1666. Avec privilège de Sa Majesté ». Nous avions omis, dans notre première édition, les vers composés par Benserade. Dans celle-ci, où nous donnons autant que possible les documents complets, nous avons restitué ces vers, en les répartissant dans chacune des entrées auxquelles ils se rapportent.

De *Mélicerte,* le seul texte que nous possédions est celui de l'édition de 1682, et nous n'avons qu'à le suivre fidèlement.

MÉLICERTE

PERSONNAGES.	ACTEURS [1]
MÉLICERTE, bergère.	Mlle Duparc.
DAPHNÉ, bergère.	Mlle Debrie.
ÉROXÈNE, bergère.	Mlle Molière.
MYRTIL, amant de Mélicerte.	Baron.
ACANTHE, amant de Daphné.	La Grange.
TYRÈNE, amant d'Éroxène.	Du Croisy.
LYCARSIS, pâtre, cru père de Myrtil.	Molière.
CORINNE, confidente de Mélicerte.	Madel. Béjart.
NICANDRE, berger.	
MOPSE, berger, cru oncle de Mélicerte.	

La scène est en Thessalie, dans la vallée de Tempé.

---

1. Cette distribution des rôles est conjecturale; toutefois, pour Baron et pour Molière il ne saurait y avoir de doute.

MÉLICERTE

COMÉDIE PASTORALE HÉROÏQUE

ACTE PREMIER.

SCÈNE PREMIÈRE.

DAPHNÉ, ÉROXÈNE, ACANTHE, TYRÈNE.

ACANTHE.

Ah! charmante Daphné!

TYRÈNE.

Trop aimable Éroxène.

DAPHNÉ.

Acanthe, laisse-moi.

ÉROXÈNE.

Ne me suis point, Tyrène.

ACANTHE, à Daphné.

Pourquoi me chasses-tu?

TYRÈNE, à Éroxène.

Pourquoi fuis-tu mes pas?

DAPHNÉ, à Acanthe.

Tu me plais loin de moi.

ÉROXÈNE, à Tyrène.
Je m'aime où tu n'es pas.
ACANTHE.
Ne cesseras-tu point cette rigueur mortelle?
TYRÈNE.
Ne cesseras-tu point de m'être si cruelle?
DAPHNÉ.
Ne cesseras-tu point tes inutiles vœux?
ÉROXÈNE.
Ne cesseras-tu point de m'être si fâcheux?
ACANTHE.
Si tu n'en prends pitié, je succombe à ma peine.
TYRÈNE.
Si tu ne me secours, ma mort est trop certaine.
DAPHNÉ.
Si tu ne veux partir, je vais quitter ce lieu.
ÉROXÈNE.
Si tu veux demeurer, je te vais dire adieu.
ACANTHE.
Hé bien! en m'éloignant je te vais satisfaire.
TYRÈNE.
Mon départ va t'ôter ce qui peut te déplaire.
ACANTHE.
Généreuse Éroxène, en faveur de mes feux,
Daigne au moins, par pitié, lui dire un mot ou deux.
TYRÈNE.
Obligeante Daphné, parle à cette inhumaine,
Et sache d'où pour moi procède tant de haine[1].

1. Cette coupe uniforme et symétrique du dialogue choque la vraisemblance et détruit le naturel. Corneille en a quelquefois usé avec succès, et souvent il en a abusé, mais aussi il l'a franchement condamnée dans l'examen de *la Suivante*, où il avait fait débiter par deux personnages quarante

SCÈNE II.

DAPHNÉ, ÉROXÈNE.

ÉROXÈNE.

Acanthe a du mérite, et t'aime tendrement :
D'où viens que tu lui fais un si dur traitement?

DAPHNÉ.

Tyrène vaut beaucoup, et languit pour tes charmes :
D'où vient que sans pitié tu vois couler ses larmes?

ÉROXÈNE.

Puisque j'ai fait ici la demande avant toi,
La raison te condamne à répondre avant moi.

DAPHNÉ.

Pour tous les soins d'Acanthe on me voit inflexible,
Parce qu'à d'autres vœux je me trouve sensible.

ÉROXÈNE.

Je ne fais pour Tyrène éclater que rigueur,
Parce qu'un autre choix est maître de mon cœur.

DAPHNÉ.

Puis-je savoir de toi ce choix qu'on te voit taire?

ÉROXÈNE.

Oui, si tu veux du tien m'apprendre le mystère.

DAPHNÉ.

Sans te nommer celui qu'Amour m'a fait choisir,

vers un à un : « Cela, dit-il, sort tout à fait du vraisemblable, puisque naturellement on ne peut être si mesuré en ce qu'on s'entre-dit. Les exemples d'Euripide et de Sénèque pourroient autoriser cette affectation, qu'ils pratiquent souvent, et même par discours si généraux qu'il semble que leurs acteurs ne viennent quelquefois sur la scène que pour s'y battre à coups de sentences. Mais c'est une beauté qu'il ne faut pas leur envier. Elle est trop fardée pour donner un amour raisonnable à ceux qui ont de bons yeux, et ne prend pas assez de soin pour cacher l'artifice de ses paroles, comme l'ordonne Aristote. »

Je puis facilement contenter ton désir;
Et de la main d'Atis, ce peintre inimitable,
J'en garde dans ma poche un portrait admirable
Qui jusqu'au moindre trait lui ressemble si fort
Qu'il est sûr que tes yeux le connoîtront d'abord.

ÉROXÈNE.

Je puis te contenter par une même voie,
Et payer ton secret en pareille monnoie.
J'ai de la main aussi de ce peintre fameux
Un aimable portrait de l'objet de mes vœux,
Si plein de tous ses traits et de sa grâce extrême
Que tu pourras d'abord te le nommer toi-même[1].

DAPHNÉ.

La boîte que le peintre a fait faire pour moi
Est tout à fait semblable à celle que je voi.

ÉROXÈNE.

Il est vrai, l'une à l'autre entièrement ressemble,
Et certe il faut qu'Atis les ait fait faire ensemble.

DAPHNÉ.

Faisons en même temps, par un peu de couleurs,
Confidence à nos yeux du secret de nos cœurs.

ÉROXÈNE.

Voyons à qui plus vite entendra ce langage,
Et qui parle le mieux, de l'un ou l'autre ouvrage.

DAPHNÉ.

La méprise est plaisante, et tu te brouilles bien :

---

1. Ces bergères, qui ont dans leur poche un portrait en miniature, ont choqué presque tous les commentateurs. La plupart font la critique de cette pièce au point de vue de la rusticité réelle. Ils commettent une évidente méprise. On est ici dans un monde de pure convention. Que l'on discute et que l'on repousse le genre lui-même, rien de mieux; mais c'est peine inutile de chercher dans les détails une vérité à laquelle le poète a renoncé par avance.

ACTE I, SCÈNE II.

Au lieu de ton portrait, tu m'as rendu le mien.
ÉROXÈNE.
Il est vrai, je ne sais comme j'ai fait la chose.
DAPHNÉ.
Donne. De cette erreur ta rêverie est cause.
ÉROXÈNE.
Que veut dire ceci ? Nous nous jouons, je croi :
Tu fais de ces portraits même chose que moi.
DAPHNÉ.
Certes, c'est pour en rire, et tu peux me le rendre.
ÉROXÈNE, mettant les deux portraits l'un à côté de l'autre.
Voici le vrai moyen de ne se point méprendre.
DAPHNÉ.
De mes sens prévenus est-ce une illusion ?
ÉROXÈNE.
Mon âme sur mes yeux fait-elle impression ?
DAPHNÉ.
Myrtil à mes regards s'offre dans cet ouvrage.
ÉROXÈNE.
De Myrtil dans ces traits je rencontre l'image.
DAPHNÉ.
C'est le jeune Myrtil qui fait naître mes feux.
ÉROXÈNE.
C'est au jeune Myrtil que tendent tous mes vœux.
DAPHNÉ.
Je venois aujourd'hui te prier de lui dire
Les soins que pour son sort son mérite m'inspire.
ÉROXÈNE.
Je venois te chercher pour servir mon ardeur,
Dans le dessein que j'ai de m'assurer son cœur.
DAPHNÉ.
Cette ardeur qu'il t'inspire est-elle si puissante ?

ÉROXÈNE.
L'aimes-tu d'une amour qui soit si violente ?
DAPHNÉ.
Il n'est point de froideur qu'il ne puisse enflammer,
Et sa grâce naissante a de quoi tout charmer.
ÉROXÈNE.
Il n'est nymphe en l'aimant qui ne se tînt heureuse ;
Et Diane, sans honte, en seroit amoureuse.
DAPHNÉ.
Rien que son air charmant ne me touche aujourd'hui,
Et si j'avois cent cœurs, ils seroient tous pour lui.
ÉROXÈNE.
Il efface à mes yeux tout ce qu'on voit paroître ;
Et si j'avois un sceptre, il en seroit le maître.
DAPHNÉ.
Ce seroit donc en vain qu'à chacune, en ce jour,
On nous voudroit du sein arracher cet amour :
Nos âmes dans leurs vœux sont trop bien affermies.
Ne tâchons, s'il se peut, qu'à demeurer amies ;
Et puisqu'en même temps, pour le même sujet,
Nous avons toutes deux formé même projet,
Mettons dans ce débat la franchise en usage,
Ne prenons l'une et l'autre aucun lâche avantage,
Et courons nous ouvrir ensemble à Lycarsis
Des tendres sentiments où nous jette son fils.
ÉROXÈNE.
J'ai peine à concevoir, tant la surprise est forte,
Comme un tel fils est né d'un père de la sorte ;
Et sa taille, son air, sa parole, et ses yeux,
Feroient croire qu'il est issu du sang des dieux.
Mais enfin j'y souscris, courons trouver ce père,
Allons lui de nos cœurs découvrir le mystère ;

Et consentons qu'après Myrtil, entre nous deux,
Décide par son choix ce combat de nos vœux.

DAPHNÉ.

Soit. Je vois Lycarsis avec Mopse et Nicandre.
Ils pourront le quitter, cachons-nous pour attendre.

SCÈNE III.

LYCARSIS, MOPSE, NICANDRE.

NICANDRE, à Lycarsis.

Dis-nous donc ta nouvelle.

LYCARSIS.

Ah! que vous me pressez!
Cela ne se dit pas comme vous le pensez.

MOPSE.

Que de sottes façons, et que de badinage!
Ménalque pour chanter n'en fait pas davantage.

LYCARSIS.

Parmi les curieux des affaires d'État,
Une nouvelle à dire est d'un puissant éclat.
Je me veux mettre un peu sur l'homme d'importance,
Et jouir quelque temps de votre impatience.

NICANDRE.

Veux-tu par tes délais nous fatiguer tous deux?

MOPSE.

Prends-tu quelque plaisir à te rendre fâcheux?

NICANDRE.

De grâce, parle, et mets ces mines en arrière.

LYCARSIS.

Priez-moi donc tous deux de la bonne manière,
Et me dites chacun quel don vous me ferez
Pour obtenir de moi ce que vous désirez.

MOPSE.

La peste soit du fat! Laissons-le là, Nicandre,
Il brûle de parler bien plus que nous d'entendre.
Sa nouvelle lui pèse, il veut s'en décharger;
Et ne l'écouter pas est le faire enrager.

LYCARSIS.

Hé!

NICANDRE.

Te voilà puni de tes façons de faire.

LYCARSIS.

Je m'en vais vous le dire, écoutez.

MOPSE.

Point d'affaires.

LYCARSIS.

Quoi! vous ne voulez pas m'entendre?

NICANDRE.

Non.

LYCARSIS.

Hé bien!
Je ne dirai donc mot, et vous ne saurez rien.

MOPSE.

Soit.

LYCARSIS.

Vous ne saurez pas qu'avec magnificence
Le roi vient honorer Tempé de sa présence;
Qu'il entra dans Larisse hier sur le haut du jour;
Qu'à l'aise je l'y vis avec toute sa cour;
Que ces bois vont jouir aujourd'hui de sa vue,
Et qu'on raisonne fort touchant cette venue[1].

---

1. Ce trait comique d'un bavard qui vous dit : « Vous ne saurez pas, » et qui vous raconte tout ce qu'il refuse de vous apprendre, a été employé une

NICANDRE.

Nous n'avons pas envie aussi de rien savoir.

LYCARSIS.

Je vis cent choses là, ravissantes à voir :
Ce ne sont que seigneurs, qui, des pieds à la tête,
Sont brillants et parés comme au jour d'une fête ;
Ils surprennent la vue ; et nos prés au printemps,
Avec toutes leurs fleurs, sont bien moins éclatants.
Pour le prince, entre tous sans peine on le remarque,
Et d'une stade[1] loin il sent son grand monarque :
Dans toute sa personne il a je ne sais quoi
Qui d'abord fait juger que c'est un maître roi[2].
Il le fait d'une grâce à nulle autre seconde ;
Et cela, sans mentir, lui sied le mieux du monde.
On ne croiroit jamais comme de toutes parts
Toute sa cour s'empresse à chercher ses regards :
Ce sont autour de lui confusions plaisantes ;
Et l'on diroit d'un tas de mouches reluisantes
Qui suivent en tous lieux un doux rayon de miel.
Enfin l'on ne voit rien de si beau sous le ciel ;
Et la fête de Pan, parmi nous si chérie,
Auprès de ce spectacle est une gueuserie.
Mais, puisque sur le fier vous vous tenez si bien,
Je garde ma nouvelle, et ne veux dire rien.

---

seconde fois par Molière dans la scène VII du second acte de *George Dandin*.
Lubin a très heureusement hérité de Lycarsis.

1. Le stade désignait une longueur de chemin de cent quatre-vingt-quatre mètres environ. Ce nom était alors employé quelquefois au féminin.

2. Molière a saisi l'occasion de peindre Louis XIV et l'éclat de sa cour. Racine, non moins flatteur, a fait dire à Bérénice :

> Parle ; peut-on le voir sans penser, comme moi,
> Qu'en quelque obscurité que le sort l'eût fait naître,
> Le monde en le voyant eût reconnu son maître ?

MOPSE.

Et nous ne te voulons aucunement entendre.

LYCARSIS.

Allez vous promener.

MOPSE.

Va-t'en te faire pendre.

SCÈNE IV.

ÉROXÈNE, DAPHNÉ, LYCARSIS.

LYCARSIS, se croyant seul.

C'est de cette façon que l'on punit les gens,
Quand ils font les benêts et les impertinents.

DAPHNÉ.

Le ciel tienne, pasteur, vos brebis toujours saines!

ÉROXÈNE.

Cérès tienne de grains vos granges toujours pleines!

LYCARSIS.

Et le grand Pan vous donne à chacune un époux
Qui vous aime beaucoup et soit digne de vous!

DAPHNÉ.

Ah! Lycarsis, nos vœux à même but aspirent.

ÉROXÈNE.

C'est pour le même objet que nos deux cœurs soupirent.

DAPHNÉ.

Et l'Amour, cet enfant qui cause nos langueurs,
A pris chez vous le trait dont il blesse nos cœurs.

ÉROXÈNE.

Et nous venons ici chercher votre alliance,
Et voir qui de nous deux aura la préférence.

LYCARSIS.

Nymphes...

DAPHNÉ.
Pour ce bien seul nous poussons des soupirs.
LYCARSIS.
Je suis...
ÉROXÈNE.
A ce bonheur tendent tous nos désirs.
DAPHNÉ.
C'est un peu librement exprimer sa pensée.
LYCARSIS.
Pourquoi?
ÉROXÈNE.
La bienséance y semble un peu blessée.
LYCARSIS.
Ah! point.
DAPHNÉ.
Mais, quand le cœur brûle d'un noble feu,
On peut, sans nulle honte, en faire un libre aveu.
LYCARSIS.
Je...
ÉROXÈNE.
Cette liberté nous peut être permise,
Et du choix de nos cœurs la beauté l'autorise.
LYCARSIS.
C'est blesser ma pudeur que me flatter ainsi.
ÉROXÈNE.
Non, non, n'affectez point de modestie ici.
DAPHNÉ.
Enfin, tout notre bien est en votre puissance.
ÉROXÈNE.
C'est de vous que dépend notre unique espérance.
DAPHNÉ.
Trouverons-nous en vous quelques difficultés?

LYCARSIS.

Ah!

ÉROXÈNE.

Nos vœux, dites-moi, seronts-ils rejetés ?

LYCARSIS.

Non, j'ai reçu du ciel une âme peu cruelle :
Je tiens de feu ma femme; et je me sens, comme elle,
Pour les désirs d'autrui beaucoup d'humanité,
Et je ne suis point homme à garder de fierté[1].

DAPHNÉ.

Accordez donc Myrtil à notre amoureux zèle.

ÉROXÈNE.

Et souffrez que son choix règle notre querelle.

LYCARSIS.

Myrtil !

DAPHNÉ.

Oui, c'est Myrtil que de vous nous voulons.

ÉROXÈNE.

De qui pensez-vous donc qu'ici nous vous parlons ?

LYCARSIS.

Je ne sais ; mais Myrtil n'est guère dans un âge
Qui soit propre à ranger au joug du mariage.

DAPHNÉ.

Son mérite naissant peut frapper d'autres yeux :
Et l'on veut s'engager un bien si précieux,
Prévenir d'autres cœurs, et braver la fortune
Sous les fermes liens d'une chaîne commune.

---

1. Voici encore un trait assez plaisant. Je pense, d'ailleurs, que ce mot sur la femme de Lycarsis, jeté comme en passant, est une espèce de préparation. Le nom de cette femme devait se reproduire dans la suite de l'ouvrage, lorsqu'on en seroit venu à expliquer comment Myrtil avait passé jusque-là pour fils de Lycarsis, sans que Lycarsis lui-même fût informé de sa véritable naissance.

ÉROXÈNE.

Comme par son esprit et ses autres brillants
Il rompt l'ordre commun, et devance le temps,
Notre flamme pour lui veut en faire de même,
Et régler tous ses vœux sur son mérite extrême.

LYCARSIS.

Il est vrai qu'à son âge il surprend quelquefois ;
Et cet Athénien qui fut chez moi vingt mois,
Qui, le trouvant joli, se mit en fantaisie
De lui remplir l'esprit de sa philosophie,
Sur de certains discours l'a rendu si profond
Que, tout grand que je suis, souvent il me confond.
Mais, avec tout cela, ce n'est encor qu'enfance,
Et son fait est mêlé de beaucoup d'innocence.

DAPHNÉ.

Il n'est point tant enfant qu'à le voir chaque jour
Je ne le croie atteint déjà d'un peu d'amour ;
Et plus d'une aventure à mes yeux s'est offerte
Où j'ai connu qu'il suit la jeune Mélicerte.

ÉROXÈNE.

Ils pourroient bien s'aimer ; et je vois...

LYCARSIS.

Franc abus.
Pour elle passe encore, elle a deux ans de plus ;
Et deux ans, dans son sexe, est une grande avance[1].

---

1. *Deux ans est,* étrange dérogation à une des premières règles de toute grammaire, l'accord de nombre entre le sujet et le verbe. On pourrait dire toutefois que, dans la pensée de Lycarsis, les *deux ans* se présentent comme un simple laps de temps, et non comme deux nombres, ou, pour parler le langage des mathématiciens, comme une quantité continue, et non comme une quantité discrète. Mais la meilleure raison à donner de cette irrégularité grammaticale, c'est que Molière y a été contraint par la mesure. (AUGER.)

Cette manière de parler était fréquente, même en prose : Molière dit

Mais pour lui, le jeu seul l'occupe tout, je pense,
Et les petits désirs de se voir ajusté
Ainsi que les bergers de haute qualité.
DAPHNÉ.
Enfin nous désirons, par le nœud d'hyménée,
Attacher sa fortune à notre destinée.
ÉROXÈNE.
Nous voulons, l'une et l'autre, avec pareille ardeur,
Nous assurer de loin l'empire de son cœur.
LYCARSIS.
Je m'en tiens honoré plus qu'on ne sauroit croire.
Je suis un pauvre pâtre ; et ce m'est trop de gloire
Que deux nymphes d'un rang le plus haut du pays
Disputent à se faire un époux de mon fils.
Puisqu'il vous plaît qu'ainsi la chose s'exécute,
Je consens que son choix règle votre dispute ;
Et celle qu'à l'écart laissera cet arrêt
Pourra, pour son recours, m'épouser, s'il lui plaît.
C'est toujours même sang, et presque même chose.
Mais le voici. Souffrez qu'un peu je le dispose.
Il tient quelque moineau qu'il a pris fraîchement :
Et voilà ses amours et son attachement.

SCÈNE V.
ÉROXÈNE, DAPHNÉ et LYCARSIS, dans le fond du théâtre ; MYRTIL.

MYRTIL, se croyant seul, et tenant un moineau dans une cage.

Innocente petite bête,
Qui contre ce qui vous arrête

---

ailleurs : « Et quatre ou cinq mille écus est un denier considérable. » (*Monsieur de Pourceaugnac*, acte III, scène vii); et Mme de Sévigné : « Cinquante domestiques est une étrange chose. »

MÉLICERTE

Vous débattez tant à mes yeux,
De votre liberté ne plaignez point la perte :
Votre destin est glorieux,
Je vous ai pris pour Mélicerte.
Elle vous baisera, vous prenant dans sa main;
Et de vous mettre en son sein
Elle vous fera la grâce.
Est-il un sort au monde et plus doux et plus beau?
Et qui des rois, hélas! heureux petit moineau,
Ne voudroit être en votre place?

LYCARSIS.

Myrtil, Myrtil, un mot. Laissons là ces joyaux[1];
Il s'agit d'autre chose ici que de moineaux.
Ces deux nymphes, Myrtil, à la fois te prétendent,
Et, tout jeune, déjà pour époux te demandent.
Je dois, par un hymen, t'engager à leurs vœux,
Et c'est toi que l'on veut qui choisisses des deux.

MYRTIL.

Ces nymphes?

LYCARSIS.

Oui. Des deux tu peux en choisir une.
Vois quel est ton bonheur, et bénis la fortune.

MYRTIL.

Ce choix qui m'est offert peut-il m'être un bonheur,
S'il n'est aucunement souhaité de mon cœur?

LYCARSIS.

Enfin, qu'on le reçoive; et que, sans se confondre[2],
A l'honneur qu'elles font on songe à bien répondre.

1. Présents de haut prix, ironiquement.
2. L'édition originale, celle de 1682, qui n'a pas été faite par Molière (notez-le bien), donne *le confondre*, ce qui ne s'entend guère. La correction *se confondre* a été faite par l'éditeur de 1734, et nous paraît devoir être acceptée.

ÉROXÈNE.

Malgré cette fierté qui règne parmi nous,
Deux nymphes, ô Myrtil, viennent s'offrir à vous ;
Et de vos qualités les merveilles écloses
Font que nous renversons ici l'ordre des choses.

DAPHNÉ.

Nous vous laissons, Myrtil, pour l'avis le meilleur,
Consulter, sur ce choix, vos yeux et votre cœur ;
Et nous n'en voulons point prévenir les suffrages
Par un récit paré de tous nos avantages.

MYRTIL.

C'est me faire un honneur dont l'éclat me surprend ;
Mais cet honneur, pour moi, je l'avoue, est trop grand.
A vos rares bontés il faut que je m'oppose ;
Pour mériter ce sort, je suis trop peu de chose ;
Et je serois fâché, quels qu'en soient les appas,
Qu'on vous blâmât pour moi de faire un choix trop bas.

ÉROXÈNE.

Contentez nos désirs, quoi qu'on en puisse croire,
Et ne vous chargez point du soin de notre gloire.

DAPHNÉ.

Non, ne descendez point dans ces humilités,
Et laissez-nous juger ce que vous méritez.

MYRTIL.

Le choix qui m'est offert s'oppose à votre attente,
Et peut seul empêcher que mon cœur vous contente.
Le moyen de choisir de deux grandes beautés,
Égales en naissance et rares qualités ?
Rejeter l'une ou l'autre est un crime effroyable,
Et n'en choisir aucune est bien plus raisonnable.

ÉROXÈNE.

Mais en faisant refus de répondre à nos vœux,

ACTE I, SCÈNE V.

Au lieu d'une, Myrtil, vous en outragez deux.

DAPHNÉ.

Puisque nous consentons à l'arrêt qu'on peut rendre,
Ces raisons ne font rien à vouloir s'en défendre.

MYRTIL.

Hé bien! si ces raisons ne vous satisfont pas,
Celle-ci le fera : j'aime d'autres appas;
Et je sens bien qu'un cœur qu'un bel objet engage
Est insensible et sourd à tout autre avantage.

LYCARSIS.

Comment donc! Qu'est ceci? Qui l'eût pu présumer?
Et savez-vous, morveux, ce que c'est que d'aimer?

MYRTIL.

Sans savoir ce que c'est, mon cœur a su le faire.

LYCARSIS.

Mais cet amour me choque, et n'est pas nécessaire.

MYRTIL.

Vous ne deviez donc pas, si cela vous déplaît,
Me faire un cœur sensible et tendre comme il est.

LYCARSIS.

Mais ce cœur que j'ai fait me doit obéissance.

MYRTIL.

Oui, lorsque d'obéir il est en sa puissance.

LYCARSIS.

Mais enfin, sans mon ordre il ne doit point aimer.

MYRTIL.

Que n'empêchiez-vous donc que l'on pût le charmer?

LYCARSIS.

Hé bien! je vous défends que cela continue.

MYRTIL.

La défense, j'ai peur, sera trop tard venue.

LYCARSIS.

Quoi! les pères n'ont pas des droits supérieurs?

MYRTIL.

Les dieux, qui sont bien plus, ne forcent point les cœurs.

LYCARSIS.

Les dieux... Paix, petit sot. Cette philosophie
Me...

DAPHNÉ.

Ne vous mettez point en courroux, je vous prie.

LYCARSIS.

Non : je veux qu'il se donne à l'une pour époux,
Ou je vais lui donner le fouet tout devant vous.
Ah! ah! je vous ferai sentir que je suis père.

DAPHNÉ.

Traitons, de grâce, ici les choses sans colère.

ÉROXÈNE.

Peut-on savoir de vous cet objet si charmant
Dont la beauté, Myrtil, vous a fait son amant?

MYRTIL.

Mélicerte, madame. Elle en peut faire d'autres.

ÉROXÈNE.

Vous comparez, Myrtil, ses qualités aux nôtres?

DAPHNÉ.

Le choix d'elle et de nous est assez inégal.

MYRTIL.

Nymphes, au nom des dieux, n'en dites point de mal;
Daignez considérer, de grâce, que je l'aime,
Et ne me jetez point dans un désordre extrême.
Si j'outrage, en l'aimant, vos célestes attraits,
Elle n'a point de part au crime que je fais;
C'est de moi, s'il vous plaît, que vient toute l'offense.
Il est vrai, d'elle à vous je sais la différence;

Mais par sa destinée on se trouve enchaîné;
Et je sens bien enfin que le ciel m'a donné
Pour vous tout le respect, nymphes, imaginable,
Pour elle tout l'amour dont une âme est capable.
Je vois, à la rougeur qui vient de vous saisir,
Que ce que je vous dis ne vous fait pas plaisir.
Si vous parlez, mon cœur appréhende d'entendre
Ce qui peut le blesser par l'endroit le plus tendre;
Et, pour me dérober à de semblables coups,
Nymphes, j'aime bien mieux prendre congé de vous.

LYCARSIS.

Myrtil, holà! Myrtil! Veux-tu revenir, traître!
Il fuit; mais on verra qui de nous est le maître.
Ne vous effrayez point de tous ces vains transports;
Vous l'aurez pour époux, j'en réponds corps pour corps.

ACTE DEUXIÈME.

SCÈNE PREMIÈRE.
MÉLICERTE, CORINNE.

MÉLICERTE.

Ah! Corinne, tu viens de l'apprendre de Stelle,
Et c'est de Lycarsis qu'elle tient la nouvelle?

CORINNE.

Oui.

MÉLICERTE.

Que les qualités dont Myrtil est orné
Ont su toucher d'amour Éroxène et Daphné?

CORINNE.

Oui.

MÉLICERTE.

Que pour l'obtenir leur ardeur est si grande
Qu'ensemble elles en ont déjà fait la demande?
Et que, dans ce débat, elles ont fait dessein
De passer, dès cette heure, à recevoir sa main?
Ah! que tes mots ont peine à sortir de ta bouche!
Et que c'est foiblement que mon souci te touche!

CORINNE.

Mais quoi! que voulez-vous? C'est là la vérité,
Et vous redites tout comme je l'ai conté[1].

---

1. Cette impatience et ce flux de questions de la part d'une personne amoureuse, opposés au sang-froid et au laconisme de son confident, est un

MÉLICERTE.

Mais comment Lycarsis reçoit-il cette affaire?

CORINNE.

Comme un honneur, je crois, qui doit beaucoup lui plaire.

MÉLICERTE.

Et ne vois-tu pas bien, toi qui sais mon ardeur,
Qu'avec ce mot, hélas! tu me perces le cœur?

CORINNE.

Comment?

MÉLICERTE.

Me mettre aux yeux que le sort implacable,
Auprès d'elles, me rend trop peu considérable,
Et qu'à moi, par leur rang, on les va préférer,
N'est-ce pas une idée à me désespérer?

CORINNE.

Mais quoi! je vous réponds, et dis ce que je pense.

MÉLICERTE.

Ah! tu me fais mourir par ton indifférence.

trait de nature qui ne pouvait échapper à Molière. Il en sentait le prix, puisqu'il l'a transporté de *Mélicerte,* où il était perdu, dans *les Fourberies de Scapin,* où il sert à l'exposition. Octave répète à son valet Silvestre, en forme de questions, toutes les mêmes choses qu'il vient d'apprendre de lui; et ce valet n'y répond que par des monosyllabes. Octave, impatienté, lui dit enfin : « Ah! parle, si tu veux, et ne te fais point de la sorte arracher les mots de la bouche. » A quoi Silvestre répond : « Qu'ai-je à parler davantage? vous n'oubliez aucune circonstance, et vous dites les choses tout justement comme elles sont. » Avant Molière, Rotrou avait employé cette heureuse idée dans la première scène de sa comédie de *la Sœur.* C'est le même genre de questions et de réponses; et le maître fait le même reproche à son valet :

> .... Ah! si d'amour tu ressentois l'atteinte,
> Tu plaindrois moins ces mots qui te coûtent si cher,
> Et qu'avec tant de peine il te faut arracher;
> Et cette avare Écho qui répond par ta bouche
> Seroit plus indulgente à l'ennui qui me touche.
>
> ERGASTE.
>
> Comme on m'a tout appris, je vous l'ai rapporté,
> Je n'ai rien oublié, je n'ai rien ajouté :
> Que désirez-vous plus?

Mais, dis, quels sentiments Myrtil a-t-il fait voir?
CORINNE.
Je ne sais.
MÉLICERTE.
Et c'est là ce qu'il falloit savoir,
Cruelle!
CORINNE.
En vérité, je ne sais comment faire;
Et, de tous les côtés, je trouve à vous déplaire.
MÉLICERTE.
C'est que tu n'entres point dans tous les mouvements
D'un cœur, hélas! rempli de tendres sentiments.
Va-t'en : laisse-moi seule, en cette solitude,
Passer quelques moments de mon inquiétude.

SCÈNE II.

MÉLICERTE, seule.

Vous le voyez, mon cœur, ce que c'est que d'aimer;
Et Bélise avoit su trop bien m'en informer.
Cette charmante mère, avant sa destinée[1],
Me disoit une fois, sur le bord du Pénée :
« Ma fille, songe à toi, l'amour aux jeunes cœurs
Se présente toujours entouré de douceurs.
D'abord il n'offre aux yeux que choses agréables;
Mais il traine après lui des troubles effroyables;
Et si tu veux passer tes jours dans quelque paix,
Toujours, comme d'un mal, défends-toi de ses traits. »
De ces leçons, mon cœur, je m'étois souvenue;
Et quand Myrtil venoit à s'offrir à ma vue,

---

1. *Destinée*, trépas, *fatum.*

Qu'il jouoit avec moi, qu'il me rendoit des soins,
Je vous disois toujours de vous y plaire moins.
Vous ne me crûtes point; et votre complaisance
Se vit bientôt changée en trop de bienveillance.
Dans ce naissant amour qui flattoit vos désirs,
Vous ne vous figuriez que joie et que plaisirs :
Cependant vous voyez la cruelle disgrâce
Dont en ce triste jour le destin vous menace,
Et la peine mortelle où vous voilà réduit.
Ah! mon cœur! ah! mon cœur! je vous l'avois bien dit.
Mais tenons, s'il se peut, notre douleur couverte.
Voici...

SCÈNE III.

MYRTIL, MÉLICERTE.

MYRTIL.

J'ai fait tantôt, charmante Mélicerte,
Un petit prisonnier que je garde pour vous,
Et dont peut-être un jour je deviendrai jaloux.
C'est un jeune moineau, qu'avec un soin extrême
Je veux, pour vous l'offrir, apprivoiser moi-même.
Le présent n'est pas grand; mais les divinités
Ne jettent leurs regards que sur les volontés.
C'est le cœur qui fait tout[1]; et jamais la richesse
Des présents que... Mais, ciel! d'où vient cette tristesse?
Qu'avez-vous, Mélicerte, et quel sombre chagrin

---

1. La Fontaine ne s'est-il pas souvenu de ces vers, lorsqu'il a dit dans *Philémon et Baucis* :

> Ces mets, nous l'avouons, sont peu délicieux;
> Mais, quand nous serions rois, que donner à des dieux?
> C'est le cœur qui fait tout.

Seroit dans vos beaux yeux[1] répandu ce matin?
Vous ne répondez point; et ce morne silence
Redouble encor ma peine et mon impatience.
Parlez. De quel ennui ressentez-vous les coups?
Qu'est-ce donc?

MÉLICERTE.

Ce n'est rien.

MYRTIL.

Ce n'est rien, dites-vous?
Et je vois cependant vos yeux couverts de larmes.
Cela s'accorde-t-il, beauté pleine de charmes?
Ah! ne me faites point un secret dont je meurs,
Et m'expliquez, hélas! ce que disent ces pleurs.

MÉLICERTE.

Rien ne me serviroit de vous le faire entendre.

MYRTIL.

Devez-vous rien avoir que je ne doive apprendre?
Et ne blessez-vous pas notre amour aujourd'hui,
De vouloir me voler ma part de votre ennui?
Ah! ne le cachez point à l'ardeur qui m'inspire.

MÉLICERTE.

Hé bien! Myrtil, hé bien! il faut donc vous le dire.
J'ai su que, par un choix plein de gloire pour vous,
Éroxène et Daphné vous veulent pour époux;
Et je vous avouerai que j'ai cette foiblesse
De n'avoir pu, Myrtil, le savoir sans tristesse,
Sans accuser du sort la rigoureuse loi,
Qui les rend, dans leurs vœux, préférables à moi.

MYRTIL.

Et vous pouvez l'avoir, cette injuste tristesse!

---

1. L'éditeur de 1734 a mis : *se voit* dans vos beaux yeux. Cette correction est moins nécessaire que celle que nous avons signalée tout à l'heure.

ACTE II, SCÈNE III.

Vous pouvez soupçonner mon amour de foiblesse,
Et croire qu'engagé par des charmes si doux
Je puisse être jamais à quelque autre qu'à vous!
Que je puisse accepter une autre main offerte!
Hé! que vous ai-je fait, cruelle Mélicerte,
Pour traiter ma tendresse avec tant de rigueur,
Et faire un jugement si mauvais de mon cœur?
Quoi! faut-il que de lui vous ayez quelque crainte?
Je suis bien malheureux de souffrir cette atteinte :
Et que me sert d'aimer comme je fais, hélas!
Si vous êtes si prête à ne le croire pas?

MÉLICERTE.

Je pourrois moins, Myrtil, redouter ces rivales
Si les choses étoient de part et d'autre égales;
Et, dans un rang pareil, j'oserois espérer
Que peut-être l'amour me feroit préférer;
Mais l'inégalité de bien et de naissance
Qui peut, d'elles à moi, faire la différence...

MYRTIL.

Ah! leur rang de mon cœur ne viendra point à bout,
Et vos divins appas vous tiennent lieu de tout.
Je vous aime : il suffit; et, dans votre personne,
Je vois rang, biens, trésors, états, sceptres, couronne;
Et des rois les plus grands m'offrît-on le pouvoir,
Je n'y changerois pas le bien de vous avoir[1].

---

1. *Changer à* se disait alors en vers, et même en prose :
   Le Maure...
   Changea l'ardeur de vaincre à la peur de mourir.
   (CORNEILLE, *le Cid,* acte IV, scene III.)
   Peut-être avant la nuit l'heureuse Bérénice
   Change le nom de reine au nom d'impératrice.
   (RACINE, *Bérénice,* acte I, scène IV.)

« Leur félicité fut changée en la triste consolation de se faire des compagnons de leur misère, et leurs bienheureux exercices, au misérable emploi de tenter les hommes. » (BOSSUET, *Discours sur l'Histoire universelle.*)

C'est une vérité toute sincère et pure ;
Et pouvoir en douter est me faire une injure.
MÉLICERTE.
Hé bien! je crois, Myrtil, puisque vous le voulez,
Que vos vœux, par leur rang, ne sont point ébranlés;
Et que, bien qu'elles soient nobles, riches et belles,
Votre cœur m'aime assez pour me mieux aimer qu'elles.
Mais ce n'est pas l'amour dont vous suivrez la voix :
Votre père, Myrtil, règlera votre choix;
Et de même qu'à vous je ne lui suis pas chère,
Pour préférer à tout une simple bergère.
MYRTIL.
Non, chère Mélicerte, il n'est père ni dieux
Qui me puissent forcer à quitter vos beaux yeux;
Et toujours de mes vœux reine comme vous êtes...
MÉLICERTE.
Ah! Myrtil, prenez garde à ce qu'ici vous faites :
N'allez point présenter un espoir à mon cœur,
Qu'il recevroit peut-être avec trop de douceur,
Et qui, tombant après comme un éclair qui passe,
Me rendroit plus cruel le coup de ma disgrâce.
MYRTIL.
Quoi! faut-il des serments appeler le secours,
Lorsque l'on vous promet de vous aimer toujours?
Que vous vous faites tort par de telles alarmes,
Et connoissez bien peu le pouvoir de vos charmes!
Hé bien! puisqu'il le faut, je jure par les dieux,
Et, si ce n'est assez, je jure par vos yeux,
Qu'on me tuera plutôt que je vous abandonne.
Recevez-en ici la foi que je vous donne,
Et souffrez que ma bouche, avec ravissement,
Sur cette belle main en signe le serment.

MÉLICERTE.

Ah! Myrtil, levez-vous, de peur qu'on ne nous voie.

MYRTIL.

Est-il rien...? Mais, ô ciel! on vient troubler ma joie!

SCÈNE IV.

LYCARSIS, MYRTIL, MÉLICERTE.

LYCARSIS.

Ne vous contraignez pas pour moi.

MÉLICERTE, à part.

Quel sort fâcheux!

LYCARSIS.

Cela ne va pas mal : continuez tous deux.
Peste! mon petit fils, que vous avez l'air tendre,
Et qu'en maître déjà vous savez vous y prendre!
Vous a-t-il, ce savant qu'Athènes exila,
Dans sa philosophie appris ces choses-là?
Et vous, qui lui donnez de si douce manière
Votre main à baiser, la gentille bergère,
L'honneur vous apprend-il ces mignardes douceurs
Par qui vous débauchez ainsi les jeunes cœurs?

MYRTIL.

Ah! quittez de ces mots l'outrageante bassesse,
Et ne m'accablez point d'un discours qui la blesse.

LYCARSIS.

Je veux lui parler, moi. Toutes ces amitiés...

MYRTIL.

Je ne souffrirai point que vous la maltraitiez.
A du respect pour vous la naissance m'engage :
Mais je saurai, sur moi, vous punir de l'outrage.
Oui, j'atteste le ciel que si, contre mes vœux,

Vous lui dites encor le moindre mot fâcheux,
Je vais avec ce fer qui m'en fera justice,
Au milieu de mon sein vous chercher un supplice;
Et, par mon sang versé, lui marquer promptement
L'éclatant désaveu de votre emportement.

MÉLICERTE.

Non, non, ne croyez pas qu'avec art je l'enflamme,
Et que mon dessein soit de séduire son âme.
S'il s'attache à me voir, et me veut quelque bien,
C'est de son mouvement : je ne l'y force en rien.
Ce n'est pas que mon cœur veuille ici se défendre
De répondre à ses vœux d'une ardeur assez tendre :
Je l'aime, je l'avoue, autant qu'on puisse aimer;
Mais cet amour n'a rien qui vous doive alarmer;
Et, pour vous arracher toute injuste créance,
Je vous promets ici d'éviter sa présence,
De faire place au choix où vous vous résoudrez,
Et ne souffrir ses vœux que quand vous le voudrez.

SCÈNE V.

LYCARSIS, MYRTIL.

MYRTIL.

Hé bien! vous triomphez avec cette retraite,
Et, dans ces mots, votre âme a ce qu'elle souhaite :
Mais apprenez qu'en vain vous vous réjouissez,
Que vous serez trompé dans ce que vous pensez;
Et qu'avec tous vos soins, toute votre puissance,
Vous ne gagnerez rien sur ma persévérance.

LYCARSIS.

Comment! à quel orgueil, fripon, vous vois-je aller?
Est-ce de la façon que l'on me doit parler?

ACTE II, SCÈNE V.

MYRTIL.

Oui, j'ai tort, il est vrai : mon transport n'est pas sage;
Pour rentrer au devoir, je change de langage;
Et je vous prie ici, mon père, au nom des dieux,
Et par tout ce qui peut vous être précieux,
De ne vous point servir, dans cette conjoncture,
Des fiers droits que sur moi vous donne la nature.
Ne m'empoisonnez point vos bienfaits les plus doux.
Le jour est un présent que j'ai reçu de vous :
Mais de quoi vous serai-je aujourd'hui redevable,
Si vous me l'allez rendre, hélas! insupportable[1]?
Il est, sans Mélicerte, un supplice à mes yeux;
Sans ses divins appas rien ne m'est précieux;
Ils font tout mon bonheur et toute mon envie;
Et, si vous me l'ôtez, vous m'arrachez la vie.

LYCARSIS, à part.

Aux douleurs de son âme il me fait prendre part.
Qui l'auroit jamais cru de ce petit pendard?
Quel amour! quels transports! quels discours pour son âge!
J'en suis confus, et sens que cet amour m'engage[2].

MYRTIL, se jetant aux genoux de Lycarsis.

Voyez, me voulez-vous ordonner de mourir?
Vous n'avez qu'à parler : je suis prêt d'obéir.

LYCARSIS, à part.

Je n'y puis plus tenir[3] : il m'arrache des larmes,
Et ses tendres propos me font rendre les armes.

---

1. Les mêmes sentiments sont exprimés presque dans les mêmes termes à la troisième scène du quatrième acte du *Tartuffe,* où Marianne s'efforce en vain d'attendrir Orgon.
2. Me gagne le cœur, me touche.
3. Il y a dans l'édition originale : Je *ne* puis plus tenir. Je *n'y* est encore une correction de l'éditeur de 1734.

MYRTIL.

Que si, dans votre cœur, un reste d'amitié
Vous peut de mon destin donner quelque pitié,
Accordez Mélicerte à mon ardente envie,
Et vous ferez bien plus que me donner la vie.

LYCARSIS.

Lève-toi.

MYRTIL.

Serez-vous sensible à mes soupirs?

LYCARSIS.

Oui.

MYRTIL.

J'obtiendrai de vous l'objet de mes désirs?

LYCARSIS.

Oui.

MYRTIL.

Vous ferez pour moi que son oncle l'oblige
A me donner sa main?

LYCARSIS.

Oui. Lève-toi, te dis-je.

MYRTIL.

O père, le meilleur qui jamais ait été,
Que je baise vos mains après tant de bonté!

LYCARSIS.

Ah! que pour ses enfants un père a de foiblesse!
Peut-on rien refuser à leurs mots de tendresse?
Et ne se sent-on pas certains mouvements doux,
Quand on vient à songer que cela sort de vous?

MYRTIL.

Me tiendrez-vous au moins la parole avancée?
Ne changerez-vous point, dites-moi, de pensée?

LYCARSIS.

Non.

MYRTIL.

Me permettez-vous de vous désobéir,
Si de ces sentiments on vous fait revenir?
Prononcez le mot.

LYCARSIS.

Oui. Ah! nature! nature!
Je m'en vais trouver Mopse, et lui faire ouverture
De l'amour que sa nièce et toi vous vous portez.

MYRTIL.

Ah! que ne dois-je point à vos rares bontés!
(Seul.)
Quelle heureuse nouvelle à dire à Mélicerte!
Je n'accepterois pas une couronne offerte
Pour le plaisir que j'ai de courir lui porter
Ce merveilleux succès, qui la doit contenter.

SCÈNE VI.

ACANTHE, TYRÈNE, MYRTIL.

ACANTHE.

Ah! Myrtil, vous avez du ciel reçu des charmes
Qui nous ont préparé des matières de larmes;
Et leur naissant éclat, fatal à nos ardeurs,
De ce que nous aimons nous enlève les cœurs.

TYRÈNE.

Peut-on savoir, Myrtil, vers qui, de ces deux belles,
Vous tournerez ce choix dont courent les nouvelles?
Et sur qui doit de nous tomber ce coup affreux,
Dont se voit foudroyé tout l'espoir de nos vœux?

ACANTHE.

Ne faites point languir deux amants davantage,
Et nous dites quel sort votre cœur nous partage.

TYRÈNE.

Il vaut mieux, quand on craint ces malheurs éclatants,
En mourir tout d'un coup que traîner si longtemps.

MYRTIL.

Rendez, nobles bergers, le calme à votre flamme :
La belle Mélicerte a captivé mon âme.
Auprès de cet objet mon sort est assez doux
Pour ne pas consentir à rien prendre sur vous;
Et si vos vœux enfin n'ont que les miens à craindre,
Vous n'aurez, l'un ni l'autre, aucun lieu de vous plaindre.

ACANTHE.

Ah ! Myrtil, se peut-il que deux tristes amants...?

TYRÈNE.

Est-il vrai que le ciel, sensible à nos tourments...?

MYRTIL.

Oui, content de mes fers comme d'une victoire,
Je me suis excusé de ce choix plein de gloire :
J'ai de mon père encor changé les volontés,
Et l'ai fait consentir à mes félicités.

ACANTHE, à Tyrène.

Ah ! que cette aventure est un charmant miracle,
Et qu'à notre poursuite elle ôte un grand obstacle !

TYRÈNE, à Acanthe.

Elle peut renvoyer ces nymphes à nos vœux,
Et nous donner moyen d'être contents tous deux.

SCÈNE VII.

NICANDRE, MYRTIL, ACANTHE, TYRÈNE.

NICANDRE.

Savez-vous en quel lieu Mélicerte est cachée?

MYRTIL.

Comment?

NICANDRE.

En diligence elle est partout cherchée.

MYRTIL.

Et pourquoi?

NICANDRE.

Nous allons perdre cette beauté.
C'est pour elle qu'ici le roi s'est transporté;
Avec un grand seigneur on dit qu'il la marie.

MYRTIL.

O ciel! expliquez-moi ce discours, je vous prie.

NICANDRE.

Ce sont des incidents grands et mystérieux.
Oui, le roi vient chercher Mélicerte en ces lieux;
Et l'on dit qu'autrefois feu Bélise sa mère,
Dont tout Tempé croyoit que Mopse étoit le frère...
Mais je me suis chargé de la chercher partout :
Vous saurez tout cela tantôt de bout en bout.

MYRTIL.

Ah! dieux! quelle rigueur! Hé! Nicandre, Nicandre!

ACANTHE.

Suivons aussi ses pas, afin de tout apprendre.

FIN DU DEUXIÈME ACTE[1].

---

1. Cette comédie n'a point été achevée; il n'y avoit que ces deux actes de faits lorsque le roi la demanda. Sa Majesté en ayant été satisfaite pour la fête où elle fut représentée, le sieur de Molière ne l'a point finie. (Note des éditeurs de 1682.)

Transportés dans un autre milieu que celui d'un genre trop démodé, la scène du bavard et taquin Lycarsis, qui ne veut pas raconter ce qu'il a vu quand on l'en prie, et qui enrage quand on ne veut plus l'écouter; —

celle du sot bonhomme qui prend pour lui les aveux à demi mot que lui font les deux bergères éprises de son fils; — le quiproquo des deux portraits de Myrtil que se montrent confidemment les deux bergères, et qu'elles croient avoir échangés par mégarde avant d'avoir découvert qu'elles sont rivales sans le savoir; — la scène exquise où Myrtil leur refuse ingénument de choisir entre deux mérites dont il se sent indigne, et s'excuse, doucement obstiné, de ne pouvoir aimer que Mélicerte; — celle, enfin, où son amour touche si bien son père, en dépit de lui-même, que celui-ci finit par s'engager à obtenir Mélicerte de l'oncle dont elle dépend; tous ces épisodes, défigurés par le costume, par le nom des personnages et par la fable romanesque, prendraient aussitôt, avec une autre physionomie, leur mouvement naturel et aisé, celui de l'œuvre humaine de Molière.

Encore une fois les deux actes de *Mélicerte* ont dû donner, cela se sent bien, tout ce qu'on leur demandait : un spectacle gracieux assorti à l'ensemble d'une somptueuse galanterie comme le *Ballet des Muses*, et les honneurs de la partie remportés sur les acteurs des deux autres théâtres par un enfant sans pareil, élève de Molière. Aussi l'enfant est-il le véritable héros de la pièce. C'est pour lui qu'elle a été composée et écrite. C'est à sa taille qu'a été ajusté le rôle de Myrtil, c'est sur sa voix qu'il a été noté, c'est sur l'air de sa personne que se règle l'effet de tous les autres rôles. Myrtil et Baron ne font qu'un. Qui lit la pièce voit Baron, et dans l'enfant, comme dit Molière, l'homme à venir. (Ed. THIERRY.)

BALLET DES MUSES

DANSÉ PAR SA MAJESTÉ

EN SON CHATEAU DE SAINT-GERMAIN-EN-LAYE

LE 2 DÉCEMBRE 1666.

BALLET DES MUSES

ARGUMENT.

Les Muses, charmées de la glorieuse réputation de notre monarque et du soin que Sa Majesté prend de faire fleurir tous les arts dans l'étendue de son empire, quittent le Parnasse pour venir à sa cour

Mnémosine[1], qui, dans les grandes images qu'elle conserve de l'Antiquité, ne trouve rien d'égal à cet auguste prince, prend l'occasion du voyage de ses filles pour contenter le juste désir qu'elle a de le voir; et, lorsqu'elles arrivent ici, fait avec elles l'ouverture du théâtre par le dialogue qui suit.

DIALOGUE

DE MNÉMOSINE ET DES MUSES.

MNÉMOSINE. Mlle Hilaire[2].

Enfin, après tant de hasards,
Nous découvrons les heureuses provinces
Où le plus sage et le plus grand des princes
Fait assembler de toutes parts
La gloire, les vertus, l'abondance et les arts.

---

1. C'est la Mémoire. (Note de l'auteur Benserade.)
2. Fille de Le Puis, qui tenait le cabaret de *Bel-Air* dans la rue de Vaugirard, près du Luxembourg. Mlle Hilaire Le Puis brilla comme cantatrice aux ballets de Louis XIV, aux divertissements des comédies de Molière, et devint tante de Lulli quand ce musicien épousa Madeleine Lambert.

LES MUSES.

Rangeons-nous sous ses lois,
Il est beau de les suivre ;
Rien n'est si doux que de vivre
A la cour de Louis, le plus parfait des rois.

MNÉMOSINE.

Vivant sous sa conduite,
Muses, dans vos concerts,
Chantez ce qu'il a fait, chantez ce qu'il médite ;
Et portez-en le bruit au bout de l'univers.
Dans ce récit charmant faites sans cesse entendre
A l'empire françois ce qu'il doit espérer,
Au monde entier ce qu'il doit admirer,
Aux rois ce qu'ils doivent apprendre.

LES MUSES.

Rangeons-nous sous ses lois,
Il est beau de les suivre ;
Rien n'est si doux que de vivre
A la cour de Louis, le modèle des rois.

Tous les Arts établis déjà dans le royaume, s'étant assemblés de mille endroits pour recevoir plus dignement ces doctes filles de Jupiter, auxquelles ils croient devoir leur origine, prennent résolution de faire en faveur de chacune d'elles une entrée particulière. Après quoi, pour les honorer toutes ensemble, ils représentent la célèbre victoire qu'elles remportèrent autrefois sur les neuf filles de Piérus.

LES NEUF SŒURS.

Muses chantantes : Messieurs Le Gros, Fernon l'aîné, Fernon le jeune, Lange, Cottereau ; Saint-Jean et Buffeguin, pages de la musique de la chambre ; Auger et Luden, pages de la chapelle.

LES SEPT ARTS.

Messieurs Hédouin, Destival, Gingan, Blondel, Rebel, Magnan et Gaye.

RÉCIT DE LA MÉMOIRE,

qui n'est point chanté.

C'est moi qui de l'oubli sauve les noms célèbres,
Et des temps éloignés dissipe les ténèbres ;

BALLET DES MUSES.

En vain pour l'avenir travaille un puissant roi :
C'est autant de perdu sans moi.

Jamais rien n'égala sa force et sa lumière ;
Mon emploi n'eut jamais de si noble matière :
Aussi, quoi que le monde entreprenne aujourd'hui,
C'est autant de perdu sans lui.

PREMIÈRE ENTRÉE.

Pour Uranie, à qui l'on attribue la connoissance des cieux, on représente les sept planètes, de qui l'on contrefait l'éclat par les brillants habits dont les danseurs sont revêtus.

LES SEPT PLANÈTES.

Jupiter, le Soleil, Mercure, Vénus, la Lune, Mars, et Saturne.

Jupiter : Monsieur le duc de Saint-Aignan[1]. Le Soleil : Monsieur Cocquet. Mercure : Saint-André. Vénus : Des-Airs l'aîné. La Lune : Des-Airs Galand. Mars : Monsieur de Souville. Saturne : Noblet l'aîné.

ASTRES ET PLANÈTES.

Pour les ASTRES *et les* PLANÈTES.

Astres, ce point n'est pas en évidence
Si c'est par vous que le monde se meut :
Vous voilà tous occupés à la danse ;
Le monde va cependant comme il peut.

DEUXIÈME ENTRÉE.

Pour honorer Melpomène, qui préside à la tragédie, l'on fait paroître Pyrame et Thisbé, qui ont servi de sujet à l'une de nos plus anciennes pièces de théâtre[2].

PYRAME ET THISBÉ.

Pyrame : Monsieur le Grand[3].
Thisbé : Le marquis de Mirepoix.

---

1. Certains exemplaires présentent ici une variante : *le Soleil*, M. Cocquet ; *Jupiter*, Du Pron, etc.
2. Il s'agit de la tragédie de Théophile de Viau, jouée à l'hôtel de Bourgogne en 1617. On ne représentait pas la tragédie, on faisait seulement figurer les deux personnages dans une entrée ordinaire.
3. C'est-à-dire le grand écuyer, qui était le comte d'Armagnac.

Pour MONSIEUR LE GRAND, *Pyrame.*

Pyrame étoit un peu plus triste que vous n'êtes;
Vous avez, néanmoins, son air et ses attraits :
Thisbé s'y fût méprise, et sans doute vous faites
    Tout ce qu'il fit, au meurtre près.
Aussi pouvoit-il bien, ce semble, à moins de frais
    Marquer sa passion extrême :
D'autres preuves d'amour il est un million.
Vous auriez plus de peine à vous tuer vous-même,
Que vous n'auriez de peine à tuer un lion.
Si votre âme inquiète, adorable Pyrame,
Vouloit quitter ainsi le beau corps qui la joint,
Elle seroit une âme injuste au dernier point,
Et je ne croirois pas qu'il fût une pire âme.

Pour le MARQUIS DE MIREPOIX, *Thisbé.*

Vous avez bonne mine, et ne prétendez pas
Que pour votre beauté l'on souffre le trépas.
    Aussi la fable, ingénieuse et sage,
Sur l'accident funeste où Pyrame est tombé,
    Quand elle parle de Thisbé
N'accuse que son voile, et non pas son visage.

TROISIÈME ENTRÉE.

Thalie, à qui la comédie est consacrée, a pour partage une pièce comique représentée par les comédiens du roi[1] et composée par celui de tous nos poètes qui, dans ce genre d'écrire, peut le plus justement se comparer aux anciens.

COMÉDIE. — MOLIÈRE ET SA TROUPE.

Pour MOLIÈRE.

Le célèbre Molière est dans un grand éclat;
Son mérite est connu de Paris jusqu'à Rome :
Il est avantageux partout d'être honnête homme,
Mais il est dangereux avec lui d'être un fat.

---

1. Molière et sa troupe. (Note du livret.)

PASTORALE COMIQUE[1]

---

1. Introduite par Molière dans le *Ballet des Muses*, le 5 janvier 1667, pour remplacer *Mélicerte*.

PERSONNAGES.   ACTEURS [1].

IRIS, jeune bergère. . . . . Mlle DEBRIE.
LYCAS, riche pasteur. . . . . MOLIÈRE.
PHILÈNE, riche pasteur . . . . DESTIVAL[2].
CORIDON, jeune berger . . . . LA GRANGE.
BERGER ENJOUÉ. . . . . BLONDEL[3].
UN PATRE . . . . CHATEAUNEUF[4].

1. La distribution des rôles est faite par le livre du Ballet.
On assigne ordinairement à la *Pastorale comique* le même lieu qu'à *Mélicerte*, c'est-à-dire un hameau de la vallée de Tempé, en Thessalie.
2. Chanteur de la musique du roi, qui avait déjà rempli les rôles du Magicien dans *le Mariage forcé* et du Satyre dans *la Princesse d'Élide*.
3. Autre chanteur.
4. Gagiste de la troupe de Molière.

PASTORALE COMIQUE

La première scène est entre Lycas, riche pasteur, et Coridon, son confident.

La seconde scène est une cérémonie magique de chantres et danseurs[1].

Les deux Magiciens dansants sont : Les sieurs La Pierre et Favier.

Les trois Magiciens assistants et chantants sont : Messieurs Le Gros, Don et Gaye.

(Ils chantent.)

Déesse des appas,
Ne nous refuse pas
La grâce qu'implorent nos bouches ;
Nous t'en prions par tes rubans,
Par tes boucles de diamans,
Ton rouge, ta poudre, tes mouches,
Ton masque, ta coiffe et tes gants.

O toi ! qui peux rendre agréables
Les visages les plus mal faits,

---

1. L'éditeur de 1734 a arrangé et interprété tout ce qui nous reste de cette pastorale. Il nous a paru préférable de rester fidèle au texte primitif, en donnant en notes les explications qui peuvent avoir quelque intérêt. Ainsi, cette cérémonie magique, selon qu'il ressort suffisamment des paroles chantées, a lieu pour embellir Lycas.

« Les deux magiciens dansants, dit l'éditeur de 1734, frappent la terre avec leurs baguettes et en font sortir six démons (ou plutôt six magiciens assistants et dansants) qui se joignent à eux. »

Répands, Vénus, de tes attraits
Deux ou trois doses charitables
Sur ce museau tondu tout frais !

Déesse des appas,
Ne nous refuse pas
La grâce qu'implorent nos bouches ;
Nous t'en prions par tes rubans,
Par tes boucles de diamans,
Ton rouge, ta poudre, tes mouches,
Ton masque, ta coiffe et tes gants[1].

Ah ! qu'il est beau,
Le jouvenceau !
Ah ! qu'il est beau ! ah ! qu'il est beau !
Qu'il va faire mourir de belles !
Auprès de lui les plus cruelles
Ne pourront tenir dans leur peau.
Ah ! qu'il est beau !
Le jouvenceau !
Ah ! qu'il est beau ! ah ! qu'il est beau !
Ho, ho, ho, ho, ho, ho[2].

Qu'il est joli,
Gentil, poli !
Qu'il est joli ! qu'il est joli !
Est-il des yeux qu'il ne ravisse ?
Il passe en beauté feu Narcisse,
Qui fut un blondin accompli.

---

1. Après cette invocation, les six magiciens assistants et dansants habillent Lycas d'une manière ridicule et bizarre. (Édition de 1734.)

2. On a signalé la ressemblance qui existe entre ce couplet et un air bien connu de l'opéra-comique intitulé *le Postillon de Lonjumeau*.

Qu'il est joli,
Gentil, poli !
Qu'il est joli! qu'il est joli!
Hi, hi, hi, hi, hi, hi[1].

LES SIX MAGICIENS ASSISTANTS ET DANSANTS sont : Les sieurs Chicaneau, Bonard, Noblet le cadet, Arnald, Mayeu et Foignard[2].

La troisième scène est entre Lycas et Philène, riches pasteurs.

PHILÈNE chante :

Paissez, chères brebis, les herbettes naissantes;
Ces prés et ces ruisseaux ont de quoi vous charmer;
Mais si vous désirez vivre toujours contentes,
  Petites innocentes,
  Gardez-vous bien d'aimer.

Lycas, voulant faire des vers, nomme le nom d'Iris, sa maîtresse, en présence de Philène, son rival, dont Philène en colère chante :

PHILÈNE.

Est-ce toi que j'entends, téméraire, est-ce toi
Qui nommes la beauté qui me tient sous sa loi?

LYCAS répond :

Oui, c'est moi; oui, c'est moi.

PHILÈNE.

Oses-tu bien en aucune façon
  Proférer ce beau nom?

LYCAS.

Hé! pourquoi non? hé! pourquoi non?

PHILÈNE.

Iris charme mon âme :

---

1. Les trois magiciens chantants s'enfoncent dans la terre, et les magiciens dansants disparoissent. (Édition de 1734.)

2. Toute cette cérémonie se retrouve, avec de notables développements, dans le deuxième acte des *Fêtes de l'Amour et de Bacchus*. Voyez ce que nous disons de cet opéra, à la suite de la *Comtesse d'Escarbagnas*.

Et qui pour elle aura
Le moindre brin de flamme,
Il s'en repentira.

LYCAS.

Je me moque de cela,
Je me moque de cela.

PHILÈNE.

Je t'étranglerai, mangerai,
Si tu nommes jamais ma belle :
Ce que je dis, je le ferai,
Je t'étranglerai, mangerai,
Il suffit que j'en ai juré :
Quand les dieux prendroient ta querelle,
Je t'étranglerai, mangerai,
Si tu nommes jamais ma belle.

LYCAS.

Bagatelle, bagatelle.

La quatrième scène est entre Lycas et Iris, jeune bergère dont Lycas est amoureux.

La cinquième scène est entre Lycas et un pâtre, qui apporte un cartel à Lycas de la part de Philène, son rival.

La sixième scène est entre Lycas et Coridon.

La septième scène est entre Lycas et Philène.

PHILÈNE, venant pour se battre, chante :

Arrête, malheureux,
Tourne, tourne visage,
Et voyons qui des deux
Obtiendra l'avantage.

(Lycas parle[1], et Philène reprend:)

---

1. La réponse que faisait Lycas à la provocation de Philène, et qui consistait en quelque défaite plus ou moins plaisante, n'était pas mise en musique; c'est pourquoi elle n'a point trouvé place dans le livre du Ballet.

C'est par trop discourir,
Allons, il faut mourir.

La huitième scène est de huit paysans, qui, venant pour séparer Philène et Lycas, prennent querelle et dansent en se battant.

Les huit paysans sont : Les sieurs Dolivet, Paysan, Desonets, Du Pron, La Pierre, Mercier, Pesan et Le Roy.

La neuvième scène est entre Coridon, jeune berger, et les huit paysans, qui, par les persuasions de Coridon, se réconcilient, et, après s'être réconciliés, dansent.

La dixième scène est entre Philène, Lycas et Coridon.

L'onzième scène est entre Iris, bergère, et Coridon, berger.

La douzième scène est entre Iris, bergère, Philène, Lycas et Coridon[1].

PHILÈNE chante :

N'attendez pas qu'ici je me vante moi-même;
Pour le choix que vous balancez,
Vous avez des yeux, je vous aime,
C'est vous en dire assez[2].

La treizième scène est entre Philène et Lycas, qui, rebutés par la belle Iris, chantent ensemble leur désespoir.

PHILÈNE.

Hélas! peut-on sentir de plus vive douleur?
Nous préférer un servile pasteur!
O ciel!

LYCAS.

O sort!

PHILÈNE.

Quelle rigueur!

1. Lycas et Philène pressent la bergère de décider lequel des deux aura la préférence. (Édition de 1734.)
2. La bergère, dédaignant à la fois Philène et Lycas, décide en faveur de Coridon. (Édition de 1734.)

LYCAS.

Quel coup!

PHILÈNE.

Quoi! tant de pleurs,

LYCAS.

Tant de persévérance,

PHILÈNE.

Tant de langueur,

LYCAS.

Tant de souffrance,

PHILÈNE.

Tant de vœux,

LYCAS.

Tant de soins,

PHILÈNE.

Tant d'ardeur,

LYCAS.

Tant d'amour,

PHILÈNE.

Avec tant de mépris sont traités en ce jour!
Ah! cruelle!

LYCAS.

Cœur dur!

PHILÈNE.

Tigresse!

LYCAS.

Inexorable!

PHILÈNE.

Inhumaine!

LYCAS.

Inflexible!

PHILÈNE.

Ingrate!

LYCAS.

Impitoyable!

PHILÈNE.

Tu veux donc nous faire mourir?
Il te faut contenter.

LYCAS.

Il te faut obéir.

PHILÈNE.

Mourons, Lycas.

LYCAS.

Mourons, Philène[1].

PHILÈNE.

Avec ce fer finissons notre peine.

LYCAS.

Pousse!

PHILÈNE.

Ferme!

LYCAS.

Courage!

PHILÈNE.

Allons, va le premier.

LYCAS.

Non, je veux marcher le dernier.

PHILÈNE.

Puisqu'un même malheur aujourd'hui nous assemble,
Allons, partons ensemble.

La quatorzième scène est d'un jeune berger enjoué, qui, venant consoler Philène et Lycas, chante :

---

1. En prononçant ces paroles, Philène et Lycas tirent leurs javelots comme pour se percer la poitrine. (Édition de 1734.)

Ah! quelle folie
De quitter la vie
Pour une beauté
Dont on est rebuté !
On peut pour un objet aimable,
Dont le cœur nous est favorable,
Vouloir perdre la clarté ;
Mais quitter la vie
Pour une beauté
Dont on est rebuté,
Ah! quelle folie!

La quinzième et dernière scène est d'une Égyptienne, suivie d'une douzaine de gens, qui, ne cherchant que la joie, dansent avec elle aux chansons qu'elle chante agréablement. En voici les paroles.

PREMIER AIR.

D'un pauvre cœur
Soulagez le martyre,
D'un pauvre cœur
Soulagez la douleur.
J'ai beau vous dire
Ma vive ardeur,
Je vous vois rire
De ma langueur.
Ah! cruelle, j'expire
Sous tant de rigueur.
D'un pauvre cœur
Soulagez le martyre,
D'un pauvre cœur
Soulagez la douleur.

SECOND AIR.

Croyez-moi, hâtons-nous, ma Sylvie,
Usons bien des moments précieux;
   Contentons ici notre envie,
  De nos ans le feu nous y convie;
Nous ne saurions, vous et moi, faire mieux.

  Quand l'hiver a glacé nos guérets,
  Le printemps vient reprendre sa place,
  Et ramène à nos champs leurs attraits;
    Mais, hélas! quand l'âge nous glace,
  Nos beaux jours ne reviennent jamais.

  Ne cherchons tous les jours qu'à nous plaire,
  Soyons-y l'un et l'autre empressés;
    Du plaisir faisons notre affaire,
  Des chagrins songeons à nous défaire :
Il vient un temps où l'on en prend assez.

  Quand l'hiver a glacé nos guérets,
  Le printemps vient reprendre sa place,
  Et ramène à nos champs leurs attraits;
    Mais, hélas! quand l'âge nous glace,
  Nos beaux jours ne reviennent jamais.

L'Égyptienne qui danse et chante est : Noblet l'aîné.

Les douze dansants sont :

Quatre jouant de la guitare : Monsieur de Lulli, Messieurs Beauchamp, Chicaneau et Vagnart.

Quatre jouant des castagnettes : Les sieurs Favier, Bonard, Saint-André et Arnald.

Quatre jouant des gnacares[1] : Messieurs La Marre, Des-Airs second, Du Feu et Pesan.

1. *Gnacares* : on disait au moyen âge *nacaires;* c'est un des noms d'instruments de musique qu'on trouve le plus fréquemment cités dans nos anciens historiens et dans nos anciens poètes :

« Tantost comme il orroit les *nacaires* sonner, qu'ils s'armassent et montassent et allassent après luy. » (Traduction de Guillaume de Tyr.)

« Tympanis et *nacariis* et aliis similibus instrumentis. » (*Gesta Ludovici VII,* cap. VIII.)

Cet instrument de musique, qui se répandit en Europe après les croisades, était originaire d'Orient : « Les nacaires, dit M. Castil-Blaze, étaient des timbales d'une petite dimension, et inégales en diamètre. Les Sarrasins s'en servaient à cheval, pour régler la marche de leurs escadrons. Les Égyptiens les appellent encore aujourd'hui *noqqárieh.* » Molière, ou plutôt Lulli a donc voulu faire de la couleur locale en introduisant les nacaires ou gnacares dans cette partie du ballet.

FIN DE LA PASTORALE COMIQUE.

BALLET DES MUSES

(SUITE)

QUATRIÈME ENTRÉE.

En l'honneur d'Euterpe, muse pastorale, quatre bergers et quatre bergères dansent, aux chants de plusieurs autres, sur des chansons en forme de dialogue.

I

CHANSON SUR UN AIR DE GAVOTTE.

UN BERGER chante les deux premiers vers, et le chœur les répète. M. Fernon.

Vous savez l'amour extrême
Que j'ai pris pour vos beaux yeux.

LE BERGER continue :

Hâtez-vous d'aimer de même,
Les moments sont précieux;
Tôt ou tard il faut qu'on aime,
Et le plus tôt c'est le mieux.
                (Le chœur répète.)

UN AUTRE BERGER chante. M. Le Gros.

En douceurs l'Amour abonde,
Tout se rend à ses appas.
        (Le chœur répète ces deux vers.)

LE BERGER continue :

On ressent ses feux dans l'onde
Et dans les plus froids climats.
Il n'est rien qui n'aime au monde.
Pourquoi n'aimeriez-vous pas?
            (Le chœur répète.)

II

CHANSON SUR UN AIR DE MENUET.

UN BERGER chante les deux premiers vers, et le chœur les répète. M. Fernon.

Vivons heureux, aimons-nous, bergère ;
Vivons heureux, aimons-nous.

LE BERGER continue :

Dans un endroit solitaire
Fuyons les yeux des jaloux.

LE CHŒUR.

Vivons heureux, aimons-nous, bergère ;
Vivons heureux, aimons-nous.

LE BERGER.

Dansons dessus la fougère ;
Jouons aux jeux les plus doux.

LE CHŒUR.

Vivons heureux, aimons-nous, bergère ;
Vivons heureux, aimons-nous.

UN AUTRE BERGER chante les deux premiers vers, et le chœur les répète :

Aimons, aimons-nous toujours, Silvie,
Aimons, aimons-nous toujours.

LE BERGER continue :

Sans une si douce envie,
A quoi passer nos beaux jours ?

LE CHŒUR.

Aimons, aimons-nous toujours, Silvie,
Aimons, aimons-nous toujours.

LE BERGER.

Les vrais plaisirs de la vie
Sont dans les tendres amours.

LE CHŒUR.

Aimons, aimons-nous toujours, Silvie,
Aimons, aimons-nous toujours.

QUATRE BERGERS ET QUATRE BERGÈRES.

BERGERS : LE ROI, le marquis de Villeroi ; les sieurs Raynal et La Pierre.

BERGÈRES : MADAME, madame de Montespan, mademoiselle de La Vallière, et mademoiselle de Toussi[1].

HUIT BERGERS CHANTANTS : Messieurs Destival, Hédoin, Gingan, Blondel, Magnan, Gaye; Buffeguin et Auger, pages.

HUIT BERGÈRES CHANTANTES : Messieurs Le Gros, Fernon l'aîné, Fernon le jeune, Rebel, Cottereau, Lange; et Saint-Juan et Luden, pages.

Pour le ROI, *berger.*

Ce berger n'est jamais sans quelque chose à faire,
Et jamais rien de bas n'occupe son loisir,
Soit plaisir, soit affaire;
Mais l'affaire toujours va devant le plaisir.

Il mène des troupeaux dont la bizarrerie
Quelquefois tire à gauche au lieu d'aller à droit;
Pour telle bergerie
Jamais pasteur ne fut plus ferme et plus adroit.

Il pourroit de ce faix soulager sa pensée,
Mais il ne s'en veut pas reposer sur les siens :
La saison est passée
Où les bergers dormoient sur la foi de leurs chiens[2].

Paissez, brebis, pendant qu'il s'apprête à détruire
Avec tant de vigueur tous les loups, s'il en vient,
Et laissez-vous conduire
A qui sait mieux que vous tout ce qui vous convient.

---

1. Voici le compliment de Robinet à ces illustres comparses :

Pour Euterpe la pastorale,
Bien dignement on la régale
Par un dialogue excellent
D'un chœur et charmant et brillant,
Tant de bergers que de bergères
Qui ne foulent point les fougères,
Six desquels, ainsi qu'au compas,
Font en dansant de divins pas.

2. On sait que Mazarin était mort en 1661, et que Louis XIV, bien différent de son père Louis XIII, régnait depuis lors par lui-même, sans consentir à partager son pouvoir avec qui que ce fût. (V. FOURNEL.)

Pour MADAME, *bergère.*

Non, je ne pense pas que jamais rien égale
Ces manières, cet air, et ces charmes vainqueurs;
    C'est un dédale
    Pour tous les cœurs.
Elle vous prend d'abord, vous enchaîne, vous tue,
Vous pille jusqu'à l'âme, et puis, après cela,
    Sans être émue,
    Vous laisse là.

L'assassinat commis, qu'est-ce qu'il en arrive?
Pour le pauvre défunt, hélas! le meilleur sort
    Qui s'en ensuive
    Est d'être mort.

Endurez pour quelque autre une semblable peine,
Au moins vous permet-on soupir, plainte et sanglot;
    A cette gêne
    L'on ne dit mot.

Telle erreur devroit être excusable et légère,
Qui trompe les plus fins, et leur fait présumer
    Qu'étant bergère
    On peut l'aimer.

Mais la témérité découvre sa ruine,
Pour la jeune bergère osant plus qu'il ne faut;
    Son origine
    Vient de trop haut.

Qu'ici tous les respects les plus profonds s'assemblent!
Dans un cœur, un tel cœur n'en a pas à demi :
    Tous les loups tremblent
    Devant Mimi[1].

---

1. Petit chien de Madame. (Note de Benserade.) — Il semble, d'après le récit de Robinet du 13 février 1667, que ce petit chien ou plutôt cette petite chienne, dont quelques Mémoires du temps n'ont pas dédaigné de s'occuper, jouait son rôle sonne dans le ballet :

> C'est elle qui, sur la fougère,
> Quand notre héroïne est bergère
> Dans le grand ballet des Neuf Sœurs,
> Fait trembler les loups ravisseurs. Etc.

Pour MADAME DE MONTESPAN, *bergère.*

Que nous serions heureux
(Disent les loups entr'eux)
Si nous mettions la patte
Sur chair si délicate,
Ne faisant qu'un morceau
De bergère et troupeau !
Elle est prompte à sa fuite,
Et garde une conduite
Dont chacun est surpris ;
Mais nous en avons pris
Qui tenoient même route,
Et nous serions sans doute
Au comble du bonheur,
N'étoit son chien d'honneur !
Ce mot pourra déplaire ;
Mais qu'y saurions-nous faire ?
Il ne sort rien de doux
De la gueule des loups.

Pour MADEMOISELLE DE LA VALLIÈRE, *bergère.*

Jeune bergère, en qui le ciel a mis
Tout ce qu'il donne à ses meilleurs amis,
De la beauté, du cœur, de la sagesse,
Et, si j'en crois vos yeux, de la tendresse,
Ne pensez pas que je veuille en ce jour
Vous cajoler ni vous parler d'amour :
Je sais qu'il est dangereux de le faire,
Et je craindrois plus que votre colère ;
D'autres que moi s'en acquitteront mieux,
Je baise ici les mains à vos beaux yeux,
Et ne veux point d'un joug comme le vôtre,
Je vous le dis tout franc, j'en aime une autre :
Que cela donc soit certain entre nous,
Et cru d'ailleurs aussi bien que de vous ;
Sur un tel point soyez désabusée.
Mais, mon ami, quelle est votre visée,
Me direz-vous ? et qui vous force ainsi
A me parler d'un ton si radouci,
Et m'attaquer en style d'élégie,
Qui de l'amour étale l'énergie ?

Moi! de l'amour? ah! jamais ce n'en fut!
Mon véritable et mon unique but
Est de louer ici votre personne :
C'est de l'encens tout pur que je vous donne.
Vous me semblez l'ornement du hameau,
Et j'aime à voir, dans un objet si beau,
Parfaitement l'une à l'autre assortie,
Et tant de gloire et tant de modestie.
Que vous peut-on souhaiter, et quel bien?
Je crois qu'il faut ne vous souhaiter rien,
L'on ne sauroit croître un bonheur extrême;
Et pour tout dire, enfin que sais-je même
Si, méritant tant de prospérités,
Vous n'avez point ce que vous méritez.

Pour MADEMOISELLE DE TOUSSI, *bergère.*

Vous avez un troupeau, belle et jeune bergère,
   Que vous garderez bien,
Si vous l'allez garder ainsi que votre mère
   Garda toujours le sien;
Elle s'en acquitta de si bonne manière
   Qu'il ne s'y peut ajouter rien ;
Et maintenant encore elle garde le bien
   En qui toute la France espère[1].

Pour le MARQUIS DE VILLEROI, *berger.*

Vous avez un air languissant
   Dont votre troupeau se ressent.
En prendre plus de soin seroit assez honnête;
Mais à si vil emploi votre cœur ne s'arrête :
   Quand le berger est jeune et beau
   Il ne peut durer dans sa peau,
   Et volontiers a dans la tête
   Autre chose que son troupeau.

---

1. Mlle de Toussi ou Toussy, qui devint duchesse d'Aumont en 1669, était fille aînée de la maréchale de La Mothe, gouvernante du Dauphin. On voit dans Moréri qu'une autre des filles de la maréchale porta aussi le nom de Mlle de Toussi.

CINQUIÈME ENTRÉE.

En faveur de Clio, qui préside à l'histoire, voulant représenter quelque grande action des siècles passés, on n'a pas cru pouvoir en choisir une plus illustre ni plus propre pour le ballet que la bataille donnée par Alexandre contre Porus, et la générosité que pratiqua ce grand monarque après sa victoire, rendant aux vaincus tout ce que le droit des armes leur avoit ôté.

Le combat s'exprime par des démarches et des coups mesurés aux sons des instruments, et la paix qui le suit est figurée par la danse que les vainqueurs et les vaincus font ensemble.

ALEXANDRE ET PORUS. CINQ GRECS ET CINQ INDIENS.

ALEXANDRE : Monsieur Beauchamp. PORUS : ***[1].

CINQ GRECS : Monsieur de Souville; messieurs La Marre, Du Pron, Des-Airs le cadet, et Mayeu. Descousteaux, *tambour;* Philibert et Jean Hottere, *flûtes.*

CINQ INDIENS : Messieurs Paysan, Du Feu, Arnald, Jouan et Noblet le cadet. Vagnart, *tambour;* Piesche et Nicolas Hottere, *flûtes.*

Combat d'ALEXANDRE et de PORUS.

Alexandre et Porus aimoient tant les batailles
Qu'environ deux mille ans après leurs funérailles
Vous les voyez ici prêts à recommencer :
Quand on aime la guerre on ne s'en peut passer.

SIXIÈME ENTRÉE.

Pour Calliope, mère des beaux vers, les comédiens de la seule troupe royale représentent une petite comédie[2] où sont introduits des poètes de différents caractères.

---

1. Dans la dernière forme du ballet, Porus est supprimé en cet endroit, et après les cinq Grecs, par conséquent quatre lignes plus bas, on lit : Porus, M. Cocquet.

2. Cette comédie ne figura pas d'abord dans le ballet. A la première représentation, il y avait seulement une danse de cinq poètes en l'honneur de Calliope. On peut supposer que cette petite comédie fut ajoutée au divertissement pendant la seconde quinzaine de janvier 1667. (Voyez la notice sur *Mélicerte,* ci-devant, page 101.)

LES POÈTES

PETITE COMÉDIE.

PERSONNAGES.	ACTEURS.
ARISTE, homme de qualité qui prend soin d'une mascarade pour le bal.	M. La Fleur.
SILVANDRE, ami d'Ariste, qui a ordre de faire une petite comédie pour joindre au bal	M. Floridor.
M. LIRA, poète suivant la cour, qui n'estime que les sonnets.	M. Hauteroche
LE MARQUIS SINGULIER, qui s'attribue les vers d'autrui	M. Poisson.
LA COMTESSE, vieille et galante qui apprend à faire des vers.	Mlle Des Œillets

La scène est dans la galerie du château neuf de Saint-Germain.

La première scène est entre Ariste et Silvandre, qui se demandent l'un à l'autre des avis en attendant le bal.

La seconde scène est de monsieur Lira, qui offre ses sonnets à Silvandre pour la petite comédie qu'il doit faire.

La troisième scène est d'une mascarade qu'Ariste a fait préparer pour le bal, composée d'une danse d'Espagnols et d'Espagnoles, dont une partie danse aux sons des instruments et l'autre danse au chant de deux dialogues.

MASCARADE ESPAGNOLE.

Deux conducteurs de la mascarade : Monsieur le duc de Saint-Aignan et monsieur Beauchamp.

Espagnols qui dansent : LE ROI, monsieur le Grand, le marquis de Villeroi, le marquis de Mirepoix, le marquis de Rassan.

Espagnoles qui dansent : MADAME, madame de Montespan, madame de Cursol, mesdemoiselles de La Vallière et de Toussi.

Espagnols qui chantent en dansant : Joseph de Prado, Agustin Manuel, Simon Aguado, Marcos Garces.

Espagnoles qui chantent en dansant : Francisca Vezon, Maria de Anaya, Maria de Valdes, Jeronima de Olmedo.

Espagnols qui jouent de la harpe et des guitares : Juan Navarro, Joseph de Loesia, Pedro Vasques.

PRIMERO DIALOGO.

Canta MARIA DE ANAYA.
Ay! que padesco de Amor los rigores!
Y en tanto tormento desmayan mis boçes!
Canta FRANCISCA VEZON.
No desconfies, que de essas heridas
Al mas peligrosso le cura en un dia.

SEGUNDO DIALOGO.

Canta SIMON AGUADO.
Sin amor, la hermosura
No tiene balor,
Que se aumentan las gracias
Teniendo aficion.
Canta FRANCISCA VEZON.
Aunque quiera en sus lazos
Prenderme el Amor,
No seras nunca el dueño
De mi coraçon.
(Cantan todos los mismos versos.)

IMITATION DES DEUX DIALOGUES ESPAGNOLS.

PREMIER DIALOGUE.

MARIA DE ANAYA.
Ah! qu'en aimant,
A de maux on s'expose!
Ah! qu'en aimant,
On souffre de tourment!
FRANCISCA VEZON.
Quelques tourments, quelques maux qu'Amour cause,
Pour tout payer il ne faut qu'un moment.

SECOND DIALOGUE.

SIMON AGUADO.
La plus belle jeunesse
Sans l'Amour n'est rien;
Quelque peu de tendresse
Fait toujours grand bien.
FRANCISCA VEZON.
On ne peut s'en défendre,
L'amour est trop doux;
Mais si j'ai le cœur tendre,
Ce n'est pas pour vous.

SIGUE EL PRIMER DIALOGO.

Canta MARIA DE ANAYA.

No ay coraçon que no tema el empeño
De haçer dueño suyo a un dios niño y ciego.

Canta FRANCISCA VEZON.

De Amor las rigores dan siempre contento,
Que causan plaçeres sus desabrimientos.

(Cantan todos los mismos versos.)

SIGUE EL SEGUNDO DIALOGO.

Canta SIMON AGUADO.

Aunque tengas mas prendas
Que en las otras ay,
Si a quererme no llegas
Las as de borrar.

Canta FRANCISCA VEZON.

O que bien enojado
Te dexa el desden!
Sin agradar, ninguno
Yntente querer.

(Cantan todos los mismos versos.)

IMITATION DES DEUX DIALOGUES ESPAGNOLS.

SUITE DU PREMIER DIALOGUE.

MARIA DE ANAYA.

Que tous les cœurs
Craignent l'Amour pour maître,
Que tous les cœurs
Évitent ses rigueurs!

FRANCISCA VEZON.

Il plaît toujours, tout cruel qu'il puisse être;
Tout en est doux jusques à ses langueurs.

SUITE DU SECOND DIALOGUE.

SIMON AGUADO.

Ayez, s'il est possible,
Cent fois plus d'appas :
C'est un défaut horrible
Que de n'aimer pas.

FRANCISCA VEZON.

Une heureuse colère
Vient vous animer :
Si vous manquez à plaire,
Moquez-vous d'aimer.

La quatrième scène est du marquis et de la comtesse, qui se moquent l'un de l'autre.

La cinquième scène est de la comtesse, qui, tandis que le marquis va chercher ses gens, lit des vers qu'elle a faits, qui sont sans mesure et qui n'ont point de rime, quoique les mots qui doivent rimer ne soient différents que par une seule lettre.

La sixième scène est des avis ridicules que le marquis et la comtesse donnent à Silvandre sur le sujet de la petite comédie qu'il a ordre de faire.

La septième et dernière scène est d'une entrée des Basques du marquis, et de la résolution qu'Ariste fait prendre à Silvandre de ne point chercher d'autre sujet que celui qui lui est offert par le hasard dans tout ce qu'il vient de voir.

Basques : Monsieur le Grand, monsieur le marquis de Villeroi, le marquis de Rassan, monsieur de Souville ; messieurs Beauchamp, Chicanneau, Favier et La Pierre.

Pour les poètes.

Souvent les médecins
Ne sont pas les plus sains,
Encore que leur art de tous maux nous délivre ;
Les beaux esprits sont tels :
Ils rendent immortels,
Et la plupart du temps ils n'ont pas de quoi vivre.

ENTRÉE DES ESPAGNOLS ET ESPAGNOLES.

Pour le duc de saint-aignan, *Espagnol déguisé en masque.*

Quelque Espagnol que je sois,
J'ai su me déguiser avecque tant de gloire
Qu'en cent occasions d'éternelle mémoire
J'ai passé pour très bon François,
Et m'en suis d'autant mieux signalé dans l'histoire.

Pour m. le grand, *les* marquis de villeroi, mirepoix, *et* rassan.

Messieurs les Espagnols, pour vous faire plaisir
Je voudrois vous louer séparément tous quatre,

Mais je n'en ferai rien, et dussiez-vous me battre,
Non manque de sujet, mais faute de loisir.

L'on m'a prescrit trop tard ce que j'avois à faire :
J'ai mon prince à louer, honneur qui m'est si doux,
J'ai cinq jeunes beautés encore à satisfaire,
Et je ne suis pas homme à les laisser pour vous.

Ensemble étant amis vous ferez à votre aise,
Et je ne vous unis que pour vous obliger;
Si vous êtes rivaux (pourtant à Dieu ne plaise!)
Il vous sera permis de vous entre-manger.

Pour le ROI, *représentant un* ESPAGNOL.

Que pour cet Espagnol les dieux ont d'amitié!
Aussi c'est un chef-d'œuvre admirable et céleste;
Le sang et la nature en firent la moitié,
La paix et l'alliance ont composé le reste.

Son équité soutient le commun intérest
De ces deux nations qui font mouvoir l'Europe :
Dure à jamais ce nœud, serré comme il parest,
Et qui de tant d'États la fortune enveloppe!

Pour L'ENTRÉE DES ESPAGNOLES.

MADAME, Madame DE MONTESPAN, madame DE CRUSSOL, mademoiselle DE LA VALLIÈRE et mademoiselle DE TOUSSI.

Ces Espagnoles ont des traits
Contre qui la raison fait des efforts frivoles;
Il n'est pas défendu d'admirer leurs attraits,
Mais il est dangereux d'aimer ces Espagnoles.

L'une[1] sort d'un si noble sang
Qu'on ne sauroit jamais atteindre à cette belle;
Toute la gravité qui conduit à son rang
Ote la liberté de soupirer pour elle.

L'autre[2] a le cœur peu partagé;
Je ne sais s'il est plein, je ne sais s'il est vide,
Mais je tiens, s'il s'étoit une fois engagé,
Qu'il auroit de la peine à devenir perfide.

1. Madame.
2. Mlle de La Vallière.

De celle-ci[1] l'intention
Est de faire aux humains une mortelle guerre,
Et son vrai caractère est de la nation
Qui voudroit maîtriser le reste de la terre.

Celle-là[2], d'un air noble et haut,
Est sage autant qu'aimable, et toute cette flamme
Qui fait tant de ravage en un climat si chaud,
Elle l'a dans l'esprit et ne l'a point dans l'âme.

Que cette jeune beauté plaist[3]!
Mais à quelle fortune est-elle réservée?
Avec tant de trésors diriez-vous pas qu'elle est
Des Indes en ce lieu fraîchement arrivée!

Pour vos flèches changez de but,
Amour, et quittez là des entreprises folles;
Vous avez votre sens, mais la raison conclut
Qu'il est très dangereux d'aimer ces Espagnoles.

SEPTIÈME ENTRÉE ET RÉCIT.

On fait paroître Orphée, fils de cette muse (Calliope), qui, par les divers sons de sa lyre, exprimant tantôt une douleur languissante et tantôt un dépit violent, inspire les mêmes mouvements à ceux qui le suivent; et, entre autres, une Nymphe que le hasard a fait rencontrer sur l'un des rochers qu'il attire après lui, est tellement transportée par l'effet de cette harmonie qu'elle découvre sans y penser les secrets de son cœur par cette chanson :

Amour trop indiscret, devoir trop rigoureux,
Je ne sais lequel de vous deux
Me cause le plus de martyre;
Mais que c'est un mal dangereux
D'aimer, et ne le pouvoir dire!

ORPHÉE : Monsieur de Lulli.
NYMPHE : Mademoiselle Hilaire.

1. Mme de Montespan.
2. Mme de Crussol. Voir plus loin (onzième entrée), pour l'explication de ces vers, la note sur cette fille de Julie de Rambouillet et du duc de Montausier.
3. Mlle de Toussi.

HUIT THRACIENS : Messieurs Des-Airs l'aîné, Des-Airs Galand, Noblet l'aîné, Favier, Saint-André, Desonets, Bonard et Foignac.

RÉCIT D'ORPHÉE,
qui n'est point chanté.

Je ne viens point ici, par mes tristes accens,
Des sensibles objets suspendre tous les sens,
Attirer après moi les rochers et les marbres,
 Faire marcher les arbres :

Ma tristesse par là ne se peut amoindrir,
 Et c'est un effort inutile.
Hélas! ce que je veux n'est pas si difficile :
Je ne veux que toucher un cœur et l'attendrir.

Non, je ne prétends point que l'amour par ma voix
Vienne contraindre ici la nature et ses loix;
S'il y faut de la force et de la violence,
 J'aime mieux le silence.

Ma tristesse par là, etc.

Pour MONSIEUR DE LULLI, *Orphée.*

Cet Orphée a le goût très délicat et fin;
C'est l'ornement du siècle, et n'est rien qu'il n'attire,
Soit hommes, animaux, bois et rochers enfin,
Du son mélodieux de sa charmante lyre.
Toutes ces choses-là le suivent pas à pas,
Et de son harmonie elles sont les conquêtes;
Mais, si vous l'en pressez, il vous dira tout bas
Qu'il est cruellement fatigué par les bêtes.

HUITIÈME ENTRÉE.

Pour Érato, que l'on invoque particulièrement en amour, on a tiré six amants de nos romans les plus fameux, comme Théagène et Cariclée, Mandane et Cyrus, Polexandre et Alcidiane.

TROIS AMANTS ET TROIS AMANTES.

AMANTS : *Cyrus,* LE ROI; *Polexandre,* le marquis de Villeroi; *Théagène,* monsieur Beauchamp.

AMANTES : *Mandane,* monsieur Raynal; *Alcidiane,* le marquis de Mirepoix; *Cariclée,* le sieur La Pierre.

CYRUS ET POLEXANDRE.
Pour le ROI, *Cyrus.*

Superbe antiquité, dont si mal à propos
Le siècle trop longtemps a souffert les reproches,
Et qui voulez toujours, à l'égard des héros,
Que les plus éloignés ternissent les plus proches,
Si vous en avez eu, nous en avons aussi,
Et la chose entre nous doit être égale ici.

Mais n'en soyons point crus, ni les uns ni les autres,
Attendons, sur le prix et du nôtre et des vôtres,
De la postérité le juste tribunal;
L'invincible Louis ne perd rien à l'attendre :
Tantôt c'est un Cyrus, tantôt un Alexandre,
Et toujours la copie atteint l'original.

Ils ont eu leurs défauts, ces démons des combats :
L'un sentit au courroux sa grande âme asservie,
Et l'autre eut dans sa fin quelque chose de bas,
Que ceux qui l'ont loué n'ont point mis dans sa vie.
Louis est toujours sage, il règle ses désirs,
Et ne fait que glisser par-dessus les plaisirs;
Sa vertu, forte et pleine, est une vertu rare,
Qui relève, affermit, fortifie et répare,
C'est un fleuve qu'on croit qui va tout renverser,
Qui ne rencontre point de digue à son épreuve;
Enfin l'on se rassure, et l'on voit que ce fleuve
Inonde la campagne afin de l'engraisser.

Pour le MARQUIS DE VILLEROI, *Polexandre.*

Que c'est un grand bonheur d'être jeune et bien fait,
De l'esprit et du corps également parfait,
Ainsi que Polexandre errant par tout le monde
  A dessein de lui ressembler,
  Et de pouvoir faire trembler
  Constantinople et Trébisonde !
  Et puis, quand vous êtes tenté
D'aller secrètement vous embarquer sur l'onde,
  Être tout à coup arrêté
Par un géant terrible, et qui porte couronne,
Dont le fameux pouvoir vous retient enchanté
  Dans une des tours de Péronne;

Faire tous les étés quelque trait de roman,
Par où vous soyez mis les hivers en écran[1],
Brûler toujours d'un feu qui n'ait rien de profane,
Joint à de grands respects pour quelque Alcidiane,
Desquels on se défait quand il en est saison ;
Et surtout se garder de la démangeaison
    De raconter ses aventures,
    Et de montrer des écritures[2].

NEUVIÈME ENTRÉE.

Pour Polymnie, de qui le pouvoir s'étend sur l'éloquence et la dialectique, trois philosophes grecs et deux orateurs romains sont représentés en ridicule par des comédiens françois et italiens, auxquels on a laissé la liberté de composer leurs rôles.

ORATEURS LATINS.		PHILOSOPHES GRECS.	
Cicéron.	Arlequin.	*Démocrite.*	Montfleury.
Hortence.	Scaramouche.	*Héraclite.*	Poisson.
Sénateur.	Valerio.	*Le Cynique.*	Brécourt.

ORATEURS ET PHILOSOPHES.

N'est-ce pas être né sous un noble ascendant
Que d'être un orateur, et d'être un philosophe,
Quoiqu'il en soit beaucoup de fort petite étoffe ?
Car, par un ordinaire et fatal accident,
Qui cause à la science un éternel opprobre,
De ces deux composés il se forme un pédant,
Ridicule animal, très crasseux et peu sobre.

DIXIÈME ENTRÉE.

Pour Terpsichore, à qui l'invention des chants et des danses rustiques est attribuée, on fait danser quatre Faunes et quatre

---

1. C'est-à-dire de fournir un sujet à l'une de ces images dont il était d'usage d'*illustrer* surtout les écrans à main au XVIIe siècle. On les couvrait aussi de figures de blason et même de devises et de vers. (V. F.)

2. Ce ballet, en particulier, est tout rempli d'allusions aux galanteries innombrables du *charmant* marquis de Villeroi, qui était gâté par les femmes. Voir encore les douzième et seizième entrées. (V. F.)

femmes sauvages qui, pliant en diverses façons des branches d'arbre, en font mille tours différents ; et leur danse est agréablement interrompue par la voix d'un jeune Satyre :

RÉCIT DU SATYRE.

Le soin de goûter la vie
Est ici notre emploi,
Chacun y suit son envie :
C'est notre unique loi.

L'Amour toujours nous inspire
Ce qu'il a de plus doux ;
Ce n'est jamais que pour rire
Qu'on aime parmi nous.

SATYRE: Monsieur Le Gros.

QUATRE FAUNES : Monsieur Dolivet, les sieurs Saint-André, Noblet l'aîné et Des-Airs Galand.

QUATRE FEMMES SAUVAGES: Les sieurs Bonard, Desonets, Favier et Foignac.

Pour les FAUNES.

Ces gens-ci tiennent en affaire
Un procédé fort ingénu :
L'honneur leur semble une chimère,
Et chez eux l'Amour est tout nu,
Comme dans les bras de sa mère.

ONZIÈME ENTRÉE.

Les neuf Muses et les neuf filles de Piérus dansent à l'envi, tantôt séparément et tantôt ensemble, chacune de ces deux troupes aspirant avec une même ardeur à triompher de celle qui lui étoit opposée.

PIÉRIDES : MADAME; mesdames de Montespan, de Crussol; mesdemoiselles de La Vallière, de Toussi, de La Mothe, de Fiennes; madame du Ludre, et mademoiselle de Brancas.

MUSES : Mesdames de Villequier, de Rochefort, de La Vallière, du Plessis, d'Eudicourt; mesdemoiselles d'Arquien, de Longueval, de Coëtlogon, de La Marc.

CONTESTATION DES PIÉRIDES ET DES MUSES.

MADAME, *Piéride.*

Quelle étrange dispute est-ce donc qui s'apprête?
Qui vous a, je vous prie, osé mettre en la tête,
Muses, que nous étions jalouses de vous, nous?

MADAME D'HEUDICOURT[1], *Muse.*

Madame, nous avons un grand respect pour vous :
A vous dire le vrai, de personne à personne,
D'une commune voix vous aurez la couronne;
Mais si votre bonté nous permet une fois
D'appuyer nos raisons et soutenir nos droits,
Pour notre gain de cause à la face des hommes,
Il suffit en ce lieu d'alléguer que nous sommes
Filles de Jupiter, vous de Pierius.
Encore qu'Alexandre effaçât Darius,
Leurs soldats pouvoient bien se comparer ensemble;
Et cela nettement veut dire, ce me semble,
Que l'on peut vous tirer hors de comparaison,
Et contre tout le reste avoir quelque raison.

MADEMOISELLE DE LA VALLIÈRE, *Piéride.*

Non, non, point de détour, et point de stratagème :
Il n'est pas question de ce respect extrême,
Et, sur le point où roule ici notre entretien,
La personne y fait tout, et la qualité rien.
Il faut examiner quel est notre mérite,
Mais un mérite illustre, et que rien ne limite,
Brillant et reconnu d'un aveu solennel,
Comme un mérite à nous purement personnel :
Point d'appuis étrangers, que toutes y renoncent;
Après, que l'on décide, et que les dieux prononcent.

MADEMOISELLE DE LONGUEVAL[2], *Muse.*

Les dieux? nous retombons en pire extrémité.
Sait-on pas que les dieux sont de votre côté?
Eux qui sont si puissants sur la terre et sur l'onde,
Et qui devroient sans doute être pour tout le monde;
Cependant par malheur, on voit qu'ils n'y sont point.

MADAME DE MONTESPAN, *Piéride.*

Laissons les dieux à part et revenons au point.
Parlons de bonne foi, quelle erreur est la vôtre

---

1. Bonne de Pons, qui avait épousé cette année même Michel de Sublet, marquis d'Heudicourt.
2. Fille de Ch. Albert de Longueval, comte de Buquoi.

Selon vous, être Muse est-ce être plus qu'une autre ?
Si ce nom fut jadis en admiration,
Il a suivi du temps la révolution ;
La mode en est passée, et, si je ne m'abuse,
L'on peut valoir beaucoup, quoiqu'on ne soit pas Muse.

MADEMOISELLE D'ARQUIEN[1], *Muse.*

Mais je tiens qu'être Muse aussi n'empêche pas
Qu'on n'ait lieu de prétendre aux plus charmants appas.
Ce seroit grand' pitié que, pour être un peu belle,
On dût appréhender d'être spirituelle,
Qu'il fallût renoncer à ces divins trésors,
Et que l'esprit donnât l'exclusion au corps.

MADAME DE CRUSSOL[2], *Piéride.*

Pour moi, bien que toujours les Muses m'aient chérie,
Par elles tendrement élevée et nourrie,
Que j'aie été bercée au doux bruit des chansons
Que font de temps en temps leurs doctes nourrissons,
Je m'estime bien plus d'être ici Piéride,
Et je tiens mon état meilleur et plus solide.

MADAME DE VILLEQUIER, *Muse.*

Ce que vous dites là ne fait rien contre nous,
Ni contre notre sort, qui nous semble assez doux.
Quoique vous possédiez un esprit admirable,
Si votre sentiment ne nous est favorable,
Se peut-il pas changer dans une autre saison,
Étant de votre goût, non de votre raison ?

MADEMOISELLE DE LA MOTHE[3], *Piéride.*

Afin de terminer le débat où nous sommes,
Je ne suis pas d'avis que l'on s'adresse aux hommes ;

---

1. Louise-Marie d'Arquien, dame d'atours de la reine Marie-Thérèse, fille de Henri de La Grange, marquis d'Arquien, capitaine des gardes suisses de Monsieur, mariée le 20 janvier 1669 au marquis de Béthune. Dans son compte rendu du ballet des *Amours déguisés*, Loret confirme les vers de Benserade, en louant l'*esprit fort sage* de Mlle d'Arquien, en même temps que ses *yeux* et son *visage* (*Muse hist.*, l. XV, 27), et Robinet parle aussi de sa *belle et fine langue* (22 novembre 1665). (V. F.)

2. Marie-Julie de Sainte-Maure, fille du duc de Montausier et de Julie de Rambouillet, première dame d'honneur de la reine Marie-Thérèse. Elle avait épousé, en mars 1664 (voir Loret, lettre du 22 mars), Emmanuel de Crussol, deuxième du nom, qui devint duc d'Uzès en 1674. Elle était née, pour ainsi dire, en plein hôtel Rambouillet, dans le sanctuaire des Muses, et l'on pouvait dire d'elle qu'elle avait été « bercée au doux bruit des chansons ». (V. F.)

3. Fille d'honneur de la reine, qui avait succédé à Mlle de La Porte, lors du mariage de celle-ci en 1665. (V. F.)

Ainsi qu'à nos moutons retournons à nos dieux :
Notre accommodement par là se fera mieux,
Quoique de haut en bas ces dieux, peu favorables,
Regardent les mortels comme des misérables.

MADAME LA COMTESSE DU PLESSIS [1], *Muse.*

Importuner les dieux avec nos différends?
Ils ont bien autre chose à régler que nos rangs.
Si le monde pour eux n'est qu'une bagatelle,
Jugez comme ils iront traiter notre querelle.
De nous-mêmes tâchons d'adoucir notre fiel ;
Tenons-nous à la terre, et laissons là le ciel.

MADEMOISELLE DE TOUSSI, *Piéride.*

Votre moralité passe ma suffisance ;
Quant à moi, je suis jeune, et j'arrive, et je danse.
A l'heure que je parle il ne me manque rien,
Et tout allant ainsi, je crois que tout va bien ;
Que je me trompe ou non, mais enfin je soupçonne
Qu'étant comme je suis l'on ne cède à personne.

MADAME DE ROCHEFORT [2], *Muse.*

Et voilà justement le parti du bon sens,
De savoir en soi-même, avec les connoissans,
Qu'à personne en mérite on n'est inférieure :
Ce mouvement secret de joie intérieure
Nous plaît, nous entretient, nous flatte, et me parest
Une provision en attendant l'arrest.

MADEMOISELLE DE FIENNES [3], *Piéride.*

Est-ce qu'on s'en tient là quand on a bonne cause?
Veut-on pas que le monde en sache quelque chose?

---

1. Dame d'honneur de Madame, femme du comte du Plessis. « Elle s'appeloit Le Loup, et étoit fille de Bellenave, et riche. » Elle se remaria plus tard avec Clérembault, bas-officier de Monsieur. Voyez les *Mémoires* de Saint-Simon.

2. Il y avait plusieurs maisons de Rochefort. Nous ne pouvons dire au juste si Mme de Rochefort est Marie de Salonier, dame de La Vallée, qui avait épousé, en 1656, Jean de Rochefort-d'Ally, chevalier, comte de Jozeran, ou Mlle de Rohan, mariée en 1664 au comte de Rochefort (Loret, l. XIV, p. 54 et 58), ou Mlle de Laval, qui épousa le marquis de Rochefort en 1662 (Loret, l. XIII, p. 66), ou encore Mlle Fouquet, mariée à Rochefort, marquis de La Boulaye, en août 1658 (Loret, 24 août). Il n'est guère possible que ce soit Mlle de Rohan, car, après cette union, son mari prit le titre de M. de Soubise, sous lequel elle serait désignée ici. C'est probablement Mlle de Laval. (V. F.)

3. Fille d'honneur de Madame. Robinet la nomme *la ravissante* de Fiennes. (*Lettre en vers à Madame*, du 20 septembre 1665.)

Il s'agit du triomphe en suite du combat;
S'il y va de la gloire, il y faut de l'éclat,
Même que plus d'un juge en ait la connoissance;
Et, dans un intérêt de pareille importance,
Il faut que l'équité fasse droit à chacun,
Et, pour y voir bien clair, deux yeux valent plus qu'un.

MADAME DE LA VALLIÈRE, *Muse.*

Vous pourriez ajouter encore à votre affaire
Que, l'avis de plusieurs ne se rapportant guère,
Lorsque le différend se trouve mal réglé,
De quelqu'un à quelque autre il en est appelé.
Moi, comme je me sens contre vous bien fondée,
J'entends que sans retour l'affaire soit vidée.

MADAME DU LUDRE[1], *Piéride.*

Pour corrompre personne, au moins je ne crois pas
Qu'on me soupçonne ici de faire bien des pas.
Pourquoi mêler le droit et la chicane ensemble?
Quand on est raisonnable il suffit, ce me semble,
Sans que la ruse et l'art s'y trouvent employez,
De se montrer au juge, et lui dire : Voyez.

MADEMOISELLE DE COËTLOGON[2], *Muse.*

Vraiment vous en parlez ici bien à votre aise,
Parce que vous croyez n'avoir rien qui ne plaise;
Si la justice avoit un bandeau sur les yeux,
Peut-être que pour vous il n'en iroit pas mieux :
Quelques traits éclatants et quoi que l'on possède,
Avecque tout cela bon droit a besoin d'aide.

MADEMOISELLE DE BRANCAS[3], *Piéride.*

Quelque riche qu'on soit en beauté, c'est un bien
Dont l'on ne souffre pas qu'il se retranche rien.

---

1. Marie-Isabelle du Ludre, ou *de Ludre*, fille d'honneur successivement de Madame et de la reine. On sait que, quelques années plus tard, ses charmes attirèrent un moment l'attention du roi : il en est question dans les *Mémoires* de l'abbé de Choisy, dans les lettres de Mme de Sévigné, surtout celles de l'année 1677, dans la correspondance de Bussy-Rabutin, de Mme de Scudéry, etc. (V. F.)
2. Louise de Coëtlogon, depuis marquise de Cavoie, fille d'honneur de la reine.
3. Probablement Gabrielle de Brancas, qui épousa, en 1674, Jos. de Valbelle, marquis de Tourves, président au parlement d'Aix. Loret la cite, avec plusieurs autres filles d'honneur, tant de Madame que des deux reines, parmi les beautés du temps (l. XII, p. 142); et, ailleurs (l. XIII, p. 30) il loue *la blancheur incomparable de ses traits purs et délicats;* il y revient encore plus au long en beaucoup d'autres endroits (XIII, 90, XV, 58, etc.) Elle avait été attaquée d'une forte rougeole peu de temps avant, puis de la petite vérole au commencement de cette année 1666, et les gazettes de la cour ne manquèrent pas de s'en occuper. (V. F.)

Je n'avois pas quinze ans que l'on m'en donna seize;
Cela me fit dépit, et je n'en fus point aise :
Il n'en est pas des ans de même que de l'or,
Plus vous en amassez, moins en vaut le trésor.

MADEMOISELLE DE LA MARC [1], *Muse.*

Si vous ne vous fondiez que sur cet avantage,
J'ai de quoi disputer du côté de mon âge.
Il est vrai que le blond fait partout bien du bruit;
Mais est-ce que le brun n'a jamais rien produit?
En quantité de lieux sa puissance on redoute;
On ne me l'a pas dit, mais c'est que je m'en doute.

MADAME.

Cette longue dispute à la fin me déplaît :
Qu'on se taise, et laissons la chose comme elle est [2].

DOUZIÈME ENTRÉE.

Trois Nymphes, qu'elles avoient choisies pour juges de leur dispute, viennent pour la terminer par leur jugement.

Trois Nymphes juges du combat : LE ROI, le marquis de Villeroi, et monsieur Beauchamp.

NYMPHES.

Pour le ROI, *Nymphe.*

La Nymphe merveilleuse, agréable et terrible,
Des ours et des lions médite un meurtre horrible,
Et va rendre à nos bois leur antique bonheur :
L'Envie a beau gronder, elle n'en peut rien dire,

---

1. Marie-Françoise Échallard de La Marc, sœur du comte de La Marc, tué à Consarbruck, en 1675. Elle épousa, en juin 1680, le comte de Lannion, et mourut en 1726, à l'âge de soixante-seize ans. Le Pays la nomme au premier rang des plus belles personnes de la cour, dans une de ses lettres qui est de 1664. (*Nouvelles OEuvres,* 1re partie, p. 207.) (V. F.)

2. Nous avons à peine besoin de faire remarquer la signification véritable de cette *contestation,* où le poète a voulu montrer les principales beautés de la cour se disputant le prix, sous les traits des Muses et des Piérides, par devant le Roi, *juge du combat.* Chaque personnage y paraît avec les qualités qui lui sont propres, mais les allusions sont tellement nombreuses et subtiles que nous avons dû renoncer à les relever toutes : la plupart, du reste, s'expliquent d'elles-mêmes. (V. F.)

Et des antres obscurs ne sort point de satyre
Qu'elle craigne, et qui donne atteinte à son honneur.

A son rare mérite on rend un juste hommage ;
Le chant mélodieux des cygnes de notre âge
S'apprête à le louer par des tons redoublés,
Et ce même mérite, au temple de Mémoire,
D'une commune voix attend la même gloire,
Jugé par l'avenir des siècles assemblés.

Pour le MARQUIS DE VILLEROI, *Nymphe.*

A cette mine langoureuse,
Nymphe, il paroît que vous avez besoin
Qu'une autre Nymphe prenne soin
De vous aider à devenir heureuse.

TREIZIÈME ET DERNIÈRE ENTRÉE [1].

Mais les Piérides, condamnées, ne voulant pas céder et recommençant la contestation avec plus d'aigreur qu'auparavant,

---

1. Voici les vers que Robinet consacre à ce dénoûment, et par lesquels il termine son épître :

> Jupin, le maître de la foudre,
> En fin de tout vient en découdre,
> En changeant ces objets si beaux,
> Pour leur châtiment, en oiseaux.
> Mais, comme dedans cet orage
> Jupin ne paroît qu'en image,
> Ce changement, semblablement,
> N'est aussi qu'un feint changement ;
> Et ces filles, je vous le jure,
> Se retrouvent en leur nature.
>
> Voilà ce que j'avois promis
> A tous lecteurs, nos bons amis,
> Et j'en suis quitte sans miracle.
> Mais pour, de ce noble spectacle,
> Concevoir bien mieux la beauté,
> Je leur conseille, en vérité,
> D'aller, pour livre ou demi-livre,
> En acheter le galant livre,
> Que le substitut d'Apollon [Benserade]
> Et, je pense, autant que lui blond,
> En a fait à son ordinaire,
> Peignant des mieux le caractère
> Des baladins les principaux
> Dont il a fait tant de tableaux.
> L'onzième décember, dernier mois de l'année,
> De mon petit cerveau cette missive est née.

forcent Jupiter à punir leur insolence en les changeant en oiseaux.

JUPITER.

Pour MONSIEUR LE GRAND, *Jupiter.*

Auprès de Jupiter tous les dieux ne sont rien,
Et, sitôt qu'il paroît, on le reconnoît bien,
A cheval, dans le cercle, aux bals, aux promenades;
De nos moindres plaisirs il forme ses ébats,
Et descend quelquefois jusqu'aux turlupinades :
Chez les pauvres mortels on ne va point plus bas;
Au cœur il a toujours quelque galanterie,
Mais Junon dans le ciel n'entend pas raillerie[1].

---

[1] La Junon de Monsieur le Grand « étoit une femme haute, altière, entreprenante... impérieuse et dure, tout occupée de son domestique;... elle menoit son mari comme elle vouloit ». (Saint-Simon, in-12, t. IV, p. 74.) Mme d'Armagnac, sœur du maréchal de Villeroi, était alors âgée d'environ vingt-sept ans. Pour les vers précédents, on peut voir le portrait du duc d'Armagnac dans les *Mémoires* de Saint-Simon, tome X, page 44.)

LE SICILIEN

ou

L'AMOUR PEINTRE

COMÉDIE EN UN ACTE

Février 1667

NOTICE PRÉLIMINAIRE.

Il nous faut recueillir maintenant la suite des indications que contiennent les gazettes en prose et en vers sur les représentations du Ballet des Muses (voyez ci-devant la notice de *Mélicerte*). Ces représentations ne se ralentirent point pendant le mois de février 1667. Le 11 février, on écrit de Saint-Germain à la Gazette : « Le 5, le Ballet des Muses fut derechef dansé, avec la même satisfaction des spectateurs. » Dans sa lettre du 13, Robinet dit en parlant de la cour :

> Le grand ballet s'y danse encores,
> Avec une scène de Maures,
> Scène nouvelle, et qui vraiment
> Plaît, dit-on, merveilleusement[1].

Déjà cette scène de Maures peut nous faire soupçonner l'apparition d'une nouvelle œuvre sur laquelle nous allons bientôt avoir des renseignements plus précis. La Gazette du 18 du même mois, après avoir mentionné une représentation offerte le 12 aux ambassadeurs et ministres étrangers qui étaient venus complimenter la reine à ses relevailles, poursuit de cette manière : « Le 14 et le 16, le Ballet fut encore dansé avec deux nouvelles entrées de Turcs et de Maures, qui ont paru des mieux concertées : la dernière étant accompagnée d'une comédie françoise aussi des plus divertissantes. »

---

1. S'il s'agit bien ici du *Sicilien*, la représentation de cette pièce devrait être avancée de quelques jours sur la date qu'on lui assigne ordinairement d'après la Gazette (le 14) et aurait eu lieu le 9 ou le 10.

Cette comédie française, c'était *le Sicilien ou l'Amour peintre,* de Molière, que l'entrée des Maures désigne suffisamment.

Robinet se borne à nous apprendre que le Ballet avait atteint en ce moment toute sa splendeur; il dit dans sa lettre du 20 :

> On a, depuis le treizième,
> Dansé trois fois ce ballet même
> Qui, changeant encor beaucoup plus
> De visages que Prothéus,
> Avoit lors deux autres entrées
> Qu'on a beaucoup considérées;
> Savoir : des Maures et Mahons[1],
> Deux très perverses nations.
> Puis la comédie en son jour
> Divertit de même, à son tour,
> Par quatre troupes différentes,
> Et qui sont toutes excellentes[2].

Enfin, pour épuiser ces extraits, la Gazette du 25 février fait ainsi connaître la dernière représentation : « Le 19 de ce mois, la cour eut encore le divertissement du Ballet des Muses, avec les nouveautés qu'on y avoit ajoutées, lesquelles y attirèrent une foule extraordinaire... Le 20, Leurs Majestés partirent pour aller à Versailles. » La Grange, sur son registre, fixe au même jour le retour de la troupe à Paris : « La troupe est revenue de Saint-Germain le dimanche 20 février 1667; nous avons reçu, pour ce voyage et la pension que le roi avoit accordée à la troupe, deux années de ladite pension, ci douze mille livres. »

On voit, par tout ce qui précède, que *le Sicilien,* composé, appris, répété pendant le mois de janvier, fut applaudi par son illustre public dans la première quinzaine de février, peut-être un peu avant le 14, mais certainement le 14 et le 16 de ce mois. Cette comédie de Molière ne prit point place, comme les deux autres, à la troisième entrée du Ballet; elle fut placée à la fin et forma une quatorzième entrée, à la suite de la « treizième et dernière entrée » qu'on a vue tout à l'heure. En même temps qu'elle fournit des indications précieuses sur la mise en scène, cette partie du livre du Ballet permet de distinguer les modifi-

---

1. *Mahons,* turcs.
2. Deux de François et deux d'Espagnols et d'Italiens. (Note de l'auteur.)

cations, du reste légères, qui furent plus tard apportées à la comédie. On trouvera à la suite de la pièce cette dernière partie du livre du Ballet des Muses.

Les comédiens du roi rouvrirent le 25 février le théâtre du Palais-Royal, et huit jours après, le 4 mars, ils jouèrent la tragédie d'*Attila*, de Pierre Corneille. Après Pâques, *le Sicilien* ne fut pas encore donné immédiatement à la ville. Le retard qu'il éprouva fut causé par une nouvelle crise de la maladie de Molière. Robinet nous informe de cette circonstance dans sa lettre du 17 avril :

      Le bruit a couru que Molière
      Se trouvoit à l'extrémité
      Et proche d'entrer dans la bière ;
      Mais ce n'est pas la vérité.
      Je le connois comme moi-même ;
      Son mal n'étoit qu'un stratagème
Pour jouer même aussi la Parque au trait fatal.
      Hélas ! c'est un étrange drôle,
      Il faut qu'il exerce son rôle
Sur le particulier et sur le général.

Parbleu ! quoi qu'il en soit, ce seroit grand dommage
      Que la gloutonne Anthropophage
      Eût dévoré ce bon chrétien.
      Je lui souhaite longue vie ;
      De mainte autre elle est le soutien,
Et, s'il meurt, nous mourrons tous de mélancolie.

Enfin, le 10 juin 1667, la petite comédie fut jouée avec la dix-huitième représentation d'*Attila*. Nous sommes obligé de demander, comme d'ordinaire, quelques détails sur cette représentation au continuateur de la Muse historique. Voici comment il s'exprime dans sa lettre du 11 juin 1667 :

      Depuis hier pareillement,
      On a pour divertissement
      Le Sicilien, que Molière
      Avec sa charmante manière
      Mêla dans le ballet du roi,
      Et qu'on admire, sur ma foi !
      Il y joint aussi des entrées,
      Qui furent très considérées
      Dans ledit ravissant ballet.
      Et lui, tout rajeuni du lait

> De quelque autre infante d'Inache
> Qui se couvre de peau de vache,
> S'y remontre enfin à nos yeux,
> Plus que jamais facétieux.

Et, dans sa lettre du 19 juin, il ajoute :

> Je vis à mon aise et très bien,
> Dimanche, *le Sicilien* :
> C'est un chef-d'œuvre, je vous jure,
> Où paroissent en miniature,
> Et comme dans leur plus beau jour,
> Et la jalousie et l'amour.
> Ce Sicilien, que Molière
> Représente d'une manière
> Qui fait rire de tout le cœur,
> Est donc de Sicile un seigneur
> Charmé, jusqu'à la jalousie,
> D'une Grecque, son affranchie.
> D'autre part, un marquis françois,
> Qui soupire dessous ses lois,
> Se servant de tout stratagème
> Pour voir ce rare objet qu'il aime
> (Car, comme on sait, l'amour est fin),
> Fait si bien qu'il l'enlève enfin
> Par une intrigue fort jolie.
> Mais, quoi qu'ici je vous en die,
> Ce n'est rien, il faut sur les lieux
> Porter son oreille et ses yeux.
> Surtout, on y voit deux esclaves[1]
> Qui peuvent donner des entraves ;
> Deux Grecques qui, Grecques en tout,
> Peuvent pousser cent cœurs à bout
> Comme étant tout à fait charmantes ;
> Et dont enfin les riches mantes
> Valent bien de l'argent, ma foi ;
> Ce sont aussi présents du roi.

Quoiqu'il le dise en si méchantes rimes, Robinet n'en a pas moins raison : *le Sicilien* est un chef-d'œuvre dans son genre. *Le Sicilien* devançoit de près de cent ans notre opéra comique. Unissant la poésie à la gaieté, se plaçant à une distance égale du *Médecin malgré lui* et du *Misanthrope,* il témoigne de l'heureuse

---

1. Mesdemoiselles Molière et Debrie. (Note de l'auteur.)

diversité du génie de Molière. « La danse, la musique, les sérénades, la douce joie, la ruse folâtre, dit M. P. Chasles, voltigent autour de la coquetterie et de l'amour. Rien d'excessif, de licencieux ; rien de guindé ou de fade. Une lumière harmonieuse éclaire le tableau ; c'est le soleil naissant sur la mer sicilienne. Tout est d'accord : mœurs, paysage, costumes, le sujet et le style de l'ouvrage. La phrase elle-même est rythmée et marche légère comme l'oiseau. »

Les sources où Molière a puisé le sujet ou les principaux détails du *Sicilien* sont moins visibles que d'ordinaire. Plusieurs érudits ont dit cependant qu'il devait y avoir un original étranger, sicilien peut-être, ou tout au moins italien, parce que dans la pièce il y a des esclaves, et qu'en effet il y a eu des esclaves en Sicile jusqu'au milieu du xviie siècle. L'argument n'est pas très décisif, il nous semble. M. Auguste Baluffe[1] répond qu'on n'avait pas besoin d'aller en Sicile pour trouver des esclaves turcs comme Hali, des esclaves grecques comme Isidore ; qu'il y en avait aussi en Languedoc, qu'on en rencontrait à Agde, à Béziers et à Pézenas, importés par les chevaliers de Malte et les corsaires ; que dans les pièces de théâtre propres au Languedoc les rôles d'esclaves existent aussi bien que dans les pièces italiennes ; qu'il n'y a donc aucune nécessité de supposer une imitation étrangère, et que ce serait plutôt dans le Midi de la France qu'il faudrait chercher les sources où l'auteur du *Sicilien* a peut-être puisé. M. Baluffe relève, à l'appui de sa conjecture, quelques indices qui lui paraissent significatifs. « Le nom d'un des bergers chanteurs, Philène (orthographié *Filène* dans la *Pastorale comique*) rappelle, par l'homonymie au moins, un personnage du *Mauvais Traitement fait par ceux de Villeneufve à la ville de Béziers pendant la contagion* (1632). » Cela ne prouve pas grand'chose : ce nom de Philène ou Filène est employé fréquemment dans les idylles ou églogues de cette époque, comme ceux de Lycas ou de Tircis. Don Pèdre, dans son impétuosité belliqueuse (scène iv) s'écrie : « Allons, promptement, mon épée, ma rondache, ma hallebarde, mes pistolets, mes mousquetons, mes fusils : vite, dépêchez, allons, tue, point de

---

1. *L'Artiste,* 20 novembre 1881.

quartier ! » De même un certain Pepezue, dans le vieux Théâtre languedocien (1628) : « Çà, qu'on m'apporte ma cuirasse, mes brasselets, mes cuissards, mes gantelets et ma lance perce-murailles, le morion et la grande plume que j'ai fait venir de Rome ; entrez dans mon arsenal et qu'on m'apporte vite le pistolet, le casque et l'épée damasquinée ! » Ce rapprochement a un peu plus de valeur, mais il n'est pas bien sûr que la rencontre n'ait pas été accidentelle. Enfin M. Baluffe signale un provincialisme caractéristique dans l'expression d'Hali : « Ah ! monsieur, c'est du beau bécarre ! » Et plus loin : « Là-dessus vient un berger joyeux avec un bécarre admirable. » Il cite deux exemples d'écrivains du Midi où cette expression se retrouve. Peut-être en effet ces métaphores, empruntées à la langue musicale, étaient-elles plus familières aux Méridionaux qu'aux Français du Nord, et peut-on reconnaître dans l'emploi que Molière en fait ici une trace, un souvenir de son séjour dans la Provence et le Languedoc. Mais cela ne saurait prouver rien de plus ; et, comme l'on voit, nous ne sommes guère plus avancés qu'auparavant.

C'est principalement dans cette petite pièce que Molière a fait un flagrant usage d'une prose mesurée et cadencée à la manière des vers libres. Qu'on prenne pour exemple les premières lignes :

> Chut. N'avancez pas davantage,
> Et demeurez dans cet endroit
> Jusqu'à ce que je vous appelle.
>
> Il fait noir comme dans un four.
> Le ciel s'est habillé ce soir en Scaramouche,
> Et je ne vois pas une étoile
> Qui montre le bout de son nez.
> Sotte condition que celle d'un esclave,
> De ne vivre jamais pour soi,
> Et d'être toujours tout entier
> Aux passions d'un maître...
> Le mien me fait ici
> Épouser ses inquiétudes ;
> Et, parce qu'il est amoureux,
> Il faut que nuit et jour je n'aie aucun repos.
> Mais voici des flambeaux, et, sans doute, c'est lui.

Il serait facile de couper de la sorte la pièce presque tout entière.

« L'exemple d'un seul vers, dit Auger, suffira pour prouver que Molière a affecté, volontairement, dans la prose du *Sicilien*, les tours et les mesures propres à la poésie. Dans la troisième scène, Adraste dit, en parlant des musiciens qu'Hali a amenés : « Je veux, jusques au jour, les faire ici chanter. » Cette ligne de prose est un vers alexandrin, ayant une césure exacte, et renfermant deux inversions. Dans la prose ordinaire on placerait autrement *jusques au jour* et *ici,* et l'on dirait : *je veux les faire chanter ici jusques au jour.* » Ajoutons qu'on dirait mieux *jusqu'au jour* que *jusques au jour.*

Cet emploi du vers blanc, dont quelques autres pièces en prose : *le Festin de Pierre* (voyez tome VI, page 388), *l'Avare, George Dandin,* offrent des traces, ne fut jamais érigé en système par Molière. Les contemporains n'y prêtèrent pas grande attention. Ménage remarqua seulement qu'il y avait beaucoup de vers non rimés dans *le Sicilien.* Robinet semble se rendre compte de cette espèce de compromis entre la versification et la prose, lorsqu'il dit en parlant de *l'Avare :*

> Il parle en prose et non en vers ;
> Mais, nonobstant les goûts divers,
> Cette prose est si théâtrale
> Qu'en douceur les vers elle égale.

Plus tard, on expliqua le fait par la négligence; les uns prétendirent que Molière se proposait de mettre la rime après avoir mis la mesure et que le temps lui manqua sans doute; les autres imaginèrent qu'il réduisit en prose ce qu'il avait d'abord écrit en vers, et détruisit le travail de la versification par le retranchement des rimes. Les deux suppositions sont également invraisemblables. On tombe généralement d'accord aujourd'hui que l'intention du poète comique a dû être réfléchie et formelle; et quelques critiques ont pris chaleureusement parti pour ce mode de diction, « qui représente exactement, dit l'un d'eux, les iambes de Térence ».

Le Sicilien fut représenté du 10 juin jusqu'à la fin du mois, toujours avec une autre pièce, trois fois avec *Attila* de Pierre Corneille, qui avait été joué sur le théâtre de Molière le 4 mars précédent et dont le succès était déjà épuisé; trois fois avec

Rodogune, et trois fois avec *les Médecins,* c'est-à-dire l'*Amour médecin.* Les recettes ne sont pas brillantes; deux jours les acteurs ont néant à se partager, le 14 et le 21; la plus forte recette, celle du 26, est de 356 livres. Il y eut une interruption du 28 juin au 8 juillet. Ce jour-là on reprit *le Sicilien* avec *le Médecin malgré lui,* et on le joua encore sept fois dans le courant de ce mois, toujours avec des recettes modestes. On ne le donna plus que trois fois jusqu'à la mort de Molière, une fois avec *Monsieur de Pourceaugnac* et deux fois avec *les Fourberies de Scapin.* Ce fut après la mort de l'auteur que le goût du public se prononça plus favorablement pour cette petite pièce, qui eut soixante-quatorze représentations jusqu'à la fin du règne de Louis XIV.

En 1685, voici quelle était la distribution du *Sicilien :*

DAMOISELLES.

ISIDORE . . . . Debrie.
ZAÏDE ou CLIMÈNE . . . . La Grange.

HOMMES.

DON PÈDRE . . . . Rosimont.
ADRASTE. . . . . La Grange.
HALI . . . . Guérin.

Le Sicilien est une des petites comédies de Molière qui ont été de bonne heure arrangées pour les théâtres de musique. En 1780, on représenta à Versailles devant Leurs Majestés *le Sicilien ou l'Amour peintre,* comédie en un acte mêlée d'ariettes. « Les paroles, dit le livret, sont de Molière, et arrangées pour être mises en musique par M. Le Vasseur. La musique est de M. d'Auvergne, surintendant de la musique du roi. Les ballets sont de la composition de M. Laval, maître des ballets de Sa Majesté, » chez Ballard, in-8°.

Un ballet-pantomime du *Sicilien ou l'Amour peintre,* par Anatole Petit, musique de M. Sor, ouverture et airs de danse de M. Schneitzhoeffer, fut joué à l'Académie royale de musique le 11 juin 1827 et parut chez Barba, in-8°.

M. E. Sauzay a publié à la librairie de F. Didot et Cie « *le Sicilien ou l'Amour peintre,* comédie-ballet de Molière mise en musique, précédée d'un essai sur une représentation du *Sicilien* au temps de Molière, » in-4°, 1881. M. Sauzay a joint à sa propre partition celle de Lulli. Il a encadré le tout dans un travail historique sur les origines du *Sicilien*, la première représentation de cette pièce (affiches, décors, costumes, etc.), sur la composition de l'orchestre employé par Lulli pour les intermèdes de cette comédie, parlée, chantée et dansée, y ajoutant, à propos des couplets d'Hali, une dissertation sur Molière polyglotte. M. Sauzay exprime le regret « qu'aucun des spirituels et charmants musiciens de la fin du siècle dernier, à commencer par Grétry, Monsigny, Dalayrac, dont les œuvres françaises correspondent si bien au français de Molière, n'ait eu l'idée de compléter *le Sicilien* par leurs mélodies simples et naturelles ». Lui-même s'est inspiré de Grétry; il s'est efforcé d'être toujours d'accord avec le caractère et le style de l'œuvre. A la différence de Lulli, qui avait simplement accommodé la pièce de Molière au goût musical de son temps, sans tenir compte du lieu de la scène, il a cherché la couleur orientale et a pris de véritables airs turcs pour composer ses airs de ballet. Cela nous éloigne beaucoup du Ballet des Muses. Le but du *Sicilien* était bien, comme le disent les gazetiers et rimeurs de l'époque, de montrer à la cour des entrées de Turcs et de Maures, mais de Turcs civilisés, de Turcs de Versailles ou de Saint-Germain, instruits à mener le branle et à danser le menuet. Si Louis XIV avait entendu ces airs imités de *l'Iskia Samaïsi* ou d'une chanson mauresque d'Alger, il aurait pu fort bien arriver à M. Sauzay ce qui arriva à un petit virtuose italien admis à jouer devant le roi. Lorsque le virtuose eut exécuté un de ses morceaux les plus brillants, Louis XIV demanda qu'on lui fît venir un violoniste de sa chapelle. « Un air de *Cadmus*, » dit-il. Après que ce musicien eut exécuté un air court et traînant de Lulli : « Je ne saurais vous dire, reprit le roi; voilà mon goût, à moi, voilà mon goût. » Il est vrai que M. Sauzay n'a point composé sa musique pour Louis XIV.

La petite pièce ne fut imprimée qu'à la fin de l'année 1667 : « *Le Sicilien ou l'Amour peintre,* comédie par J.-B. P. de Molière.

A Paris, chez Jean Ribou, au Palais, vis-à-vis la porte de la Sainte-Chapelle, à l'image saint Louis. 1658. Avec privilège du roi. » Achevé d'imprimer pour la première fois le 9 novembre 1667. C'est le texte que nous suivons.

Nous donnons les variantes de l'édition de 1682 : « *Le Sicilien ou l'Amour peintre,* comédie représentée pour la première fois à Saint-Germain-en-Laye, par ordre de Sa Majesté, au mois de janvier 1667, et donnée depuis sur le théâtre du Palais-Royal le 10 juin de la même année 1667, par la troupe du roi. » La Grange, en assignant la première représentation au mois de janvier, n'est pas en contradiction réelle avec les gazettes ; l'éditeur de 1682 n'a point visé cette fois à fixer une date précise ; il a dû s'attacher surtout à l'époque où le travail de préparation s'est accompli ; et il ne paraît pas non plus impossible, surtout lorsqu'on songe que le roi figurait dans l'entrée des Maures, que des représentations moins retentissantes eussent précédé les représentations en quelque sorte officielles dont les feuilles périodiques purent entretenir leurs lecteurs.

LE SICILIEN

ou

L'AMOUR PEINTRE

PERSONNAGES.	ACTEURS.
DON PÈDRE, Sicilien, amant d'Isidore	MOLIÈRE[1].
ADRASTE, gentilhomme françois, amant d'Isidore.	LA GRANGE.
ISIDORE, Grecque, esclave de Don Pèdre	Mlle DEBRIE.
ZAÏDE, jeune esclave [2]	Mlle MOLIÈRE.
HALI, valet d'Adraste	LA THORILLIÈRE.
LE SÉNATEUR	DU CROISY.

LES MUSICIENS.
TROUPE D'ESCLAVES.
TROUPE DE MAURES.
DEUX LAQUAIS[3].

1. Voici le costume de Molière : « Un habit du Sicilien, les chausses et manteau de satin violet, avec une broderie or et argent, doublé de tabis vert, et le jupon de moire d'or, à manches de toile d'argent, garni de broderie et d'argent, et un bonnet de nuit, une perruque et une épée. » (*Inventaire après décès*.) Le tout est prisé 75 livres, chiffre élevé qui fait supposer que ce costume était un présent du roi.

2. Dans l'édition de 1668, que les éditeurs de 1682 ont suivie en cela, cette « Zaïde, jeune esclave », a été remplacée par « CLIMÈNE, sœur d'Adraste ». Nous avons vu que c'est bien Zaïde qui figure dans le livre du Ballet. Nous avons vu aussi que Robinet, en rendant compte de la représentation à la ville, parle formellement de deux esclaves grecques. La substitution d'un personnage à l'autre dans le texte imprimé semble indiquer une correction ou une modification que Molière aurait entendu faire. Mais il n'a point en ce cas exécuté son dessein, puisque dans la scène x il fait dire à Adraste : « J'ai, par le moyen d'une jeune esclave, un stratagème, etc. » Cette phrase subsistant, il y aurait contradiction à admettre le changement de Zaïde en Climène, et l'on est obligé de revenir partout à l'ancien personnage. C'est ce qu'ont fait tous les éditeurs à partir de celui de 1734. Il ressort de là que Molière avait eu bien peu de temps pour surveiller l'impression de sa pièce.

3. L'action du *Sicilien* se passe d'abord dans la rue, devant la maison de Don Pèdre. Pour les changements qui se produisent ensuite dans le lieu de la scène, voyez les notes de la page 216 et de la page 230.

LE SICILIEN

OU

L'AMOUR PEINTRE

COMÉDIE

SCÈNE PREMIÈRE.

HALI, MUSICIENS.

HALI, aux musiciens.

Chut. N'avancez pas davantage, et demeurez dans cet endroit, jusqu'à ce que je vous appelle.

SCÈNE II.

HALI, seul.

Il fait noir comme dans un four : le ciel s'est habillé ce soir en Scaramouche[1], et je ne vois pas une étoile qui montre le bout de son nez. Sotte condition que celle d'un esclave, de ne vivre jamais pour soi, et d'être toujours tout entier aux passions d'un maître, de n'être réglé que par ses humeurs, et de se voir réduit à faire ses propres

---

1. *Scaramouche* était un personnage bouffon de l'ancien théâtre italien, qui était habillé de noir de la tête aux pieds, et dont le masque même était rayé de noir au front, aux joues et au menton.

affaires de tous les soucis qu'il peut prendre ! Le mien me fait ici épouser ses inquiétudes; et, parce qu'il est amoureux, il faut que nuit et jour je n'aie aucun repos. Mais voici des flambeaux, et, sans doute, c'est lui.

SCÈNE III.

ADRASTE, DEUX LAQUAIS, portant chacun un flambeau; HALI.

ADRASTE.

Est-ce toi, Hali?

HALI.

Et qui pourroit-ce être que moi? A ces heures de nuit,* hors vous et moi, monsieur, je ne crois pas que personne s'avise de courir maintenant les rues.

ADRASTE.

Aussi ne crois-je pas qu'on puisse voir personne qui sente dans son cœur la peine que je sens. Car, enfin, ce n'est rien d'avoir à combattre l'indifférence ou les rigueurs d'une beauté qu'on aime, on a toujours au moins le plaisir de la plainte et la liberté des soupirs; mais ne pouvoir trouver aucune occasion de parler à ce qu'on adore, ne pouvoir savoir d'une belle si l'amour qu'inspirent ses yeux est pour lui plaire ou lui déplaire, c'est la plus fâcheuse, à mon gré, de toutes les inquiétudes; et c'est où me réduit l'incommode jaloux qui veille, avec tant de souci, sur ma charmante Grecque, et ne fait pas un pas sans la traîner à ses côtés.

* VAR. *Et qui pourroit-ce être que moi, à ces heures de nuit?*
Cette ponctuation n'est celle ni de l'édition *princeps* ni de l'édition de 1682. Elle est l'œuvre de l'éditeur de 1734, et elle a pour but d'éviter le pléonasme que *à ces heures de nuit* et *maintenant* forment dans la phrase telle que l'établissent les premiers textes.

HALI.

Mais il est, en amour, plusieurs façons de se parler; et il me semble, à moi, que vos yeux et les siens, depuis près de deux mois, se sont dit bien des choses.

ADRASTE.

Il est vrai qu'elle et moi souvent nous nous sommes parlé des yeux; mais comment reconnoître que, chacun de notre côté, nous ayons, comme il faut, expliqué ce langage? Et que sais-je, après tout, si elle entend bien tout ce que mes regards lui disent, et si les siens me disent ce que je crois parfois entendre?

HALI.

Il faut chercher quelque moyen de se parler d'autre manière.

ADRASTE.

As-tu là tes musiciens?

HALI.

Oui.

ADRASTE.

Fais-les approcher. (Seul.) Je veux jusques au jour les faire ici chanter, et voir si leur musique n'obligera point cette belle à paroître à quelque fenêtre.

SCÈNE IV.

ADRASTE, HALI, MUSICIENS.

HALI.

Les voici. Que chanteront-ils?

ADRASTE.

Ce qu'ils jugeront de meilleur.

HALI.

Il faut qu'ils chantent un trio qu'ils me chantèrent l'autre jour.

ADRASTE.

Non. Ce n'est pas ce qu'il me faut.

HALI.

Ah! monsieur, c'est du beau bécarre.

ADRASTE.

Que diantre veux-tu dire avec ton beau bécarre?

HALI.

Monsieur, je tiens pour le bécarre. Vous savez que je m'y connois. Le bécarre me charme; hors du bécarre, point de salut en harmonie. Écoutez un peu ce trio.

ADRASTE.

Non. Je veux quelque chose de tendre et de passionné, quelque chose qui m'entretienne dans une douce rêverie.

HALI.

Je vois bien que vous êtes pour le bémol; mais il y a moyen de nous contenter l'un et l'autre. Il faut qu'ils vous chantent une certaine scène d'une petite comédie que je leur ai vu essayer. Ce sont deux bergers amoureux, tout remplis de langueur, qui, sur bémol, viennent séparément faire leurs plaintes dans un bois, puis se découvrent l'un à l'autre la cruauté de leurs maîtresses; et là-dessus vient un berger joyeux avec un bécarre admirable, qui se moque de leur foiblesse [1].

---

1. Il s'agit tout simplement ici de la transition du mode mineur, portant un bémol à sa tierce, au mode majeur, dont la tierce est remise au ton naturel à l'aide précieuse du bécarre. *Bécarre* ou tierce majeure signifie, dans notre musique moderne, énergie, gaieté. *Bémol* ou tierce mineure est employé généralement pour l'expression de la faiblesse, de la mélancolie, de la douleur. (Castil-Blaze.)

M. Baluffe (voyez la notice préliminaire, page 190) cite deux exemples de

SCÈNE IV.

ADRASTE.

J'y consens. Voyons ce que c'est.

HALI.

Voici, tout juste, un lieu propre à servir de scène ; et voilà deux flambeaux pour éclairer la comédie.

ADRASTE.

Place-toi contre ce logis, afin qu'au moindre bruit que l'on fera dedans, je fasse cacher les lumières.

FRAGMENT DE COMÉDIE,

CHANTÉ ET ACCOMPAGNÉ

PAR LES MUSICIENS QU'HALI A AMENÉS

SCÈNE I.

PHILÈNE, TIRCIS.

PREMIER MUSICIEN représentant Philène.

Si, du triste récit de mon inquiétude,
Je trouble le repos de votre solitude,
Rochers, ne soyez point fâchés ;
Quand vous saurez l'excès de mes peines secrètes,
Tout rochers que vous êtes,
Vous en serez touchés.

DEUXIÈME MUSICIEN, représentant Tircis.

Les oiseaux réjouis, dès que le jour s'avance,

l'emploi de cette expression par des auteurs méridionaux ; celle-ci d'abord, extraite d'un monologue composé en 1633 :

L'Espagnol que nous controcarro
En son esprit fayt par becarro...

« L'Espagnol qui nous contrarie avec son esprit fait par bécarre, c'est-à-dire dominateur. » Il extrait encore cette phrase de la *Seconde Apologie de l'Université de médecine de Montpellier* de 1654 : « Et qu'est devenue cette grande expérience de vos docteurs tant chantée sur le bécarre de Jean Riolan ? » Ce mot bécarre signifiait donc un ton élevé, et était assez fréquemment employé dans le Midi.

Recommencent leurs chants dans ces vastes forêts;
Et moi j'y recommence
Mes soupirs languissants et mes tristes regrets.
Ah! mon cher Philène!

PHILÈNE.

Ah! mon cher Tircis!

TIRCIS.

Que je sens de peine!

PHILÈNE.

Que j'ai de soucis!

TIRCIS.

Toujours sourde à mes vœux est l'ingrate Climène

PHILÈNE.

Chloris n'a point pour moi de regards adoucis.

TOUS DEUX ENSEMBLE.

O loi trop inhumaine!
Amour, si tu ne peux les contraindre d'aimer,
Pourquoi leur laisses-tu le pouvoir de charmer?

SCÈNE II.

PHILÈNE, TIRCIS, UN PATRE.

TROISIÈME MUSICIEN, représentant un pâtre.

Pauvres amants, quelle erreur
D'adorer des inhumaines!
Jamais les âmes bien saines
Ne se payent de rigueur;
Et les faveurs sont les chaînes
Qui doivent lier un cœur.

On voit cent belles ici,
Auprès de qui je m'empresse;
A leur vouer ma tendresse
Je mets mon plus doux souci;
Mais, lorsque l'on est tigresse,
Ma foi, je suis tigre aussi.

PHILÈNE ET TIRCIS, ensemble.

Heureux, hélas! qui peut aimer ainsi!

HALI.

Monsieur, je viens d'ouïr quelque bruit au dedans.

ADRASTE.

Qu'on se retire vite, et qu'on éteigne les flambeaux.

SCÈNE V.

DON PÈDRE, ADRASTE, HALI.

DON PÈDRE, *sortant de sa maison, en bonnet de nuit et en robe de chambre, avec une épée sous son bras.*

Il y a quelque temps que j'entends chanter à ma porte; et sans doute cela ne se fait pas pour rien. Il faut que, dans l'obscurité, je tâche à découvrir quelles gens ce peuvent être.

ADRASTE.

Hali!

HALI.

Quoi?

ADRASTE.

N'entends-tu plus rien?

HALI.

Non.

(Don Pèdre est derrière eux, qui les écoute.)

ADRASTE.

Quoi! tous nos efforts ne pourront obtenir que je parle un moment à cette aimable Grecque! et ce jaloux maudit, ce traître de Sicilien, me fermera toujours tout accès auprès d'elle!

HALI.

Je voudrois, de bon cœur, que le diable l'eût emporté, pour la fatigue qu'il nous donne, le fâcheux, le bourreau qu'il est. Ah! si nous le tenions ici, que je prendrois de joie à venger, sur son dos, tous les pas inutiles que sa jalousie nous fait faire!

ADRASTE.

Si faut-il bien[1], pourtant, trouver quelque moyen, quelque invention, quelque ruse, pour attraper notre brutal. J'y suis trop engagé pour en avoir le démenti ; et, quand j'y devrois employer...

HALI.

Monsieur, je ne sais pas ce que cela veut dire, mais la porte est ouverte ; et, si vous le voulez, j'entrerai doucement pour découvrir d'où cela vient.

(Don Pèdre se retire sur sa porte.)

ADRASTE.

Oui, fais ; mais sans faire de bruit. Je ne m'éloigne pas de toi. Plût au ciel que ce fût la charmante Isidore!

DON PÈDRE, donnant un soufflet à Hali.

Qui va là ?

HALI, rendant le soufflet à Don Pèdre.

Ami.

DON PÈDRE.

Holà! Francisque, Dominique, Simon, Martin, Pierre, Thomas, Georges, Charles, Barthélemy. Allons, promptement, mon épée, ma rondache, ma hallebarde, mes pistolets, mes mousquetons, mes fusils. Vite, dépêchez. Allons, tue, point de quartier!

SCÈNE VI.

ADRASTE, HALI.

ADRASTE.

Je n'entends remuer personne. Hali, Hali!

---

1. Pour : encore faut-il bien.

SCÈNE VI.

HALI, caché dans un coin.

Monsieur.

ADRASTE.

Où donc te caches-tu?

HALI.

Ces gens sont-ils sortis?

ADRASTE.

Non. Personne ne bouge.

HALI, sortant d'où il étoit caché.

S'ils viennent, ils seront frottés.

ADRASTE.

Quoi! tous nos soins seront donc inutiles! Et toujours ce fâcheux jaloux se moquera de nos desseins!

HALI.

Non. Le courroux du point d'honneur me prend : il ne sera pas dit qu'on triomphe de mon adresse; ma qualité de fourbe s'indigne de tous ces obstacles; et je prétends faire éclater les talents que j'ai eus du ciel.

ADRASTE.

Je voudrois seulement que, par quelque moyen, par un billet, par quelque bouche, elle fût avertie des sentiments qu'on a pour elle, et savoir les siens là-dessus. Après, on peut trouver facilement les moyens...

HALI.

Laissez-moi faire seulement. J'en essayerai tant de toutes les manières que quelque chose enfin nous pourra réussir. Allons, le jour paroît; je vais chercher mes gens, et venir attendre, en ce lieu, que notre jaloux sorte.

SCÈNE VII.

DON PÈDRE, ISIDORE.

ISIDORE.

Je ne sais pas quel plaisir vous prenez à me réveiller si matin. Cela s'ajuste assez mal, ce me semble, au dessein que vous avez pris de me faire peindre aujourd'hui; et ce n'est guère pour avoir le teint frais et les yeux brillants que se lever ainsi dès la pointe du jour.

DON PÈDRE.

J'ai une affaire qui m'oblige à sortir à l'heure qu'il est.

ISIDORE.

Mais l'affaire que vous avez eût bien pu se passer, je crois, de ma présence; et vous pouviez, sans vous incommoder, me laisser goûter les douceurs du sommeil du matin.

DON PÈDRE.

Oui. Mais je suis bien aise de vous voir toujours avec moi. Il n'est pas mal de s'assurer un peu contre les soins des surveillants; et, cette nuit encore, on est venu chanter sous nos fenêtres.

ISIDORE.

Il est vrai. La musique en étoit admirable.

DON PÈDRE.

C'étoit pour vous que cela se faisoit?

ISIDORE.

Je le veux croire ainsi, puisque vous me le dites.

DON PÈDRE.

Vous savez qui étoit celui qui donnoit cette sérénade?

SCÈNE VII.

ISIDORE.

Non pas; mais, qui que ce puisse être, je lui suis obligée.

DON PÈDRE.

Obligée?

ISIDORE.

Sans doute, puisqu'il cherche à me divertir.

DON PÈDRE.

Vous trouvez donc bon qu'on vous aime?

ISIDORE.

Fort bon. Cela n'est jamais qu'obligeant.

DON PÈDRE.

Et vous voulez du bien à tous ceux qui prennent ce soin?

ISIDORE.

Assurément.

DON PÈDRE.

C'est dire fort net ses pensées.

ISIDORE.

A quoi bon de dissimuler? Quelque mine qu'on fasse, on est toujours bien aise d'être aimée. Ces hommages à nos appas ne sont jamais pour nous déplaire. Quoi qu'on en puisse dire, la grande ambition des femmes est, croyez-moi, d'inspirer de l'amour. Tous les soins qu'elles prennent ne sont que pour cela, et l'on n'en voit point de si fière qui ne s'applaudisse en son cœur des conquêtes que font ses yeux.

DON PÈDRE.

Mais, si vous prenez, vous, du plaisir à vous voir aimée, savez-vous bien, moi qui vous aime, que je n'y en prends nullement?

ISIDORE.

Je ne sais pas pourquoi cela; et, si j'aimois quelqu'un, je n'aurois point de plus grand plaisir que de le voir aimé de tout le monde. Y a-t-il rien qui marque davantage la beauté du choix que l'on fait? Et n'est-ce pas pour s'applaudir que ce que nous aimons soit trouvé fort aimable?

DON PÈDRE.

Chacun aime à sa guise, et ce n'est pas là ma méthode. Je serai fort ravi qu'on ne vous trouve point si belle, et vous m'obligerez de n'affecter point tant de la paroître à d'autres yeux.

ISIDORE.

Quoi! jaloux de ces choses-là?

DON PÈDRE.

Oui, jaloux de ces choses-là, mais jaloux comme un tigre, et, si vous voulez[1], comme un diable. Mon amour vous veut tout à moi. Sa délicatesse s'offense d'un souris, d'un regard qu'on vous peut arracher; et tous les soins qu'on me voit prendre ne sont que pour fermer tout accès aux galants, et m'assurer la possession d'un cœur dont je ne puis souffrir qu'on me vole la moindre chose.

ISIDORE.

Certes, voulez-vous que je dise? vous prenez un mauvais parti; et la possession d'un cœur est fort mal assurée, lorsqu'on prétend le retenir par force. Pour moi, je vous l'avoue, si j'étois galant d'une femme qui fût au pouvoir de quelqu'un, je mettrois toute mon étude à rendre ce quelqu'un jaloux, et l'obliger à veiller nuit et jour celle que je voudrois gagner. C'est un admirable moyen d'avancer ses affaires, et l'on ne tarde guère à profiter du chagrin et de la colère que donne à l'esprit d'une femme la contrainte, et la servitude.

1. Les éditions originales ont : *Si voules*.

SCÈNE VIII.

DON PÈDRE.

Si bien donc que si quelqu'un vous en contoit, il vous trouveroit disposée à recevoir ses vœux?

ISIDORE.

Je ne vous dis rien là-dessus. Mais les femmes, enfin, n'aiment pas qu'on les gêne; et c'est beaucoup risquer que de leur montrer des soupçons, et de les tenir renfermées.

DON PÈDRE.

Vous reconnoissez peu ce que vous me devez; et il me semble qu'une esclave que l'on a affranchie, et dont on veut faire sa femme...

ISIDORE.

Quelle obligation vous ai-je, si vous changez mon esclavage en un autre beaucoup plus rude, si vous ne me laissez jouir d'aucune liberté, et me fatiguez, comme on voit, d'une garde continuelle?

DON PÈDRE.

Mais tout cela ne part que d'un excès d'amour.

ISIDORE.

Si c'est votre façon d'aimer, je vous prie de me haïr.

DON PÈDRE.

Vous êtes aujourd'hui dans une humeur désobligeante; et je pardonne ces paroles au chagrin où vous pouvez être de vous être levée matin.

SCÈNE VIII.

DON PÈDRE, ISIDORE, HALI, habillé en Turc,
faisant plusieurs révérences à Don Pèdre.

DON PÈDRE.

Trêve aux cérémonies. Que voulez-vous?

HALI, se mettant entre Don Pèdre et Isidore.

(A chaque parole qu'il dit à Don Pèdre, il se retourne vers Isidore, et lui fait des signes pour lui faire connoître le dessein de son maître.)

Signor (avec la permission de la signore), je vous dirai (avec la permission de la signore) que je viens vous trouver (avec la permission de la signore), pour vous prier (avec la permission de la signore) de vouloir bien (avec la permission de la signore)...

DON PÈDRE.

Avec la permission de la signore, passez un peu de ce côté. (Don Pèdre se met entre Hali et Isidore.)

HALI.

Signor, je suis un virtuose[1].

DON PÈDRE.

Je n'ai rien à donner.

HALI.

Ce n'est pas ce que je demande. Mais, comme je me mêle un peu de musique et de danse, j'ai instruit quelques esclaves qui voudroient bien trouver un maître qui se plût à ces choses; et, comme je sais que vous êtes une personne considérable, je voudrois vous prier de les voir et de les entendre, pour les acheter, s'ils vous plaisent, ou pour leur enseigner quelqu'un de vos amis qui voulût s'en accommoder.

ISIDORE.

C'est une chose à voir, et cela nous divertira. Faites-les-nous venir.

1. C'est Molière qui, le premier, a francisé le mot *virtuoso, virtuosa*, que Mme de Motteville employait, il est vrai, mais en italien, en parlant de la célèbre cantatrice Léonora Baroni, attachée à la musique du roi Louis XIII. Douze ans après Molière, Mme de Sévigné dit que la dauphine est virtuose (*lettre du 25 février 1680*).

HALI.

Chala bala. Voici une chanson nouvelle, qui est du temps. Écoutez bien. Chala bala.

SCÈNE IX.

DON PÈDRE, ISIDORE, HALI, Esclaves turcs.

UN ESCLAVE, chantant à Isidore.
D'un cœur ardent, en tous lieux,
Un amant suit une belle ;
Mais d'un jaloux odieux
La vigilance éternelle
Fait qu'il ne peut que des yeux
S'entretenir avec elle.
Est-il peine plus cruelle
Pour un cœur bien amoureux[1] ?
(A Don Pèdre.)
Chiribirida ouch alla,
Star bon Turca,
Non aver danara :
Ti voler comprara ?
Mi servir à ti,
Se pagar per mi ;
Far bona cucina,
Mi levar matina,
Far boller caldara ;
Parlara, parlara,
Ti voler comprara[2] ?

---

1. Le livre du Ballet indique ici des jeux de théâtre qui sont très utiles pour l'intelligence de la scène. (Voyez plus loin cette partie du livret, page 234.)

2. Ce couplet en langage franc, comme on disait alors, est passablement

PREMIÈRE ENTRÉE DE BALLET.

Danse des esclaves.

L'ESCLAVE, à Isidore.

C'est un supplice à tous coups,
Sous qui cet amant expire ;
Mais si d'un œil un peu doux
La belle voit son martyre,
Et consent qu'aux yeux de tous
Pour ses attraits il soupire,
Il pourroit bientôt se rire
De tous les soins du jaloux.

(A Don Pèdre.)

Chiribirida ouch alla,
Star bon Turca,
Non aver danara :
Ti voler comprara ?
Mi servir à ti,
Se pagar per mi ;
Far bona cucina,
Mi levar matina,
Far boller caldara ;

estropié dans le texte de 1668. On y lit par exemple : *Far bona accina*, au lieu de *Far bona cucina*; *Far boler cadara*, au lieu de *Far boller caldara*. Nous avons corrigé ces fautes d'impression à l'aide du livre du Ballet et des paroles de la partition manuscrite.

Hormis le premier vers, qui est d'un turc trop hardi, on peut traduire ce couplet de la manière suivante :

> Je suis bon Turc,
> Je n'ai point d'argent.
> Voulez-vous m'acheter ?
> Je vous servirai,
> Si vous payez pour moi.
> Je ferai une bonne cuisine ;
> Je me lèverai matin ;
> Je ferai bouillir la marmite.
> Parlez, parlez,
> Voulez-vous m'acheter ?

SCÈNE IX.

Parlara, parlara,
Ti voler comprara?

DEUXIÈME ENTRÉE DE BALLET.

Les esclaves recommencent leur danse.

DON PÈDRE chante.

Savez-vous, mes drôles,
Que cette chanson
Sent, pour vos épaules,*
Les coups de bâton?
Chiribirida ouch alla,
Mi ti non comprara,
Ma ti bastonara,
Si ti non andara;
Andara, andara,
O ti bastonara[1].

Oh! oh! quels égrillards! (A Isidore.) Allons, rentrons ici : j'ai changé de pensée; et puis, le temps se couvre un peu. (A Hali, qui paroît encore.) Ah! fourbe, que je vous y trouve!

HALI.

Hé bien! oui, mon maître l'adore. Il n'a point de plus grand désir que de lui montrer son amour; et, si elle y consent, il la prendra pour femme.

* VAR. *Sent sur vos épaules.* (Livre du Ballet et partition.)

1. Le sens de ces cinq derniers vers est celui-ci :

Je ne t'achèterai pas;
Mais je te bâtonnerai
Si tu ne t'en vas pas.
Va-t'en, va-t'en,
Ou je te bâtonnerai.

DON PÈDRE.

Oui, oui, je la lui garde.

HALI.

Nous l'aurons malgré vous.

DON PÈDRE.

Comment! coquin...

HALI.

Nous l'aurons, dis-je, en dépit de vos dents.

DON PÈDRE.

Si je prends...

HALI.

Vous avez beau faire la garde, j'en ai juré, elle sera à nous.

DON PÈDRE.

Laisse-moi faire, je t'attraperai sans courir.

HALI.

C'est nous qui vous attraperons. Elle sera notre femme, la chose est résolue. (Seul.) Il faut que j'y périsse, ou que j'en vienne à bout.

SCÈNE X.

ADRASTE, HALI, DEUX LAQUAIS.

[ADRASTE.

Hé bien! Hali, nos affaires s'avancent-elles?]*

HALI.

Monsieur, j'ai déjà fait quelque petite tentative; mais je...

---

* Ces premiers mots qu'Adraste prononce ne se trouvent pas dans l'édition de 1668. Ils sont donnés par l'édition de 1682, où ils ont été sans doute intercalés pour rendre plus facile l'entrée de l'acteur représentant Adraste. Quelques mots, dans la suite de cette pièce, seront encore ajoutés au texte primitif par les éditeurs de 1682; nous aurons soin de les signaler, comme nous avons coutume de faire, en les plaçant entre crochets.

SCÈNE X.

ADRASTE.

Ne te mets point en peine; j'ai trouvé, par hasard, tout ce que je voulois; et je vais jouir du bonheur de voir chez elle cette belle. Je me suis rencontré chez le peintre Damon, qui m'a dit qu'aujourd'hui il venoit faire le portrait de cette adorable personne; et, comme il est depuis longtemps de mes plus intimes amis, il a voulu servir mes feux, et m'envoie à sa place, avec un petit mot de lettre pour me faire accepter. Tu sais que, de tout temps, je me suis plu à la peinture, et que parfois je manie le pinceau, contre la coutume de France, qui ne veut pas qu'un gentilhomme sache rien faire[1] : ainsi j'aurai la liberté de voir cette belle à mon aise. Mais je ne doute pas que mon jaloux

1. Beaucoup de grands écrivains du siècle de Louis XIV se sont moqués de ce privilège de fainéantise ignorante, dans lequel, en effet, « la coutume de France » faisait consister l'avantage de vivre noblement. La Fontaine a dit, dans sa fable des *Membres et l'Estomac :*

> Chacun d'eux résolut de vivre en gentilhomme,
> Sans rien faire.

Regnard a dit, dans *les Ménechmes :*

> Je trouve que l'étude est le parfait moyen
> De gâter la jeunesse, et n'est utile à rien ;
> Aussi je n'ai jamais mis le nez dans un livre.
> Pourvu qu'un gentilhomme, en commençant à vivre,
> Puisse tirer au vol, boire, et signer son nom,
> Il est aussi savant que défunt Cicéron.

Le préjugé qu'ils attaquaient subsista longtemps encore après eux. Quand Voltaire donna son *Temple du Goût,* on lui sut mauvais gré de ce qu'il encourageait la noblesse à cultiver les beaux-arts ; on voulut lui faire effacer ces vers :

> Brassac, chantez; gravez, Caylus;
> Ne craignez point, jeune Surgère,
> D'employer des soins assidus
> Aux beaux vers que vous savez faire ;
> Et que tous les sots confondus,
> A la cour et sur la frontière,
> Désormais ne prétendent plus
> Qu'on déroge et qu'on dégénère
> En suivant Minerve et Phébus.

Il ne faut pas toutefois généraliser ni faire remonter trop haut ce préjugé puisque, s'il avait toujours existé, il n'y aurait jamais eu de noblesse.

fâcheux ne soit toujours présent, et n'empêche tous les propos que nous pourrions avoir ensemble; et, pour te dire vrai, j'ai, par le moyen d'une jeune esclave, un stratagème pour tirer* cette belle Grecque des mains de son jaloux, si je puis obtenir d'elle qu'elle y consente.

HALI.

Laissez-moi faire, je veux vous faire un peu de jour à la pouvoir entretenir. (Il parle bas à l'oreille d'Adraste.) Il ne sera pas dit que je ne serve de rien dans cette affaire-là. Quand allez-vous?

ADRASTE.

Tout de ce pas, et j'ai déjà préparé toutes choses.

HALI.

Je vais, de mon côté, me préparer aussi.

ADRASTE.

Je ne veux point perdre de temps. Holà! il me tarde que je ne goûte le plaisir de la voir[1].

SCÈNE XI.

DON PÈDRE, ADRASTE, DEUX LAQUAIS.

DON PÈDRE.

Que cherchez-vous, cavalier, dans cette maison?

ADRASTE.

J'y cherche le seigneur Don Pèdre.

DON PÈDRE.

Vous l'avez devant vous.

---

* VAR. *Un stratagème prêt pour tirer* (1682).

1. Quand on joue aujourd'hui *le Sicilien ou l'Amour peintre*, on fait, en cet endroit de la pièce, un changement à vue; les spectateurs entrent, pour ainsi dire, avec Adraste, dans la maison de Don Pèdre; le théâtre, à partir de la scène XI, représente une salle intérieure de cette maison.

SCÈNE XII.

ADRASTE.

Il prendra, s'il lui plaît, la peine de lire cette lettre.

DON PÈDRE.

« Je vous envoie, au lieu de moi, pour le portrait que vous savez, ce gentilhomme françois, qui, comme curieux d'obliger les honnêtes gens, a bien voulu prendre ce soin, sur la proposition que je lui en ai faite. Il est, sans contredit, le premier homme du monde pour ces sortes d'ouvrages, et j'ai cru que je ne pouvois rendre* un service plus agréable que de vous l'envoyer, dans le dessein que vous avez d'avoir un portrait achevé de la personne que vous aimez. Gardez-vous bien surtout de lui parler d'aucune récompense, car c'est un homme qui s'en offenseroit, et qui ne fait les choses que pour la gloire et la réputation. »

Seigneur François, c'est une grande grâce que vous me voulez faire, et je vous suis fort obligé.

ADRASTE.

Toute mon ambition est de rendre service aux gens de nom et de mérite.

DON PÈDRE.

Je vais faire venir la personne dont il s'agit.

SCÈNE XII.

ISIDORE, DON PÈDRE, ADRASTE, deux Laquais.

DON PÈDRE, à Isidore.

Voici un gentilhomme que Damon nous envoie, qui se veut bien donner la peine de vous peindre. (Adraste baise

---

* VAR. *Que je ne vous pouvois rendre* (1682).

Isidore en la saluant, et Don Pèdre lui dit :) Holà! seigneur François, cette façon de saluer n'est point d'usage en ce pays.

ADRASTE.

C'est la manière de France.

DON PÈDRE.

La manière de France est bonne pour vos femmes; mais, pour les nôtres, elle est un peu trop familière.

ISIDORE.

Je reçois cet honneur avec beaucoup de joie. L'aventure me surprend fort; et, pour dire le vrai, je ne m'attendois pas d'avoir un peintre si illustre.

ADRASTE.

Il n'y a personne, sans doute, qui ne tînt à beaucoup de gloire de toucher à un tel ouvrage. Je n'ai pas grande habileté; mais le sujet, ici, ne fournit que trop de lui-même, et il y a moyen de faire quelque chose de beau sur un original fait comme celui-là.

ISIDORE.

L'original est peu de chose; mais l'adresse du peintre en saura couvrir les défauts.

ADRASTE.

Le peintre n'y en voit aucun; et tout ce qu'il souhaite est d'en pouvoir représenter les grâces aux yeux de tout le monde aussi grandes qu'il les peut voir.

ISIDORE.

Si votre pinceau flatte autant que votre langue, vous allez me faire un portrait qui ne me ressemblera pas.

ADRASTE.

Le ciel, qui fit l'original, nous ôte le moyen d'en faire un portrait qui puisse flatter.

ISIDORE.

Le ciel, quoi que vous en disiez, ne...

LE SICILIEN.

SCÈNE XII.

DON PÈDRE.

Finissons cela, de grâce. Laissons les compliments, et songeons au portrait.

ADRASTE, aux laquais.

Allons, apportez tout. (On apporte tout ce qu'il faut pour peindre Isidore.)

ISIDORE, à Adraste.

Où voulez-vous que je me place?

ADRASTE.

Ici. Voici le lieu le plus avantageux, et qui reçoit le mieux les vues favorables de la lumière que nous cherchons.

ISIDORE, après s'être assise.

Suis-je bien ainsi?

ADRASTE.

Oui. Levez-vous un peu, s'il vous plaît. Un peu plus de ce côté-là. Le corps tourné ainsi. La tête un peu levée, afin que la beauté du cou paroisse. Ceci un peu plus découvert. (Il parle de sa gorge.) Bon. Là, un peu davantage; encore tant soit peu.

DON PÈDRE, à Isidore.

Il y a bien de la peine à vous mettre; ne sauriez-vous vous tenir comme il faut?

ISIDORE.

Ce sont ici des choses toutes neuves pour moi; et c'est à monsieur à me mettre de la façon qu'il veut.

ADRASTE, assis.

Voilà qui va le mieux du monde, et vous vous tenez à merveille. (La faisant tourner un peu vers lui.) Comme cela, s'il vous plaît. Le tout dépend des attitudes qu'on donne aux personnes qu'on peint.

DON PÈDRE.

Fort bien.

ADRASTE.

Un peu plus de ce côté. Vos yeux toujours tournés vers moi, je vous prie; vos regards attachés aux miens.

ISIDORE.

Je ne suis pas comme ces femmes qui veulent, en se faisant peindre, des portraits qui ne sont point elles, et ne sont point satisfaites du peintre s'il ne les fait toujours plus belles que le jour.* Il faudroit, pour les contenter, ne faire qu'un portrait pour toutes : car toutes demandent les mêmes choses, un teint tout de lis et de roses, un nez bien fait, une petite bouche, et de grands yeux vifs, bien fendus; et surtout le visage pas plus gros que le poing, l'eussent-elles d'un pied de large. Pour moi, je vous demande un portrait qui soit moi, et qui n'oblige point à demander qui c'est[1].

ADRASTE.

Il seroit malaisé qu'on demandât cela du vôtre; et vous avez des traits à qui fort peu d'autres ressemblent. Qu'ils ont de douceurs et de charmes, et qu'on court de risque** à les peindre!

DON PÈDRE.

Le nez me semble un peu trop gros.

ADRASTE.

J'ai lu, je ne sais où, qu'Apelle peignit autrefois une maîtresse d'Alexandre [d'une merveilleuse beauté], et

---

* VAR. *S'il ne les fait toujours plus belles qu'elles ne sont* (1682).

** VAR. *Et qu'on court risque* (1682).

1. Lucien, dans son traité *Comment il faut écrire l'histoire,* a exprimé à peu près les mêmes idées : « Quel plaisir y a-t-il d'entendre de fausses louanges, si l'on n'est de l'humeur des femmes, qui veulent qu'on les peigne plus belles qu'elles ne sont, comme si cela corrigeait leurs défauts, ou qu'elles en fussent plus saines pour avoir le teint meilleur dans un tableau? »

SCÈNE XII.

qu'il en devint, la peignant, si éperdument amoureux qu'il fut près d'en perdre la vie; de sorte qu'Alexandre, par générosité, lui céda l'objet de ses vœux[1]. (Il parle à Don Pèdre.) Je pourrois faire ici ce qu'Apelle fit autrefois; mais vous ne feriez pas, peut-être, ce que fit Alexandre.

(Don Pèdre fait la grimace.)

ISIDORE, à Don Pèdre.

Tout cela sent la nation; et toujours messieurs les François ont un fonds de galanterie qui se répand partout.

ADRASTE.

On ne se trompe guère à ces sortes de choses, et vous avez l'esprit trop éclairé pour ne pas voir de quelle source partent les choses qu'on vous dit. Oui, quand Alexandre seroit ici, et que ce seroit votre amant, je ne pourrois m'empêcher de vous dire que je n'ai rien vu de si beau que ce que je vois maintenant, et que...

DON PÈDRE.

Seigneur François, vous ne devriez pas, ce me semble, parler;* cela vous détourne de votre ouvrage.

ADRASTE.

Ah! point du tout. J'ai toujours de coutume de parler quand je peins; et il est besoin, dans ces choses, d'un peu de conversation, pour réveiller l'esprit, et tenir les visages dans la gaieté nécessaire aux personnes que l'on veut peindre.

* Var. *Ce me semble, tant parler* (1682).

1. C'est l'anecdote d'Apelle et de Campaspe.

SCÈNE XIII.

HALI, vêtu en Espagnol[1]; DON PÈDRE, ADRASTE, ISIDORE.

DON PÈDRE.

Que veut cet homme-là? Et qui laisse monter les gens sans nous en venir avertir?

HALI, à Don Pèdre.

J'entre ici librement; mais, entre cavaliers, telle liberté est permise. Seigneur, suis-je connu de vous?

DON PÈDRE.

Non, seigneur.

HALI.

Je suis Don Gilles d'Avalos; et l'histoire d'Espagne vous doit avoir instruit de mon mérite.

DON PÈDRE.

Souhaitez-vous quelque chose de moi?

HALI.

Oui, un conseil sur un fait d'honneur. Je sais qu'en ces matières il est malaisé de trouver un cavalier plus consommé que vous; mais je vous demande, pour grâce, que nous nous tirions à l'écart.

DON PÈDRE.

Nous voilà assez loin.

ADRASTE, à Don Pèdre, qui le surprend parlant bas à Isidore.

Elle a les yeux bleus.*

HALI, tirant Don Pèdre, pour l'éloigner d'Adraste et d'Isidore.

Seigneur, j'ai reçu un soufflet. Vous savez ce qu'est

---

* VAR. *J'observois de près la couleur de ses yeux* (1682).

1. On peut remarquer ici une légère modification au canevas qu'on trouve dans le livre du Ballet des Muses. Là, c'est en cavalier sicilien que le turc Hali est déguisé; nul doute, par conséquent, qu'il ne s'attribuât un nom moins franchement espagnol que celui de Don Gilles d'Avalos.

SCÈNE XIII.

un soufflet, lorsqu'il se donne à main ouverte, sur le beau milieu de la joue[1]. J'ai ce soufflet fort sur le cœur ; et je suis dans l'incertitude si, pour me venger de l'affront, je dois me battre avec mon homme, ou bien le faire assassiner.

DON PÈDRE.

Assassiner, c'est le plus court chemin*. Quel est votre ennemi ?

HALI.

Parlons bas, s'il vous plaît. (Hali tient Don Pèdre, en lui parlant, de façon qu'il ne peut voir Adraste.)

ADRASTE, aux genoux d'Isidore, pendant que Don Pèdre et Hali parlent bas ensemble.

Oui, charmante Isidore, mes regards vous le disent depuis plus de deux mois, et vous les avez entendus. Je vous aime plus que tout ce que l'on peut aimer, et je n'ai point d'autre pensée, d'autre but, d'autre passion, que d'être à vous toute ma vie.

ISIDORE.

Je ne sais si vous dites vrai ; mais vous persuadez.

ADRASTE.

Mais vous persuadé-je jusqu'à vous inspirer quelque peu de bonté pour moi ?

ISIDORE.

Je ne crains que d'en trop avoir.

ADRASTE.

En aurez-vous assez pour consentir, belle Isidore, au dessein que je vous ai dit ?

ISIDORE.

Je ne puis encore vous le dire.

---

* VAR. *C'est le plus sûr et le plus court chemin* (1682).

1. On se souvient que Hali, dans la scène v, a mis Don Pèdre à même de savoir ce qu'est un soufflet appliqué comme il le dit.

ADRASTE.

Qu'attendez-vous pour cela?

ISIDORE.

A me résoudre.

ADRASTE.

Ah! quand on aime bien on se résout bientôt.

ISIDORE.

Hé bien! allez, oui, j'y consens.

ADRASTE.

Mais consentez-vous, dites-moi, que ce soit dès ce moment même?

ISIDORE.

Lorsqu'on est une fois résolu sur la chose, s'arrête-t-on sur le temps?

DON PÈDRE, à Hali.

Voilà mon sentiment, et je vous baise les mains.

HALI.

Seigneur, quand vous aurez reçu quelque soufflet, je suis homme aussi de conseil, et je pourrai vous rendre la pareille.

DON PÈDRE.

Je vous laisse aller sans vous reconduire; mais, entre cavaliers, cette liberté est permise.

ADRASTE, à Isidore.

Non, il n'est rien qui puisse effacer de mon cœur les tendres témoignages... (A Don Pèdre apercevant Adraste qui parle de près à Isidore.) Je regardois ce petit trou qu'elle a au côté du menton; et je croyois d'abord que ce fût une tache. Mais c'est assez pour aujourd'hui, nous finirons une autre fois. (A Don Pèdre, qui veut voir le portrait.) Non, ne regardez rien encore; faites serrer cela, je vous prie; (A Isidore.) et vous, je vous conjure de ne vous relâcher point, et de garder un esprit gai pour le dessein que j'ai d'achever notre ouvrage.

ISIDORE.

Je conserverai pour cela toute la gaieté qu'il faut[1].

SCÈNE XIV.

DON PÈDRE, ISIDORE.

ISIDORE.

Qu'en dites-vous? ce gentilhomme me paroît le plus civil du monde; et l'on doit demeurer d'accord que les François ont quelque chose en eux de poli, de galant, que n'ont point les autres nations.

DON PÈDRE.

Oui; mais ils ont cela de mauvais qu'ils s'émancipent un peu trop, et s'attachent, en étourdis, à conter des fleurettes à tout ce qu'ils rencontrent.

ISIDORE.

C'est qu'ils savent qu'on plaît aux dames par ces choses.

DON PÈDRE.

Oui; mais, s'ils plaisent aux dames, ils déplaisent fort aux messieurs; et l'on n'est point bien aise de voir, sur

---

1. Parmi les ruses d'amour employées au théâtre, une des plus communes est celle d'un amant qui se travestit, ou plutôt qui emprunte le titre d'une profession quelconque, afin de s'introduire auprès de sa maîtresse. Molière n'a pas fait usage moins de quatre fois de ce moyen de comédie. Ici, Adraste est un peintre; dans *l'Amour médecin*, Clitandre est un docteur; dans *le Médecin malgré lui*, Léandre est un apothicaire; enfin, dans *le Malade imaginaire*, Cléante est un maître de musique. L'agrément des situations qu'amène cette espèce de déguisement consiste principalement dans ces discours à double entente que tiennent les deux amants pour se faire confidence de leurs sentiments et de leurs desseins, sans les donner à deviner aux personnes qui les écoutent. Ce que disent Adraste et Isidore à la fin de cette scène appartient à ce genre d'entretien équivoque et mystérieux.

sa moustache, cajoler hardiment sa femme ou sa maîtresse.

ISIDORE.

Ce qu'ils en font n'est que par jeu.

SCÈNE XV.
ZAÏDE, DON PÈDRE, ISIDORE.

ZAÏDE.

Ah! seigneur cavalier, sauvez-moi, s'il vous plaît, des mains d'un mari furieux dont je suis poursuivie. Sa jalousie est incroyable, et passe, dans ses mouvements, tout ce qu'on peut imaginer. Il va jusques à vouloir que je sois toujours voilée; et, pour m'avoir trouvée le visage un peu découvert, il a mis l'épée à la main, et m'a réduite à me jeter chez vous, pour vous demander votre appui contre son injustice. Mais je le vois paroître. De grâce, seigneur cavalier, sauvez-moi de sa fureur!

DON PÈDRE, à Zaïde, lui montrant Isidore.

Entrez là dedans avec elle, et n'appréhendez rien.

SCÈNE XVI.
ADRASTE, DON PÈDRE.

DON PÈDRE.

Hé quoi! seigneur, c'est vous? Tant de jalousie pour un François? Je pensois qu'il n'y eût que nous qui en fussions capables.

ADRASTE.

Les François excellent toujours dans toutes les choses qu'ils font; et, quand nous nous mêlons d'être jaloux, nous le sommes vingt fois plus qu'un Sicilien. L'infâme croit avoir trouvé chez vous un assuré refuge; mais vous

SCÈNE XVII.

êtes trop raisonnable pour blâmer mon ressentiment. Laissez-moi, je vous prie, la traiter comme elle mérite.

DON PÈDRE.

Ah! de grâce! arrêtez. L'offense est trop petite pour un courroux si grand.

ADRASTE.

La grandeur d'une telle offense n'est pas dans l'importance des choses que l'on fait. Elle est à transgresser les ordres qu'on nous donne; et, sur de pareilles matières, ce qui n'est qu'une bagatelle devient fort criminel lorsqu'il est défendu.

DON PÈDRE.

De la façon qu'elle a parlé, tout ce qu'elle en a fait a été sans dessein; et je vous prie enfin de vous remettre bien ensemble.

ADRASTE.

Hé quoi! vous prenez son parti, vous qui êtes si délicat sur ces sortes de choses?

DON PÈDRE.

Oui, je prends son parti; et, si vous voulez m'obliger, vous oublierez votre colère, et vous vous réconcilierez tous deux. C'est une grâce que je vous demande; et je la recevrai comme un essai de l'amitié que je veux qui soit entre nous.

ADRASTE.

Il ne m'est pas permis, à ces conditions, de vous rien refuser. Je ferai ce que vous voudrez[1].

---

1. On s'est étonné que Don Pèdre, jaloux comme il est, n'abonde pas dans le sens d'Adraste, et se mette au contraire en opposition avec lui. C'est méconnaître tout à fait la nature humaine : ce qu'on tolère moins chez autrui, ce sont les vices que l'on a; et, en effet, il faut bien tâcher d'établir une sorte d'équilibre, et, par l'indulgence qu'on exerce au détriment du prochain, atténuer le blâme qu'on mérite par sa propre conduite.

SCÈNE XVII.

ZAÏDE, DON PÈDRE; ADRASTE, dans un coin du théâtre.

DON PÈDRE, à Zaïde.

Holà! venez. Vous n'avez qu'à me suivre, et j'ai fait votre paix. Vous ne pouviez jamais mieux tomber que chez moi.

ZAÏDE.

Je vous suis obligée plus qu'on ne sauroit croire; mais je m'en vais prendre mon voile : je n'ai garde, sans lui, de paroître à ses yeux.

SCÈNE XVIII.

DON PÈDRE, ADRASTE.

DON PÈDRE.

La voici qui s'en va venir; et son âme, je vous assure, a paru toute réjouie lorsque je lui ai dit que j'avois raccommodé tout.

SCÈNE XIX.

ISIDORE, sous le voile de Zaïde; ADRASTE, DON PÈDRE.

DON PÈDRE, à Adraste.

Puisque vous m'avez bien voulu donner votre ressentiment[1], trouvez bon qu'en ce lieu je vous fasse toucher dans la main l'un de l'autre, et que tous deux je vous conjure de vivre, pour l'amour de moi, dans une parfaite union.

---

1. Renoncer à votre ressentiment à ma prière. L'éditeur de 1734 a mis : *abandonner votre ressentiment*.

SCÈNE XX.

ADRASTE.

Oui, je vous le promets que, pour l'amour de vous, je m'en vais, avec elle, vivre le mieux du monde.

DON PÈDRE.

Vous m'obligez sensiblement, et j'en garderai la mémoire.

ADRASTE.

Je vous donne ma parole, seigneur Don Pèdre, qu'à votre considération, je m'en vais la traiter du mieux qu'il me sera possible.

DON PÈDRE.

C'est trop de grâce que vous me faites. (Seul.) Il est bon de pacifier et d'adoucir toujours les choses. Holà! Isidore, venez.

SCÈNE XX.

ZAÏDE, DON PÈDRE.

DON PÈDRE.

Comment! que veut dire cela?

ZAÏDE, sans voile.

Ce que cela veut dire? Qu'un jaloux est un monstre haï de tout le monde, et qu'il n'y a personne qui ne soit ravi de lui nuire, n'y eût-il point d'autre intérêt; que toutes les serrures et les verrous du monde ne retiennent point les personnes, et que c'est le cœur qu'il faut arrêter par la douceur et par la complaisance; qu'Isidore est entre les mains du cavalier qu'elle aime, et que vous êtes pris pour dupe.

DON PÈDRE.

Don Pèdre souffrira cette injure mortelle! Non, non : j'ai trop de cœur, et je vais demander l'appui de la justice pour pousser le perfide à bout[1]. C'est ici le logis d'un sénateur. Holà!

SCÈNE XXI.

UN SÉNATEUR, DON PÈDRE.

LE SÉNATEUR.

Serviteur, seigneur Don Pèdre. Que vous venez à propos!

DON PÈDRE.

Je viens me plaindre à vous d'un affront qu'on m'a fait.

LE SÉNATEUR.

J'ai fait une mascarade la plus belle du monde.

DON PÈDRE.

Un traître de François m'a joué une pièce.

LE SÉNATEUR,

Vous n'avez, dans votre vie, jamais rien vu de si beau.

DON PÈDRE.

Il m'a enlevé une fille que j'avois affranchie.

LE SÉNATEUR.

Ce sont gens vêtus en Maures, qui dansent admirablement.

DON PÈDRE.

Vous voyez si c'est une injure qui se doive souffrir.

LE SÉNATEUR.

Les habits merveilleux, et qui sont faits exprès.

---

1. Au théâtre, on fait ici un nouveau changement à vue, et Don Pèdre, sortant de chez lui, se retrouve sur la place publique. Mais ce second changement n'a lieu que si l'on doit terminer la pièce par un ballet. Dans les représentations ordinaires où il n'y a point de ballet, on finit la pièce en cet endroit, et l'on ne dit pas la scène du sénateur.

SCÈNE XXII.

DON PÈDRE.

Je vous demande l'appui de la justice contre cette action.*

LE SÉNATEUR.

Je veux que vous voyiez cela. On la va répéter, pour en donner le divertissement au peuple.

DON PÈDRE.

Comment! de quoi parlez-vous là?

LE SÉNATEUR.

Je parle de ma mascarade.

DON PÈDRE.

Je vous parle de mon affaire.

LE SÉNATEUR.

Je ne veux point, aujourd'hui, d'autres affaires que de plaisir. Allons, messieurs, venez. Voyons si cela ira bien.

DON PÈDRE.

La peste soit du fou, avec sa mascarade!

LE SÉNATEUR.

Diantre soit le fâcheux, avec son affaire!

SCÈNE XXII.

Plusieurs Maures font une danse entre eux,
par où finit la comédie.

* VAR. *Je demande l'appui de la justice contre cette action* (1682).

FIN DU SICILIEN OU L'AMOUR PEINTRE.

BALLET DES MUSES

(FIN)

QUATORZIÈME ENTRÉE.

Après tant de nations différentes que les Muses ont fait paroître dans les assemblages divers dont elles avoient composé le divertissement qu'elles donnent au roi, il manquoit à faire voir des Turcs et des Maures; et c'est ce qu'elles s'avisent de faire dans cette dernière entrée, où elles mêlent une petite comédie pour donner lieu aux beautés de la musique et de la danse par où elles veulent finir.

COMÉDIE.

PERSONNAGES.	ACTEURS.
DON PÈDRE, gentilhomme sicilien.	MOLIÈRE.
ADRASTE, gentilhomme françois.	LA GRANGE.
ISIDORE, esclave grecque.	Mlle DEBRIE.
ZAÏDE, esclave.	Mlle MOLIÈRE.
HALI, turc, esclave d'Adraste.	LA THORILLIÈRE.
MAGISTRAT SICILIEN.	DU CROISY.

SCÈNE PREMIÈRE. Hali amène trois musiciens turcs par l'ordre de son maître pour donner une sérénade.

Les trois musiciens sont : MM. Blondel, Gaye et Noblet.

SCÈNE II. Adraste demande les trois musiciens; et, pour obliger Isidore à mettre la tête à la fenêtre, leur fait chanter entre eux une scène de comédie.

Scène de comédie chantée :

> BLONDEL, représentant *le berger Philène*.
> Si du triste récit de mon inquiétude, etc.[1]
> GAYE, *le berger Tircis*.
> Les oiseaux réjouis dès que le jour s'avance, etc.
> NOBLET, *berger, les interrompt en chantant*
> Pauvres amants, quelle erreur, etc.
> BLONDEL et GAYE *répondent ensemble* :
> Heureux, hélas! qui peut aimer ainsi!

SCÈNE III. Don Pèdre sort en robe de chambre dans l'obscurité pour tâcher de connoître qui donne la sérénade.

SCÈNE IV. Hali promet à son maître de trouver quelque invention pour faire savoir à Isidore l'amour qu'on a pour elle.

SCÈNE V. Isidore se plaint à Don Pèdre du soin qu'il prend de la mener partout avec lui.

SCÈNE VI. Hali, tâchant de découvrir à Isidore la passion de son maître, se sert adroitement de cinq esclaves turcs, dont un chante, et les quatre autres dansent, les proposant à Don Pèdre comme esclaves agréables et capables de lui donner des divertissements.

L'esclave turc qui chante, c'est le sieur Gaye.

Les quatre esclaves turcs qui dansent sont : M. Le Prestre, les sieurs Chicanneau, Mayeu et Pesan.

L'esclave turc musicien chante d'abord ces paroles, par lesquelles il prétend exprimer la passion d'Adraste et la faire connoître à Isidore en présence même de Don Pèdre :

> D'un cœur ardent, en tous lieux, etc.

L'esclave turc, après avoir chanté, craignant que Don Pèdre ne vienne à comprendre le sens de ce qu'il vient de dire, et à s'apercevoir de sa fourberie, se tourne entièrement vers Don Pèdre, et, pour l'amuser, lui chante en langage franc ces paroles :

> Chiribirida houcha la, etc.

---

1. Nous ne donnons ici que le premier vers des couplets chantés qui se trouvent dans la pièce, jugeant inutile de les publier deux fois, et croyant qu'il suffit d'avoir signalé à titre de variantes les différences que présentent les deux textes.

En suite de quoi, les quatre autres esclaves turcs dansent ; puis le musicien esclave recommence :

>Chiribirida houcha la, etc.

Lequel, persuadé que Don Pèdre ne soupçonne rien, chante encore ces paroles, qui s'adressent à Isidore :

>C'est un supplice à tous coups, etc.

Aussitôt qu'il a chanté, craignant toujours que Don Pèdre ne s'aperçoive de quelque chose, il recommence :

>Chiribirida houcha la, etc.

Puis les quatre esclaves redansent; enfin Don Pèdre, venant à s'apercevoir de la fourberie, chante à son tour ces paroles :

>Savez-vous, mes drôles, etc.

Scène VII. Hali rend compte à son maître de ce qu'il a fait, et son maître lui fait confidence de l'invention qu'il a trouvée.

Scène VIII. Adraste va chez Don Pèdre pour peindre Isidore.

Scène IX. Hali, déguisé en cavalier sicilien, vient demander conseil à Don Pèdre sur une affaire d'honneur.

Scène X. Isidore loue à Don Pèdre les manières civiles d'Adraste.

Scène XI. Zaïde vient se jeter entre les bras de Don Pèdre pour se sauver du feint courroux d'Adraste.

Scène XII. Adraste feint de vouloir tuer Zaïde, mais Don Pèdre obtient de lui de modérer son courroux.

Scène XIII. Don Pèdre remet Isidore entre les mains d'Adraste sous le voile de Zaïde.

Scène XIV. Zaïde reproche à Don Pèdre sa jalousie et lui dit qu'Isidore n'est plus en son pouvoir.

Scène XV et dernière. Don Pèdre va faire ses plaintes à un

magistrat sicilien, qui ne l'entretient que d'une mascarade de Maures qui finit la comédie et tout le ballet.

Cette mascarade est composée de plusieurs sortes de Maures.

Maures et Mauresques de qualité : LE ROI, les marquis de Villeroi et de Rassan; MADAME, mademoiselle de La Vallière, madame de Rochefort et mademoiselle de Brancas.

Maures nuds : M. Cocquet, M. de Souville, MM. Beauchamp, Noblet, Chicanneau, La Pierre, Favier et Des-Airs Galand.

Maures à capots[1] *:* MM. La Marre, Du Feu, Arnald, Vagnart et Bonard.

ENTRÉE DES MAURES.

Pour le ROI, *Maure.*

Ce Maure si fameux, soit en paix, soit en guerre,
D'un mérite éclatant et d'un rang singulier,
Pourroit mettre à ses pieds tout l'orgueil de la terre,
Et difficilement souffriroit le collier.
Il ne sait ce que c'est d'être sans la victoire,
Et tous les pas qu'il fait le mènent à la gloire;
Sur un chemin si noble il efface en allant
Tout ce que les Zégris et les Abencerrages,
    Ces illustres courages,
    Firent de plus galant.

Lorsqu'il fait le berger il est incomparable;
Représentant Cyrus, il prend un plus haut vol;
Qu'il se déguise en nymphe, il a l'air admirable;
C'est la même fierté s'il danse en Espagnol;
Sous l'habit africain lui-même il se surmonte;
Mais de ces jeux divers quand il faut qu'il remonte
A son vrai, naturel, et sérieux emploi,
Où pas un ne l'égale, où nul ne le seconde,
    Personne dans le monde
    Ne fait si bien le ROI.

Pour MADAME, *Mauresque.*

Que ces yeux ont de force et qu'il est dangereux
De croire tenir ferme à la longue contre eux!
Qu'il y faut de sagesse, et que de politique!
Malheureux est celui qui se trouve brûlé
Par les ardents rayons de ces soleils d'Afrique;
Plus malheureux encore quiconque en est hâlé!

---

1. Portant de petites capes, des manteaux à capuchon.

La brûlure au dedans peut demeurer paisible,
Mais le hâle au dehors la rend toute visible;
L'effet en est terrible et cruel tout à fait,
Et l'apparence pire encore que l'effet.

Pour MADEMOISELLE DE LA VALLIÈRE, *Mauresque.*

Beauté du premier rang,
Vous dont la gloire est infinie,
Avec un teint si blanc
Venez-vous de Mauritanie?
Que de pompe, que d'appareil
Sur votre marche, et pour votre conduite!
Les autres n'ont rien de pareil.
Quels esclaves et quelle suite!

Pour MADAME DE ROCHEFORT, *Mauresque.*

Toute la noirceur du climat,
Non sans un tendre et vif éclat,
Dans vos beaux yeux s'est retirée,
Et c'est une preuve assurée
De leur mauvais dessein
Contre le genre humain.

Pour MADEMOISELLE DE BRANCAS, *Mauresque.*

Quel éclat! quelle fraicheur!
Non, personne de blancheur
Auprès de vous ne se pique,
Et c'est une rareté
Que vous ayez apporté
Tant de neige de l'Afrique.

Pour MONSIEUR LE GRAND, *Maure.*

Vous êtes bien fait, Maure, et vous avez la mine
D'être un des principaux de votre nation :
Il ne vous manque rien, et qui vous examine
Ne trouve de défaut qu'en votre expression.
En parlant vous péchez, dit-on, contre les formes,
Et vous vous énoncez trop peu vulgairement.
S'il faut qu'aux nations les langues soient conformes,
Un Maure doit-il pas parler obscurément?

Il est des délicats dont le chagrin s'applique
A trouver tout mauvais et vous donner à dos,
Comme si vous lâchiez tous les monstres d'Afrique
Quand vous laissez aller trois ou quatre bons mots [1]

Pour le MARQUIS DE VILLEROI, *Maure.*

Maure, qui me semblez jeune, galant et brave,
Êtes-vous votre maître, ou bien si vous servez?
   Car le grand air que vous avez
   Ne sent point du tout son esclave.
  D'autre côté cette triste langueur
  Qui semble avoir sa source dans le cœur
   Met les curieux à la gêne.
   Vous n'avez ni collier, ni chaîne,
Ou, si vous en avez, ils ne paroissent point.
Mais, toute chose mise en un juste équilibre,
Voulez-vous me laisser décider sur ce point?
Ma foi, vous n'êtes pas de condition libre.

---

1. Le duc d'Armagnac n'était pas toujours de bon ton ni de bon goût dans ses plaisanteries, et se permettait tout.

FIN DU BALLET DES MUSES

AMPHITRYON

COMÉDIE EN TROIS ACTES

13 janvier 1668.

NOTICE PRÉLIMINAIRE.

La fable d'Amphitryon et d'Alcmène ou plutôt de la naissance d'Hercule est faite pour tenter les historiens des mythes primitifs. Elle remonte aussi haut et plus haut qu'il n'est possible à l'érudition de pénétrer dans la nuit des temps, et elle s'est perpétuée à travers toutes les littératures. On la trouve partout : dans l'antiquité indienne, dans l'antiquité grecque et latine, au moyen âge et chez les nations modernes. Chaque âge, chaque race l'a renouvelée et développée selon les tendances qui lui étaient propres : les uns y ont mis du sentiment et de la grâce, les autres de la gaieté et de l'ironie. Elle a passé enfin par toutes les curieuses vicissitudes que subissent ces thèmes traditionnels sur lesquels s'exerce presque indéfiniment l'imagination des hommes. Il serait pédantesque d'entreprendre, à propos de la comédie de Molière, l'histoire critique de cette fable ; mais on peut tracer au moins un rapide aperçu de ses destinées.

Elle vient de l'Inde, dit-on. Voltaire a raconté, d'après le colonel Dow, une anecdote tirée d'un livre indien : « Un Indou d'une force extraordinaire avait une très belle femme ; il en fut jaloux, la battit et s'en alla. Un égrillard de dieu, non pas un Brama ou un Vishnou, mais un dieu de bas étage, et cependant fort puissant, fait passer son âme dans un corps entièrement semblable à celui du mari fugitif et se présente sous cette figure à la dame délaissée. Le dieu amoureux demande pardon à sa prétendue femme de ses emportements, obtient sa grâce, et reste maître de la maison. Le mari, repentant et toujours amoureux de sa femme, revient se jeter à ses pieds : il trouve un autre lui-même établi chez lui. Il est traité par cet autre d'imposteur et de sorcier. L'affaire se plaide devant le parlement de Benarès. » Mais quittons le récit de Voltaire, et bornons-nous à ce résumé d'Auger : « Dans l'impossibilité de distinguer le vrai et le faux mari, les juges ordonnent qu'ils soutiendront, l'un après l'autre, contre la femme, objet de leur contestation, un genre de combat dans lequel le vrai mari passe pour être d'une valeur peu commune. Le dieu sort de cette épreuve avec un avantage si extraordinaire qu'il est impossible de voir en lui un simple mortel et qu'il est condamné à restitution. Le dieu rit, convient de tout et s'envole dans les cieux. » Cet Indou est, comme on le voit, exposé à une aventure toute pareille à celle du Grec Amphitryon. A-t-il existé avant celui-ci, ou n'est-il venu qu'après lui, c'est une question que nous ne saurions résoudre.

L'histoire du héros grec, fils d'Alcée et rival de Jupiter, fut traitée par Euripide et Archippus, dont les drames sont perdus. Il nous faut arriver immédiatement à la comédie de Plaute, qui est l'unique monument que nous a transmis l'antiquité gréco-latine, et qui a été la source de toutes les œuvres modernes. Nous croyons utile de donner l'analyse de cette composition, que Molière a imitée. On sait que les pièces du poète romain commencent toujours par de longs prologues qui laissaient à des milliers de spectateurs, échauffés par le vin et par l'agitation des fêtes, le temps de se calmer et de faire silence, en même temps qu'ils les instruisaient du sujet du divertissement, afin que, dans de fréquents tumultes, on ne perdît point de vue la suite et l'ensemble de l'action. Dans *Amphitruo,* c'est Mercure qui récite le prologue : il annonce avec de vives saillies et de plaisantes boutades l'action que les spectateurs vont avoir sous les yeux, explique la mise en scène, flatte le public et sollicite son attention.

Lorsque Mercure a fini de pérorer, l'esclave Sosie entre en scène, une lanterne à la main, et débite son monologue : il admire son audace d'aller ainsi seul la nuit; il se plaint de la dure condition que les esclaves ont auprès des grands, puis il entame un récit très détaillé de la bataille où les troupes thébaines, commandées par Amphitryon, ont remporté la victoire. Au moment où il s'étonne de la prodigieuse durée de la nuit, il aperçoit Mercure; ils se livrent à une suite d'apartés remplis de jeux de mots et de quolibets; enfin Mercure interpelle Sosie : « Où vas-tu, toi qui portes Vulcain dans cette prison de corne? » Sosie cherche d'abord à faire le brave. Mais il est bientôt obligé de changer de ton. Battu par Mercure, qui se prétend Sosie, il est forcé de renoncer à être lui-même. Bien plus, ayant interrogé Mercure, à la faveur d'une trêve, il en reçoit des réponses si convaincantes que, profondément troublé, il se retire en se disant : « Que suis-je devenu? Où m'a-t-on changé? Comment ai-je perdu ma figure? Est-ce que je me serais laissé là-bas par mégarde? »

Jupiter, sous la figure d'Amphitryon, sort de la maison avec Alcmène. Alcmène fait à celui qu'elle prend pour son mari de tendres reproches de partir sitôt. Jupiter la quitte, en lui donnant en présent la coupe du roi Ptérélas, qu'Amphitryon a reçue pour prix de sa valeur. Puis il disparaît en permettant enfin à la nuit de faire place au jour.

Le véritable Amphitryon survient avec Sosie; Sosie se perd dans les explications qu'il veut donner à Amphitryon sur ce moi qui lui parle et le moi qui est à la maison, sur le moi qui a battu l'autre et l'a renvoyé meurtri; et Amphitryon croit que son esclave a perdu la tête. Alcmène sort de la maison et voit avec étonnement son mari de retour. Celui-ci la salue; elle, étonnée : « Par Castor, te moques-tu de m'aborder ainsi, comme si tu ne m'avais pas vue il n'y a qu'un moment? » Elle redit à Amphitryon tout ce qu'elle a appris de Jupiter, et lui fait représenter la coupe d'or que son mari croyait lui apporter et qui ne se trouve plus dans le coffret dont Sosie est porteur. Alcmène est très digne, très noble et très fière :

> Non ego illam mi dotem duco esse, quæ dos dicitur;
> Sed pudicitiam, et pudorem, et sedatum cupidinem,
> Deum metum, parentum amorem, et congnatum concordiam :
> Tibi morigera, atque ut munifica sim bonis, prosim probis.

« Il est une dot que je me flatte d'avoir apportée, non pas celle qu'on entend ordinairement par ce mot, mais la chasteté, la modestie, la sage tempérance, la crainte des dieux, l'affection à mes parents, et un esprit de concorde à l'égard de ma famille; envers toi la soumission, et pour les autres une âme généreuse et bienveillante selon leurs mérites. »

Alcmène sera autre dans Molière; ce sera, non plus une matrone, mais une jeune femme amoureuse, et ce dernier caractère doit paraître aujourd'hui mieux approprié à l'intrigue. Mais les choses n'étaient pas envisagées de la même manière sous la république romaine; et, quant à nous, nous n'oserions même affirmer absolument que le personnage moderne est supérieur au personnage ancien.

Amphitryon finit par menacer sa femme du divorce, et celle-ci répond : « Si je suis coupable, rien de plus juste. » C'est ensuite au tour de Jupiter de venir calmer la colère d'Alcmène. Il n'y réussit pas du premier coup, et Alcmène soutient son caractère :

> Ego istæc feci verba virtute inrita :
> Nunc quando factis me inpudicis abstines,
> Ab inpudicis dictis avorti volo.
> Valeas, tibi habeas res tuas, reddas meas.
> Juben' mi ire comites?
>
> JUPITER.
> Sanan' es?
> ALCUMENA.
> Si non jubes,
> Ibo ego, pudicitiam mi comitem duxero.
>
> JUPITER.
> Mane, arbitratu tuo jusjurandum dabo,
> Me meam pudicam esse uxorem arbitrarier.
> Id ego si fallo, tum te, summe Jupiter,
> Quæso, Amphitruoni ut semper iratus sies.
>
> ALCUMENA.
> Ah! propitius sit potius!

« ALCMÈNE. Ma vertu réfutait tes injures. Maintenant, tu ne me reproches plus de te déshonorer par ma conduite; moi, je ne veux plus m'exposer à entendre des discours qui me déshonorent. Adieu, reprends tes biens; rends-moi les miens, et donne-moi des femmes pour m'accompagner.

« JUPITER. Y penses-tu ?

« ALCMÈNE. Tu ne le veux pas? Eh bien ! ma pudicité m'escortera.

« JUPITER. Un moment ; je vais, par tous les serments que tu voudras, te jurer que je te tiens pour une chaste épouse. Et si je mens, que Jupiter tout-puissant accable Amphitryon de son courroux !

« ALCMÈNE. Ah ! plutôt qu'il le protège ! »

Mot charmant par lequel l'épouse offensée signe une paix que lui faisait désirer sa tendresse.

Jupiter envoie Sosie inviter à dîner Blépharon, le pilote ; et Sosie est remplacé par Mercure. Celui-ci accueille par toutes sortes de railleries et d'outrages le véritable Amphitryon, qui revient, et il lui ferme la porte au nez. Le véritable Sosie arrive avec Blépharon ; il est battu par son maître irrité. Jupiter sort de la maison, et aussitôt Sosie se met du parti du nouveau venu, tandis que le pilote est plongé dans une étrange perplexité. Le maître des dieux s'emporte jusqu'à prendre Amphitryon à la gorge. Blépharon les sépare ; il leur fait subir un interrogatoire auquel ils répondent avec une égale exactitude ; et, ne sachant enfin de quel côté se ranger, il se retire en disant que ses affaires l'appellent. Il faut remarquer que pour ces trois dernières scènes, sur lesquelles portent la plupart des critiques adressées au comique latin, on ne possède pas le texte authentique de Plaute ; on n'a qu'un texte interpolé, au XVe siècle, par Hermolaüs Barbarus, pour compléter la pièce latine qui se jouait alors sur les théâtres de Rome et de Florence.

Jupiter rentre dans la maison pour assister Alcmène, qui vient d'être saisie par les douleurs de l'enfantement. Amphitryon veut l'y suivre, mais la foudre gronde, et il tombe évanoui. Survient la suivante Bromia, qui ranime son maître et qui lui raconte les circonstances miraculeuses de la délivrance d'Alcmène : l'un des deux enfants qu'elle a mis au jour est fils de Jupiter, et il a étouffé des serpents qui s'élançaient vers son berceau ; l'autre enfant a été engendré par Amphitryon. Le général thébain se réjouit de l'honneur qu'il a reçu :

> Pol, me haud pœnitet
> Scilicet boni dimidium mihi dividere cum Jove.

« Par Pollux, dit-il, je ne regrette pas d'être commun en biens avec Jupiter. » Le roi de l'Olympe paraît dans les nuages, confirme de tous point ce récit, et annonce les exploits que doit accomplir celui de ces enfants qu'on nommera Hercule.

Telle était cette comédie représentée environ deux cents ans avant l'ère chrétienne, et qu'on jouait encore aux fêtes consacrées à Jupiter, du temps des empereurs.

Si l'on veut trouver l'histoire d'Amphitryon avant la Renaissance, dans la littérature originale du moyen âge, il faut la chercher dans la longue série des romans du Saint-Graal et de la Table ronde; on la découvrira, curieusement déguisée et transformée, dans le *Roman de Merlin,* où elle sert à expliquer, non plus la naissance du demi-dieu Hercule, mais la naissance du grand roi Artus. C'est un récit qui vaut aussi la peine d'être résumé, ne serait-ce que pour faire sentir le contraste :

Dans une cour plénière que tenait, à la manière féodale, le roi des Logriens Uter-Pandragon, ce prince, qui n'était pas encore marié, devint amoureux d'Ygerne, femme du duc de Tintaguel, un de ses grands vassaux : « Il fu si sopris de l'amor Ygerne qu'il ne savoit qu'il deust devenir, » comme dit le conteur du xiie siècle. Ygerne était aussi vertueuse que belle; c'est en vain que le roi la tenta par les hommages les plus flatteurs et par les plus riches présents. Un jour qu'Uter était à table avec le duc de Tintaguel, pendant que les dames avaient fait retraite dans leurs appartements, le roi, après avoir bu dans une coupe d'or magnifiquement ciselée (serait-ce la coupe du roi Ptérélas, appelée à jouer ce nouveau rôle?), demanda au duc la permission de l'envoyer en don à la duchesse; le mari y consentit avec des actions de grâce, et Uter fit porter à la duchesse la coupe que, sur l'injonction de son mari, elle ne put refuser. Mais, irritée et voyant le danger qui la menaçait dans cette cour, Ygerne, dès qu'elle fut seule avec le duc, lui révéla les instances du prince et les poursuites déshonorantes dont elle était l'objet. Sur-le-champ, le duc rassembla ses hommes et quitta la ville, regagnant son domaine avec Ygerne et toute sa suite. Ce brusque départ, sans congé ni adieu, était un outrage au suzerain. Uter exigea que le duc vînt lui faire réparation. Sur le refus de son vassal, la guerre éclate entre eux. Le duc avait deux principales forteresses : l'une, Tintaguel, où il mit Ygerne en sûreté, était tout à fait imprenable ; l'autre était un peu moins inexpugnable ;

il s'y renferma avec ses propres vassaux, et il y fut assiégé par le roi Uter-Pandragon.

La guerre n'empêchait pas le roi Uter d'être malheureux et de dépérir pour l'amour d'Ygerne. Enfin, le grand enchanteur Merlin eut pitié de lui et lui vint en aide. Un soir, à la nuit close, le roi, son confident Ulfin et Merlin, sortirent du camp et se rendirent à Tintaguel. Merlin, par son art magique, donna à Uter la ressemblance parfaite du duc, et lui-même et Ulfin prirent la figure des compagnons ordinaires de ce duc. Ils se firent ouvrir sans obstacle la porte du château. Ygerne accueillit tendrement celui qu'elle croyait être son mari, et « en cele nuit, dit encore le conteur, engenra le boin roi qui fu apelés Artus ». Mais à cette heure même Ygerne était veuve sans le savoir. Uter-Pandragon avait à peine quitté son camp que le duc de Tintaguel fit une furieuse sortie qui mit d'abord les troupes royales en déroute. Elles reprirent toutefois le dessus, et le duc fut tué, après un combat acharné. Uter épousa ensuite celle qu'il aimait. Merlin, pour prix du service qu'il avait rendu, réclama l'enfant qui avait été engendré par un père mort, et dont il voulait surveiller les destinées depuis longtemps prédites à la Bretagne.

Telle est la version de la fable antique propre au moyen âge. Le caractère comique en est fort effacé. Elle est tragique, au contraire, par la catastrophe qui y est mêlée. L'Ygerne celtique est tout à fait digne de l'Alcmène romaine; et les autres personnages principaux ont une physionomie grave ou mystérieuse qui, selon toute vraisemblance, les rapprochait de leurs types primitifs.

La comédie de Plaute reparut, comme nous l'avons dit, au xve siècle, dans sa langue originale, sur les scènes savantes de l'Italie. En 1560, Lodovico Dolce en fit une imitation sous le titre de *Il Marito*[1]. Il y a un Amphitryon parmi les premiers essais

---

1. E questa una felice imitazione dell' *Anfitrione*, spogliato delle antiche forme mitologiche, ed appropriato a' costumi del secolo e della nazione. In essa più non vedi gl' intrighi galanti di Giove, il quale aiutato opportunamente da Mercurio, e preso l'aspetto di colui che disegna far becco, se gli svela alle fine per quello ch' egli è, e gl' indora la pillola che li fa inghiottire. Il Dolce, con una invenzione non meno felice e ridicola e meglio accomodata alle opinioni del tempo, impiega un di quei frati educati nella scuola di fra Timoteo, e fa credere ad un marito balordo che

dramatiques de la muse espagnole ; et Camoëns, le poète des *Lusiades,* en composa un en portugais. Mais, hâtons-nous d'arriver en France et à notre littérature du xviie siècle. En 1638, Jean de Rotrou publia une imitation de la comédie latine, qu'il intitula *les Deux Sosies.* Plus tard, en 1650, peu de temps avant sa mort, il arrangea ce même sujet pour une grande pièce à machines intitulée *la Naissance d'Hercule.* La description, imprimée chez René Baudry[1], laisse apercevoir quelques-unes des innovations auxquelles cette pièce avait donné lieu. Ainsi, au quatrième acte, Junon faisait vacarme dans le ciel. Au cinquième acte, quand Hercule avait étouffé les deux serpents envoyés par Junon, il en venait un grand nombre, et Jupiter lançait contre eux son aigle, qui les combattait et les détruisait.

En 1653, on représenta à la cour le grand *Ballet de la Nuit,* composé par Benserade et machiné par Torelli. La sixième entrée de la deuxième *veille* de ce ballet célèbre est remplie par une « comédie muette d'*Amphitryon* » en quatre actes. Voici le programme de cette comédie muette, tel que l'offre le livre du ballet[2] :

PREMIÈRE ENTRÉE REPRÉSENTANT LE PREMIER ACTE.

« Amphitryon commence avec Sosie son valet ; il fait venir Alcmène sa femme pour lui apprendre le sujet du voyage qu'il est obligé de faire, et en même temps il en prend congé.

DEUXIÈME ACTE.

« Jupiter entre avec Mercure, et lui déclare l'amour qu'il a

la sua moglie, che dopo una lunga assenza ha egli trovato gravida, sia divenuta tale per opera e virtù d'uno spirito folletto, il quale, secondo che diceva il buon frate, avea voluto pigliarsi giuoco della sua moglie. Perrochè un giorno che il marito si era non so dove indormentato, il bizzarro folletto lo avea trasportato di notte sino a Padova, ov' egli avea lasciato la moglie, e ch' egli stesso era stato l' autore fortunato di quanto ora vedeva ; e così quello che li pareva si strano non era che la cosa la più simplice e la più naturale del mondo. Il marito e la moglie non possono fare a meno di prestar credenza alle sante parole del frate, e questo, ristabilita fra loro la confidenza e la pace, riporta al convento il proffito della sua opera pia. (*Saggio storico-critico della commedia italiana* del prof. F. Salfi.)

1. Dessein du poëme de la grande pièce des machines de *la Naissance d'Hercule,* dernier ouvrage de M. de Rotrou, représenté sur le théâtre du Marais, par les comédiens du roi. — 1650.

2. *Ballet royal de la Nuit,* divisé en quatre parties ou quatre veilles, et dansé par Sa Majesté, le 23 février 1653.

pour Alcmène; ils consultent comme ils la pourront persuader, et résolvent de se métamorphoser, Jupiter en Amphitryon, et Mercure en Sosie, et aussitôt Mercure lui montre des habits propres pour exécuter ce dessein.

TROISIÈME ACTE.

« Alcmène revient avec Bromia sa servante, à qui elle se plaint de l'absence de son mari, et cependant on voit venir Jupiter et Mercure, métamorphosés l'un en Amphitryon et l'autre en Sosie. Alcmène, trompée par l'apparence, les reçoit avec joie. Jupiter entre avec elle dans le logis, et Mercure demeure à la porte.

QUATRIÈME ET DERNIER ACTE.

« Le véritable Sosie revient de son voyage, et, pensant entrer en la maison d'Alcmène, en est empêché par son semblable, qu'il rencontre à la porte. Étonné de le voir, il fait plusieurs actions pour l'éprouver. Amphitryon cependant retourne, frappe à la porte; Jupiter, déguisé en Amphitryon, regarde par la fenêtre. Le véritable Amphitryon, surpris de se voir, se met en colère; et, impatient, entre par cette fenêtre. Sosie, qui le voit, veut y entrer et le suivre; Mercure, déguisé, le retient; et enfin [ils] y entrent tous deux. Bromia, servante d'Alcmène, dans la peur, met la tête à cette fenêtre, pour reconnoître s'il ne vient plus personne, descend, sort par la porte, regardant aux avenues. Et enfin les deux Amphitryons et les deux Sosies sortent. Blefaro, qui ne connoît pas ces dieux déguisés, les veut accorder avec les autres. Mais Jupiter et Mercure se découvrent et se font connoître. A l'instant les véritables Amphitryon et Sosie, Alcmène, Bromia et Blefaro leur font soumission, qui finit la comédie. »

Quinze ans après le *Ballet de la Nuit,* Molière s'empara à son tour de ce sujet, que nous avons vu devenir tour à tour fable indienne, comédie latine, conte chevaleresque, comédie française, ballet royal. Il en fit les trois actes charmants qui sont une des merveilles de notre poésie.

C'était autrefois une question vivement débattue de savoir si

Molière l'avait emporté sur Plaute. Plaute avait eu pour lui Mme Dacier, et, si l'on en croit Monchesnay, Boileau. Mais le plus grand nombre des juges se prononçaient en faveur de Molière. Citons les réflexions par lesquelles Auger appuie l'opinion de ces derniers :

« Bayle, exempt de tout préjugé, même littéraire, et adorateur des anciens sans superstition, Bayle proclama hautement le triomphe du comique français sur le comique latin. « Molière,
« dit-il, a pris beaucoup de choses de Plaute ; mais il leur donne
« un autre tour ; et, s'il n'y avoit qu'à comparer les deux pièces
« l'une avec l'autre pour décider la dispute qui s'est élevée
« depuis quelque temps sur la supériorité ou l'infériorité des
« anciens, je crois que M. Perrault gagneroit bientôt sa cause. Il
« y a des finesses et des tours dans l'*Amphitryon* de Molière, qui
« surpassent de beaucoup les railleries de l'*Amphitryon* latin.
« Combien de choses n'a-t-il pas fallu retrancher de la comédie
« de Plaute, qui n'eussent point réussi sur le théâtre françois !
« Combien d'ornements et de traits d'une nouvelle invention
« n'a-t-il pas fallu que Molière ait insérés dans son ouvrage pour
« le mettre en état d'être applaudi comme il l'a été ! Par la seule
« comparaison des prologues, on peut connoître que l'avantage
« est du côté de l'auteur moderne. »

« Cette supériorité si généralement attribuée à Molière, la création du rôle de Cléanthis suffisait pour la lui assurer. Plaute était loin d'avoir tiré du double Sosie un aussi grand parti que du double Amphitryon. Le comique du sujet est fondé sur les méprises innocentes qu'une femme peut faire lorsqu'il se présente à elle un homme en tout semblable à son mari, et sur les douloureuses surprises que ce mari doit éprouver quand il s'entend raconter les caresses qu'un autre a reçues d'elle en son absence, mais pour son compte. Que le valet, double comme le maître, soit comme lui marié, et l'intrigue en deviendra doublement divertissante. Mais ce n'est pas assez d'augmenter le comique ; il faut encore le varier. Le désir de posséder Alcmène a été la cause du déguisement de Jupiter ; et c'est seulement pour seconder Jupiter dans son amoureuse entreprise que Mercure a changé de forme. Le sort de Sosie n'a donc pas été le même que celui d'Amphitryon ; et l'éclaircissement que chacun d'eux doit avoir avec sa femme ne peut avoir le même caractère. Alcmène a reçu de Jupiter de vives marques de tendresse auxquelles elle a répondu par les siennes; et Amphitryon, qui l'apprend d'elle-même, s'abandonne aux transports furieux d'un homme outragé dans son amour et dans son honneur. Cléanthis, malgré ses avances, n'a éprouvé de la part de Mercure que des froideurs insultantes, et Sosie reçoit avec délice le torrent d'injures qu'attirent sur lui les heureux mépris du dieu qui l'a représenté. Alcmène, à chaque réponse qu'elle fait aux questions d'Amphitryon, lui enfonce un poignard dans le cœur, et ne comprend rien à ce désespoir d'un homme qu'elle a si bien traité. Cléanthis, à chaque réponse qu'elle fait aux questions de Sosie, le ravit d'aise, et n'entend rien à cette joie qui lui paraît un nouvel outrage. La situation des deux maris diffère entièrement : celle des femmes se ressemble par la colère qui leur est commune, quoique ayant des causes différentes. Enfin, si le valet échappe au sort dont son maître est la victime, la suivante devient tellement furieuse qu'elle menace de faire volontairement ce que sa maîtresse a fait sans le vouloir ni le savoir. Cette complication d'intérêts et de sentiments, ce jeu d'oppositions et de rapports qui anime si plaisamment la scène, est entièrement dû au personnage de Cléanthis.

« Ce rôle, toutefois, n'était qu'un embellissement dont l'ouvrage pouvait se passer. Mais il est un point essentiel sur lequel Molière était forcé, par égard pour les opinions, ou, si l'on veut, pour les préjugés modernes, d'abandonner les traces de son original : je veux parler de la physionomie du personnage principal, d'Amphitryon. Molière est, sans contredit, de tous nos poètes comiques celui qui a le plus souvent et le plus gaiement tiré parti de l'espèce de ridicule attachée à certaine disgrâce, qui menace les maris, et que désignait de son temps une expression naïve repoussée par la délicatesse actuelle du langage. Il nous a montré des hommes qui craignaient cette disgrâce sans l'éprouver; d'autres qui l'eussent éprouvée inévitablement s'ils s'y fussent exposés; d'autres, enfin, qui, l'ayant affrontée, la méritaient, la redoutaient et la subissaient peut-être, mais dont le sort au moins n'avait rien d'avéré, rien de positif. Les progrès de la civilisation n'avaient pas encore permis de mettre sur la scène l'adultère prouvé par les aveux de la coupable, et constaté par les fruits mêmes du crime. Molière, qui n'eût pas fait de lui-même ce grand pas dans la carrière dramatique, crut cependant pouvoir emprunter à l'antiquité fabuleuse et exposer aux regards du public un homme à qui sa femme apprend qu'un autre homme a joui de ses embrassements. Pour les Grecs et pour les Romains, ce sujet, où le suborneur est un dieu et le plus puissant de tous, était sans doute un mystère édifiant; pour des Français, ce ne pouvait être au fond qu'une fable scandaleuse. Ajoutons que, du temps de Molière, un mari sentait autrement l'infidélité de sa femme que du temps de Plaute, et que le malheur de l'un, comme le tort de l'autre, était autrement envisagé par la société. Considéré sous deux points de vue si différents, un tel sujet devait être fort différemment traité dans plusieurs de ses parties. Les deux Amphitryons sont jaloux; mais il y a dans la jalousie de l'Amphitryon français plus d'amour, de susceptibilité et d'emportement. Les deux Alcmènes sont vertueuses et attachées à leurs maris; mais l'Alcmène française est plus passionnée dans sa tendresse et plus animée dans ses ressentiments. En tout plus délicate et plus sensible, elle est aussi plus aimable. Il en résulte qu'Amphitryon lui-même en devient plus intéressant. L'amour que ressent pour lui une femme si digne d'en inspirer, cet amour que Jupiter lui envie, en même temps qu'il en usurpe sur lui les plus précieuses marques, contribue à relever son caractère et à empêcher que, dans une situation toute risible, il ne soit personnellement ridicule. Enfin, tandis que, au dénoûment, l'Amphitryon latin, avec une pieuse résignation que nous appellerions une lâche insensibilité, déclare qu'un partage avec Jupiter n'a rien dont il puisse s'affliger, l'Amphitryon français dévore en silence ce glorieux affront, et Sosie même, malgré la bassesse de sa condition et la grossièreté de ses mœurs, comprend cette délicatesse de son maître : car, lorsqu'un sot et indiscret ami, ébloui de la majesté du dieu et de la magnificence de ses promesses, ouvre la bouche pour complimenter Amphitryon, il la lui ferme par des paroles pleines de sens et de comique, qui méritent de devenir la règle éternelle des bienséances en toute aventure pareille. »

De nos jours, ce débat sur le mérite relatif des deux poètes nous semble présenter un moindre intérêt. Nous consentons volontiers à placer chacun des deux chefs-d'œuvre comiques dans le milieu où il a paru, et à tenir compte, en les admirant l'un et l'autre, du caractère distinct que leur ont imprimé des croyances, des mœurs et des temps si divers.

Une question d'une tout autre nature, une question de moralité historique, pour ainsi dire, a été soulevée à propos de cette pièce. Est-il vrai, comme l'a prétendu M. Rœderer[1], que Molière ait composé *Amphitryon* dans une vue favorable à l'adultère royal? que Jupiter soit Louis XIV; Alcmène, Mme de Montespan; Amphitryon, M. de Montespan?

La liaison de Louis XIV et de Mme Montespan avait eu des commencements très mystérieux et très cachés vers juin et juillet de l'année 1667, pendant la campagne de Flandre. Comment supposer que Molière ait été autorisé, invité, dès ces premiers moments, à transporter l'aventure sur la scène? Cela est tout à fait invraisemblable, et l'on est plus tenté de croire à une singulière rencontre, à une bizarre coïncidence. Ajoutons qu'on ne voit point pourquoi une pareille intention serait prêtée à Molière plutôt qu'aux autres imitateurs de Plaute, et en particulier à Rotrou, que l'on n'a pourtant jamais suspecté. Rotrou, qui suit Plaute plus fidèlement, fait tenir à Amphitryon ce langage :

> Je plaindrois mon honneur d'un affront glorieux !
> D'avoir eu pour rival le monarque des dieux!
> Ma couche est partagée, Alcmène est infidèle,
> Mais l'affront en est doux, et la honte en est belle.
> L'outrage est obligeant ; le rang du suborneur
> Avecque mon injure accorde mon honneur.

Que n'aurait-on pas dit si c'était Molière qui eût écrit ces vers? Et Molière, s'il avait voulu faire une immorale flatterie, ne se serait-il pas empressé de se montrer, comme son prédécesseur, un traducteur exact, et aurait-il privé sa pièce de cette conclusion qui s'offrait d'elle-même?

Remarquons enfin qu'*Amphitryon* fut donné non à la cour, mais à la ville, le vendredi 13 et le dimanche 15 janvier 1668, et certes, si les allusions qu'on a voulu découvrir dans cette pièce avaient existé réellement, présentées ainsi au public parisien,

---

[1]. Mémoire pour servir à l'histoire de la société polie en France (1835).

elles auraient dû avoir plutôt le sens et l'effet d'une satire que d'une apothéose.

Le lundi 16 janvier, la troisième représentation fut donnée devant le roi aux Tuileries. Robinet rend compte ainsi de cette représentation (lettre du 21 janvier) :

> Lundi, chez le nonpareil Sire
> Digne d'étendre son empire
> Dessus toutes les nations,
> On vit les deux *Amphitryons*
> Ou, si l'on veut, les deux *Sosies*,
> Qu'on trouve dans les poésies
> Du feu sieur Plaute, franc Latin,
> Et que, dans un français très fin,
> Son digne successeur Molière
> A travestis d'une manière
> A faire ébaudir les esprits,
> Durant longtemps, de tout Paris.
> Car, depuis un fort beau prologue
> Qui s'y fait par un dialogue
> De Mercure avecque la Nuit,
> Jusqu'à la fin de ce déduit,
> L'aimable enjouement du comique
> Et les beautés de l'héroïque,
> Les intrigues, les passions,
> Et, bref, les décorations
> Avec des machines volantes
> Plus que les astres éclatantes,
> Font un spectacle si charmant
> Que je ne doute nullement
> Que l'on n'y coure en foule extrême
> Bien par delà la mi-carême.

Les représentations à la ville reprirent le lendemain 17 janvier et ne discontinuèrent plus jusqu'à la clôture, qui eut lieu le 18 mars, ce qui faisait vingt-neuf représentations consécutives à la ville, sans compter celle des Tuileries et une autre en visite, La Grange ne dit pas où. Les recettes sont élevées; cette fin de l'année théâtrale est une des plus fructueuses que nous rencontrions sur le registre du comédien :

> Le 13.............. 1565 l. 10 s.
> Le 15.............. 1668 l. 10 s.
> Le 17.............. 917 l.

Le 20...	867 l. 10 s.
Le 22...	1014 l.
Le 24...	840 l.
Le 27...	741 l.
Le 29...	933 l. 10 s.
Le 31...	503 l.

Quelques jours après la réouverture qui eut lieu le 13 avril, le 25, la troupe partit, par ordre du roi, pour Versailles, où elle joua *Amphitryon* et le *Médecin malgré lui*, *Cléopâtre*[1] et *le Mariage forcé*, *l'École des femmes*. Elle revint à Paris le 29. Il n'y eut point d'autre représentation d'*Amphitryon* à la cour jusqu'en 1680, il y en eut treize de 1680 à la fin du règne de Louis XIV. A la ville, *Amphitryon* fut joué cinquante-trois fois du vivant de Molière.

Robinet, dans la lettre du 21 janvier que nous avons citée tout à l'heure, parle ainsi des interprètes d'*Amphitryon* :

> Je n'ai rien touché des acteurs,
> Mais je vous avertis, lecteurs,
> Qu'ils sont en conche[2] très superbe,
> Je puis user de cet adverbe,
> Et que chacun de son rôlet,
>   Soit sérieux, soit follet,
>   S'acquitte de bonne sorte.
> Surtout, ou qu'Astarot m'emporte!
> Vous y verrez certaine Nuit
> Fort propre à l'amoureux déduit,
> Et de même certaine Alcmène
> Ou bien sa remembrance humaine,
> Qui voudroit bien, sans en douter,
> Qu'un remembrant de Jupiter,
> Plein de ce feu qui le cœur brûle,
> Lui fit un remembrant d'Hercule.

Quelles étaient les actrices sur lesquelles Robinet plaisante avec si peu de grâce? les témoignages contemporains font défaut. On a la distribution de la pièce en 1685 :

MERCURE	M. LA GRANGE.
LA NUIT	Mlle GUYOT.

1. Tragédie de La Thorillière non imprimée (déc. 1667).
2. *Conche*, bon ou mauvais état d'une personne quant à ses habits, à son équipage (*Dict. de Trévoux*).

JUPITER.	MM. Guérin.
AMPHITRYON.	Dauvilliers.
ALCMÈNE.	Mlles Debrie.
CLÉANTHIS.	Guérin (la veuve de Molière
SOSIE.	MM. Rosimont.
ARGATIPHONTIDAS.	De Villiers.
NAUCRATÈS.	Hubert.
POLIDAS.	Beauval.
PAUSICLÈS.	Raisin.

Depuis dix-sept ans, bien des changements s'étaient accomplis dans la troupe. Il n'est pas certain que les acteurs n'eussent pas changé contre d'autres les rôles qu'ils avaient créés. Plusieurs des premiers interprètes avaient disparu. D'autres étaient venus les remplacer. Toutefois, à défaut de toute indication plus ancienne que celle-là, il semble qu'on doive s'en tenir sur ce point à la liste de 1685. Le personnage de la Nuit devrait être probablement assigné à Madeleine Béjart. En ce cas, les compliments grivois de Robinet se seraient adressés à deux actrices d'un âge très mur ; et la femme de Molière n'eût pas été en cause dans ce badinage peu décent.

L'interprétation actuelle est celle-ci (12 mars 1832) :

MERCURE.	M. De Féraudy.
LA NUIT.	Mlle Jeanne Samary.
JUPITER.	MM. Mounet-Sully.
AMPHITRYON.	Laroche.
ALCMÈNE.	Mlles Adeline Dudlay.
CLÉANTHIS.	Dinah Félix.
SOSIE.	M. Thiron.

Cette pièce a une forme toute particulière sur laquelle nous avons, en terminant, à présenter quelques observations. Elle est écrite en vers libres et en rimes croisées. « Les vers libres, a dit Voltaire, sont d'autant plus malaisés à faire qu'ils semblent plus faciles, et qu'il y a un rythme très peu connu qu'il faut y observer, sans quoi cette poésie rebute. » *Amphitryon* est un modèle incomparable de ce mètre appliqué à la comédie. Citons encore l'opinion d'un écrivain expert en ces questions, de

M. Théophile Gautier : « Molière, dit-il, a cette fois employé un mélange de tous les mètres extrêmement heureux, croisant les rimes, les rapprochant, les éloignant, les triplant même selon l'effet à produire. Aux endroits familiers, les vers de sept ou huit syllabes reviennent fréquemment et jouent presque à s'y tromper l'allure pédestre de la prose. Aux passages plus relevés, les vers s'allongent et font sonner plus fortement leur chute. Une remarque que nous avons faite, et, ce nous semble, le premier, c'est qu'*Amphitryon* ne contient pas un seul vers de six syllabes. Cela prouve chez Molière une grande finesse d'oreille et une parfaite entente du rythme. Un vers de six syllabes arrivant après un alexandrin pourrait avoir l'air d'un rejet d'hémistiche, du moins jusqu'à ce que l'arrivée de la rime vînt détromper l'auditeur attentif, et le poète a soigneusement évité de faire naître cette désagréable inquiétude. Cependant, quelque admiration que nous inspire ce chef-d'œuvre d'une réussite si complète comme métrique, nous n'oserions recommander la comédie en vers libres aux poètes modernes, s'il en reste encore, du moins écrivant pour le théâtre. Il faut une main bien ferme pour ne pas laisser s'éparpiller ces flèches d'inégale longueur et les lancer sûrement au but. » On peut lire, dans notre édition des *Œuvres complètes de La Fontaine,* qui fait partie de la Collection des chefs-d'œuvre de la littérature française, ce que disent d'autres poètes modernes sur les difficultés du vers libre. Voyez tome Ier de ladite édition : pp. CXXIII à CXXVIII.

La pièce fut imprimée sans retard : « *Amphitryon,* comédie par J.-B. P. de Molière. A Paris, chez Jean Ribou, au Palais, vis-à-vis de la porte de l'église de la Sainte-Chapelle, à l'image S. Louis. 1668. Avec privilège du roi. » Le privilège est daté du 20 février 1668 et cédé à Jean Ribou. L'achevé d'imprimer pour la première fois est du 5 mars de la même année. Nous reproduisons le texte et nous donnons les variantes de l'édition de 1682.

Nous imprimons à la suite de la pièce de Molière l'*Amphitruo* de Plaute, qui offre un élément de comparaison indispensable.

L. M.

A SON ALTESSE SÉRÉNISSIME

MONSEIGNEUR

LE PRINCE.

Monseigneur,

N'en déplaise à nos beaux esprits, je ne vois rien de plus ennuyeux que les épîtres dédicatoires; et Votre Altesse Sérénissime trouvera bon, s'il lui plaît, que je ne suive point ici le style de ces messieurs-là, et refuse de me servir de deux ou trois misérables pensées qui ont été tournées et retournées tant de fois qu'elles sont usées de tous les côtés. Le nom du grand Condé est un nom trop glorieux pour le traiter comme on fait tous les autres noms. Il ne faut l'appliquer, ce nom illustre, qu'à des emplois qui soient dignes de lui; et, pour dire de belles choses, je voudrois parler de le mettre à la tête d'une armée plutôt qu'à la tête d'un livre; et je conçois bien mieux ce qu'il est capable de faire en l'opposant aux forces des ennemis de cet État qu'en l'opposant à la critique des ennemis d'une comédie.

Ce n'est pas, Monseigneur, que la glorieuse approbation de Votre Altesse Sérénissime ne fût une puissante protection pour toutes ces sortes d'ouvrages, et qu'on ne soit persuadé des lumières de votre esprit autant que de l'intrépidité de votre cœur et de la grandeur de votre âme. On sait, par toute la terre, que l'éclat de votre mérite n'est point renfermé dans les bornes de cette valeur indomptable qui se fait des adorateurs chez ceux mêmes qu'elle surmonte ; qu'il s'étend, ce mérite, jusques aux connoissances les plus fines et les plus relevées, et que les décisions de votre jugement sur tous les ouvrages d'esprit ne manquent point d'être suivies par le sentiment des plus délicats. Mais on sait aussi, Monseigneur, que toutes ces glorieuses approbations dont nous nous vantons au public ne nous coûtent rien à faire imprimer ; et que ce sont des choses dont nous disposons comme nous voulons. On sait, dis-je, qu'une épître dédicatoire dit tout ce qu'il lui plaît, et qu'un auteur est en pouvoir d'aller saisir les personnes les plus augustes, et de parer de leurs grands noms les premiers feuillets de son livre ; qu'il a la liberté de s'y donner, autant qu'il veut, l'honneur de leur estime, et de se faire des protecteurs qui n'ont jamais songé à l'être.

Je n'abuserai, Monseigneur, ni de votre nom, ni de vos bontés, pour combattre les censeurs de l'*Amphitryon*, et m'attribuer une gloire que je n'ai pas peut-être méritée ; et je ne prends la liberté de vous offrir ma comédie que pour avoir lieu de vous dire que je regarde incessamment, avec une profonde vénération, les grandes qualités que vous joignez au sang auguste dont vous tenez le jour, et que je suis, Monseigneur, avec tout le respect possible, et tout le zèle imaginable,

De Votre Altesse Sérénissime,

Le très humble, très obéissant, et très obligé serviteur,

Molière.

AMPHITRYON

PROLOGUE.

PERSONNAGES.	ACTEURS.
MERCURE.	Du Croisy.
LA NUIT.	Madeleine Béjart.

COMÉDIE.

JUPITER, sous la forme d'Amphitryon	La Thorillière.
MERCURE, sous la forme de Sosie.	Du Croisy.
AMPHITRYON, général des Thébains.	La Grange.
ALCMÈNE, femme d'Amphitryon.	Mlle Debrie.
CLÉANTHIS, suivante d'Alcmène et femme de Sosie[1]	Mlle Molière.
SOSIE, valet d'Amphitryon.	Molière[2].
ARGATIPHONTIDAS,	Chateauneuf[3].
NAUCRATÈS, capitaines thébains.	***
POLIDAS,	***
PAUSICLÈS,	***

La scène est à Thèbes[4], devant la maison d'Amphitryon[5].

1. On ne sait par qui le rôle de Cléanthis fut créé d'original. En 1685, il était tenu, comme on l'a vu page 256, par la veuve de Molière. C'est la seule raison qui nous fait assigner ce rôle à Mlle Molière, et nous convenons qu'il est fort possible qu'elle n'ait pas joué ce rôle à l'origine. En tout cas, il ne faut pas dire, comme Aimé Martin, que Cléanthis a eu pour première interprète Mlle Beauval, et que même ce personnage avait été conçu et dessiné par Molière d'après cette actrice. « Cléanthis, c'est Mlle Beauval, la femme honnête et exigeante qui fait payer cher à son mari sa vertu toujours courroucée. Plus d'un trait avait pu être pris sur nature, etc. » Mlle Beauval ne fut mandée de province à Paris et n'entra dans la troupe que plus de deux ans après la représentation de cette pièce, en juillet 1670.
2. Voici, d'après l'inventaire après décès, le costume de Molière dans ce rôle : « un tonnelet de taffetas vert avec une petite dentelle d'argent fin, une chemisette de même taffetas, deux cuissards de satin rouge, une paire de souliers avec les lassures garnies d'un galon d'argent, avec un bas de saie céladon *, les festons, la ceinture et un jupon, et un bonnet brodé or et argent fin, ... prisé soixante livres. »
3. Cette liste, sauf pour le rôle de Molière, est toute conjecturale.
4. Amphitryon, chassé d'Argos par son oncle Sthénélus, s'était réfugié à Thèbes.
5. Le manuscrit de Mahelot contient les renseignements suivants : « Le théâtre est une place de ville. Il faut un balcon : dessous, une porte. Pour le prologue, une machine pour Mercure, un char pour la Nuit. Au IIIe acte, Mercure s'en retourne, et Jupiter, sur son char. Il faut une lanterne sourde, une batte. »

* Voyez la note sur le mot *bas de saie*, tome V, page 402.

AMPHITRYON

COMÉDIE

PROLOGUE.

MERCURE, sur un nuage; LA NUIT, ans un char
traîné par deux chevaux [1].

MERCURE.

Tout beau! charmante Nuit, daignez vous arrêter.
Il est certain secours que de vous on désire;
  Et j'ai deux mots à vous dire
  De la part de Jupiter.

LA NUIT.

Ah! ah! c'est vous, seigneur Mercure!
Qui vous eût deviné là, dans cette posture?

---

1. La description de la grande pièce à machines de *la Naissance d'Hercule* dont nous avons parlé dans la notice préliminaire, description imprimée en 1650, contient une planche magnifique qui représente exactement cette entrevue des deux divinités mythologiques, et le texte ajoute : « Vous verrez paroître dans la première scène de ce premier acte, sur cette superbe décoration, Mercure, soutenu dans le milieu des airs, commandant à la Lune de s'arrêter et de faire durer cette heureuse nuit qui doit précéder la naissance d'Hercule. »

MERCURE.

Ma foi, me trouvant las, pour ne pouvoir fournir
Aux différents emplois où Jupiter m'engage,
Je me suis doucement assis sur ce nuage,
 Pour vous attendre venir.

LA NUIT.

Vous vous moquez, Mercure, et vous n'y songez pas[1];
Sied-il bien à des dieux de dire qu'ils sont las?

MERCURE.

Les dieux sont-ils de fer?

LA NUIT.

     Non; mais il faut sans cesse
Garder le *decorum* de la divinité.
Il est de certains mots dont l'usage rabaisse
 Cette sublime qualité;
  Et que, pour leur indignité,
 Il est bon qu'aux hommes on laisse.

MERCURE.

 A votre aise vous en parlez;
Et vous avez, la belle, une chaise roulante
Où, par deux bons chevaux, en dame nonchalante,
Vous vous faites traîner partout où vous voulez.
 Mais de moi ce n'est pas de même :
Et je ne puis vouloir, dans mon destin fatal,
  Aux poètes assez de mal

---

1. On voit ici une rime masculine suivre immédiatement une rime masculine d'une autre espèce. Dans le courant de la pièce, la même licence se présentera souvent, pour les rimes masculines et pour les rimes féminines. La règle qui a été observée depuis pour l'entrelacement des rimes mêlées n'était pas encore rigoureusement établie. Chapelle, Chaulieu, Mme Deshoulières, ne s'y soumettaient qu'imparfaitement. Racine l'a violée dans les stances d'*Esther* : « Rois, chassez la calomnie. »

PROLOGUE.

De leur impertinence extrême,
D'avoir, par une injuste loi
Dont on veut maintenir l'usage,
A chaque dieu, dans son emploi,
Donné quelque allure en partage;
Et de me laisser à pied, moi,
Comme un messager de village;
Moi qui suis, comme on sait, en terre et dans les cieux,
Le fameux messager du souverain des dieux;
Et qui, sans rien exagérer,
Par tous les emplois qu'il me donne,
Aurois besoin, plus que personne,
D'avoir de quoi me voiturer.

LA NUIT.

Que voulez-vous faire à cela?
Les poètes font à leur guise.
Ce n'est pas la seule sottise
Qu'on voit faire à ces messieurs-là.
Mais contre eux toutefois votre âme à tort s'irrite,
Et vos ailes aux pieds sont un don de leurs soins.

MERCURE.

Oui; mais pour aller plus vite,
Est-ce qu'on s'en lasse moins?

LA NUIT.

Laissons cela, seigneur Mercure,
Et sachons ce dont il s'agit.

MERCURE.

C'est Jupiter, comme je vous l'ai dit,
Qui de votre manteau veut la faveur obscure,
Pour certaine douce aventure
Qu'un nouvel amour lui fournit.

Ses pratiques, je crois, ne vous sont pas nouvelles :
Bien souvent pour la terre il néglige les cieux ;
Et vous n'ignorez pas que ce maître des dieux
Aime à s'humaniser pour des beautés mortelles,
  Et sait cent tours ingénieux
  Pour mettre à bout les plus cruelles.
 Des yeux d'Alcmène il a senti les coups;
Et tandis qu'au milieu des béotiques plaines
  Amphitryon, son époux,
  Commande aux troupes thébaines,
Il en a pris la forme, et reçoit là-dessous
  Un soulagement à ses peines,
Dans la possession des plaisirs les plus doux.
L'état des mariés à ses feux est propice :
L'hymen ne les a joints que depuis quelques jours ;
Et la jeune chaleur de leurs tendres amours
A fait que Jupiter à ce bel artifice
  S'est avisé d'avoir recours.
Son stratagème ici se trouve salutaire :
  Mais près de maint objet chéri,
Pareil déguisement seroit pour ne rien faire,
Et ce n'est pas partout un bon moyen de plaire
  Que la figure d'un mari.

LA NUIT.

J'admire Jupiter, et je ne comprends pas
Tous les déguisements qui lui viennent en tête.

MERCURE.

Il veut goûter par là toutes sortes d'états ;
 Et c'est agir en dieu qui n'est pas bête.
Dans quelque rang qu'il soit des mortels regardé,
  Je le tiendrois fort misérable,
S'il ne quittoit jamais sa mine redoutable,

Et qu'au faîte des cieux il fût toujours guindé.
Il n'est point, à mon gré, de plus sotte méthode
Que d'être emprisonné toujours dans sa grandeur :
Et surtout, aux transports de l'amoureuse ardeur,
La haute qualité devient fort incommode.
Jupiter, qui sans doute en plaisirs se connaît,
Sait descendre du haut de sa gloire suprême;
 Et, pour entrer dans tout ce qu'il lui plaît,
  Il sort tout à fait de lui-même,
Et ce n'est plus alors Jupiter qui paraît.

LA NUIT.

Passe encor de le voir, de ce sublime étage,
  Dans celui des hommes venir,
Prendre tous les transports que leur cœur peut fournir,
  Et se faire à leur badinage,
Si, dans les changements où son humeur l'engage,
A la nature humaine il s'en vouloit tenir.
  Mais de voir Jupiter taureau,
  Serpent, cygne, ou quelque autre chose,
  Je ne trouve point cela beau,
Et ne m'étonne pas si parfois on en cause.

MERCURE.

 Laissons dire tous les censeurs :
  Tels changements ont leurs douceurs
  Qui passent leur intelligence.
Ce dieu sait ce qu'il fait aussi bien là qu'ailleurs;
Et, dans les mouvements de leurs tendres ardeurs,
Les bêtes ne sont pas si bêtes que l'on pense.

LA NUIT.

Revenons à l'objet dont il a les faveurs.
Si, par son stratagème, il voit sa flamme heureuse,
Que peut-il souhaiter, et qu'est-ce que je puis?

MERCURE.

Que vos chevaux par vous au petit pas réduits,
Pour satisfaire aux vœux de son âme amoureuse,
　　D'une nuit si délicieuse
　　Fassent la plus longue des nuits ;
Qu'à ses transports vous donniez plus d'espace,
　Et retardiez la naissance du jour
　　Qui doit avancer le retour
　　De celui dont il tient la place.

LA NUIT.

　　Voilà sans doute un bel emploi
　　Que le grand Jupiter m'apprête !
　　Et l'on donne un nom fort honnête
　　Au service qu'il veut de moi !

MERCURE.

　　Pour une jeune déesse,
　　Vous êtes bien du bon temps !
　　Un tel emploi n'est bassesse
　　Que chez les petites gens.
Lorsque dans un haut rang on a l'heur de paroître,
　Tout ce qu'on fait est toujours bel et bon ;
　　Et, suivant ce qu'on peut être,
　　Les choses changent de nom[1].

LA NUIT.

　　Sur de pareilles matières
　　Vous en savez plus que moi,
　　Et, pour accepter l'emploi,

---

1. Cette réflexion n'est pas d'un courtisan aussi déterminé qu'on a voulu le dire. Elle se trouve du reste dans l'œuvre de Rotrou. Mercure dit de même, dans la première scène des *Sosies* :

　　Le rang des vicieux ôte la honte aux vices,
　　Et donne de beaux noms à de honteux services.

PROLOGUE.

J'en veux croire vos lumières.

MERCURE.

Hé! là, là, madame la Nuit,
Un peu doucement, je vous prie;
Vous avez dans le monde un bruit[1]
De n'être pas si renchérie.
On vous fait confidente, en cent climats divers,
De beaucoup de bonnes affaires;
Et je crois, à parler à sentiments ouverts,
Que nous ne nous en devons guères.

LA NUIT.

Laissons ces contrariétés,
Et demeurons ce que nous sommes.
N'apprêtons point à rire aux hommes,
En nous disant nos vérités.

MERCURE.

Adieu. Je vais là-bas, dans ma commission,
Dépouiller promptement la forme de Mercure,
Pour y vêtir la figure
Du valet d'Amphitryon.

LA NUIT.

Moi, dans cet hémisphère[2], avec ma suite obscure,
Je vais faire une station.

MERCURE.

Bonjour, la Nuit.

---

1. *Bruit* pour *réputation*. Ce mot, pris dans cette acception, était encore d'un commun usage au temps de Molière. Richelet cite cette phrase : « Ses exploits auront un bruit durable. » Et Thomas Corneille a dit, dans une de ses pièces, *le Charme de la voix* :

> Non, Phéuisse toujours eut le bruit d'être belle.

2. L'édition de 1668 écrit : « dans cette hémisphère. » A ce moment, on donnait encore au mot hémisphère le genre féminin.

LA NUIT.

Adieu, Mercure[1].

(Mercure descend de son nuage en terre, et la Nuit passe dans son char.)

[1]. On lit dans Voltaire : « Ceux qui ont dit que Molière a imité son prologue de Lucien ne savent pas la différence qui est entre une imitation et la ressemblance très éloignée de l'excellent dialogue de la Nuit et de Mercure, avec le petit dialogue de Mercure et d'Apollon, dans Lucien : il n'y a pas une plaisanterie, pas un seul mot que Molière doive à cet auteur grec. » Cela est parfaitement juste; toutefois, le fond du dialogue de Lucien est exactement le même que celui du prologue de Molière : c'est Mercure qui demande à Apollon ce que, dans la comédie, il demande à la Nuit, c'est-à-dire de ralentir ou plutôt d'arrêter ses coursiers pour donner à Jupiter le temps d'accomplir son aventure amoureuse avec Alcmène. Bayle a donc eu toute raison de dire que « Lucien a fourni le fait sur quoi roule le prologue de Molière, mais qu'il n'en a pas fourni les pensées ». Molière, au reste, n'avait que le choix des sources pour y puiser l'idée qu'il a mise en œuvre si habilement. Si ce n'est dans Lucien qu'il l'a prise, c'est dans Plaute; et, si ce n'est dans Plaute, c'est dans Rotrou; car Plaute fait dire à Mercure, parlant à la Nuit :

> Perge, Nox, ut obcepisti; gere patri morem meo.
> Optume optumo optumam operam das; datam polchre locas.

« Continue ainsi que tu as commencé, ô Nuit! exécute l'ordre de mon père. Tu sers très dignement un très digne maître; ta peine ne sera point perdue. »

Et Rotrou, dans le prologue des *Sosies*, fait adresser par Mercure cette apostrophe à la Lune :

> Vierge, reine des mois, et des feux inconstants
> Qui président au cours de la moitié du temps,
> Lune, marche à pas lents, laisse dormir ton frère;
> Tiens le frein aux coureurs qui tirent ta litière,
> Cependant que mon père, enivré de plaisirs,
> Au sein de ses amours le lâche à ses désirs.

Voyez enfin ci-dessus la note de la page 263.

ACTE PREMIER.

SCÈNE PREMIÈRE.
SOSIE, seul.

Qui va là? Heu? Ma peur à chaque pas s'accroît.
    Messieurs, ami de tout le monde.
    Ah! quelle audace sans seconde
    De marcher à l'heure qu'il est!
    Que mon maître, couvert de gloire,
    Me joue ici d'un vilain tour!
Quoi! si pour son prochain il avoit quelque amour,
M'auroit-il fait partir par une nuit si noire?
Et, pour me renvoyer annoncer son retour
    Et le détail de sa victoire,
Ne pouvoit-il pas bien attendre qu'il fût jour?
    Sosie, à quelle servitude
    Tes jours sont-ils assujettis!
    Notre sort est beaucoup plus rude
    Chez les grands que chez les petits.
Ils veulent que pour eux tout soit, dans la nature,
    Obligé de s'immoler.
Jour et nuit, grêle, vent, péril, chaleur, froidure,
    Dès qu'ils parlent, il faut voler.
    Vingt ans d'assidu service
    N'en obtiennent rien pour nous :

Le moindre petit caprice
Nous attire leur courroux.
Cependant notre âme insensée
S'acharne au vain honneur de demeurer près d'eux,
Et s'y veut contenter de la fausse pensée
Qu'ont tous les autres gens, que nous sommes heureux[1].
Vers la retraite en vain la raison nous appelle,
En vain notre dépit quelquefois y consent;
Leur vue a sur notre zèle
Un ascendant trop puissant;
Et la moindre faveur d'un coup d'œil caressant
Nous rengage de plus belle.
Mais enfin, dans l'obscurité,
Je vois notre maison, et ma frayeur s'évade[2].
Il me faudroit, pour l'ambassade,
Quelque discours prémédité.
Je dois aux yeux d'Alcmène un portrait militaire
Du grand combat qui met nos ennemis à bas :
Mais comment diantre le faire,
Si je ne m'y trouvai pas?

1. Sosie s'exprime un peu en courtisan de Louis XIV, et Molière, en lui prêtant ces sentiments et ces paroles, faisait peut-être un retour sur lui-même. Dans Plaute, Sosie tient le langage d'un esclave romain.
2. Dans Plaute, Sosie meurt de peur d'être rencontré et battu, ce qui amène d'abord un défaut de vraisemblance : car plus il est peureux, plus il doit être pressé d'arriver, et ce n'est pas le moment d'avoir avec lui-même une conversation de deux cents vers, et de préparer le long récit qu'il doit faire à sa maîtresse. Le plus pressé pour lui, c'est d'entrer à la maison. Molière a senti cette objection, et l'a prévenue. Après une vingtaine de vers sur sa frayeur et sur la condition des esclaves, Sosie dit :

Mais enfin dans l'obscurité
Je vois notre maison, et ma frayeur s'évade.

Le voilà rassuré. Il est devant sa porte; c'est alors qu'il s'occupe de son message. La vraisemblance est observée. (LA HARPE.)

N'importe, parlons-en, et d'estoc et de taille,
  Comme oculaire témoin.
Combien de gens font-ils des récits de bataille
    Dont ils se sont tenus fort loin !
    Pour jouer mon rôle sans peine,
    Je le veux un peu repasser.
Voici la chambre où j'entre en courrier que l'on mène ;
    Et cette lanterne est Alcmène,
    A qui je me dois adresser[1].

(Sosie pose sa lanterne à terre, et lui adresse son compliment.)

Madame, Amphitryon, mon maître et votre époux...
(Bon ! beau début !) l'esprit toujours plein de vos charmes,
    M'a voulu choisir entre tous
Pour vous donner avis du succès de ses armes,
Et du désir qu'il a de se voir près de vous.
    « Ah ! vraiment, mon pauvre Sosie,
    A te revoir j'ai de la joie au cœur. »

---

1. L'idée si comique du dialogue avec la lanterne n'est pas dans Plaute. On a dit que Molière l'avait empruntée aux *Harangueuses* d'Aristophane ; c'est une erreur. Dans *les Harangueuses*, Praxagora ne cause point avec sa lampe ; elle lui adresse des éloges, une invocation. C'est une espèce de panégyrique, ou plutôt d'amplification de rhétorique sur les services que peut rendre une lampe, mais qui n'a aucun rapport avec la scène de Sosie, et qui n'a pu en faire naître l'idée. L'origine de cette scène se trouve dans la cinquième fable de la troisième nuit des *Facétieuses Nuits* de Straparole. Cédant aux séductions de la belle-sœur de son maître, qui a entrepris de lui faire commettre un mensonge, le véridique Travaillin a tué le taureau favori qui était confié à sa garde et en a donné à cette femme les cornes dorées. « Sitost qu'elle se fut partie, Travaillin fut tout estonné, et commença à penser comment il devoit faire pour bien s'excuser de la perte du taureau aux cornes d'or, que son maistre aimoit tant. Estant ainsi en ce tourment d'esprit et ne sçachant que faire ou que dire, à la fin s'imagina de prendre une branche d'arbre et la vestir de quelques siens pauvres habits et faindre que ce fust son maistre, et expérimenter comment il devroit faire quand il seroit devant son maistre Emilian. Après avoir accoustré ce fantaume en sa chambre, il s'absenta quelque peu, et puis il retourna, et salua cette branche vestue, en disant : « Bonjour, mon maistre », et en respondant à soy-mesme :

Madame, ce m'est trop d'honneur,
　　Et mon destin doit faire envie.
(Bien répondu!) « Comment se porte Amphitryon? »
　　Madame, en homme de courage,
Dans les occasions où la gloire l'engage.
　　(Fort bien! belle conception!)
　　« Quand viendra-t-il, par son retour charmant,
　　　　Rendre mon âme satisfaite? »
Le plus tôt qu'il pourra, madame, assurément;
　　Mais bien plus tard que son cœur ne souhaite.
(Ah!) « Mais quel est l'état où la guerre l'a mis?
Que dit-il? que fait-il? Contente un peu mon âme. »
　　　Il dit moins qu'il ne fait, madame,
　　　　Et fait trembler les ennemis.
(Peste! où prend mon esprit toutes ces gentillesses?)
« Que font les révoltés? dis-moi, quel est leur sort? »

« Tu sois le bienvenu, Travaillin; comment te portes-tu? Comment vont
« tes affaires? Il y a longtemps que tu ne te laisses veoir. — Je me porte
« fort bien, respondit-il; j'ay esté tant empesché que je n'ay peu venir vers
« vous. — Comment se porte le taureau aux cornes dorées? » disoit Emilian;
et il respondit : « Par mon serment, monsieur, les loups l'ont dévoré dedans
« le bois. » Et demeuroit sur ce point, ne sçachant plus que dire, mais s'en
retournoit tout fasché. Puis s'en retournoit à la chambre et recommençoit
sa harangue en disant : « Dieu vous garde, mon maistre! — Et toy aussy,
« Travaillin! Comment vont nos affaires? Que faict nostre taureau aux cornes
« dorées? — Je me porte bien, monsieur, Dieu merci et vous; mais le tau-
« reau se partit de la bergerie en la malheure, et en combattant avecques
« les autres taureaux fut si asprement navré qu'il en est mort. — Mais où
« est donc la peau et les cornes? » Et lors il ne sçavoit plus que respondre.
Bref, ayant faict cela par plusieurs fois, il ne sçavoit plus quelle excuse
trouver qui fust au moins pertinente. Travaillin ayant fait diverses haren-
gues et autant de responces avecques l'homme de bois tout ainsi que s'il
eust parlé à son maistre propre, et n'en voyant aucune se conformer à son
désir, détermina sans autre pensement s'en aller trouver son maistre, quoy
qu'il en advinst. » (*Les Facétieuses Nuits de Straparole*, traduites par Jean
Louveau et Pierre de Larivey, édition P. Jannet, 1857.)

Ils n'ont pu résister, madame, à notre effort;
    Nous les avons taillés en pièces,
    Mis Ptérélas leur chef à mort,
Pris Télèbe d'assaut; et déjà dans le port
    Tout retentit de nos prouesses.
« Ah! quel succès! ô dieux! Qui l'eût pu jamais croire?
Raconte-moi, Sosie, un tel évènement. »
Je le veux bien, madame; et, sans m'enfler de gloire,
    Du détail de cette victoire
    Je puis parler très savamment.
    Figurez-vous donc que Télèbe[1],
      Madame, est de ce côté;

        (Sosie marque les lieux sur sa main ou à terre.)

    C'est une ville, en vérité,
Aussi grande quasi que Thèbe.
    La rivière est comme là.
    Ici nos gens se campèrent;
    Et l'espace que voilà,
    Nos ennemis l'occupèrent.
    Sur un haut, vers cet endroit,
    Étoit leur infanterie;
    Et plus bas, du côté droit,
    Étoit la cavalerie.
Après avoir aux dieux adressé les prières[2],
Tous les ordres donnés, on donne le signal :
Les ennemis, pensant nous tailler des croupières,
Firent trois pelotons de leurs gens à cheval;

---

1. Télèbe était la capitale de l'île de Taphe, voisine et peu éloignée d'Ithaque, située vis-à-vis de l'Acarnanie. Ce n'est point Plaute, c'est Rotrou, qui donne le nom de cette ville.

2. Voyez, sur cette succession de rimes féminines, la remarque que nous avons faite page 264.

Mais leur chaleur par nous fut bientôt réprimée,
  Et vous allez voir comme quoi.
Voilà notre avant-garde à bien faire animée ;
   Là, les archers de Créon, notre roi ;
     Et voici le corps d'armée,
           (On fait un peu de bruit.)
Qui d'abord... Attendez, le corps d'armée a peur ;
   J'entends quelque bruit, ce me semble.

SCÈNE II.

MERCURE, SOSIE.

MERCURE, sous la forme de Sosie, sortant de la maison d'Amphitryon.
   Sous ce minois qui lui ressemble,
   Chassons de ces lieux ce causeur,
Dont l'abord importun troubleroit la douceur
   Que nos amants goûtent ensemble.
         SOSIE, sans voir Mercure.
   Mon cœur tant soit peu se rassure,
   Et je pense que ce n'est rien.
   Crainte pourtant de sinistre aventure,
   Allons chez nous achever l'entretien.
         MERCURE, à part.
   Tu seras plus fort que Mercure,
   Ou je t'en empêcherai bien.
         SOSIE, sans voir Mercure.
Cette nuit en longueur me semble sans pareille.
Il faut, depuis le temps que je suis en chemin,
Ou que mon maître ait pris le soir pour le matin,
Ou que trop tard au lit le bon Phébus sommeille,
   Pour avoir trop pris de son vin.

MERCURE, à part.

Comme avec irrévérence
Parle des dieux ce maraud!
Mon bras saura bien tantôt
Châtier cette insolence;
Et je vais m'égayer avec lui comme il faut,
En lui volant son nom avec sa ressemblance.

SOSIE, apercevant Mercure d'un peu loin.

Ah! par ma foi, j'avois raison :
C'est fait de moi, chétive créature!
Je vois devant notre maison
Certain homme dont l'encolure
Ne me présage rien de bon.
Pour faire semblant d'assurance,
Je veux chanter un peu d'ici.

(Il chante, et lorsque Mercure parle, sa voix s'affoiblit peu à peu.)

MERCURE.

Qui donc est ce coquin qui prend tant de licence
Que de chanter et m'étourdir ainsi?
Veut-il qu'à l'étriller ma main un peu s'applique?

SOSIE, à part.

Cet homme assurément n'aime pas la musique.

MERCURE.

Depuis plus d'une semaine
Je n'ai trouvé personne à qui rompre les os;
La vertu de mon bras* se perd dans le repos;
Et je cherche quelque dos
Pour me remettre en haleine.

SOSIE, à part.

Quel diable d'homme est-ce ci?
De mortelles frayeurs je sens mon âme atteinte.

---

* VAR. *La vigueur de mon bras* (1682).

Mais pourquoi trembler tant aussi?
Peut-être a-t-il dans l'âme autant que moi de crainte,
Et que le drôle parle ainsi
Pour me cacher sa peur sous une audace feinte.
Oui, oui, ne souffrons point qu'on nous croie un oison :
Si je ne suis hardi, tâchons de le paraître.
Faisons-nous du cœur par raison :
Il est seul, comme moi; je suis fort, j'ai bon maître,
Et voilà notre maison.

MERCURE.

Qui va là?

SOSIE.

Moi.

MERCURE.

Qui, moi?

SOSIE.

(A part.)

Moi! Courage, Sosie.

MERCURE.

Quel est ton sort? dis-moi.

SOSIE.

D'être homme, et de parler.

MERCURE.

Es-tu maître, ou valet?

SOSIE.

Comme il me prend envie.

MERCURE.

Où s'adressent tes pas?

SOSIE.

Où j'ai dessein d'aller.

MERCURE.

Ah! ceci me déplaît.

ACTE I, SCÈNE II.

SOSIE.

J'en ai l'âme ravie.

MERCURE.

Résolûment, par force ou par amour,
  Je veux savoir de toi, traître,
Ce que tu fais, d'où tu viens avant jour,
  Où tu vas, à qui tu peux être.

SOSIE.

Je fais le bien et le mal tour à tour ;
Je viens de là, vais là ; j'appartiens à mon maître[1].

---

1. Plaute revendique le fond et en partie la forme de ce dialogue si vif et si ingénieux. Rotrou a enchéri sur Plaute, et Molière sur Rotrou. Voici les vers de Plaute :

MERCURIUS.
Quo ambulas tu, qui Volcanum in cornu conclusum geris ?
SOSIA.
Quid id exquiris tu, qui pugnis os exossas hominibus ?
MERCURIUS.
Servos esne, an liber ?
SOSIA.
Utcunque animo conlubitum 'st meo...
MERCURIUS.
Possum scire quo profectus, quojus sis, aut quid veneris ?
SOSIA.
Huc eo ; heri mei sum servos : numquid nunc es certior ?

Et voici les vers de Rotrou :

MERCURE.
Où s'adressent tes pas ?
SOSIE.
Que t'importe ? où je veux.
MERCURE.
Es-tu libre ou captif ?
SOSIE.
Oui.
MERCURE.
Mais lequel des deux ?
SOSIE.
Lequel des deux me plaît, ou tous les deux ensemble.
MERCURE.
Ce maraud veut périr.
SOSIE.
Tel menace qui tremble.
MERCURE.
Mais qui, de grâce, es-tu ? Qui t'amène en ce lieu ?
SOSIE.
J'appartiens à mon maître. Es-tu content ? Adieu.

MERCURE.

Tu montres de l'esprit, et je te vois en train
De trancher avec moi de l'homme d'importance.
Il me prend un désir, pour faire connoissance,
   De te donner un soufflet de ma main.

SOSIE.

A moi-même?

MERCURE.

   A toi-même; et t'en voilà certain.
      (Il lui donne un soufflet.)

SOSIE.

Ah! ah! c'est tout de bon.

MERCURE.

      Non, ce n'est que pour rire,
Et répondre à tes quolibets.

SOSIE.

Tudieu! l'ami, sans vous rien dire,
Comme vous baillez des soufflets!

MERCURE.

Ce sont là de mes moindres coups,
De petits soufflets ordinaires.

SOSIE.

Si j'étois aussi prompt que vous,
Nous ferions de belles affaires.

MERCURE.

Tout cela n'est encor rien,
Pour y faire quelque pause :
Nous verrons bien autre chose ;
Poursuivons notre entretien[1].

---

1. L'éditeur de 1734 a disposé ces vers ainsi :

    Tout cela n'est encor rien :
    Nous verrons bien autre chose;

AMPHITRYON

ACTE I, SCÈNE II.

SOSIE.

Je quitte la partie.
(Il veut s'en aller.)

MERCURE, arrêtant Sosie.

Où vas-tu?

SOSIE.

Que t'importe?

MERCURE.

Je veux savoir où tu vas.

SOSIE.

Me faire ouvrir cette porte.
Pourquoi retiens-tu mes pas?

MERCURE.

Si jusqu'à l'approcher tu pousses ton audace,
Je fais sur toi pleuvoir un orage de coups.

SOSIE.

Quoi! tu veux, par ta menace,
M'empêcher d'entrer chez nous?

MERCURE.

Comment! chez nous?

SOSIE.

Oui, chez nous.

MERCURE.

O le traître!
Tu te dis de cette maison?

> Pour y faire quelque pause,
> Poursuivons notre entretien.

M. Mesnard propose de ponctuer comme il suit :

> Tout cela n'est encor rien.
> Pour y faire quelque pause
> (Nous verrons bien autre chose),
> Poursuivons notre entretien.

Le sens est ainsi plus clair sans doute. Il faut s'en tenir toutefois au texte des éditions originales.

SOSIE.
Fort bien. Amphitryon n'en est-il pas le maître?
MERCURE.
Hé bien! que fait cette raison?
SOSIE.
Je suis son valet.
MERCURE.
Toi?
SOSIE.
Moi.
MERCURE.
Son valet?
SOSIE.
Sans doute.
MERCURE.
Valet d'Amphitryon?
SOSIE.
D'Amphitryon, de lui.
MERCURE.
Ton nom est...?
SOSIE.
Sosie.
MERCURE.
Heu! comment?
SOSIE.
Sosie.
MERCURE.
Écoute,
Sais-tu que de ma main je t'assomme aujourd'hui?
SOSIE.
Pourquoi? De quelle rage est ton âme saisie?
MERCURE.
Qui te donne, dis-moi, cette témérité
De prendre le nom de Sosie?

ACTE I, SCÈNE II.

SOSIE.

Moi, je ne le prends point, je l'ai toujours porté.

MERCURE.

O le mensonge horrible, et l'impudence extrême!
Tu m'oses soutenir que Sosie est ton nom?

SOSIE.

Fort bien; je le soutiens, par la grande raison
Qu'ainsi l'a fait des dieux la puissance suprême;
Et qu'il n'est pas en moi de pouvoir dire non,
    Et d'être un autre que moi-même.

(Mercure le bat.)

MERCURE.

Mille coups de bâton doivent être le prix
    D'une pareille effronterie.

SOSIE.

Justice, citoyens! Au secours! je vous prie.

MERCURE.

    Comment! bourreau, tu fais des cris!

SOSIE.

    De mille coups tu me meurtris,
    Et tu ne veux pas que je crie?

MERCURE.

C'est ainsi que mon bras...

SOSIE.

            L'action ne vaut rien.
    Tu triomphes de l'avantage
Que te donne sur moi mon manque de courage;
    Et ce n'est pas en user bien.
    C'est pure fanfaronnerie
De vouloir profiter de la poltronnerie
    De ceux qu'attaque notre bras.
Battre un homme à jeu sûr n'est pas d'une belle âme;

Et le cœur est digne de blâme
Contre les gens qui n'en ont pas.

MERCURE.

Hé bien! es-tu Sosie à présent? qu'en-dis-tu?

SOSIE.

Tes coups n'ont point en moi fait de métamorphose;
Et tout le changement que je trouve à la chose,
C'est d'être Sosie battu.

MERCURE.

Encor! Cent autres coups pour cette autre impudence.

SOSIE.

De grâce, fais trêve à tes coups.

MERCURE.

Fais donc trêve à ton insolence.

SOSIE.

Tout ce qu'il te plaira; je garde le silence.
La dispute est par trop inégale entre nous.

MERCURE.

Es-tu Sosie encor? dis, traître!

SOSIE.

Hélas! je suis ce que tu veux :
Dispose de mon sort tout au gré de tes vœux;
Ton bras t'en a fait le maître.

MERCURE.

Ton nom étoit Sosie, à ce que tu disois?

SOSIE.

Il est vrai, jusqu'ici j'ai cru la chose claire;
Mais ton bâton, sur cette affaire,
M'a fait voir que je m'abusois.

MERCURE.

C'est moi qui suis Sosie, et tout Thèbes l'avoue :
Amphitryon jamais n'en eut d'autre que moi.

ACTE I, SCÈNE II.

SOSIE.

Toi, Sosie?

MERCURE.

Oui, Sosie; et si quelqu'un s'y joue,
Il peut bien prendre garde à soi.

SOSIE, à part.

Ciel! me faut-il ainsi renoncer à moi-même,
Et par un imposteur me voir voler mon nom?
Que son bonheur est extrême
De ce que je suis poltron!
Sans cela, par la mort!...

MERCURE.

Entre tes dents, je pense,
Tu murmures je ne sais quoi.

SOSIE.

Non. Mais, au nom des dieux, donne-moi la licence
De parler un moment à toi.

MERCURE.

Parle.

SOSIE.

Mais promets-moi, de grâce,
Que les coups n'en seront point.
Signons une trêve.

MERCURE.

Passe;
Va, je t'accorde ce point.

SOSIE.

Qui te jette, dis-moi, dans cette fantaisie?
Que te reviendra-t-il de m'enlever mon nom?
Et peux-tu faire enfin, quand tu serois démon,
Que je ne sois pas moi, que je ne sois Sosie?

MERCURE, levant le bâton sur Sosie.

Comment? tu peux...?

SOSIE.

Ah! tout doux :
Nous avons fait trêve aux coups.

MERCURE

Quoi! pendard, imposteur, coquin!...

SOSIE.

Pour des injures,
Dis-m'en tant que tu voudras;
Ce sont légères blessures,
Et je ne m'en fâche pas.

MERCURE.

Tu te dis Sosie?

SOSIE.

Oui. Quelque conte frivole....

MERCURE.

Sus, je romps notre trêve, et reprends ma parole.

SOSIE.

N'importe. Je ne puis m'anéantir pour toi,
Et souffrir un discours si loin de l'apparence.
Être ce que je suis est-il en ta puissance?
Et puis-je cesser d'être moi?
S'avisa-t-on jamais d'une chose pareille?
Et peut-on démentir cent indices pressants?
Rêvé-je? Est-ce que je sommeille?
Ai-je l'esprit troublé par des transports puissants?
Ne sens-je pas bien que je veille?
Ne suis-je pas dans mon bon sens?
Mon maître Amphitryon ne m'a-t-il pas commis
A venir en ces lieux vers Alcmène sa femme?
Ne lui dois-je pas faire, en lui vantant sa flamme,
Un récit de ses faits contre nos ennemis?
Ne suis-je pas du port arrivé tout à l'heure?

Ne tiens-je pas une lanterne en main?
Ne te trouvé-je pas devant notre demeure?
Ne t'y parlé-je pas d'un esprit tout humain?
Ne te tiens-tu pas fort de ma poltronnerie,
  Pour m'empêcher d'entrer chez nous?
N'as-tu pas sur mon dos exercé ta furie?
  Ne m'as-tu pas roué de coups?
 Ah! tout cela n'est que trop véritable;
  Et, plût au ciel, le fût-il moins!
Cesse donc d'insulter au sort d'un misérable;
Et laisse à mon devoir s'acquitter de ses soins.

    MERCURE.

Arrête, ou sur ton dos le moindre pas attire
Un assommant éclat de mon juste courroux.
  Tout ce que tu viens de dire
  Est à moi, hormis les coups[1].
C'est moi qu'Amphitryon député vers Alcmène,
Et qui du port Persique arrive de ce pas;
Moi, qui viens annoncer la valeur de son bras,
Qui nous fait remporter une victoire pleine,
Et de nos ennemis a mis le chef à bas.
C'est moi qui suis Sosie enfin, de certitude,
  Fils de Dave, honnête berger;
Frère d'Arpage, mort en pays étranger;

---

1. L'édition de 1682 marque que ces vingt-six vers, depuis les mots : « S'avisa-t-on jamais... » jusqu'à ceux-ci : « hormis les coups, » étaient omis à la représentation. Elle intercale après *hormis les coups* les quatre vers suivants pour remplacer les vingt-six qu'on supprimait :

    SOSIE.
 Ce matin, du vaisseau, plein de frayeur en l'âme,
 Cette lanterne sait comme je suis parti.
 Amphitryon, du camp, vers Alcmène sa femme,
 M'a-t-il pas envoyé?
    MERCURE.
  Vous en avez menti.

Mari de Cléanthis la prude,
Dont l'humeur me fait enrager;
Qui dans Thèbe ai reçu mille coups d'étrivière,
Sans en avoir jamais dit rien;
Et jadis en public fus marqué par derrière,
Pour être trop homme de bien[1].

SOSIE, bas, à part.

Il a raison. A moins d'être Sosie,
On ne peut pas savoir tout ce qu'il dit;
Et, dans l'étonnement dont mon âme est saisie,
Je commence, à mon tour, à le croire un petit [2].
En effet, maintenant que je le considère,
Je vois qu'il a de moi taille, mine, action.
Faisons-lui quelque question,
Afin d'éclaircir ce mystère.

(Haut.)

Parmi tout le butin fait sur nos ennemis,
Qu'est-ce qu'Amphitryon obtient pour son partage?

MERCURE.

Cinq fort gros diamants en nœud proprement mis,
Dont leur chef se paroit comme d'un rare ouvrage[3].

SOSIE.

A qui destine-t-il un si riche présent?

---

1. Dans Plaute, Sosie, faisant allusion aux coups de fouet qu'on donnait aux esclaves, dit de Mercure : « S'il a le dos cicatrisé, il ne manque rien à la ressemblance. » En cet endroit de la pièce de Molière, Mercure semble faire allusion à l'usage de marquer les malfaiteurs d'un fer chaud sur l'épaule, espèce de supplice pratiqué longtemps dans les sociétés modernes.

2. *Croire un petit,* croire un peu.

3. Molière remplace par un nœud de diamants la coupe dont il est question dans Plaute, coupe presque historique dans ce sujet fabuleux, puisque des historiens en ont fait mention et n'ont pas même dédaigné d'en décrire la forme.

ACTE I, SCÈNE II.

MERCURE.

A sa femme; et sur elle il le veut voir paraître.

SOSIE.

Mais où, pour l'apporter, est-il mis à présent?

MERCURE.

Dans un coffret scellé des armes de mon maître[1].

SOSIE, à part.

Il ne ment pas d'un mot à chaque repartie;
Et de moi je commence à douter tout de bon.
Près de moi, par la force, il est déjà Sosie;
Il pourroit bien encor l'être par la raison.
Pourtant, quand je me tâte et que je me rappelle,
    Il me semble que je suis moi.
Où puis-je rencontrer quelque clarté fidèle,
    Pour démêler ce que je vois?
Ce que j'ai fait tout seul, et que n'a vu personne,
A moins d'être moi-même, on ne le peut savoir;
Par cette question il faut que je l'étonne;
C'est de quoi le confondre, et nous allons le voir.

(Haut.)

Lorsqu'on étoit aux mains, que fis-tu dans nos tentes,
    Où tu courus seul te fourrer?

MERCURE.

D'un jambon...

SOSIE, bas, à part.

L'y voilà!

MERCURE.

    Que j'allai déterrer
Je coupai bravement deux tranches succulentes,
    Dont je sus fort bien me bourrer;

---

1. Les *armes*, héraldiquement parlant, sont une invention des temps de la chevalerie. Mais les anciens faisaient usage d'anneaux sur la pierre desquels le signe particulier que chacun pouvait adopter etait gravé.

Et, joignant à cela d'un vin que l'on ménage,
Et dont, avant le goût, les yeux se contentoient,
    Je pris un peu de courage
    Pour nos gens qui se battoient.

SOSIE, bas, à part.

    Cette preuve sans pareille
    En sa faveur conclut bien;
    Et l'on n'y peut dire rien,
    S'il n'étoit dans la bouteille[1].
(Haut.)
Je ne saurois nier, aux preuves qu'on m'expose,
Que tu ne sois Sosie, et j'y donne ma voix.
Mais, si tu l'es, dis-moi qui tu veux que je sois?
Car enfin faut-il bien que je sois quelque chose.

MERCURE.

    Quand je ne serai plus Sosie,
    Sois-le, j'en demeure d'accord;
Mais, tant que je le suis, je te garantis mort
    Si tu prends cette fantaisie.

SOSIE.

Tout cet embarras met mon esprit sur les dents,
    Et la raison à ce qu'on voit s'oppose.
Mais il faut terminer enfin par quelque chose;
Et le plus court pour moi, c'est d'entrer là dedans.

MERCURE.

Ah! tu prends donc, pendard, goût à la bastonnade?

SOSIE, battu par Mercure.

Ah! qu'est-ce ci, grands dieux! il frappe un ton plus fort,

---

1. Mira sunt, nisi latuit intus illic in illac hirnea,

dit Sosie dans Plaute. Rotrou, avant Molière, avait traduit ce mot comme il suit :
    Je suis sans repartie après cette merveille,
    S'il n'étoit, par hasard, caché dans la bouteille.

ACTE I, SCÈNE III.

Et mon dos pour un mois en doit être malade.
Laissons ce diable d'homme, et retournons au port.
O juste ciel! j'ai fait une belle ambassade!

MERCURE, seul.

Enfin je l'ai fait fuir, et, sous ce traitement,
De beaucoup d'actions il a reçu la peine;
Mais je vois Jupiter, que fort civilement
    Reconduit l'amoureuse Alcmène [1].

SCÈNE III.

JUPITER, sous la forme d'Amphitryon; ALCMENE,
CLÉANTHIS, MERCURE.

JUPITER.

Défendez, chère Alcmène, aux flambeaux d'approcher.
Ils m'offrent des plaisirs en m'offrant votre vue;
Mais ils pourroient ici découvrir ma venue,
    Qu'il est à propos de cacher.
Mon amour, que gênoient tous ces soins éclatants
Où me tenoit lié la gloire de nos armes,

---

1. A l'imitation du Sosie de Plaute, mais en enchérissant sur lui, le Sosie de Rotrou ne se retire pas sans jouer beaucoup sur cette duplicité de personnage dont il est si plaisamment la victime. Ces subtilités, que donnait le sujet, étaient d'ailleurs trop conformes au goût de l'époque où Rotrou écrivait pour qu'il n'en fît pas usage jusqu'à l'abus. Molière s'en est sagement abstenu ici; et il les a réservées pour la scène de Sosie avec Amphitryon, au commencement du second acte. Toutefois les vers de Rotrou sont assez bien tournés pour qu'on nous pardonne de les citer ici :

    Retirons-nous plutôt. O prodige! ô nature!
    Où me suis-je perdu? Quelle est cette aventure?
    Qui croira ce miracle aux mortels inconnu?
    Où me suis-je laissé? Que suis-je devenu?
    Comment peut un seul homme occuper double place?
    Moi-même je me fuis; moi-même je me chasse.
    Je porte tout ensemble, et je reçois les coups.
    Je me vais éloigner, et je serai chez nous.
    Quel est cet accident? Retournons à mon maître.

Au devoir de ma charge a volé les instants
    Qu'il vient de donner à vos charmes.
Ce vol, qu'à vos beautés mon cœur a consacré,
Pourroit être blâmé dans la bouche publique,
    Et j'en veux pour témoin unique
    Celle qui peut m'en savoir gré.

ALCMÈNE.

Je prends, Amphitryon, grande part à la gloire
Que répandent sur vous vos illustres exploits;
    Et l'éclat de votre victoire
Sait toucher de mon cœur les sensibles endroits.
    Mais quand je vois que cet honneur fatal
    Éloigne de moi ce que j'aime,
Je ne puis m'empêcher, dans ma tendresse extrême,
    De lui vouloir un peu de mal,
Et d'opposer mes vœux à cet ordre suprême
    Qui des Thébains vous fait le général.
C'est une douce chose, après une victoire,
Que la gloire où l'on voit ce qu'on aime élevé;
Mais, parmi les périls mêlés à cette gloire,
Un triste coup, hélas! est bientôt arrivé.
De combien de frayeurs a-t-on l'âme blessée,
    Au moindre choc dont on entend parler!
Voit-on, dans les horreurs d'une telle pensée,
    Par où jamais se consoler
    Du coup dont on est menacée?
Et de quelque laurier qu'on couronne un vainqueur,
Quelque part que l'on ait à cet honneur suprême,
Vaut-il ce qu'il en coûte aux tendresses d'un cœur
Qui peut, à tout moment, trembler pour ce qu'il aime[1]?

---

1. L'Alcmène de Plaute exprime, dans un monologue, des sentiments plus dignes d'une Romaine.

JUPITER.

Je ne vois rien en vous dont mon feu ne s'augmente ;
Tout y marque à mes yeux un cœur bien enflammé ;
Et c'est, je vous l'avoue, une chose charmante
De trouver tant d'amour dans un objet aimé.
Mais, si je l'ose dire, un scrupule me gêne,
Aux tendres sentiments que vous me faites voir ;
Et, pour les bien goûter, mon amour, chère Alcmène,
Voudroit n'y voir entrer rien de votre devoir ;
Qu'à votre seule ardeur, qu'à ma seule personne,
Je dusse les faveurs que je reçois de vous ;
Et que la qualité que j'ai de votre époux
    Ne fût point ce qui me les donne.

ALCMÈNE.

C'est de ce nom pourtant que l'ardeur qui me brûle
    Tient le droit de paroître au jour ;
Et je ne comprends rien à ce nouveau scrupule
    Dont s'embarrasse votre amour.

JUPITER.

Ah ! ce que j'ai pour vous d'ardeur et de tendresse
    Passe aussi celle d'un époux ;
Et vous ne savez pas, dans des moments si doux,
    Quelle en est la délicatesse.
Vous ne concevez point qu'un cœur bien amoureux
Sur cent petits égards s'attache avec étude,
    Et se fait une inquiétude
    De la manière d'être heureux.
    En moi, belle et charmante Alcmène,
Vous voyez un mari, vous voyez un amant ;
Mais l'amant seul me touche, à parler franchement,
Et je sens, près de vous, que le mari le gêne.
Cet amant, de vos vœux jaloux au dernier point,

Souhaite qu'à lui seul votre cœur s'abandonne ;
 Et sa passion ne veut point
 De ce que le mari lui donne.
Il veut de pure source obtenir vos ardeurs,
Et ne veut rien tenir des nœuds de l'hyménée ;
Rien d'un fâcheux devoir qui fait agir les cœurs,
Et par qui, tous les jours, des plus chères faveurs
 La douceur est empoisonnée[1].
Dans le scrupule enfin dont il est combattu,
Il veut, pour satisfaire à sa délicatesse,
Que vous le sépariez d'avec ce qui le blesse ;
Que le mari ne soit que pour votre vertu ;
Et que de votre cœur, de bonté revêtu,
L'amant ait tout l'amour et toute la tendresse.

   ALCMÈNE.

 Amphitryon, en vérité,
Vous vous moquez de tenir ce langage,
Et j'aurois peur qu'on ne vous crût pas sage,
 Si de quelqu'un vous étiez écouté.

   JUPITER.

 Ce discours est plus raisonnable,
 Alcmène, que vous ne pensez.
Mais un plus long séjour me rendroit trop coupable,
Et du retour au port les moments sont pressés.

---

1. Tout ceci est de la subtilité, si l'on veut, et Boileau, dit-on, en était choqué. Mais ces recherches, ces distinctions, ces scrupules, ces secrets et inexplicables mécontentements, qui seraient sans doute inexcusables dans un personnage ordinaire, ne se comprennent-ils pas fort bien dans le dieu qui exploite la ressemblance et dérobe les droits du mari ; qui est l'amant, et n'est pas l'époux qu'il semble être? La situation étant donnée dans toute sa singularité, il doit en naître aussi des sentiments singuliers qu'on ne sauroit juger selon les règles communes ; et la critique qui condamne avec rigueur cette galante métaphysique obéit peut-être à un préjugé.

Adieu. De mon devoir l'étrange barbarie
　　Pour un temps m'arrache de vous;
Mais, belle Alcmène, au moins, quand vous verrez l'époux,
　　Songez à l'amant, je vous prie.

ALCMÈNE.

Je ne sépare point ce qu'unissent les dieux;
Et l'époux et l'amant me sont fort précieux.

SCÈNE IV.

CLÉANTHIS, MERCURE.

CLÉANTHIS, à part.

　　O ciel! que d'aimables caresses
　　D'un époux ardemment chéri!
　　Et que mon traître de mari
　　Est loin de toutes ces tendresses!

MERCURE.

　　La Nuit, qu'il me faut avertir,
　　N'a plus qu'à plier tous ses voiles:
　　Et, pour effacer les étoiles,
Le Soleil de son lit peut maintenant sortir.

CLÉANTHIS, arrêtant Mercure.

　　Quoi! c'est ainsi que l'on me quitte!

MERCURE.

　　Et comment donc? Ne veux-tu pas
　　Que de mon devoir je m'acquitte,
Et que d'Amphitryon j'aille suivre les pas?

CLÉANTHIS.

　　Mais avec cette brusquerie,
　　Traître de moi te séparer!

MERCURE.

Le beau sujet de fâcherie!
Nous avons tant de temps ensemble à demeurer!

CLÉANTHIS.

Mais quoi! partir ainsi d'une façon brutale,
Sans me dire un seul mot de douceur pour régale¹!

MERCURE.

Diantre! où veux-tu que mon esprit
T'aille chercher des fariboles?
Quinze ans de mariage épuisent les paroles;
Et, depuis un long temps, nous nous sommes tout dit.

CLÉANTHIS.

Regarde, traître, Amphitryon;
Vois combien pour Alcmène il étale de flamme;
Et rougis, là-dessus, du peu de passion
Que tu témoignes pour ta femme.

MERCURE.

Hé! mon dieu! Cléanthis, ils sont encore amants.
Il est certain âge où tout passe;
Et ce qui leur sied bien dans ces commencements,
En nous, vieux mariés, auroit mauvaise grâce.
Il nous feroit beau voir attachés, face à face,
A pousser les beaux sentiments!

CLÉANTHIS.

Quoi! suis-je hors d'état, perfide, d'espérer
Qu'un cœur auprès de moi soupire?

MERCURE.

Non, je n'ai garde de le dire;

---

1. Ce mot, que nous écrivons sans e à la fin, pouvait encore en prendre un du temps de Molière. Même en prose, Molière a écrit le plus souvent *régale*.

Mais je suis trop barbon pour oser soupirer,
    Et je ferois crever de rire.
           CLÉANTHIS.
Mérites-tu, pendard, cet insigne bonheur
De te voir pour épouse une femme d'honneur?
           MERCURE.
    Mon dieu! tu n'es que trop honnête;
    Ce grand honneur ne me vaut rien.
    Ne sois point si femme de bien,
    Et me romps un peu moins la tête.
           CLÉANTHIS.
Comment! de trop bien vivre on te voit me blâmer?
           MERCURE.
La douceur d'une femme est tout ce qui me charme;
    Et ta vertu fait un vacarme
    Qui ne cesse de m'assommer.
           CLÉANTHIS.
Il te faudroit des cœurs pleins de fausses tendresses,
De ces femmes aux beaux et louables talents,
Qui savent accabler leurs maris de caresses,
Pour leur faire avaler l'usage des galants.
           MERCURE.
    Ma foi, veux-tu que je te dise?
Un mal d'opinion ne touche que les sots[1];
    Et je prendrois pour ma devise :
    « Moins d'honneur, et plus de repos. »
           CLÉANTHIS.
Comment! tu souffrirois, sans nulle répugnance,
Que j'aimasse un galant avec toute licence?

---

1. *Un mal d'opinion* est une expression hardie et originale. La Fontaine a eu la même idée, mais l'a rendue plus faiblement dans ces deux vers :

> ... Ce mal dont la peur vous mine et vous consume,
> N'est mal qu'en votre idée, et non point dans l'effet.

MERCURE.

Oui, si je n'étois plus de tes cris rebattu,*
Et qu'on te vît changer d'humeur et de méthode.
J'aime mieux un vice commode
Qu'une fatigante vertu.
Adieu, Cléanthis, ma chère âme ;
Il me faut suivre Amphitryon.

(Il s'en va.)

CLÉANTHIS.

Pourquoi, pour punir cet infâme,
Mon cœur n'a-t-il assez de résolution ?
Ah ! que, dans cette occasion,
J'enrage d'être honnête femme[1] ?

---

* Var. *Rabattu* (1682).

1. Dans cette comédie, dont le sujet et les principales scènes appartiennent à Plaute, Cléanthis est une véritable création qui suffirait seule pour mettre l'imitation au-dessus du modèle. Rien, dans la pièce latine, n'avait pu donner à Molière l'idée de ce personnage, si ce n'est cette phrase de Sosie parlant à Amphitryon :

> Quid? me non rere expectatum amicæ venturum meæ?

« Et moi, penses-tu que je ne comblerai pas aussi les vœux de ma maitresse? » C'est un bien faible germe que ce seul mot d'*amica ;* et Molière, en le fécondant au point d'en tirer tout le rôle de Cléanthis, a certainement fait une chose aussi extraordinaire que si ce rôle était sorti uniquement de son imagination.

ACTE DEUXIÈME.

SCÈNE PREMIÈRE.
AMPHITRYON, SOSIE.

AMPHITRYON.
Viens çà, bourreau, viens çà. Sais-tu, maître fripon,
Qu'à te faire assommer ton discours peut suffire ?
Et que, pour te traiter comme je le désire,
    Mon courroux n'attend qu'un bâton ?
SOSIE.
    Si vous le prenez sur ce ton,
  Monsieur, je n'ai plus rien à dire ;
    Et vous aurez toujours raison.
AMPHITRYON.
Quoi ! tu veux me donner pour des vérités, traître !
Des contes que je vois d'extravagance outrés ?
SOSIE.
Non : je suis le valet, et vous êtes le maître ;
Il n'en sera, monsieur, que ce que vous voudrez.
AMPHITRYON.
Çà, je veux étouffer le courroux qui m'enflamme,
Et, tout du long, t'ouïr sur ta commission.
    Il faut, avant que voir ma femme,
Que je débrouille ici cette confusion.
Rappelle tous tes sens, rentre bien dans ton âme,

Et réponds mot pour mot à chaque question.
SOSIE.
Mais, de peur d'incongruité,
Dites-moi, de grâce, à l'avance,
De quel air il vous plaît que ceci soit traité.
Parlerai-je, monsieur, selon ma conscience,
Ou comme auprès des grands on le voit usité?
Faut-il dire la vérité,
Ou bien user de complaisance?
AMPHITRYON.
Non; je ne te veux obliger
Qu'à me rendre de tout un compte fort sincère.
SOSIE.
Bon. C'est assez, laissez-moi faire;
Vous n'avez qu'à m'interroger.
AMPHITRYON.
Sur l'ordre que tantôt je t'avois su prescrire...
SOSIE.
Je suis parti, les cieux d'un noir crêpe voilés,
Pestant fort contre vous dans ce fâcheux martyre,
Et maudissant vingt fois l'ordre dont vous parlez.
AMPHITRYON.
Comment, coquin!
SOSIE.
Monsieur, vous n'avez rien qu'à dire.
Je mentirai, si vous voulez.
AMPHITRYON.
Voilà comme un valet pour nous montre du zèle!
Passons. Sur le chemin que t'est-il arrivé?
SOSIE.
D'avoir une frayeur mortelle
Au moindre objet que j'ai trouvé.

ACTE II, SCÈNE I.

AMPHITRYON.

Poltron!

SOSIE.

En nous formant, nature a ses caprices;
Divers penchants en nous elle fait observer :
Les uns à s'exposer trouvent mille délices;
   Moi, j'en trouve à me conserver.

AMPHITRYON.

Arrivant au logis...?

SOSIE.

      J'ai, devant notre porte,
En moi-même voulu répéter un petit
   Sur quel ton et de quelle sorte
Je ferois du combat le glorieux récit.

AMPHITRYON.

Ensuite?

SOSIE.

   On m'est venu troubler et mettre en peine.

AMPHITRYON.

Et qui?

SOSIE.

Sosie; un moi, de vos ordres jaloux,
Que vous avez du port envoyé vers Alcmène,
Et qui de nos secrets a connoissance pleine,
   Comme le moi qui parle à vous.

AMPHITRYON.

Quels contes!

SOSIE.

   Non, monsieur, c'est la vérité pure :
Ce moi, plus tôt que moi, s'est au logis trouvé,
   Et j'étois venu, je vous jure,

Avant que je fusse arrivé [1].
AMPHITRYON.
D'où peut procéder, je te prie,
Ce galimatias maudit?
Est-ce songe? est-ce ivrognerie,
Aliénation d'esprit,
Ou méchante plaisanterie?
SOSIE.
Non, c'est la chose comme elle est,
Et point du tout conte frivole;
Je suis homme d'honneur, j'en donne ma parole;
Et vous m'en croirez, s'il vous plaît.
Je vous dis que, croyant n'être qu'un seul Sosie,
Je me suis trouvé deux chez nous;
Et que de ces deux moi, piqués de jalousie,
L'un est à la maison, et l'autre est avec vous;
Que le moi que voici, chargé de lassitude,

---

1. Boileau, suivant l'auteur du *Bolœana*, trouvait *plus naturel* ce vers de Rotrou :

> J'étois chez nous longtemps avant que d'arriver.

D'abord le vers de Rotrou est inexactement cité; le voici tel qu'on le lit dans *les Sosies* :

> J'ai trouvé, quand, bien las, j'eus ma course achevée...
> AMPHITRYON.
> Quoi?
> SOSIE.
> Que j'étois chez nous avant mon arrivée.

Ensuite, j'ai peine à voir sur quoi Boileau aurait fondé sa préférence. Rotrou et Molière n'ont fait que traduire fidèlement le vers de Plaute :

> Prius multo ante ædeis stabam quam illo adveneram.

Mais Rotrou n'a pas ce vers qui amène si bien les deux autres :

> Ce moi, plus tôt que moi, s'est au logis trouvé;

et, d'ailleurs, dans la traduction de Molière, la répétition du pronom *je* répond mieux aux deux *moi*, et rend d'autant plus sensible cette duplicité de personnage qui met aux champs l'esprit du valet et du maître.

ACTE II, SCÈNE I.

A trouvé l'autre moi frais, gaillard et dispos,
   Et n'ayant d'autre inquiétude
   Que de battre, et casser des os.

AMPHITRYON.

   Il faut être, je le confesse,
D'un esprit bien posé, bien tranquille, bien doux,
Pour souffrir qu'un valet de chansons me repaisse.

SOSIE.

   Si vous vous mettez en courroux,
   Plus de conférence entre nous;
   Vous savez que d'abord tout cesse.

AMPHITRYON.

Non, sans emportement je te veux écouter,
Je l'ai promis. Mais dis, en bonne conscience,
Au mystère nouveau que tu me viens conter
   Est-il quelque ombre d'apparence?

SOSIE.

Non; vous avez raison, et la chose à chacun
   Hors de créance doit paroître.
   C'est un fait à n'y rien connoître,
Un conte extravagant, ridicule, importun :
   Cela choque le sens commun;
   Mais cela ne laisse pas d'être.

AMPHITRYON.

Le moyen d'en rien croire, à moins qu'être insensé?

SOSIE.

Je ne l'ai pas cru, moi, sans une peine extrême.
Je me suis d'être deux senti l'esprit blessé,
Et longtemps d'imposteur j'ai traité ce moi-même.
Mais à me reconnoître enfin il m'a forcé;
J'ai vu que c'étoit moi, sans aucun stratagème :
Des pieds jusqu'à la tête il est comme moi fait,

Beau, l'air noble, bien pris, les manières charmantes ;
Enfin, deux gouttes de lait
Ne sont pas plus ressemblantes ;
Et, n'étoit que ses mains sont un peu trop pesantes,
J'en serois fort satisfait.

AMPHITRYON.

A quelle patience il faut que je m'exhorte !
Mais enfin, n'es-tu pas entré dans la maison ?

SOSIE.

Bon, entré ! Hé ! de quelle sorte ?
Ai-je voulu jamais entendre de raison ?
Et ne me suis-je pas interdit notre porte ?

AMPHITRYON.

Comment donc ?

SOSIE.

Avec un bâton,
Dont mon dos sent encore une douleur très forte.

AMPHITRYON.

On t'a battu ?

SOSIE.

Vraiment !

AMPHITRYON.

Et qui ?

SOSIE.

Moi.

AMPHITRYON.

Toi, te battre ?

SOSIE.

Oui, moi ; non pas le moi d'ici,
Mais le moi du logis, qui frappe comme quatre.

AMPHITRYON.

Te confonde le ciel de me parler ainsi !

SOSIE.

Ce ne sont point des badinages.
Le moi que j'ai trouvé tantôt
Sur le moi qui vous parle a de grands avantages ;
Il a le bras fort, le cœur haut :
J'en ai reçu des témoignages ;
Et ce diable de moi m'a rossé comme il faut :
C'est un drôle qui fait des rages[1].

AMPHITRYON.

Achevons. As-tu vu ma femme?

SOSIE.

Non.

AMPHITRYON.

Pourquoi?

SOSIE.

Par une raison assez forte.

AMPHITRYON.

Qui t'a fait y manquer, maraud? Explique-toi.

SOSIE.

Faut-il le répéter vingt fois de même sorte?
Moi, vous dis-je, ce moi plus robuste que moi ;
Ce moi qui s'est de force emparé de la porte ;
Ce moi qui m'a fait filer doux ;
Ce moi qui le seul moi veut être ;
Ce moi de moi-même jaloux ;
Ce moi vaillant dont le courroux

---

1. Sosie convient que son double est plus courageux et plus fort que lui ; mais sa vanité éclate encore dans cet aveu, qu'on pourrait croire modeste. Il semble aussi fier des coups qu'il a reçus que si c'était lui qui les eût donnés. N'est-ce pas la même chose en effet? n'est-ce pas lui qui a battu lui? et si, d'un côté, il est poltron, n'est-il pas vaillant de l'autre? De là ce ton de complaisance qu'il ne peut s'empêcher de prendre ici, et qui est d'un effet si bizarre.

Au moi poltron s'est fait connaître;
Enfin ce moi qui suis chez nous;
Ce moi qui s'est montré mon maître;
Ce moi qui m'a roué de coups[1].

AMPHITRYON.

Il faut que ce matin, à force de trop boire,
Il se soit troublé le cerveau.

SOSIE.

Je veux être pendu, si j'ai bu que de l'eau[2] !
A mon serment on m'en peut croire.

AMPHITRYON.

Il faut donc qu'au sommeil tes sens se soient portés,
Et qu'un songe fâcheux, dans ses confus mystères,
T'ait fait voir toutes les chimères
Dont tu me fais des vérités.

SOSIE.

Tout aussi peu. Je n'ai point sommeillé,
Et n'en ai même aucune envie.
Je vous parle bien éveillé :
J'étois bien éveillé ce matin, sur ma vie,
Et bien éveillé même étoit l'autre Sosie,
Quand il m'a si bien étrillé.

AMPHITRYON.

Suis-moi, je t'impose silence.

1. Plaute a fourni en un demi-vers le sujet de cette tirade :
AMPHITRUO.
Quis te verberavit?
SOSIA.
Ego memet, qui nunc sum domi.
Rotrou a dit, développant l'idée :
Moi que j'ai rencontré ; moi qui suis sur la porte ;
Moi qui me suis moi-même ajusté de la sorte ;
Moi qui me suis chargé d'une grêle de coups ;
Ce moi qui m'a parlé, ce moi qui suis chez nous.

2. Autre chose que de l'eau. Cet emploi elliptique de *que* est fréquent xviie siècle.

C'est trop me fatiguer l'esprit ;
Et je suis un vrai fou d'avoir la patience
D'écouter d'un valet les sottises qu'il dit.

SOSIE, à part.

Tous les discours sont des sottises,
Partant d'un homme sans éclat :
Ce seroient paroles exquises
Si c'étoit un grand qui parlât[1].

AMPHITRYON.

Entrons sans davantage attendre.
Mais Alcmène paroît avec tous ses appas ;
En ce moment, sans doute, elle ne m'attend pas,
Et mon abord la va surprendre.

---

1. Cette observation, qui est de tous les temps, se retrouve dans toutes les littératures. Euripide, dans la tragédie d'*Hécube*, fait dire à cette princesse, parlant à Ulysse : « Votre autorité suffit pour persuader, quand même vous parleriez mal. Le même discours venant d'un homme obscur ou d'un homme illustre ne produit pas le même effet. »

Ennius a traduit le passage du poète grec, dans ces vers qu'Aulu-Gelle a conservés :

<pre>
Hæc tu etsi perverse dices, facile Achivos flexeris :
Nam quum opulenti loquuntur pariter atque ignobiles,
Eadem dicta, eademque oratio æqua non æque valet.
</pre>

« Quelque mal que vous parliez, vous fléchirez aisément les Grecs : car un homme riche et un homme du peuple auraient beau dire la même chose, l'effet de leur discours ne serait pas égal. »

Molière n'avait sûrement pas eu besoin de ces auteurs grecs ou latins, pour prêter à Sosie cette réflexion, que la société, si bien observée par lui, avait fait naître plus d'une fois dans sa pensée ; et c'est sans doute à la même source que La Fontaine l'avait puisée, lorsque, après Molière, il s'exprimait ainsi dans sa fable intitulée *le Fermier, le Chien et le Renard* :

<pre>
Son raisonnement pouvoit être
Fort bon dans la bouche d'un maître ;
Mais, n'étant que d'un simple chien,
On trouva qu'il ne valoit rien.
</pre>

SCÈNE II.

ALCMÈNE, AMPHITRYON, CLÉANTHIS, SOSIE.

ALCMÈNE, sans voir Amphitryon.

Allons pour mon époux, Cléanthis, vers les dieux,
Nous acquitter de nos hommages,
Et les remercier des succès glorieux
Dont Thèbes, par son bras, goûte les avantages.
(Apercevant Amphitryon.)
O dieux!

AMPHITRYON.

Fasse le ciel qu'Amphitryon vainqueur
Avec plaisir soit revu de sa femme;
Et que ce jour, favorable à ma flamme,
Vous redonne à mes yeux avec le même cœur!
Que j'y retrouve autant d'ardeur
Que vous en rapporte mon âme!

ALCMÈNE.

Quoi! de retour si tôt?

AMPHITRYON.

Certes, c'est en ce jour
Me donner de vos feux un mauvais témoignage :
Et ce « Quoi! si tôt de retour? »
En ces occasions n'est guère le langage
D'un cœur bien enflammé d'amour.
J'osois me flatter en moi-même
Que loin de vous j'aurois trop demeuré.
L'attente d'un retour ardemment désiré
Donne à tous les instants une longueur extrême :
Et l'absence de ce qu'on aime,
Quelque peu qu'elle dure, a toujours trop duré.

ACTE II, SCÈNE II.

ALCMÈNE.

Je ne vois...

AMPHITRYON.

Non, Alcmène, à son impatience
On mesure le temps en de pareils états;
    Et vous comptez les moments de l'absence
        En personne qui n'aime pas.
        Lorsque l'on aime comme il faut,
        Le moindre éloignement nous tue,
        Et ce dont on chérit la vue
        Ne revient jamais assez tôt.
        De votre accueil, je le confesse,
    Se plaint ici mon amoureuse ardeur;
        Et j'attendois de votre cœur
    D'autres transports de joie et de tendresse.

ALCMÈNE.

        J'ai peine à comprendre sur quoi
Vous fondez les discours que je vous entends faire;
        Et si vous vous plaignez de moi,
        Je ne sais pas, de bonne foi,
        Ce qu'il faut pour vous satisfaire.
Hier au soir, ce me semble, à votre heureux retour,
On me vit témoigner une joie assez tendre,
        Et rendre aux soins de votre amour
Tout ce que de mon cœur vous aviez lieu d'attendre.

AMPHITRYON.

Comment?

ALCMÈNE.

        Ne fis-je pas éclater à vos yeux
Les soudains mouvements d'une entière allégresse?
Et le transport d'un cœur peut-il s'expliquer mieux,
Au retour d'un époux qu'on aime avec tendresse?

AMPHITRYON.
Que me dites-vous là?

ALCMÈNE.
Que même votre amour
Montra de mon accueil une joie incroyable;
Et que, m'ayant quittée à la pointe du jour,
Je ne vois pas qu'à ce soudain retour
Ma surprise soit si coupable.

AMPHITRYON.
Est-ce que du retour que j'ai précipité
Un songe, cette nuit, Alcmène, dans votre âme
A prévenu la vérité?
Et que, m'ayant peut-être en dormant bien traité,
Votre cœur se croit vers ma flamme
Assez amplement acquitté?

ALCMÈNE.
Est-ce qu'une vapeur, par sa malignité,
Amphitryon, a, dans votre âme,
Du retour d'hier au soir brouillé la vérité?
Et que du doux accueil duquel je m'acquittai
Votre cœur prétend à ma flamme
Ravir toute l'honnêteté[1]?

AMPHITRYON.
Cette vapeur, dont vous me régalez,
Est un peu, ce me semble, étrange.

ALCMÈNE.
C'est ce qu'on peut donner pour change
Au songe dont vous me parlez.

AMPHITRYON.
A moins d'un songe, on ne peut pas, sans doute,

1. La bonne grâce.

Excuser ce qu'ici votre bouche me dit.
ALCMÈNE.
A moins d'une vapeur qui vous trouble l'esprit,
On ne peut pas sauver ce que de vous j'écoute.
AMPHITRYON.
Laissons un peu cette vapeur, Alcmène.
ALCMÈNE.
Laissons un peu ce songe, Amphitryon.
AMPHITRYON.
Sur le sujet dont il est question
Il n'est guère de jeu que trop loin on ne mène.
ALCMÈNE.
Sans doute; et, pour marque certaine,
Je commence à sentir un peu d'émotion.
AMPHITRYON.
Est-ce donc que par là vous voulez essayer
A réparer l'accueil dont je vous ai fait plainte?
ALCMÈNE.
Est-ce donc que par cette feinte
Vous désirez vous égayer?
AMPHITRYON.
Ah! de grâce, cessons, Alcmène, je vous prie,
Et parlons sérieusement.
ALCMÈNE.
Amphitryon, c'est trop pousser l'amusement;
Finissons cette raillerie.
AMPHITRYON.
Quoi! vous osez me soutenir en face
Que plus tôt qu'à cette heure on m'ait ici pu voir?
ALCMÈNE.
Quoi! vous voulez nier avec audace
Que dès hier en ces lieux vous vîntes sur le soir?

AMPHITRYON.

Moi! je vins hier?

ALCMÈNE.

Sans doute; et, dès devant l'aurore,
Vous vous en êtes retourné.

AMPHITRYON, à part.

Ciel! un pareil débat s'est-il pu voir encore?
Et qui de tout ceci ne seroit étonné?
Sosie!

SOSIE.

Elle a besoin de six grains d'ellébore;
Monsieur, son esprit est tourné.

AMPHITRYON.

Alcmène, au nom de tous les dieux,
Ce discours a d'étranges suites!
Reprenez vos sens un peu mieux,
Et pensez à ce que vous dites.

ALCMÈNE.

J'y pense mûrement aussi;
Et tous ceux du logis ont vu votre arrivée.
J'ignore quel motif vous fait agir ainsi;
Mais si la chose avoit besoin d'être prouvée,
S'il étoit vrai qu'on pût ne s'en souvenir pas,
De qui puis-je tenir, que de vous, la nouvelle
Du dernier de tous vos combats,
Et les cinq diamants que portoit Ptérélas,
Qu'a fait dans la nuit éternelle
Tomber l'effort de votre bras?
En pourroit-on vouloir un plus sûr témoignage?

AMPHITRYON.

Quoi! je vous ai déjà donné
Le nœud de diamants que j'eus pour mon partage,

ACTE II, SCÈNE II.

Et que je vous ai destiné?

ALCMÈNE.

Assurément. Il n'est pas difficile
De vous en bien convaincre.

AMPHITRYON.

Et comment?

ALCMÈNE, montrant le nœud de diamants à sa ceinture.

Le voici.

AMPHITRYON.

Sosie!

SOSIE, tirant de sa poche un coffret.

Elle se moque, et je le tiens ici;
Monsieur, la feinte est inutile.

AMPHITRYON, regardant le coffret.

Le cachet est entier.

ALCMÈNE, présentant à Amphitryon le nœud de diamants.

Est-ce une vision?
Tenez. Trouverez-vous cette preuve assez forte?

AMPHITRYON.

Ah, ciel! ô juste ciel!

ALCMÈNE.

Allez, Amphitryon,
Vous vous moquez d'en user de la sorte;
Et vous en devriez avoir confusion.

AMPHITRYON.

Romps vite ce cachet.

SOSIE, ayant ouvert le coffret.

Ma foi, la place est vide.
Il faut que, par magie, on ait su le tirer,
Ou bien que de lui-même il soit venu, sans guide,
Vers celle qu'il a su qu'on en vouloit parer.

AMPHITRYON, à part.

O dieux, dont le pouvoir sur les choses préside,
Quelle est cette aventure, et qu'en puis-je augurer
  Dont mon amour ne s'intimide?

SOSIE, à Amphitryon.

Si sa bouche dit vrai, nous avons même sort,
Et de même que moi, monsieur, vous êtes double¹.

AMPHITRYON.

Tais-toi.

ALCMÈNE.

  Sur quoi vous étonner si fort?
  Et d'où peut naître ce grand trouble?

AMPHITRYON, à part.

  O ciel! quel étrange embarras!
Je vois des incidents qui passent la nature;
  Et mon honneur redoute une aventure
    Que mon esprit ne comprend pas.

ALCMÈNE.

Songez-vous, en tenant cette preuve sensible,
  A me nier encor votre retour pressé?

AMPHITRYON.

Non; mais, à ce retour, daignez, s'il est possible,
  Me conter ce qui s'est passé.

ALCMÈNE.

Puisque vous demandez un récit de la chose,
Vous voulez dire donc que ce n'étoit pas vous?

---

1. Dans l'*Amphitruo,* Sosie insiste davantage :

> Tu peperisti Amphitruonem; ego alium peperi Sosiam;
> Nunc si pateram patera peperit, omneis congeminavimus.

« Tu as fait un second Amphitryon, comme moi un second Sosie. Si la coupe a fait aussi une seconde coupe, nous sommes tous doublés. »

AMPHITRYON

Pardonnez-moi; mais j'ai certaine cause
Qui me fait demander ce récit entre nous.

ALCMÈNE.

Les soucis importants qui vous peuvent saisir
Vous ont-ils fait si vite en perdre la mémoire?

AMPHITRYON.

Peut-être; mais enfin vous me ferez plaisir
De m'en dire toute l'histoire.

ALCMÈNE.

L'histoire n'est pas longue. A vous je m'avançai,
　　Pleine d'une aimable surprise;
　　Tendrement je vous embrassai,
Et témoignai ma joie à plus d'une reprise.

AMPHITRYON, à part.

Ah! d'un si doux accueil je me serois passé.

ALCMÈNE.

Vous me fîtes d'abord ce présent d'importance,
Que du butin conquis vous m'aviez destiné.
　　Votre cœur avec véhémence
M'étala de ses feux toute la violence,
Et les soins importuns qui l'avoient enchaîné,
L'aise de me revoir, les tourments de l'absence,
　　Tout le souci que son impatience
　　Pour le retour s'étoit donné;
Et jamais votre amour, en pareille occurrence,
Ne me parut si tendre et si passionné.

AMPHITRYON, à part.

Peut-on plus vivement se voir assassiné!

ALCMÈNE.

Tous ces transports, toute cette tendresse,
Comme vous croyez bien, ne me déplaisoient pas;

Et, s'il faut que je le confesse,
Mon cœur, Amphitryon, y trouvoit mille appas.

AMPHITRYON.

Ensuite, s'il vous plaît?

ALCMÈNE.

Nous nous entrecoupâmes
De mille questions qui pouvoient nous toucher.
On servit. Tête à tête ensemble nous soupâmes;
Et, le souper fini, nous nous fûmes coucher.

AMPHITRYON.

Ensemble?

ALCMÈNE.

Assurément. Quelle est cette demande?

AMPHITRYON, à part.

Ah! c'est ici le coup le plus cruel de tous,
Et dont à s'assurer trembloit mon feu jaloux.

ALCMÈNE.

D'où vous vient, à ce mot, une rougeur si grande?
Ai-je fait quelque mal de coucher avec vous?

AMPHITRYON.

Non, ce n'étoit pas moi, pour ma douleur sensible;
Et qui dit qu'hier ici mes pas se sont portés,
  Dit, de toutes les faussetés,
  La fausseté la plus horrible.

ALCMÈNE.

Amphitryon!

AMPHITRYON.

Perfide!

ALCMÈNE.

Ah! quel emportement!

AMPHITRYON.

Non, non, plus de douceur et plus de déférence :

ACTE II, SCÈNE II.

Ce revers vient à bout de toute ma constance,
Et mon cœur ne respire, en ce fatal moment,
   Et que fureur et que vengeance.

ALCMÈNE.

De qui donc vous venger? et quel manque de foi
   Vous fait ici me traiter de coupable?

AMPHITRYON.

Je ne sais pas, mais ce n'étoit pas moi :
Et c'est un désespoir qui de tout rend capable.

ALCMÈNE.

Allez, indigne époux, le fait parle de soi,
   Et l'imposture est effroyable.
   C'est trop me pousser là-dessus,
Et d'infidélité me voir trop condamnée.
Si vous cherchez, dans ces transports confus,
Un prétexte à briser les nœuds d'un hyménée
   Qui me tient à vous enchaînée,
   Tous ces détours sont superflus;
   Et me voilà déterminée
A souffrir qu'en ce jour nos liens soient rompus.

AMPHITRYON.

Après l'indigne affront que l'on me fait connoître,
C'est bien à quoi, sans doute, il faut vous préparer :
C'est le moins qu'on doit voir; et les choses peut-être
   Pourront n'en pas là demeurer.
Le déshonneur est sûr, mon malheur m'est visible,
Et mon amour en vain voudroit me l'obscurcir;
Mais le détail encor ne m'en est pas sensible,
Et mon juste courroux prétend s'en éclaircir.
Votre frère déjà peut hautement répondre
Que, jusqu'à ce matin, je ne l'ai point quitté :
Je m'en vais le chercher, afin de vous confondre

Sur ce retour qui m'est faussement imputé.
Après, nous percerons jusqu'au fond d'un mystère
  Jusques à présent inouï;
Et, dans les mouvements d'une juste colère,
  Malheur à qui m'aura trahi!

SOSIE.

Monsieur...

AMPHITRYON.

  Ne m'accompagne pas,
Et demeure ici pour m'attendre.

CLÉANTHIS, à Alcmène.

Faut-il...?

ALCMÈNE.

  Je ne puis rien entendre :
Laisse-moi seule, et ne suis point mes pas[1].

SCÈNE III.

CLÉANTHIS, SOSIE.

CLÉANTHIS, à part.

Il faut que quelque chose ait brouillé sa cervelle;
  Mais le frère sur-le-champ
  Finira cette querelle.

SOSIE, à part.

C'est ici pour mon maître un coup assez touchant;
  Et son aventure est cruelle.
Je crains fort pour mon fait quelque chose approchant,
Et je m'en veux, tout doux, éclaircir avec elle.

---

1. Cette scène est proprement la scène principale de l'ouvrage, celle qui fait le nœud, celle enfin que toutes les précédentes ne font que préparer, et dont toutes les suivantes ne sont que la conséquence. C'est assez dire qu'elle existe dans Plaute : elle y existe en entier, quant à la marche, à la progression, aux incidents variés de l'espèce d'action que forme ici le seul dialogue.

CLÉANTHIS, à part.

Voyez s'il me viendra seulement aborder!
Mais je veux m'empêcher de rien faire paroître.

SOSIE, à part.

La chose quelquefois est fâcheuse à connoître,
 Et je tremble à la demander.
Ne vaudroit-il point mieux, pour ne rien hasarder,
 Ignorer ce qu'il en peut être?
 Allons, tout coup vaille, il faut voir,
 Et je ne m'en saurois défendre.
 La foiblesse humaine est d'avoir
 Des curiosités d'apprendre
 Ce qu'on ne voudroit pas savoir.
Dieu te gard', Cléanthis!

CLÉANTHIS.

   Ah! ah! tu t'en avises,
 Traître, de t'approcher de nous!

SOSIE.

Mon Dieu! qu'as-tu? Toujours on te voit en courroux,
 Et sur rien tu te formalises.

CLÉANTHIS.

Qu'appelles-tu sur rien? Dis.

SOSIE.

    J'appelle sur rien
Ce qui sur rien s'appelle en vers ainsi qu'en prose,
 Et rien, comme tu le sais bien,
 Veut dire rien, ou peu de chose.

CLÉANTHIS.

 Je ne sais qui me tient, infâme,
 Que je ne t'arrache les yeux,
Et ne t'apprenne où va le courroux d'une femme.

SOSIE.

Holà! D'où te vient donc ce transport furieux?

CLÉANTHIS.

Tu n'appelles donc rien le procédé, peut-être,
Qu'avec moi ton cœur a tenu?

SOSIE.

Et quel?

CLÉANTHIS.

Quoi! tu fais l'ingénu?
Est-ce qu'à l'exemple du maître
Tu veux dire qu'ici tu n'es pas revenu?

SOSIE.

Non, je sais fort bien le contraire;
Mais je ne t'en fais pas le fin,
Nous avions bu de je ne sais quel vin,
Qui m'a fait oublier tout ce que j'ai pu faire.

CLÉANTHIS.

Tu crois peut-être excuser par ce trait....

SOSIE.

Non, tout de bon, tu m'en peux croire,
J'étois dans un état où je puis avoir fait
Des choses dont j'aurois regret,
Et dont je n'ai nulle mémoire.

CLÉANTHIS.

Tu ne te souviens point du tout de la manière
Dont tu m'as su traiter, étant venu du port?

SOSIE.

Non plus que rien. Tu peux m'en faire le rapport :
Je suis équitable et sincère,
Et me condamnerai moi-même, si j'ai tort.

CLÉANTHIS.

Comment! Amphitryon m'ayant su disposer,

ACTE II, SCÈNE III

Jusqu'à ce que tu vins j'avois poussé ma veille;
Mais je ne vis jamais une froideur pareille :
De ta femme il fallut moi-même t'aviser;
    Et lorsque je fus te baiser,
Tu détournas le nez, et me donnas l'oreille.

SOSIE.

Bon !

CLÉANTHIS.

    Comment, bon ?

SOSIE.

        Mon Dieu ! tu ne sais pas pourquoi,
    Cléanthis, je tiens ce langage :
J'avois mangé de l'ail, et fis en homme sage,
De détourner un peu mon haleine de toi.

CLÉANTHIS.

Je te sus exprimer des tendresses de cœur ;
Mais à tous mes discours tu fus comme une souche,
    Et jamais un mot de douceur
    Ne te put sortir de la bouche.

SOSIE.

Courage !

CLÉANTHIS.

    Enfin ma flamme eut beau s'émanciper,
Sa chaste ardeur en toi ne trouva rien que glace ;
Et, dans un tel retour, je te vis la tromper
Jusqu'à faire refus de prendre au lit la place
Que les lois de l'hymen t'obligent d'occuper.

SOSIE.

Quoi ! je ne couchai point....

CLÉANTHIS.

        Non, lâche.

SOSIE.

Est-il possible?

CLÉANTHIS.

Traître! il n'est que trop assuré.
C'est de tous les affronts l'affront le plus sensible;
Et, loin que ce matin ton cœur l'ait réparé,
    Tu t'es d'avec moi séparé
Par des discours chargés d'un mépris tout visible.

SOSIE.

Vivat Sosie!

CLÉANTHIS.

Hé quoi! ma plainte a cet effet!
Tu ris après ce bel ouvrage?

SOSIE.

Que je suis de moi satisfait!

CLÉANTHIS.

Exprime-t-on ainsi le regret d'un outrage?

SOSIE.

Je n'aurois jamais cru que j'eusse été si sage.

CLÉANTHIS.

Loin de te condamner d'un si perfide trait,
Tu m'en fais éclater la joie en ton visage!

SOSIE.

Mon Dieu! tout doucement. Si je parois joyeux,
Crois que j'en ai dans l'âme une raison très forte,
Et que, sans y penser, je ne fis jamais mieux
Que d'en user tantôt avec toi de la sorte.

CLÉANTHIS.

Traître! te moques-tu de moi?

SOSIE.

Non, je te parle avec franchise.
En l'état où j'étois, j'avois certain effroi

Dont, avec ton discours, mon âme s'est remise.
Je m'appréhendois fort, et craignois qu'avec toi
  Je n'eusse fait quelque sottise.

CLÉANTHIS.

Quelle est cette frayeur? et sachons donc pourquoi.

SOSIE.

  Les médecins disent, quand on est ivre,
    Que de sa femme on se doit abstenir,
Et que dans cet état il ne peut provenir
Que des enfants pesants, et qui ne sauroient vivre[1].
Vois, si mon cœur n'eût su de froideur se munir,
Quels inconvénients auroient pu s'en ensuivre!

CLÉANTHIS.

  Je me moque des médecins,
    Avec leurs raisonnements fades :
    Qu'ils règlent ceux qui sont malades,
Sans vouloir gouverner les gens qui sont bien sains.
    Ils se mêlent de trop d'affaires,
De prétendre tenir nos chastes feux gênés;
    Et sur les jours caniculaires
Ils nous donnent encore, avec leurs lois sévères,
    De cent sots contes par le nez[2].

---

1. C'était une opinion de l'antiquité. On lit dans Plutarque, au traité intitulé *Comment il faut nourrir les enfants* : « A ce premier advertissement est conjoint un autre, que ceux qui paravant nous ont escrit de semblable matière, n'ont pas oublié : c'est, « Que ceux qui se veulent approcher de femmes pour engendrer, le doivent faire ou du tout à jeun, avant que d'avoir beu vin, ou pour le moins après en avoir pris bien sobrement, » parce que ceux qui ont été engendrés de pères saouls et yvres, deviennent ordinairement yvrognes. » (Traduction d'Amyot.)

2. Autre opinion de l'antiquité. Hippocrate lui-même pensait que les jours caniculaires avaient une influence funeste sur la santé, et il prescrivait ou défendait certaines choses en conséquence. Il est resté de tout cela quelques préjugés populaires qui avaient sans doute plus d'autorité encore au xviie siècle qu'ils n'en ont aujourd'hui.

SOSIE.

Tout doux.

CLÉANTHIS.

Non, je soutiens que cela conclut mal;
Ces raisons sont raisons d'extravagantes têtes.
Il n'est ni vin ni temps qui puisse être fatal
A remplir le devoir de l'amour conjugal;
　　Et les médecins sont des bêtes.

SOSIE.

Contre eux, je t'en supplie, apaise ton courroux;
Ce sont d'honnêtes gens, quoi que le monde en dise.

CLÉANTHIS.

Tu n'es pas où tu crois; en vain tu files doux :
Ton excuse n'est point une excuse de mise;
Et je me veux venger tôt ou tard, entre nous,
De l'air dont chaque jour je vois qu'on me méprise.
Des discours de tantôt je garde tous les coups,
Et tâcherai d'user, lâche et perfide époux,
De cette liberté que ton cœur m'a permise.

SOSIE.

Quoi?

CLÉANTHIS.

　Tu m'as dit tantôt que tu consentois fort,
　　Lâche, que j'en aimasse un autre.

SOSIE.

　Ah! pour cet article, j'ai tort.
Je m'en dédis; il y va trop du nôtre.
Garde-toi bien de suivre ce transport.

CLÉANTHIS.

　　Si je puis une fois pourtant
　　Sur mon esprit gagner la chose...

SOSIE.
Fais à ce discours quelque pause.
Amphitryon revient, qui me paroît content.

SCÈNE IV.
JUPITER, CLÉANTHIS, SOSIE.

JUPITER, à part.
Je viens prendre le temps de rapaiser Alcmène,
De bannir les chagrins que son cœur veut garder,
Et donner à mes feux, dans ce soin qui m'amène,
Le doux plaisir de se raccommoder.
(A Cléanthis.)
Alcmène est là-haut, n'est-ce pas?

CLÉANTHIS.
Oui, pleine d'une inquiétude
Qui cherche de la solitude;
Et qui m'a défendu d'accompagner ses pas.

JUPITER.
Quelque défense qu'elle ait faite,
Elle ne sera pas pour moi[1].

---

1. Il ne faut pas oublier que la scène se passe devant la maison d'Amphitryon. Alcmène n'ayant aucun motif de sortir de chez elle, il eût été peu vraisemblable qu'elle fût venue à point nommé sur le théâtre, pour entendre les excuses et les supplications de Jupiter. Celui-ci entrant dans la maison, Alcmène en doit sortir, puisqu'elle a horreur de sa présence et qu'elle est décidée à le fuir. Voilà par quel artifice le poète, soumis à la règle de l'unité de lieu, va amener sur la voie publique un entretien qui naturellement y serait déplacé; et la petite scène suivante entre Cléanthis et Sosie n'a pas d'autre but que de donner à Jupiter le temps de reparaître avec Alcmène.

Dans Plaute, Alcmène rentrant sur la scène dit :

Durare nequeo in ædibus : ita me probri,
Stupri, dedecoris a viro argutam meo!

« Je ne puis rester dans cette maison, moi qui suis accusée d'infidélité, d'adultère, d'infamie, par mon mari! »

SCÈNE V.
CLÉANTHIS, SOSIE.

CLÉANTHIS.
Son chagrin, à ce que je voi,
A fait une prompte retraite.

SOSIE.
Que dis-tu, Cléanthis, de ce joyeux maintien,
Après son fracas effroyable?

CLÉANTHIS.
Que si toutes nous faisions bien,
Nous donnerions tous les hommes au diable;
Et que le meilleur n'en vaut rien.

SOSIE.
Cela se dit dans le courroux;
Mais aux hommes par trop vous êtes accrochées;
Et vous seriez, ma foi, toutes bien empêchées,
Si le diable les prenoit tous[1].

CLÉANTHIS.
Vraiment...

SOSIE.
Les voici. Taisons-nous.

SCÈNE VI.
JUPITER, ALCMÈNE, CLÉANTHIS, SOSIE.

JUPITER.
Voulez-vous me désespérer?
Hélas! arrêtez, belle Alcmène.

---

1. Il y a ici un de ces anachronismes de pensée ou d'expression qu'il est bien difficile qu'un poète moderne évite en traitant un sujet de l'antiquité, et que sans doute Molière se souciait très faiblement d'éviter.

ALCMÈNE.

Non, avec l'auteur de ma peine
Je ne puis du tout demeurer.

JUPITER.

De grâce!

ALCMÈNE.

Laissez-moi.

JUPITER.

Quoi!

ALCMÈNE.

Laissez-moi, vous dis-je.

JUPITER, bas, à part.

Ses pleurs touchent mon âme, et sa douleur m'afflige.
(Haut.)
Souffrez que mon cœur...

ALCMÈNE.

Non, ne suivez point mes pas.

JUPITER.

Où voulez-vous aller?

ALCMÈNE.

Où vous ne serez pas.

JUPITER.

Ce vous est une attente vaine.
Je tiens à vos beautés par un nœud trop serré,
Pour pouvoir un moment en être séparé.
Je vous suivrai partout, Alcmène.

ALCMÈNE.

Et moi, partout je vous fuirai.

JUPITER.

Je suis donc bien épouvantable!

AMPHITRYON.

ALCMÈNE.

Plus qu'on ne peut dire, à mes yeux.
Oui, je vous vois comme un monstre effroyable,
Un monstre cruel, furieux,
Et dont l'approche est redoutable;
Comme un monstre à fuir en tous lieux.
Mon cœur souffre, à vous voir, une peine incroyable:
C'est un supplice qui m'accable,
Et je ne vois rien sous les cieux
D'affreux, d'horrible, d'odieux,
Qui ne me fût plus que vous supportable.

JUPITER.

En voilà bien, hélas! que votre bouche dit.

ALCMÈNE.

J'en ai dans le cœur davantage;
Et, pour s'exprimer tout, ce cœur a du dépit*
De ne point trouver de langage.

JUPITER.

Hé! que vous a donc fait ma flamme,
Pour me pouvoir, Alcmène, en monstre regarder?

ALCMÈNE.

Ah! juste ciel! cela peut-il se demander?
Et n'est-ce pas pour mettre à bout une âme?

JUPITER.

Ah! d'un esprit plus adouci...

ALCMÈNE.

Non, je ne veux du tout vous voir ni vous entendre.

---

* VAR. *Et, pour l'exprimer tout, ce cœur a du dépit.*
C'est une correction de l'éditeur de 1734, par conséquent dépourvue d'autorité. Nous la signalons, parce qu'elle fut généralement adoptée au xviiie siècle.

ACTE II, SCÈNE VI.

JUPITER.

Avez-vous bien le cœur de me traiter ainsi?
Est-ce là cet amour si tendre
Qui devoit tant durer, quand je vins hier ici ?

ALCMÈNE.

Non, non, ce ne l'est pas; et vos lâches injures
En ont autrement ordonné.
Il n'est plus, cet amour tendre et passionné;
Vous l'avez dans mon cœur, par cent vives blessures,
Cruellement assassiné.
C'est en sa place un courroux inflexible,
Un vif ressentiment, un dépit invincible,
Un désespoir d'un cœur justement animé,
Qui prétend vous haïr, pour cet affront sensible,
Autant qu'il est d'accord de vous avoir aimé;
Et c'est haïr autant qu'il est possible.

JUPITER.

Hélas! que votre amour n'avoit guère de force,
Si de si peu de chose on le peut voir mourir !
Ce qui n'étoit que jeu doit-il faire un divorce?
Et d'une raillerie a-t-on lieu de s'aigrir ?

ALCMÈNE.

Ah ! c'est cela dont je suis offensée,
Et que ne peut pardonner mon courroux :
Des véritables traits d'un mouvement jaloux
Je me trouverois moins blessée.
La jalousie a des impressions
Dont bien souvent la force nous entraîne ;
Et l'âme la plus sage, en ces occasions,
Sans doute avec assez de peine
Répond de ses émotions.
L'emportement d'un cœur qui peut s'être abusé

A de quoi ramener une âme qu'il offense ;
    Et dans l'amour qui lui donne naissance,
Il trouve au moins, malgré toute sa violence,
    Des raisons pour être excusé.
De semblables transports, contre un ressentiment,
Pour défense toujours ont ce qui les fait naître ;
    Et l'on donne grâce aisément
    A ce dont on n'est pas le maître.
    Mais, que de gayeté de cœur
On passe aux mouvements d'une fureur extrême ;
Que sans cause l'on vienne, avec tant de rigueur,
    Blesser la tendresse et l'honneur
    D'un cœur qui chèrement nous aime,*
Ah ! c'est un coup trop cruel en lui-même,
Et que jamais n'oubliera ma douleur.

         JUPITER.

Oui, vous avez raison, Alcmène, il se faut rendre.
Cette action sans doute est un crime odieux.
    Je ne prétends plus le défendre ;
Mais souffrez que mon cœur s'en défende à vos yeux,
    Et donne au vôtre à qui se prendre
    De ce transport injurieux.
    A vous en faire un aveu véritable,
    L'époux, Alcmène, a commis tout le mal ;
C'est l'époux qu'il vous faut regarder en coupable :
L'amant n'a point de part à ce transport brutal,
Et de vous offenser son cœur n'est point capable ;
Il a pour vous, ce cœur, pour jamais y penser,
    Trop de respect et de tendresse.
Et si de faire rien à vous pouvoir blesser

---

* VAR. *D'un cœur qui chèrement vous aime* (1682).

ACTE II, SCÈNE VI.

Il avoit eu la coupable foiblesse,
De cent coups à vos yeux il voudroit le percer.
Mais l'époux est sorti de ce respect soumis
    Où pour vous on doit toujours être;
A son dur procédé l'époux s'est fait connoître,
Et par le droit d'hymen il s'est cru tout permis.
Oui, c'est lui qui sans doute est criminel vers vous.
Lui seul a maltraité votre aimable personne.
    Haïssez, détestez l'époux,
    J'y consens, et vous l'abandonne;
Mais, Alcmène, sauvez l'amant de ce courroux
    Qu'une telle offense vous donne.
    N'en jetez pas sur lui l'effet;
    Démêlez-le un peu du coupable;
    Et, pour être enfin équitable,
Ne le punissez point de ce qu'il n'a pas fait.

ALCMÈNE.

    Ah! toutes ces subtilités
    N'ont que des excuses frivoles;
    Et pour les esprits irrités
Ce sont des contre-temps que de telles paroles.
Ce détour ridicule est en vain pris par vous.
Je ne distingue rien en celui qui m'offense,
    Tout y devient l'objet de mon courroux;
    Et, dans sa juste violence,
    Sont confondus et l'amant et l'époux.
Tous deux de même sorte occupent ma pensée;
Et des mêmes couleurs, par mon âme blessée,
    Tous deux ils sont peints à mes yeux :
Tous deux sont criminels, tous deux m'ont offensée,
    Et tous deux me sont odieux.

JUPITER.

Hé bien ! puisque vous le voulez,
Il faut donc me charger du crime.
Oui, vous avez raison lorsque vous m'immolez
A vos ressentiments, en coupable victime.
Un trop juste dépit contre moi vous anime ;
Et tout ce grand courroux qu'ici vous étalez
Ne me fait endurer qu'un tourment légitime.
C'est avec droit que mon abord vous chasse ;
Et que de me fuir en tous lieux
Votre colère me menace.
Je dois vous être un objet odieux.
Vous devez me vouloir un mal prodigieux.
Il n'est aucune horreur que mon forfait ne passe,
D'avoir offensé vos beaux yeux.
C'est un crime à blesser les hommes et les dieux ;
Et je mérite enfin, pour punir cette audace,
Que contre moi votre haine ramasse
Tous ses traits les plus furieux[1].
Mais mon cœur vous demande grâce ;
Pour vous la demander je me jette à genoux,
Et la demande au nom de la plus vive flamme
Du plus tendre amour dont une âme
Puisse jamais brûler pour vous.
Si votre cœur, charmante Alcmène,
Me refuse la grâce où j'ose recourir,
Il faut qu'une atteinte soudaine
M'arrache, en me faisant mourir,
Aux dures rigueurs d'une peine
Que je ne saurois plus souffrir.

1. Comparer à ce qui suit la fin de la scène vi de l'acte II de *Don Garcie de Navarre*.

Oui, cet état me désespère.
Alcmène, ne présumez pas
Qu'aimant, comme je fais, vos célestes appas,
Je puisse vivre un jour avec votre colère.
Déjà de ces moments la barbare longueur
  Fait, sous des atteintes mortelles,
  Succomber tout mon triste cœur;
Et de mille vautours les blessures cruelles
N'ont rien de comparable à ma vive douleur.
Alcmène, vous n'avez qu'à me le déclarer :
S'il n'est point de pardon que je doive espérer,
Cette épée aussitôt, par un coup favorable,
Va percer à vos yeux le cœur d'un misérable,
Ce cœur, ce traître cœur, trop digne d'expirer,
Puisqu'il a pu fâcher un objet adorable :
Heureux, en descendant au ténébreux séjour,
Si de votre courroux mon trépas vous ramène,
Et ne laisse en votre âme, après ce triste jour,
  Aucune impression de haine,
  Au souvenir de mon amour!
C'est tout ce que j'attends pour faveur souveraine.

ALCMÈNE.

Ah! trop cruel époux!

JUPITER.

Dites, parlez, Alcmène.

ALCMÈNE.

Faut-il encor pour vous conserver des bontés,
Et vous voir m'outrager par tant d'indignités.

JUPITER.

Quelque ressentiment qu'un outrage nous cause,
Tient-il contre un remords d'un cœur bien enflammé?

ALCMÈNE.

Un cœur bien plein de flamme à mille morts s'expose,
Plutôt que de vouloir fâcher l'objet aimé.

JUPITER.

Plus on aime quelqu'un, moins on trouve de peine...

ALCMÈNE.

Non, ne m'en parlez point; vous méritez ma haine.

JUPITER.

Vous me haïssez donc?

ALCMÈNE.

J'y fais tout mon effort;
Et j'ai dépit de voir que toute votre offense
Ne puisse de mon cœur jusqu'à cette vengeance
 Faire encore aller le transport.

JUPITER.

Mais pourquoi cette violence,
Puisque, pour vous venger, je vous offre ma mort?
Prononcez-en l'arrêt, et j'obéis sur l'heure.

ALCMÈNE.

Qui ne sauroit haïr peut-il vouloir qu'on meure?

JUPITER.

Et moi, je ne puis vivre, à moins que vous quittiez
 Cette colère qui m'accable,
Et que vous m'accordiez le pardon favorable
 Que je vous demande à vos pieds.
 Résolvez ici l'un des deux,
 Ou de punir ou bien d'absoudre.

ALCMÈNE.

Hélas! ce que je puis résoudre
 Paroît bien plus que je ne veux.
Pour vouloir soutenir le courroux qu'on me donne,
 Mon cœur a trop su me trahir :

Dire qu'on ne sauroit haïr,
N'est-ce pas dire qu'on pardonne?
JUPITER.
Ah! belle Alcmène, il faut que, comblé d'allégresse...
ALCMÈNE.
Laissez. Je me veux mal de mon trop de foiblesse.
JUPITER.
Va, Sosie, et dépêche-toi,
Voir, dans les doux transports dont mon âme est charmée,
Ce que tu trouveras d'officiers de l'armée,
Et les invite à dîner avec moi.
(Bas, à part.)
Tandis que d'ici je le chasse,
Mercure y remplira sa place.

SCÈNE VII.

CLÉANTHIS, SOSIE.

SOSIE.
Hé bien! tu vois, Cléanthis, ce ménage.
Veux-tu qu'à leur exemple ici
Nous fassions entre nous un peu de paix aussi,
Quelque petit rapatriage?
CLÉANTHIS.
C'est pour ton nez, vraiment! cela se fait ainsi.
SOSIE.
Quoi! tu ne veux pas?
CLÉANTHIS.
Non.
SOSIE.
Il ne m'importe guère.
Tant pis pour toi.

CLÉANTHIS.

Là, là, revien.

SOSIE.

Non, morbleu! je n'en ferai rien,
Et je veux être, à mon tour, en colère.

CLÉANTHIS.

Va, va, traître, laisse-moi faire ;
On se lasse parfois d'être femme de bien[1].

---

1. Charmante fin d'acte, qui achève le contraste des deux ménages, et qui ramène le comique sur le théâtre, d'où les amoureuses supplications de Jupiter l'ont écarté pendant une longue scène.

ACTE TROISIÈME.

SCÈNE PREMIÈRE.

AMPHITRYON, seul.

Oui, sans doute, le sort tout exprès me le cache[1] ;
Et des tours que je fais, à la fin, je suis las.
Il n'est point de destin plus cruel, que je sache.
Je ne saurois trouver, portant partout mes pas,
    Celui qu'à chercher je m'attache ;
Et je trouve tous ceux que je ne cherche pas.
Mille fâcheux cruels, qui ne pensent pas l'être,
De nos faits avec moi, sans beaucoup me connoître,
Viennent se réjouir, pour me faire enrager.
Dans l'embarras cruel du souci qui me blesse,
De leurs embrassements et de leur allégresse
Sur mon inquiétude ils viennent tous charger.
    En vain à passer je m'apprête,
    Pour fuir leurs persécutions ;
Leur tuante amitié de tous côtés m'arrête ;
Et tandis qu'à l'ardeur de leurs expressions
    Je réponds d'un geste de tête,
Je leur donne tout bas cent malédictions.
Ah ! qu'on est peu flatté de louange, d'honneur,
Et de tout ce que donne une grande victoire,
Lorsque dans l'âme on souffre une vive douleur !

1. Le frère d'Alcmène.

Et que l'on donneroit volontiers cette gloire
    Pour avoir le repos du cœur!
    Ma jalousie, à tout propos,
    Me promène sur ma disgrâce;
    Et plus mon esprit y repasse,
Moins j'en puis débrouiller le funeste chaos.
Le vol des diamants n'est pas ce qui m'étonne;
On lève les cachets, qu'on ne l'aperçoit pas [1];
Mais le don qu'on veut qu'hier j'en vins faire en personne
Est ce qui fait ici mon cruel embarras.
La nature parfois produit des ressemblances
Dont quelques imposteurs ont pris droit d'abuser;
Mais il est hors de sens que, sous ces apparences,
Un homme pour époux se puisse supposer;
Et dans tous ces rapports sont mille différences
Dont se peut une femme aisément aviser.
    Des charmes de la Thessalie
On vante de tout temps les merveilleux effets;
Mais les contes fameux qui partout en sont faits
Dans mon esprit toujours ont passé pour folie;
Et ce seroit du sort une étrange rigueur
    Qu'au sortir d'une ample victoire
    Je fusse contraint de les croire,
    Aux dépens de mon propre honneur.
Je veux la retâter sur ce fâcheux mystère,
Et voir si ce n'est point une vaine chimère
Qui sur ses sens troublés ait su prendre crédit.
    Ah! fasse le ciel équitable
    Que ce penser soit véritable,
Et que, pour mon bonheur, elle ait perdu l'esprit!

---

1. Si adroitement qu'on ne s'en aperçoit pas.

SCÈNE II.

MERCURE, AMPHITRYON.

MERCURE, dans le balcon de la maison d'Amphitryon, sans être vu ni entendu d'Amphitryon.

Comme l'amour ici ne m'offre aucun plaisir,
Je m'en veux faire au moins qui soient d'autre nature,
Et je vais égayer mon sérieux loisir
A mettre Amphitryon hors de toute mesure.
Cela n'est pas d'un dieu bien plein de charité;
Mais aussi n'est-ce pas ce dont je m'inquiète;
    Et je me sens, par ma planète,
    A la malice un peu porté.

AMPHITRYON.

D'où vient donc qu'à cette heure on ferme cette porte?

MERCURE.

Holà! tout doucement. Qui frappe?

AMPHITRYON, sans voir Mercure.

                          Moi.

MERCURE.

                          Qui, moi?

AMPHITRYON, apercevant Mercure, qu'il prend pour Sosie.

Ah! ouvre.

MERCURE.

    Comment, ouvre! et qui donc es-tu, toi,
Qui fais tant de vacarme et parles de la sorte?

AMPHITRYON.

Quoi! tu ne me connois pas?

MERCURE.

                            Non,
Et n'en ai pas la moindre envie.

AMPHITRYON, à part.

Tout le monde perd-il aujourd'hui la raison?
Est-ce un mal répandu? Sosie! holà, Sosie!

MERCURE.

Hé bien, Sosie! oui, c'est mon nom;
As-tu peur que je ne l'oublie?

AMPHITRYON.

Me vois-tu bien?

MERCURE.

Fort bien. Qui peut pousser ton bras
A faire une rumeur si grande?
Et que demandes-tu là-bas?

AMPHITRYON.

Moi, pendard! ce que je demande?

MERCURE.

Que ne demandes-tu donc pas?
Parle, si tu veux qu'on t'entende.

AMPHITRYON.

Attends, traître : avec un bâton
Je vais là-haut me faire entendre,
Et de bonne façon t'apprendre
A m'oser parler sur ce ton.

MERCURE.

Tout beau! si pour heurter tu fais la moindre instance,
Je t'enverrai d'ici des messagers fâcheux.

AMPHITRYON.

O ciel! vit-on jamais une telle insolence!
La peut-on concevoir d'un serviteur, d'un gueux?

MERCURE.

Hé bien! qu'est-ce? M'as-tu tout parcouru par ordre?
M'as-tu de tes gros yeux assez considéré?
Comme il les écarquille, et paroît effaré!

Si des regards on pouvoit mordre,
Il m'auroit déjà déchiré.

AMPHITRYON.

Moi-même je frémis de ce que tu t'apprêtes
　　Avec ces impudents propos.
Que tu grossis pour toi d'effroyables tempêtes!
Quels orages de coups vont fondre sur ton dos!

MERCURE.

L'ami, si de ces lieux tu ne veux disparaître,
Tu pourras y gagner quelque contusion.

AMPHITRYON.

Ah! tu sauras, maraud, à ta confusion,
Ce que c'est qu'un valet qui s'attaque à son maître.

MERCURE.

Toi, mon maître?

AMPHITRYON.

　　　　　Oui, coquin! M'oses-tu méconnaître?

MERCURE.

Je n'en reconnois point d'autre qu'Amphitryon.

AMPHITRYON.

Et cet Amphitryon, qui, hors moi, le peut être?

MERCURE.

Amphitryon?

AMPHITRYON.

　　　Sans doute.

MERCURE.

　　　　　Ah! quelle vision!
Dis-nous un peu, quel est le cabaret honnête
　　Où tu t'es coiffé le cerveau?

AMPHITRYON.

Comment! encore?

MERCURE.

Étoit-ce un vin à faire fête?

AMPHITRYON.

Ciel!

MERCURE.

Étoit-il vieux, ou nouveau?

AMPHITRYON.

Que de coups!

MERCURE.

Le nouveau donne fort dans la tête,
Quand on le veut boire sans eau.

AMPHITRYON.

Ah! je t'arracherai cette langue, sans doute.

MERCURE.

Passe, mon cher ami, crois-moi;[*]
Que quelqu'un ici ne t'écoute.
Je respecte le vin. Va-t-en, retire-toi;
Et laisse Amphitryon dans les plaisirs qu'il goûte.

AMPHITRYON.

Comment! Amphitryon est là dedans?

MERCURE.

Fort bien;
Qui, couvert des lauriers d'une victoire pleine,
Est auprès de la belle Alcmène
A jouir des douceurs d'un aimable entretien.
Après le démêlé d'un amoureux caprice,
Ils goûtent le plaisir de s'être rajustés.
Garde-toi de troubler leurs douces privautés,
Si tu ne veux qu'il ne punisse
L'excès de tes témérités.

[*] Var. *Passe, mon pauvre ami, crois-moi;* (1682.)

SCÈNE III.

AMPHITRYON.

Ah! quel étrange coup m'a-t-il porté dans l'âme!
En quel trouble cruel jette-t-il mon esprit!
Et si les choses sont comme le traître dit,
Où vois-je ici réduits mon honneur et ma flamme?
A quel parti me doit résoudre ma raison?
    Ai-je l'éclat ou le secret à prendre?
Et dois-je, en mon courroux, renfermer ou répandre
    Le déshonneur de ma maison?
Ah! faut-il consulter dans un affront si rude?
Je n'ai rien à prétendre et rien à ménager;
    Et toute mon inquiétude
    Ne doit aller qu'à me venger.

SCÈNE IV.

AMPHITRYON, SOSIE; NAUCRATÈS ET POLIDAS, dans le fond du théâtre.

SOSIE, à Amphitryon.

Monsieur, avec mes soins, tout ce que j'ai pu faire,
C'est de vous amener ces méssieurs que voici.

AMPHITRYON.

Ah! vous voilà!

SOSIE.

Monsieur.

AMPHITRYON.

Insolent! téméraire!

SOSIE.

Quoi?

AMPHITRYON.

Je vous apprendrai de me traiter ainsi.

SOSIE.

Qu'est-ce donc? qu'avez-vous?

AMPHITRYON, mettant l'épée à la main.

Ce que j'ai, misérable?

SOSIE, à Naucratès et à Polidas.

Holà, messieurs! venez donc tôt.

NAUCRATÈS, à Amphitryon.

Ah! de grâce, arrêtez!

SOSIE.

De quoi suis-je coupable?

AMPHITRYON.

Tu me le demandes, maraud?

(A Naucratès.)

Laissez-moi satisfaire un courroux légitime.

SOSIE.

Lorsque l'on pend quelqu'un, on lui dit pourquoi c'est.

NAUCRATÈS, à Amphitryon.

Daignez nous dire au moins quel peut être son crime.

SOSIE.

Messieurs, tenez bon, s'il vous plaît.

AMPHITRYON.

Comment! il vient d'avoir l'audace
De me fermer ma porte au nez,
Et de joindre encor la menace
A mille propos effrénés!

(Voulant le frapper.)

Ah! coquin!

SOSIE, tombant à genoux.

Je suis mort.

ACTE III, SCÈNE IV.

NAUCRATÈS, à Amphitryon.
        Calmez cette colère.

SOSIE.

Messieurs!

POLIDAS, à Sosie.
    Qu'est-ce?

SOSIE.
        M'a-t-il frappé?

AMPHITRYON.

Non, il faut qu'il ait le salaire
Des mots où tout à l'heure il s'est émancipé.

SOSIE.

Comment cela se peut-il faire,
Si j'étois par votre ordre autre part occupé?
Ces messieurs sont ici pour rendre témoignage
Qu'à dîner avec vous je les viens d'inviter.

NAUCRATÈS.

Il est vrai qu'il nous vient de faire ce message,
Et n'a point voulu nous quitter.

AMPHITRYON.

Qui t'a donné cet ordre?

SOSIE.
        Vous.

AMPHITRYON.

Et quand?

SOSIE.
        Après votre paix faite,
Au milieu des transports d'une âme satisfaite
D'avoir d'Alcmène apaisé le courroux.

                  (Sosie se relève.)

AMPHITRYON.

O ciel! chaque instant, chaque pas

Ajoute quelque chose à mon cruel martyre;
 Et, dans ce fatal embarras,
 Je ne sais plus que croire ni que dire.

NAUCRATÈS.

Tout ce que de chez vous il vient de nous conter
 Surpasse si fort la nature
Qu'avant que de rien faire et de vous emporter,
Vous devez éclaircir toute cette aventure.

AMPHITRYON.

Allons; vous y pourrez seconder mon effort;
Et le ciel à propos ici vous a fait rendre.
Voyons quelle fortune en ce jour peut m'attendre.
Débrouillons ce mystère, et sachons notre sort.
 Hélas! je brûle de l'apprendre,
 Et je le crains plus que la mort[1].

(Amphitryon frappe à la porte de sa maison.)

SCÈNE V.

JUPITER, AMPHITRYON, NAUCRATÈS, POLIDAS, SOSIE.

JUPITER.

Quel bruit à descendre m'oblige?
Et qui frappe en maître où je suis?

---

1. Cette scène est dans Plaute; mais Plaute n'y fait paraître qu'un seul personnage appartenant à l'armée ou à la flotte : c'est le pilote Blépharon, que Sosie a été inviter à dîner de la part de Jupiter. Molière fait intervenir de la même façon deux capitaines, Naucratès et Polidas; et dans une des scènes suivantes, Amphitryon en amènera deux autres, Argatiphontidas et Pausiclès. Il me semble que le nombre n'est pas ici une chose inutile et indifférente. Le miracle des deux Amphitryons gagne, du côté de l'effet, à avoir quatre témoins au lieu d'un : car toujours l'impression reçue par les spectateurs est en proportion de celle qui est produite sur la scène.

ACTE III, SCÈNE V.

AMPHITRYON.

Que vois-je? justes dieux!

NAUCRATÈS.

Ciel! quel est ce prodige?
Quoi! deux Amphitryons ici nous sont produits!

AMPHITRYON, à part.

Mon âme demeure transie!
Hélas! je n'en puis plus, l'aventure est à bout;
Ma destinée est éclaircie,
Et ce que je vois me dit tout.

NAUCRATÈS.

Plus mes regards sur eux s'attachent fortement,
Plus je trouve qu'en tout l'un à l'autre est semblable.

SOSIE, passant du côté de Jupiter.

Messieurs, voici le véritable;
L'autre est un imposteur digne de châtiment[1].

POLIDAS.

Certes, ce rapport admirable
Suspend ici mon jugement.

AMPHITRYON.

C'est trop être éludés[2] par un fourbe exécrable;
Il faut avec ce fer rompre l'enchantement.

NAUCRATÈS, à Amphitryon, qui a mis l'épée à la main.

Arrêtez.

AMPHITRYON.

Laissez-moi.

---

1. La décision de Sosie n'est pas moins prompte dans Plaute :

> . . . . Blepharo, illic qui
> Ex aedibus, heru'st; hic vero veneficus.

2. *Éludés*, dans le sens du verbe latin *eludere*, qui veut dire *duper, tromper*. Ce mot a déjà été employé dans ce sens, acte II, scène vii de *l'Étourdi*.

NAUCRATÈS.
Dieux! que voulez-vous faire?
AMPHITRYON.
Punir d'un imposteur les lâches trahisons.
JUPITER.
Tout beau! l'emportement est fort peu nécessaire;
Et lorsque de la sorte on se met en colère,
On fait croire qu'on a de mauvaises raisons.
SOSIE.
Oui, c'est un enchanteur qui porte un caractère,
Pour ressembler aux maîtres des maisons.
AMPHITRYON, à Sosie.
Je te ferai, pour ton partage,
Sentir par mille coups ces propos outrageants.
SOSIE.
Mon maître est homme de courage,
Et ne souffrira point que l'on batte ses gens.
AMPHITRYON.
Laissez-moi m'assouvir dans mon courroux extrême,
Et laver mon affront au sang d'un scélérat.
NAUCRATÈS, arrêtant Amphitryon.
Nous ne souffrirons point cet étrange combat
D'Amphitryon contre lui-même.
AMPHITRYON.
Quoi! mon honneur de vous reçoit ce traitement!
Et mes amis d'un fourbe embrassent la défense!
Loin d'être les premiers à prendre ma vengeance,
Eux-mêmes font obstacle à mon ressentiment!
NAUCRATÈS.
Que voulez-vous qu'à cette vue
Fassent nos résolutions,
Lorsque par deux Amphitryons

Toute notre chaleur demeure suspendue?
A vous faire éclater notre zèle aujourd'hui,
Nous craignons de faillir et de vous méconnoître.
Nous voyons bien en vous Amphitryon paroître,
Du salut des Thébains le glorieux appui ;
Mais nous le voyons tous aussi paroître en lui,
Et ne saurions juger dans lequel il peut être.
  Notre parti n'est point douteux,
Et l'imposteur par nous doit mordre la poussière ;
Mais ce parfait rapport le cache entre vous deux ;
  Et c'est un coup trop hasardeux
  Pour l'entreprendre sans lumière.
  Avec douceur laissez-nous voir
 De quel côté peut être l'imposture ;
Et, dès que nous aurons démêlé l'aventure,
Il ne nous faudra point dire notre devoir.

    JUPITER.

Oui, vous avez raison ; et cette ressemblance
A douter de tous deux vous peut autoriser.
Je ne m'offense point de vous voir en balance ;
Je suis plus raisonnable, et sais vous excuser.
L'œil ne peut entre nous faire de différence,
Et je vois qu'aisément on s'y peut abuser.
Vous ne me voyez point témoigner de colère,
  Point mettre l'épée à la main ;
C'est un mauvais moyen d'éclaircir ce mystère,
Et j'en puis trouver un plus doux et plus certain.
  L'un de nous est Amphitryon ;
Et tous deux à vos yeux nous le pouvons paroître.
C'est à moi de finir cette confusion ;
Et je prétends me faire à tous si bien connoître
Qu'aux pressantes clartés de ce que je puis être

Lui-même soit d'accord du sang qui m'a fait naître,
Il n'ait plus* de rien dire aucune occasion.
C'est aux yeux des Thébains que je veux avec vous
De la vérité pure ouvrir la connoissance ;
Et la chose sans doute est assez d'importance
      Pour affecter la circonstance[1]
      De l'éclaircir aux yeux de tous.
Alcmène attend de moi ce public témoignage ;
Sa vertu, que l'éclat de ce désordre outrage,
Veut qu'on la justifie, et j'en vais prendre soin.
C'est à quoi mon amour envers elle m'engage ;
Et des plus nobles chefs je fais un assemblage
Pour l'éclaircissement dont sa gloire a besoin.
Attendant avec vous ces témoins souhaités,
      Ayez, je vous prie, agréable
      De venir honorer la table
      Où vous a Sosie invités.

SOSIE.

Je ne me trompois pas ; messieurs, ce mot termine
      Toute l'irrésolution :
      Le véritable Amphitryon
      Est l'Amphitryon où l'on dîne[2].

---

* Var. *Et n'ait plus* (1682).

1. *Affecter la circonstance*, provoquer, faire naître l'occasion.
2. Excellente saillie comique qui est devenue proverbe. On y a repris une faute : *où*, a-t-on dit, ne peut se rapporter aux personnes, et signifier *chez qui*. La faute est bien légère, et elle pourrait être justifiée par de nombreux exemples. Corneille n'a-t-il pas dit dans *le Menteur* :

      De ces sages coquettes
   Où peuvent tous venants débiter leurs fleurettes.

Et Bossuet, dans le *Discours sur l'histoire universelle* :

« Les Égyptiens sont les premiers *où* l'on ait su les règles du gouvernement. »

Rotrou est l'auteur de cette plaisanterie. Deux des capitaines d'Amphi-

ACTE III, SCÈNE V.

AMPHITRYON.

O ciel ! puis-je plus bas me voir humilié !
Quoi ! faut-il que j'entende ici, pour mon martyre,
Tout ce que l'imposteur, à mes yeux, vient de dire ;
Et que, dans la fureur que ce discours m'inspire,
    On me tienne le bras lié !

NAUCRATÈS, à Amphitryon.

Vous vous plaignez à tort. Permettez-nous d'attendre
    L'éclaircissement qui doit rendre
    Les ressentiments de saison.
      Je ne sais pas s'il impose ;
      Mais il parle sur la chose
      Comme s'il avoit raison.

AMPHITRYON.

Allez, foibles amis, et flattez l'imposture :
Thèbes en a pour moi de tout autres que vous ;
Et je vais en trouver qui, partageant l'injure,
Sauront prêter la main à mon juste courroux.

JUPITER.

Hé bien ! je les attends, et saurai décider
    Le différend en leur présence.

AMPHITRYON.

Fourbe, tu crois par là peut-être t'évader ;

---

tryon hésitant entre Jupiter et lui, l'un d'eux demande qui des deux Amphitryons les a invités à dîner, et, comme le dieu répond que c'est lui, il traite son général de fourbe, et lui dit :

Point, point d'Amphitryon où l'on ne dîne point.

Le trait est beaucoup mieux placé et beaucoup plus comique dans la bouche d'un valet gourmand. Quoi qu'il en soit, Plaute peut en avoir donné l'idée à Rotrou. Jupiter, apercevant Blépharon que Sosie a été inviter de sa part à dîner, dit : « Voici Sosie et Blépharon. Je vais les appeler : Sosie, viendras-tu enfin ? tu me fais bien attendre à dîner. » Sur quoi Sosie dit à Blépharon : « Ne t'avais-je pas bien dit que celui qui est avec nous est le sorcier ? »

Mais rien ne te sauroit sauver de ma vengeance.
JUPITER.

    A ces injurieux propos
    Je ne daigne à présent répondre ;
    Et tantôt je saurai confondre
    Cette fureur avec deux mots.
AMPHITRYON.
Le ciel même, le ciel ne t'y sauroit soustraire ;
Et jusques aux enfers j'irai suivre tes pas.
JUPITER.
    Il ne sera pas nécessaire ;
Et l'on verra tantôt que je ne fuirai pas.
AMPHITRYON, à part.
Allons, courons, avant que d'avec eux il sorte,
Assembler des amis qui suivent mon courroux :
    Et chez moi venons à main forte
    Pour le percer de mille coups.

SCÈNE VI.
JUPITER, NAUCRATÈS, POLIDAS, SOSIE.

JUPITER.
    Point de façons, je vous conjure ;
    Entrons vite dans la maison.
NAUCRATÈS.
    Certes, toute cette aventure
    Confond le sens et la raison.
SOSIE.
Faites trêve, messieurs, à toutes vos surprises,
Et, pleins de joie, allez tabler[1] jusqu'à demain.

1. *Tabler,* tenir table.

(Seul.)

Que je vais m'en donner! et me mettre en beau train
  De raconter nos vaillantises!
  Je brûle d'en venir aux prises;
  Et jamais je n'eus tant de faim[1].

SCÈNE VII.

MERCURE, SOSIE.

MERCURE.

Arrête. Quoi! tu viens ici mettre ton nez,
  Impudent fleureur[2] de cuisine?

SOSIE.

Ah! de grâce, tout doux.

MERCURE.

  Ah! vous y retournez!
  Je vous ajusterai l'échine.

SOSIE.

  Hélas! brave et généreux moi,
  Modère-toi, je t'en supplie.
  Sosie, épargne un peu Sosie,
Et ne te plais point tant à frapper dessus toi[3].

MERCURE.

  Qui de t'appeler de ce nom
  A pu te donner la licence?

---

1. Depuis cette petite scène inclusivement jusqu'à l'apparition de Jupiter sous sa véritable forme, la pièce de Molière cesse tout à fait de ressembler à celle de Plaute.

2. *Fleureur*, du verbe *fleurer*, que nous avons rencontré à la scène II du premier acte de *l'École des Maris*.

3. Rotrou avait déjà fait dire au valet d'Amphitryon :

  Je suis mort, au secours! Épargne-moi, de grâce!
  Sosie, hélas! ta main sur toi-même se lasse;
  Tu frappes sur Sosie, arrête, épargne-toi!

Ne t'en ai-je pas fait une expresse défense,
Sous peine d'essuyer mille coups de bâton?

SOSIE.

C'est un nom que tous deux nous pouvons à la fois
　　Posséder sous un même maître.
Pour Sosie en tous lieux on sait me reconnaître;
　　Je souffre bien que tu le sois,
　　Souffre aussi que je le puisse être.
　　Laissons aux deux Amphitryons
　　Faire éclater des jalousies;
　　Et, parmi leurs contentions,
Faisons en bonne paix vivre les deux Sosies.

MERCURE.

Non, c'est assez d'un seul; et je suis obstiné
　　A ne point souffrir de partage.

SOSIE.

Du pas devant sur moi tu prendras l'avantage;
Je serai le cadet, et tu seras l'aîné.

MERCURE.

Non! un frère incommode, et n'est pas de mon goût;
　　Et je veux être fils unique.

SOSIE.

　　O cœur barbare et tyrannique!
Souffre qu'au moins je sois ton ombre.

MERCURE.

　　　　　　　　　Point du tout.

SOSIE.

Que d'un peu de pitié ton âme s'humanise!
En cette qualité souffre-moi près de toi :
Je te serai partout une ombre si soumise
　　Que tu seras content de moi.

MERCURE.

Point de quartier; immuable est la loi.
Si d'entrer là dedans tu prends encor l'audace,
 Mille coups en seront le fruit.
SOSIE.
 Las! à quelle étrange disgrâce,
 Pauvre Sosie, es-tu réduit!
MERCURE.
 Quoi! ta bouche se licencie
A te donner encore un nom que je défends!
SOSIE.
 Non, ce n'est pas moi que j'entends;
 Et je parle d'un vieux Sosie
 Qui fut jadis de mes parents;
 Qu'avec très grande barbarie,
A l'heure du dîner, l'on chassa de céans.
MERCURE.
Prends garde de tomber dans cette frénésie,
Si tu veux demeurer au nombre des vivants.
SOSIE, à part.
Que je te rosserois si j'avois du courage,
Double fils de putain, de trop d'orgueil enflé!
MERCURE.
Que dis-tu?
SOSIE.
 Rien.
MERCURE.
 Tu tiens, je crois, quelque langage.
SOSIE.
Demandez, je n'ai pas soufflé[1].

---

1. Formule toute naturelle, qui ne suppose même pas de témoins. Il ne faut pas que l'acteur qui joue ce rôle ait l'air, comme il arrive quelquefois, de s'adresser aux spectateurs.

MERCURE.

Certain mot de fils de putain
A pourtant frappé mon oreille,
Il n'est rien de plus certain.

SOSIE.

C'est donc un perroquet que le beau temps réveille.

MERCURE.

Adieu. Lorsque le dos pourra te démanger,
Voilà l'endroit où je demeure.

SOSIE, seul.

O ciel! que l'heure de manger,
Pour être mis dehors, est une maudite heure!
Allons, cédons au sort dans notre affliction;
Suivons-en aujourd'hui l'aveugle fantaisie;
Et, par une juste union,
Joignons le malheureux Sosie
Au malheureux Amphitryon.
Je l'aperçois venir en bonne compagnie.

SCÈNE VIII.

AMPHITRYON, ARGATIPHONTIDAS, PAUSICLÈS;
SOSIE, dans un coin du théâtre, sans être aperçu.

AMPHITRYON, à plusieurs autres officiers qui l'accompagnent.

Arrêtez là, messieurs; suivez-nous d'un peu loin,
Et n'avancez tous, je vous prie,
Que quand il en sera besoin.

PAUSICLÈS.

Je comprends que ce coup doit fort toucher votre âme.

AMPHITRYON.

Ah! de tous les côtés mortelle est ma douleur,
Et je souffre pour ma flamme
Autant que pour mon honneur.

PAUSICLÈS.

Si cette ressemblance est telle que l'on dit,
 Alcmène, sans être coupable...

AMPHITRYON.

Ah! sur le fait dont il s'agit
L'erreur simple devient un crime véritable,
Et sans consentement l'innocence y périt[1].
De semblables erreurs, quelque jour qu'on leur donne,
 Touchent des endroits délicats;*
 Et la raison bien souvent les pardonne,
Que l'honneur et l'amour ne les pardonnent pas.

ARGATIPHONTIDAS.

Je n'embarrasse point là dedans ma pensée;
Mais je hais vos messieurs de leurs honteux délais :
Et c'est un procédé dont j'ai l'âme blessée,
Et que les gens de cœur n'approuveront jamais.
Quand quelqu'un nous emploie, on doit, tête baissée,
 Se jeter dans ses intérêts.
Argatiphontidas ne va point aux accords.
Écouter d'un ami raisonner l'adversaire,
Pour des hommes d'honneur, n'est point un coup à faire;
Il ne faut écouter que la vengeance alors.
 Le procès ne me sauroit plaire;
Et l'on doit commencer toujours, dans ses transports,
 Par bailler, sans autre mystère,**
 De l'épée au travers du corps.

* VAR. *Touchent les endroits délicats* (1682).
** VAR. *Par donner, sans autre mystère* (1682).

1. L'idée de ces vers appartient à Rotrou. L'Amphitryon des *Deux Sosies* répond de même au capitaine, qui essaye de justifier Alcmène :

> Elle a failli pourtant d'une ou d'autre façon.
> S'agissant de l'honneur, l'erreur même est un crime ;
> Rien ne peut que la mort rétablir son estime.

Oui, vous verrez, quoi qu'il avienne,
Qu'Argatiphontidas marche droit sur ce point
Et de vous il faut que j'obtienne
Que le pendard ne meure point
D'une autre main que de la mienne[1].

AMPHITRYON.

Allons.

SOSIE, à Amphitryon.

Je viens, monsieur, subir à vos genoux[*]
Le juste châtiment d'une audace maudite.
Frappez, battez, chargez, accablez-moi de coups,
Tuez-moi dans votre courroux,
Vous ferez bien, je le mérite;
Et je n'en dirai pas un seul mot contre vous.

AMPHITRYON.

Lève-toi. Que fait-on?

SOSIE.

L'on m'a chassé tout net;
Et, croyant à manger m'aller comme eux ébattre,
Je ne songeois pas qu'en effet
Je m'attendois là pour me battre.
Oui, l'autre moi, valet de l'autre vous, a fait
Tout de nouveau le diable à quatre.
La rigueur d'un pareil destin,

---

[*] VAR. *Je viens, monsieur, subir à deux genoux* (1682).

1. La mode des seconds qui épousaient toute espèce de querelle, sans presque daigner s'enquérir du sujet, et qui auraient cru se déshonorer en cherchant à concilier deux hommes prêts à se battre, au lieu de se battre en même temps qu'eux, cette mode n'était pas encore tout à fait passée, malgré les sévères édits de Louis XIV contre le duel. Molière la tourne ici en ridicule dans la personne d'Argatiphontidas, dont l'humeur spadassine et fanfaronne est assez conforme à son nom, qui signifie, en grec, tueur de serpents. (AUGER.)

Monsieur, aujourd'hui nous talonne;
Et l'on me des-Sosie enfin
Comme on vous des-Amphitryonne[1].

AMPHITRYON.

Suis-moi.

SOSIE.

N'est-il pas mieux de voir s'il vient personne?

SCÈNE IX.

CLÉANTHIS, AMPHITRYON, ARGATIPHONTIDAS, POLIDAS, NAUCRATÈS, PAUSICLÈS, SOSIE.

CLÉANTHIS.

O ciel!

AMPHITRYON.
Qui t'épouvante ainsi?
Quelle est la peur que je t'inspire?

CLÉANTHIS.
Las! vous êtes là-haut, et je vous vois ici!

NAUCRATÈS, à Amphitryon.
Ne vous pressez point; le voici
Pour donner devant tous les clartés qu'on désire,
Et qui, si l'on peut croire à ce qu'il vient de dire,
Sauront vous affranchir de trouble et de souci.

---

1. Plaute est plein de jeux de mots de ce genre. Ainsi, dans le *Trinumus* (l'Homme aux trois deniers), un personnage joue sur le nom de *Charmides* :

   . . . Te itidem, ut charmidatus es, rursum recharmida.

« Eh bien! des-Charmide-toi comme tu t'es en-Charmidé. »

SCÈNE X.

MERCURE, AMPHITRYON, ARGATIPHONTIDAS, POLIDAS, NAUCRATÈS, PAUSICLÈS, CLÉANTHIS, SOSIE.

MERCURE.

Oui, vous l'allez voir tous; et sachez par avance
　　Que c'est le grand maître des dieux
Que, sous les traits chéris de cette ressemblance,
Alcmène a fait du ciel descendre dans ces lieux.
　　Et quant à moi, je suis Mercure,
Qui, ne sachant que faire, ai rossé tant soit peu
　　Celui dont j'ai pris la figure :
Mais de s'en consoler il a maintenant lieu;
　　Et les coups de bâton d'un dieu
　　Font honneur à qui les endure.

SOSIE.

Ma foi, monsieur le dieu, je suis votre valet :
Je me serois passé de votre courtoisie.

MERCURE.

Je lui donne à présent congé d'être Sosie;
Je suis las de porter un visage si laid;
Et je m'en vais au ciel, avec de l'ambroisie,
　　M'en débarbouiller tout à fait.

　　　　　　　　　　　(Il vole dans le ciel.)

SOSIE.

Le ciel de m'approcher t'ôte à jamais l'envie!
Ta fureur s'est par trop acharnée après moi;
　　Et je ne vis de ma vie
　　Un dieu plus diable que toi.

SCÈNE XI.

JUPITER, AMPHITRYON,
NAUCRATÈS, ARGATIPHONTIDAS, POLIDAS,
PAUSICLÈS, CLÉANTHIS, SOSIE.

JUPITER, dans une nue [sur son aigle, armé de son foudre, au bruit du tonnerre et des éclairs].*

Regarde, Amphitryon, quel est ton imposteur;
Et sous tes propres traits vois Jupiter paroître.
A ces marques tu peux aisément le connoître;
Et c'est assez, je crois, pour remettre ton cœur
   Dans l'état auquel il doit être,
Et rétablir chez toi la paix et la douceur.
Mon nom, qu'incessamment toute la terre adore,
Étouffe ici les bruits qui pouvoient éclater.
   Un partage avec Jupiter
   N'a rien du tout qui déshonore[1];
Et, sans doute, il ne peut être que glorieux
De se voir le rival du souverain des dieux.
Je n'y vois pour ta flamme aucun lieu de murmure;
   Et c'est moi, dans cette aventure,
Qui, tout dieu que je suis, dois être le jaloux.
Alcmène est toute à toi, quelque soin qu'on emploie;
Et ce doit à tes feux être un objet bien doux
De voir que pour lui plaire il n'est point d'autre voie
   Que de paroître son époux :
Que Jupiter, orné de sa gloire immortelle,

---

* Ce qui est placé entre crochets ne se trouve que dans l'édition de 1682.

1. Voyez, dans la Notice préliminaire, la même pensée que Plaute fait exprimer, non par Jupiter, mais par Amphitryon.

Par lui-même n'a pu triompher de sa foi;
    Et que ce qu'il a reçu d'elle
N'a, par son cœur ardent, été donné qu'à toi[1].

SOSIE, à part.

Le seigneur Jupiter sait dorer la pilule[2].

JUPITER.

Sors donc des noirs chagrins que ton cœur a soufferts,
Et rends le calme entier à l'ardeur qui te brûle.
Chez toi doit naître un fils qui, sous le nom d'Hercule,
Remplira de ses faits tout le vaste univers.
L'éclat d'une fortune en mille biens féconde
Fera connoître à tous que je suis ton support;
    Et je mettrai tout le monde
    Au point d'envier ton sort.
    Tu peux hardiment te flatter
    De ces espérances données.
    C'est un crime que d'en douter :
    Les paroles de Jupiter
    Sont des arrêts des destinées.

(Il se perd dans les nues.)

NAUCRATÈS.

Certes, je suis ravi de ces marques brillantes...

---

1. Ce compliment adressé par Jupiter à Amphitryon n'est point dans Plaute. Molière en a pris l'idée dans ces vers de Rotrou :

> Je suis le suborneur de ses chastes attraits,
> Qui, sans l'emprunt de ton image,
> Quelque beau que fût mon servage,
> Pour atteindre son cœur aurois manqué de traits.

S'il y avait eu, dans ce rôle, la moindre allusion au roi Louis XIV et à ses nouvelles amours, le compliment de Jupiter, trop flatteur pour M. de Montespan, aurait-il donc été du goût du monarque ?

2. La pensée de ce vers appartient à Rotrou : Molière n'a fait que changer l'image. Rotrou avait dit :

> On appelle cela lui sucrer le breuvage.

ACTE III, SCÈNE XI.

SOSIE.

Messieurs, voulez-vous bien suivre mon sentiment?
　Ne vous embarquez nullement
　Dans ces douceurs congratulantes :
　C'est un mauvais embarquement;
Et d'une et d'autre part, pour un tel compliment,
　Les phrases sont embarrassantes.
Le grand dieu Jupiter nous fait beaucoup d'honneur,
Et sa bonté, sans doute, est pour nous sans seconde;
　Il nous promet l'infaillible bonheur
　D'une fortune en mille biens féconde,
Et chez nous il doit naître un fils d'un très grand cœur :
　Tout cela va le mieux du monde.
　Mais enfin, coupons aux discours,
Et que chacun chez soi doucement se retire.
　Sur telles affaires, toujours
　Le meilleur est de ne rien dire[1].

---

1. *Sciens crimen uxoris tuæ a nullo curaberis medico. Dolorem de mala uxore tua mitigabis, quum audies de uxoribus alienis. Cor nobile altum non inquirit de operibus mulierum.* (Bernardus, *De Regimine familiæ*, xive siècle.)
　Chez Plaute et chez Molière, mêmes personnages, excepté Cléanthis, mêmes scènes, même succession d'imbroglios plaisants. Cependant quelle différence dans les physionomies des personnages! Comparez au Mercure français le Mercure latin, bateleur goguenard qui s'amuse à trahir le secret de la machine théâtrale, et à montrer, sous son masque et sous le déguisement du maître des dieux, les pauvres esclaves histrions. Comparez aux subtilités galantes et coquettes du Jupiter moderne les paroles caressantes de l'autre Jupiter, telles que d'un père de famille romain dans un entretien affectueux et grave avec sa matrone. Comparez au courroux généreux de notre Amphitryon contre son faussaire les poltronneries du héros de la pièce latine, et sa joie débonnaire quand le roi de l'Olympe lui apprend l'association dont il est honoré. Ce sont deux spectacles tout divers sur un seul fond comique. Les deux auteurs ont bien fait, chacun pour le goût de son temps et de son pays. (J. Naudet.)

FIN D'AMPHITRYON.

AMPHITRUO

DRAMATIS PERSONÆ :

SOSIA.
MERCURIUS.
JUPITER.
ALCUMENA.
AMPHITRUO.
THESSALA, ancilla.
BLEPHARO, dux Thebanus.
BROMIA, ancilla.

ARGUMENTUM.

In faciem vorsus Amphitruonis Jupiter,
Dum bellum gereret cum Telebois hostibus,
Alcmenam uxorem cepit usurariam.
Mercurius formam Sosiæ servi gerit
Absentis : his Alcmena decipitur dolis.
Postquam rediere veri Amphitruo et Sosia,
Uterque luduntur dolis mirum in modum.
Hinc jurgium, tumultus, uxori et viro ;
Donec, cum tonitru voce missa ex æthere,
Adulterum se Jupiter confessus est.

PROLOGUS

MERCURIUS.

Ut vos in vostris voltis mercimoniis
Emundis vendundisque me lætum lucris
Adficere, atque adjuvare in rebus omnibus,
Et ut res rationesque vostrorum omnium

PERSONNAGES :

SOSIE.
MERCURE.
JUPITER.
ALCMÈNE.
AMPHITRYON.
THESSALA, esclave.
BLÉPHARON, général thébain.
BROMIA, esclave.

ARGUMENT.

Tandis qu'Amphitryon faisait la guerre aux Téléboens, Jupiter, à la faveur d'une métamorphose, a usurpé les droits d'époux auprès d'Alcmène. Mercure a pris la figure de l'esclave Sosie aussi absent. Alcmène est dupe de leur ruse. Au retour, le véritable Amphitryon et le vrai Sosie subissent d'étranges et risibles épreuves. Querelle, brouillerie entre le mari et la femme. Mais enfin Jupiter, faisant entendre sa voix dans les cieux au milieu des tonnerres, se déclare auteur du larcin.

PROLOGUE

MERCURE.

Vous voulez, n'est-ce pas, que je vous favorise dans votre commerce, soit pour les ventes, soit pour les achats, et que mon secours assure vos gains en toute occasion; que, grâce à moi, les affaires de tous ceux qui vous touchent s'arrangent bien chez

Bene expedire voltis peregrique et domi,
Bonoque atque amplo auctare perpetuo lucro,
Quasque incepistis res, quasque inceptabitis;
Et uti bonis vos vostrosque omneis nuntiis
Me adficere voltis, ea adferam, ea uti nuntiem,
Quæ maxume in rem vostram conmunem sient
(Nam vos quidem id jam scitis concessum et datum
Mi esse ab dis aliis, nuntiis præsim et lucro);
Hæc ut me voltis adprobare, adnitier
Lucrum ut perenne vobis semper subpetat:
Ita huic facietis fabulæ silentium,
Itaque æqui et justi heic eritis omneis arbitri.

Nunc quojus jussu venio, et quamobrem venerim,
Dicam, simulque ipse eloquar nomen meum.
Jovi' jussu venio; nomen Mercuri est mihi.
Pater huc me misit ad vos oratum meus.
Tametsi, pro inperio vobis quod dictum foret,
Scibat facturos : quippe qui intellexerat
Vereri vos se et metuere, ita ut æquom 'st Jovem.
Verum profecto hoc petere me precario
A vobis jussit leniter dictis bonis.
Etenim ille, quoju' huc jussu venio, Jupiter,
Non minu' quam vostrum quivis formidat malum.
Humana matre natus, humano patre,
Mirari non est æquom sibi si prætimet.
Atque ego quoque etiam, qui Jovis sum filius,
Contagione mei patris metuo malum.

Propterea pace advenio, et pacem ad vos adfero;
Justam rem et facilem esse oratum a vobis volo :
Nam juste ab justis justus sum orator datus;
Nam injusta ab justis inpetrare non decet;
Justa autem ab injustis petere, insipientia 'st;
Quippe olli iniqui jus ingnorant, neque tenent.
Nunc jam huc animum ad ea quæ loquar advortite.
Debetis velle quæ velimus; meruimus
Et ego et pater de vobis et republica.
Nam quid ego memorem, ut alios in tragœdiis
Vidi, Neptunum, Virtutem, Victoriam,

vous et au dehors; que d'amples profits couronnent toujours vos entreprises présentes et futures; vous voulez encore que je ne cesse de vous réjouir, vous et les vôtres, par d'heureuses nouvelles, et que je vous apporte et vous annonce les succès les plus fortunés pour la république : car, vous le savez, les autres dieux m'ont commis l'emploi de présider aux messages et au commerce; eh bien! si vous voulez que je m'en acquitte à votre satisfaction, et que mes soins tendent constamment à vous enrichir, il vous faut tous écouter cette comédie en silence, et nous juger aujourd'hui avec une parfaite équité.

Maintenant je vais expliquer de quelle part je viens, et quel est l'objet de ma venue; je vous dirai aussi mon nom. C'est Jupiter qui m'envoie; je m'appelle Mercure. Mon père m'a chargé d'une requête auprès de vous, quoiqu'il pensât bien qu'il n'avait qu'à commander, et que vous obéiriez; il sait que vous lui rendez l'hommage de respect et de crainte qu'on doit à Jupiter. Toutefois, il m'a bien recommandé de vous faire cette demande humblement, en termes fort polis et fort doux : car le Jupiter qui m'envoie craint, autant que pas un de vous, pour son dos les mésaventures. Né de race humaine, tant du côté de sa mère que du chef de son père, faut-il s'étonner qu'il soit timide? Et moi aussi, moi, le fils de Jupiter, je me sens de la condition de mon père; je ne suis pas non plus très rassuré.

Je viens donc pacifiquement, porteur de paroles de paix, vous demander une chose honnête et facile. On m'envoie, par un honnête motif, solliciter honnêtement une honnête assemblée. En effet, obtenir d'honnêtes gens une chose déshonnête, ne se doit pas; et faire à des gens déshonnêtes une honnête demande, c'est folie. Savent-ils seulement, comprennent-ils ce que c'est qu'honnêteté? Or, prêtez attention à mes discours. Vous devez vouloir tout ce que nous voulons, mon père et moi; c'est bien le moins, après tout ce que nous avons fait pour vous et pour la république. Mais que sert de nous en vanter, comme d'autres font dans les tragédies, comme j'ai vu Neptune, la

AMPHITRUO.

Martem, Duellonam, conmemorare quæ bona
Vobis fecissent? Quis benefactis meus pater,
Deum regnator, architectus omnibus.
Sed mos illic nunquam fuit patri meo,
Ut exprobraret quod bonis faceret boni.
Gratum arbitratur esse id a vobis sibi,
Meritoque vobis bona se facere quæ facit.

Nunc, quam rem oratum huc veni, primum proloquar;
Post, hujus argumentum eloquar tragœdiæ.
Quid contraxistis frontem, quia tragœdiam
Dixi futuram hanc? Deus sum; conmutavero
Eamdem hanc, si voltis; faciam, ex tragœdia
Comœdia ut sit, omnibus isdem versibus.
Utrum sit, an non, voltis? Sed ego stultior,
Quasi nesciam vos velle, qui divos siem.
Teneo quid animi vostri super hac re siet.
Faciam, ut conmista sit tragico-comœdia.
Nam me perpetuo facere, ut sit comœdia,
Reges quo veniant et di, non par arbitror.
Quid igitur? Quoniam heic servos quoque parteis habet,
Faciam, sit, proinde ut dixi, tragi-comœdia.

Nunc hoc me orare a vobis jussit Jupiter,
Conquisitores singuli in subsellia
Ut eant per totam caveam spectatoribus;
Si quoi fautores delegatos viderint,
Ut his in cavea pignus capiantur togæ.
Seu qui ambissent palmam histrionibus,
Seu quoiquam artifici (seu per scribtas literas,
Seu qui ipsi ambissent, seu per internuntium),
Sive adeo ædileis perfidiose quoi duint,
Sirempse legem jussit esse Jupiter,
Quasi magistratum sibi alterive ambiverit.
Virtute dixit vos victores vivere,
Non ambitione, neque perfidia. Qui minus
Eadem histrioni sit lex, quæ summo viro?
Virtute ambire oportet, non favitoribus;
Sat habet favitorum semper, qui recte facit;
Si ollis fides est, quibus est ea res in manu.

AMPHITRYON.

Valeur, la Victoire, Mars, Bellone, se vanter de leurs bienfaits envers vous? Et tous ces bienfaits, mon père, souverain des dieux, en est le premier auteur. Mais ce n'est pas son habitude de reprocher aux gens de bien le bien qu'il leur fait. Il est persuadé qu'il n'oblige pas des ingrats, et que vous êtes dignes de ses bontés.

Or çà, je vais vous dire d'abord l'objet de mon ambassade; je vous expliquerai ensuite le sujet de la tragédie. Pourquoi froncer le sourcil, parce que je vous annonce une tragédie? Je suis dieu; il m'est possible de la transformer, si vous le souhaitez. D'une tragédie je ferai une comédie, sans y changer un seul vers. Le voulez-vous, ou ne le voulez-vous pas? Sotte question : comme si je ne le savais pas par ma science divine! Oui, je connais votre désir à cet égard. Faisons un mélange, une tragi-comédie. Car, qu'une pièce où figurent des princes et des dieux soit tout à fait une comédie, c'est ce qui ne me paraît pas convenable. Eh bien donc! puisqu'un esclave y joue son rôle, je la convertirai, comme je viens de vous le promettre, en une tragi-comédie.

Voici maintenant ce que Jupiter m'a chargé de vous demander. Il faut que des inspecteurs, à chacun des gradins, surveillent dans toute l'enceinte les spectateurs. S'ils voient une cabale montée, qu'ils saisissent ici même les toges des cabaleurs pour cautionnement. Si quelqu'un a sollicité la palme pour des acteurs ou pour tout autre artiste, soit par des missives, soit par ses démarches personnelles, soit par des intermédiaires; ou si les édiles eux-mêmes prévariquent dans leur jugement, Jupiter ordonne qu'on poursuive les délinquants, comme ceux qui cabalent dans les élections pour eux-mêmes ou au profit des autres. Il prétend, en effet, que c'est à la vertu que vous deviez vos succès, et non à l'intrigue, à la mauvaise foi. Pourquoi donc un comédien ne serait-il pas soumis aux mêmes lois que les plus grands citoyens? Il faut se recommander par son mérite, sans cabale. On a toujours assez d'appui, quand on remplit bien son devoir, pourvu qu'on trouve des juges consciencieux.

AMPHITRUO.

    Hoc quoque etiam dedit mi in mandatis, uti
Conquisitores fierent histrionibus,
Qui sibi mandassent delegati ut plauderent,
Quive, quo placeret alter, fecissent, minus;
Eis ornamenta et corium uti conciderent.
    Mirari nolim vos quapropter Jupiter
Nunc histriones curet; ne miremini :
Ipse hanc acturu'st Jupiter comœdiam.
Quid admirati estis? quasi vero novom
Nunc proferatur, Jovem facere histrioniam!
Etiam histriones anno quom in proscenio heic
Jovem invocarunt, venit; auxilio eis fuit.
Præterea certo prodit in tragœdia.
Hanc fabulam, inquam, heic Jupiter hodie ipse aget,
Et ego una cum illo.
              Nunc animum advortite,
Dum hujus argumentum eloquar comœdiæ.
    Hæc urbs est Thebæ; in illisce habitat ædibus
Amphitruo, natus Argus ex Argo patre,
Quicum Alcumena est nubta, Electri filia.
Is nunc Amphitruo præfectu'st legionibus :
Nam cum Telebois bellum 'st Thebano poplo.
Is, priusquam hinc abiit ipsemet in exercitum,
Gravidam Alcumenam uxorem fecit suam.
Nam ego vos gnovisse credo jam ut sit pater meus :
Quam liber harum rerum multarum siet,
Quantusque amator sit quod conplacitum 'st semel.
    Is amare obcœpit Alcumenam clam virum,
Usuramque ejus corporis cepit sibi,
Et gravidam fecit is eam conpressu suo.
Nunc, de Alcumena ut rem teneatis rectius,
Utrimque est gravida, et ex viro et ex summo Jove.
Et meus pater nunc intus heic cum illa cubat;
Et hæc ob eam rem nox est facta longior,
Dum ille, quacum volt, voluptatem capit :
Sed ita adsimulavit se quasi Amphitruo siet.
    Nunc ne hunc ornatum vos meum admiremini,
Quod ego huc processi sic cum servili schema;

AMPHITRYON. 373

Encore une autre ordonnance de Jupiter : qu'il y ait aussi des surveillants auprès des acteurs; et si quelques-uns s'avisent de poster des amis pour les applaudir ou pour nuire à leurs rivaux, qu'on leur enlève leur costume, et même aussi la peau sur les épaules.

Il n'est pas étonnant que Jupiter prenne intérêt aux comédiens. N'en soyez pas surpris, lui-même il va jouer cette pièce. Vous ouvrez de grands yeux, comme si c'était la première fois qu'on vous montrât Jupiter faisant le métier de comédien. Ici même, l'an dernier, lorsque les acteurs l'invoquèrent sur la scène, il vint et leur prêta son secours. Il est certain d'ailleurs qu'il paraît dans les tragédies. Ainsi Jupiter jouera lui-même aujourd'hui cette comédie, et je la jouerai avec lui.

Maintenant écoutez bien, je vais exposer le sujet de la pièce.

Cette ville que vous voyez, c'est Thèbes. Cette maison est celle d'Amphitryon, né dans Argos, d'un père Argien, et mari d'Alcmène, fille d'Électryon. Il commande à présent l'armée du peuple thébain, en guerre avec les Téléboens. En partant, il a laissé son épouse enceinte. Je n'ai pas besoin de vous dire de quelle humeur est mon père, et tout ce qu'il s'est permis en fait d'aventures galantes, et comme il se passionne pour les beautés qui lui plaisent.

Il est devenu l'amant d'Alcmène à l'insu d'Amphitryon; il jouit de tous les droits d'époux, et l'a fécondée par ses embrassements. Il faut que vous sachiez au juste l'état d'Alcmène : elle est doublement enceinte, du fait de son mari et de celui du grand Jupiter. En ce moment mon père est là-dedans qui partage sa couche. Aussi, cette nuit a-t-elle été prolongée, tandis qu'il satisfait à son gré ses désirs amoureux, mais sous un déguisement : car il feint d'être Amphitryon.

Quant à moi, ne soyez pas surpris de mon accoutrement et de cet habit d'esclave sous lequel je me présente. Il s'agit d'une

Veterem atque antiquam rem novam ad vos proferam;
Propterea ornatus in novom incessi modum.

Nam meus pater intus nunc est, eccum, Jupiter,
In Amphitruone vortit sese imaginem,
Omneisque eum esse censent servi qui vident :
Ita vorsipellem se facit, quando lubet.
Ego servi sumsi Sosiæ mihi imaginem,
Qui cum Amphitruone hinc abiit in exercitum,
Ut præservire amanti meo possem patri,
Atque ut ne, qui essem, familiareis quærerent,
Vorsari crebro heic quom viderent me domi.
Nunc quom esse credent servom et conservom suum,
Haud quisquam quæret qui siem, aut quid venerim.

Pater nunc intus suo animo morem gerit;
Cubat conplexus, quojus cupiens maxume 'st.
Quæ illei ad legionem facta sunt, memorat pater
Meus Alcumenæ; at illa illum censet virum
Suum esse, quæ cum mœcho est; ibi nunc meus pater
Memorat, legiones hostium ut fugaverit;
Quo pacto sit donis donatus plurimis.
Ea dona, quæ illeic Amphitruoni sunt data,
Abstulimus : facile meus pater quod volt facit.

Nunc hodie Amphitruo veniet huc ab exercitu,
Et servos, quojus hanc fero ego imaginem.
Nunc intergnosse ut nos possitis facilius,
Ego has habebo heic usque in petaso pinnulas;
Tum meo patri autem torulus inerit aureus
Sub petaso; id signum Amphitruoni non erit.
Ea signa nemo horum familiarium
Videre poterit, verum vos videbitis.

Sed Amphitruonis ille est servos Sosia;
A portu illic nunc cum laterna advenit.
Abigam jam ego illum advenientem ab ædibus.
Adest. Erit operæ pretium heic spectantibus
Jovem et Mercurium facere histrioniam.

vieille et ancienne histoire que nous rajeunirons. Voilà pourquoi j'ai revêtu ce nouveau costume.

Or donc, mon père est là dans cette maison ; c'est Jupiter, qui s'est transformé en la ressemblance d'Amphitryon, et tous les esclaves en le voyant croient voir leur maître. Oui-dà, il est très habile à se contrefaire. Moi, j'ai pris la figure de l'esclave Sosie, qui a suivi Amphitryon à l'armée. Il fallait bien que je pusse accompagner et servir mon père dans ses amours, sans que les gens de la maison vinssent m'assaillir de questions, quand ils me verraient aller et venir à chaque instant. Ils me croiront un esclave, leur camarade, et personne ne me dira : Qui es-tu ? que veux-tu ?

Mon père, à l'heure qu'il est, ne se fait faute de plaisir ; il tient en même lit, dans ses bras, l'objet de son ardeur. Il lui raconte les événements de la guerre. Alcmène croit être auprès de son époux, elle se livre à un amant. Mon père lui dit comment il a défait les ennemis, quelles récompenses il a reçues. Ces récompenses décernées à Amphitryon, nous les avons dérobées : tout est possible à mon père.

Aujourd'hui Amphitryon va revenir de l'armée, et avec lui l'esclave dont vous voyez le portrait en ma personne. Mais, pour qu'on puisse aisément nous reconnaître, j'aurai toujours ce petit plumet sur mon chapeau ; mon père portera sous le sien un cordon d'or, Amphitryon n'en portera pas. Ces signes ne seront visibles à personne de la maison, vous seuls pourrez les voir.

Mais l'esclave d'Amphitryon, Sosie, arrive du port avec sa lanterne. Je vais, pour sa bienvenue, le chasser de ce logis. Le voici. Regardez, cela en vaut la peine ; Jupiter et Mercure joueront la comédie.

AMPHITRUO

SOSIA, MERCURIUS.

SOSIA.
Qui me alter est audacior homo, aut qui confidentior,
Juventutis mores qui sciam, qui hoc noctis solus ambulem?
Quid faciam nunc, si treis viri me in carcerem conpegerint?
Inde cras e promtuaria cella depromar ad flagrum,
Nec causam liceat dicere mihi, neque in hero quidquam auxilii siet,
Nec quisquam sit quin me omneis esse dignum deputent; ita
Quasi incudem me miserum homines octo validi cædant; ita
Peregre adveniens hospitio publicitus adcipiar.
Hæc heri inmodestia coegit, me qui hoc
Noctis a portu ingratis excitavit.
Nonne idem hoc luci me mittere potuit?
Opulento homini hoc servitus dura est;
Hoc magis miser est divitis servos;
Nocteisque diesque adsiduo satis superque est,
Quo facto aut dicto est opus, quietus ne sis.
Ipse dominus dives operis et laboris expers,
 Quodcumque homini adcidit libere, posse retur,
Æquom esse putat; non reputat laboris quid sit,
Nec, æquom anne iniquom inperet, cogitabit.
Ergo in servitute expetunt multa iniqua;
Habendum et ferendum hoc onu'st cum labore.

MERCURIUS.
Satius est me queri illo modo servitutem; hodie
Qui fuerim liber, eum nunc potivit pater

AMPHITRYON

SOSIE, MERCURE[1].

SOSIE.

Quelle audace! Vit-on jamais homme plus téméraire que moi? Quand je sais comment se comporte notre jeunesse aujourd'hui, cheminer seul, la nuit, à l'heure qu'il est! Mais que deviendrais-je, si les triumvirs me fourraient en prison? Demain on me tirerait de la cage pour me régaler d'étrivières. Je ne pourrais pas m'expliquer; mon maître ne serait pas là pour me défendre, et personne n'aurait pitié de moi, pendant que huit robustes gaillards battraient mon pauvre dos comme une enclume. Voilà la belle réception que me fera la république à mon retour. C'est la faute de mon maître, aussi. Quelle dureté, à peine dans le port, de m'envoyer, bon gré mal gré, à cette heure de la nuit! Ne pouvait-il pas attendre jusqu'au jour pour ce message? Que la servitude chez les riches est une rude condition, et que malheureux est l'esclave d'un grand! Nuit et jour, à chaque instant, mille choses à dire ou à faire. Jamais de repos. Le maître, exempt de travail, vous taille largement la besogne. Tout ce qui lui passe par la tête lui semble juste et raisonnable. Que ses ordres vous donnent beaucoup de mal, qu'ils excèdent ou non vos forces, il n'en tient compte, il n'y songe seulement pas. Ah! qu'on a d'injustices à souffrir quand on sert! et cependant il faut garder, supporter ce fardeau avec tous ses ennuis.

MERCURE, à part.

J'aurais plus droit de pester contre la servitude, moi qui étais libre, et que mon père a réduit à servir. Il lui sied bien de se

1. Acte I, scène 1.

Servitutis : hic, qui verna natus est, queritur.
Sum vero verna verbero.

SOSIA.

Numero mihi in mentem fuit
Dis advenientem gratias pro meritis agere atque adloqui.
Næ illi, edepol, si merito meo referre studeant gratias,
Aliquem hominem adlegent, qui mi advenienti os occillet probe;
Quoniam bene quæ in me fecerunt ingrata ea habui atque inrita.

MERCURIUS.

Facit ille, quod volgo haud solent, ut quid se sit dignum sciat.

SOSIA.

Quod nunquam opinatus fui, neque alius quisquam civium.
Sibi eventurum, id contigit, ut salvi potiremur domum.
Victores victis hostibus legiones reveniunt domum,
Duello exstincto maxumo atque internecatis hostibus.
Quod multa Thebano poplo acerba objecit funera,
Id vi et virtute militum victum atque expugnatum oppidum'st,
Inperio atque auspicio heri mei Amphitruonis maxume.
Præda atque agro adoreaque adfecit populareis suos,
Regique Thebano Creonti regnum stabilivit suum.
    Me a portu præmisit domum, ut hæc nuntiem uxori suæ,
Ut gesserit rempublicam ductu, inperio, auspicio suo.
Ea nunc meditabor, quomodo illi dicam, quom illi advenero.
Si dixero mendacium, solens meo more fecero;
Nam quom pugnabant maxume, ego fugiebam maxume.
Verumtamen quasi adfuerim simulabo, atque audita eloquar.
Sed quomodo et verbis quibus me deceat fabularier,
Prius ipse mecum etiam volo heic meditari; sic hoc proloquar:
Principio ut illo advenimus, ubi primum terram tetigimus,
Continuo Amphitruo delegit viros primorum principes,
Eos legat, Telebois jubet sententiam ut dicant suam :
Si sine vi et sine bello velint rapta et raptores tradere,
Si, quæ absportassent, redderent, se exercitum extemplo domum
Reducturum, abituros agro Argivos, pacem atque otium
Dare illis; sin aliter sient animati, neque dent quæ petat,
Sese igitur summa vi virisque eorum oppidum expugnassere.

plaindre, lui, esclave de naissance, quand me voilà devenu un franc maraud à étriller !

SOSIE.

Il m'est venu tout à l'heure à la pensée de prier les dieux, et de leur rendre les actions de grâce qu'ils ont méritées. Certes, s'ils me récompensaient selon mes mérites, ils m'enverraient quelque égrillard qui me labourerait comme il faut le visage : car j'ai si mal reconnu et si peu mis à profit leurs bontés pour moi...

MERCURE, à part.

Il fait là ce que ne font pas ordinairement les hommes, il se rend justice.

SOSIE.

Nous sommes plus heureux que je ne l'espérais et que nous ne l'espérions tous; nous voilà revenus chez nous sains et saufs. Une terrible guerre est mise à fin, l'ennemi vaincu et taillé en pièces; et nos soldats rentrent victorieux dans leurs foyers. Ce peuple, qui fut cause de tant de funérailles prématurées pour la nation thébaine, vient d'être battu et conquis par la force et le courage de nos troupes, sous le commandement et sous les auspices d'Amphitryon, mon maître. Amphitryon a enrichi ses concitoyens de butin, de terre et de gloire, et a raffermi le trône de Créon, roi des Thébains.

Aujourd'hui, il me dépêche en avant pour annoncer à son épouse ces triomphes dus à son habileté, à sa fortune. Essayons un peu de quelle manière je ferai mon récit. Si je mens, j'agirai comme de coutume et selon mon génie. Au plus fort du combat, je me cachais bien fort. N'importe, je ferai comme si j'avais été présent à l'action, je répéterai ce qu'on m'a dit. Mais, pour m'exprimer en termes convenables, il est bon que je me prépare. Je débuterai ainsi : D'abord, lorsque nous fûmes arrivés et que nous eûmes pris terre, Amphitryon, sans perdre temps, choisit parmi ses principaux officiers une ambassade pour déclarer aux Téléboens ses résolutions. S'ils veulent restituer de bon gré ce qu'ils ont enlevé, et livrer les objets ravis avec les ravisseurs, il remmènera sans délai son armée hors de leur territoire, et les Argiens les laisseront tranquilles et en paix; mais s'ils s'obstinent à lui refuser la justice qu'il demande, leur ville succombera sous l'effort de ses armes.

Hæc ubi Telebois ordine iterarunt quos præfecerat
Amphitruo, magnanimi viri, freti virtute et viribus,
Superbi, nimis ferociter legatos nostros increpant,
Respondent bello se et suos tutari posse; proinde uti
Propere de finibus suis exercitus deducerent.
 Hæc ubi legati pertulere, Amphitruo castris inlico
Producit omnem exercitum : contra Teleboæ ex oppido
Legiones educunt suas, nimis pulchris armis præditas.
Postquam utrimque exitum' st maxuma copia,
Dispartiti viri, dispartiti ordines;
Nos nostras more nostro et modo instruximus legiones;
Item hosteis contra legiones suas instruunt.
Deinde utrique inperatores in medium exeunt
Extra turbam ordinum, conloquontur; simul
Convenit, victi utri sint eo prælio,
Urbem, agrum, aras, focos, seque uti dederent.
Postquam id actum' st, tubæ utrimque canunt, contra
Consonat terra; clamorem utrimque ecferunt.
Inperator utrimque hinc et illinc Jovi
Vota suscipere, hortari exercitum.
Pro se quisque id quod quisque potest et valet,
Edit, ferro ferit; tela frangunt; boat
Cœlum fremitu virum; ex spiritu atque anhelitu
Nebula constat; cadunt volneris vi et virium,
Denique, ut voluimus, nostra superat manus;
Hosteis crebri cadunt, nostri contra ingruunt.
Vicimus vi feroceis.
                Sed fugam in se tamen nemo convortitur,
Nec recedit loco, quin statim rem gerat.
Animam amittunt priusquam loco demigrent :
Quisque, uti steterat, jacet, obtinetque ordinem.
 Hoc ubi Amphitruo herus conspicatus est,
Inlico equites jubet dextera inducere.
Equites parent citi, ab dextera maxumo
Cum clamore involant inpetu alacri,
Fœdant et proterunt hostium copias jure injustas.
MERCURIUS.
Nunquam etiam quidquam adhuc verborum est prolocutus perperam:

Les chefs de l'ambassade s'acquittent exactement du message ; mais les fiers Téléboens, pleins d'une confiance insolente en leur puissance et en leur valeur, répondent par l'injure et la menace à nos ambassadeurs ; ils sauront bien se défendre et protéger leur pays : ainsi, que les Thébains se hâtent d'en retirer leurs troupes.

A peine Amphitryon a-t-il reçu cette réponse, il met aussitôt toute son armée en campagne ; les Téléboens sortent de leurs murs, couverts de magnifiques armes ; on déploie de part et d'autre des forces redoutables. Les soldats prennent leur poste, les rangs s'alignent ; nos légions ont fait leurs dispositions ordinaires, celles de l'ennemi se forment en bataille. Alors les généraux s'avancent entre les deux armées, et conviennent ensemble que les vaincus se livreront avec leur ville, leurs champs, leurs autels et leurs foyers. Aussitôt la trompette sonne des deux côtés ; des deux côtés on pousse des cris de guerre ; la plaine retentit. Les généraux adressent leurs vœux à Jupiter, et des exhortations à leurs armées. Chacun montre par les coups qu'il porte tout ce qu'il a de vigueur et de courage. Les traits se brisent ; le ciel mugit du frémissement de la mêlée, et la vapeur des haleines se condense en nuage. Partout des blessés abattus par la violence de la charge. Enfin, nous avons l'avantage ; les rangs de l'ennemi sont moissonnés : nos soldats plus terribles le pressent et l'accablent. La victoire est à nous.

Mais pas un combattant ne songe à la fuite, pas un ne recule. Tous de pied ferme et de cœur intrépide, ils se font tuer plutôt que de céder ; chacun tombe mort en sa place, et garde encore son rang.

A cette vue, Amphitryon, mon maître, commande soudain un mouvement de droite à sa cavalerie. L'ordre s'exécute avec la rapidité de l'éclair ; les cavaliers fondent sur les bataillons en poussant de grands cris, les rompent, les écrasent sous leurs pieds : juste vengeance de l'injure !

MERCURE, à part.

Jusqu'à présent son récit est exact de tout point. J'étais présent à l'action avec mon père.

Namque ego fui illeic in re præsenti, et meus, quom pugnatum 'st, pater.

SOSIA.

Perduelleis penetrant se in fugam; ibi nostris animus additu'st,
Vortentibus Teleboîs; telis complebantur corpora.
Ipsusque Amphitruo regem Pterelam sua obtruncavit manu.
Hæc illeic est pugnata pugna usque a mane ad vesperum.
Hoc adeo hoc conmemini magis, quia illo die inpransus fui.
Sed prælium id tandem diremit nox interventu suo.
Postridie in castra ex urbe ad nos veniunt flenteis principes;
Velatis manibus orant ingnoscamus peccatum suum;
Deduntque se, divina humanaque omnia, urbem et liberos,
In ditionem atque in arbitratum cuncti Thebano poplo.
Post ob virtutem hero Amphitruoni patera donata aurea 'st,
Qui Pterela potitare rex solitu'st. Hæc sic dicam heræ.
Nunc pergam heri inperium exsequi et me domum capessere.

MERCURIUS.

Atat; illic huc ituru'st! ibo ego illi obviam.
Neque ego hunc hominem hodie ad ædeis has sinam unquam adcedere.
Quando imago 'st hujus in me, certum 'st hominem eludere.
Etenim vero, quoniam formam cepi hujus in me et statum,
Decet et facta moresque hujus habere me simileis item.
Itaque me malum esse oportet, callidum, astutum admodum,
Atque hunc telo suo sibi, malitia, a foribus pellere.
Sed quid illuc est? cœlum adspectat; observabo quam rem agat.

SOSIA.

Certo, edepol, scio, si aliud quidquam'st quod credam aut certo sciam,
Credo ego ac noctu Nocturnum obdormivisse ebrium.
Nam neque se Septemtriones quoquam in cœlo conmovent,
Neque se Luna quoquam mutat atque uti exorta est semel,
Nec Jugulæ, neque Vesperugo, neque Vergiliæ obcidunt.
Ita statim stant signa; neque nox quoquam concedit die.

MERCURIUS.

Perge, Nox, ut obcepisti; gere patri morem meo.
Optume optumo optumam operam das; datam polchre locas.

SOSIA.

Neque ego hac nocte longiorem me vidisse censeo,
Nisi item unam, verberatus quam pependi perpetem.

SOSIE.

Les ennemis se dispersent, les nôtres redoublent d'ardeur en voyant fuir les Téléboens; ils les percent d'une grêle de traits; Amphitryon lui-même tue de sa main leur roi Ptérélas. Ainsi se termina la bataille, qui avait duré depuis le matin jusqu'à la nuit. Je dois m'en souvenir, car il me fallut rester l'estomac vide toute la journée. Le lendemain, les chefs de la cité viennent au camp, le visage en larmes, les mains voilées de bandelettes; ils nous prient de leur pardonner leur faute, et se livrent corps et biens, avec leurs dieux, leur ville, leurs enfants, au pouvoir et à la merci du peuple thébain. Ensuite Amphitryon reçut pour prix de sa valeur la coupe dont le roi Ptérélas avait coutume de se servir à table. Voilà comme je raconterai les choses à ma maîtresse. Mais hâtons-nous d'exécuter les ordres de mon maître et de rentrer chez nous.

MERCURE, à part.

Oh! oh! il vient de ce côté. Je vais lui barrer le chemin, et je l'empêcherai bien d'approcher de cette maison de toute la journée. Je porte son image, il faut que je m'amuse à ses dépens. Et vraiment oui, puisque j'ai pris son port et sa figure, je dois lui ressembler par les actions et par le caractère. Soyons fourbe, rusé, armons-nous de malice, et chassons-le d'ici avec ses propres armes. Mais qu'a-t-il donc? Il regarde le ciel. Que veut-il? Voyons.

SOSIE.

Oh! c'est sûr, rien n'est plus sûr; le bon Nocturnus se sera endormi trop aviné. Le char de Boötès ne bouge pas dans le ciel; la lune reste comme un terme au point où elle s'est levée; les étoiles d'Orion ne se couchent pas, non plus que Vesper, ni les Pléiades. Les astres demeurent cloués en place; et la nuit ne veut pas faire place au jour.

MERCURE, à part.

Continue ainsi que tu as commencé, ô Nuit! exécute l'ordre de mon père. Tu sers très dignement un très digne maître; ta peine ne sera point perdue.

SOSIE.

Je ne vis jamais de nuit aussi longue, si ce n'est cependant une certaine nuit où, meurtri de coups, je restai au gibet tant

Eam quoque, edepol, etiam multo hæc vicit longitudine.
Credo, edepol, equidem dormire Solem, atque adpotum probe.
Mira sunt, nisi invitavit sese in cœna plusculum.

MERCURIUS.

Ain' vero, verbero? deos esse tui simileis putas?
Ego, pol, te istis tuis pro dictis et malefactis, furcifer,
Adcipiam; modo, sis, veni huc, invenies infortunium.

SOSIA.

Ubi sunt isti scortatores, qui soli inviti cubant?
Hæc nox scita 'st exercendo scorto conducto male.

MERCURIUS.

Meus pater nunc pro hujus verbis recte et sapienter facit,
Qui conplexus cum Alcumena cubat amans, animo obsequens.

SOSIA.

Ibo, ut, herus quod inperavit, Alcumenæ nuntiem.
Sed quis hic est homo, quem ante ædeis video hoc noctis? non placet.

MERCURIUS.

Nullus est hoc meticulosus æque.

SOSIA.

Mi in mentem venit.
Illic homo hoc denuo volt pallium detexere.

MERCURIUS.

Timet homo, deludam ego illum.

SOSIA.

Perii! denteis pruriunt.
Certe advenientem me hic hospitio pugneo adcepturus est.
Credo, misericors est; nunc propterea quod me meus herus
Fecit ut vigilarem, hic pugnis faciet hodie ut dormiam.
Oppido interii : obsecro, hercle, quantus et quam validus est!

MERCURIUS.

Clare advorsum fabulabor; hic auscultet quæ loquar.
Igitur magi' modum in majorem in sese concipiet metum.
Agite, pugni; jam diu 'st, quod ventri victum non datis :

qu'elle dura. Pour celle-là, ma foi, sa longueur fut bien plus grande encore. Vraiment je crois que Phébus fait un somme pour cuver son vin. Il se sera sans doute un peu trop festoyé à table.

MERCURE, à part.

Qu'est-ce à dire, maraud? crois-tu que les dieux te ressemblent? Je vais te payer pour ces insolences et pour tous tes méfaits, coquin. Tu n'as qu'à venir, ton arrivée ne sera pas joyeuse.

SOSIE.

Où sont les galants qui n'aiment pas à coucher seuls? Voici une nuit excellente pour faire gagner aux belles l'argent qu'on leur prodigue.

MERCURE, à part.

Eh bien! à son compte, mon père en use fort sagement; il goûte à présent dans les bras d'Alcmène tous les plaisirs de l'amour.

SOSIE.

Allons nous acquitter du message dont Amphitryon m'a chargé pour Alcmène. (Apercevant Mercure.) Mais qui est-ce qui se tient là devant la maison à cette heure de nuit? Cela ne me dit rien de bon.

MERCURE, à part.

Il n'y a pas de plus grand poltron.

SOSIE, à part.

Je me figure que cet homme est venu tout exprès pour rebattre mon manteau.

MERCURE, à part.

Il a peur. Je veux m'en amuser.

SOSIE, à part.

C'est fait de moi. La mâchoire me démange. Certainement il va me régaler d'une provision de coups pour mon arrivée. Il est trop bon : mon maître m'a fait veiller, lui avec ses gourmades veut me faire dormir. Je suis mort! Voyez, qu'il est grand et robuste !

MERCURE, à part.

Parlons haut pour qu'il m'entende; il faut redoubler son effroi. (Haut.) Allons! mes poings, ne soyez pas de mauvais pourvoyeurs. Il me semble qu'il s'est passé un siècle, depuis qu'hier

Jam pridem videtur factum, here quod homines quatuor
In soporem conlocastis nudos.

SOSIA.

Formido male,
Ne ego heic nomen meum conmutem, et Quintus fiam e Sosia.
Quatuor viros sopori se dedisse hic autumat;
Metuo ne numerum augeam illum.

MERCURIUS.

Hem! nunc jam ergo : sic volo.

SOSIA.

Cingitur certe, expedit se.

MERCURIUS.

Non feret, quin vapulet.

SOSIA.

Quis homo?

MERCURIUS.

Quisquis homo huc profecto venerit, pugnos edet.

SOSIA.

Apage, non placet me hoc noctis esse; cœnavi modo;
Proin tu istam cœnam largire, si sapis, esurientibus.

MERCURIUS.

Haud malum huic est pondus pugno.

SOSIA.

Perii! pugnos ponderat.

MERCURIUS.

Quid si ego illum tractim tangam ut dormiat?

SOSIA.

Servaveris;
Nam continuas has treis nocteis pervigilavi.

MERCURIUS.

Pessumum 'st
Facinus! nequiter ferire malam male discit manus.
Alia forma oportet esse quem tu pugno legeris.

SOSIA.

Ilic homo me interpolabit, meumque os finget denuo.

MERCURIUS.

Exossatum os esse oportet, quem probe percusseris.

SOSIA.

Mirum ni hic me quasi murænam exossare cogitat.

vous couchâtes par terre ces quatre hommes bien endormis et nus comme ver.
>SOSIE, à part.

Ah! que je crains de changer de nom aujourd'hui! de Sosie je deviendrai Quintus! Il dit qu'il a couché par terre quatre hommes : je tremble d'augmenter le nombre.
>MERCURE, dans l'attitude d'un homme qui se prépare à frapper.

Or çà, qu'on se dispose; comme cela.
>SOSIE, à part.

Le voilà qui s'apprête et qui se met sous les armes.
>MERCURE, à part.

Il ne s'en ira pas sans tâter de mes gourmades.
>SOSIE, à part.

Qui donc?
>MERCURE.

Le premier que je rencontrerai... je lui fais avaler mes poings.
>SOSIE, à part.

Non, non, je ne mange pas la nuit, si tard; je viens de souper. Tu feras mieux de servir ce repas à des gens en appétit.
>MERCURE, à part.

Ces poings-là sont d'un assez bon poids.
>SOSIE, à part.

Je suis perdu! il essaye la pesanteur de ses poings.
>MERCURE, à part.

Si je commençais à le caresser pour l'endormir?
>SOSIE, à part.

Tu me ferais grand bien. Voilà trois nuits que je ne dors pas.
>MERCURE.

Je suis très mécontent de ma main. Elle ne sait plus frapper comme il faut un visage. Un homme ne doit plus être reconnaissable, quand on lui a frotté le museau avec le poing.
>SOSIE, à part.

Il va me mettre en presse, et me façonner à neuf la figure.
>MERCURE, à part.

Il faut qu'il ne reste pas un seul os à une mâchoire, si les coups sont bien appliqués.
>SOSIE, à part.

Il a sans doute envie de me désosser comme une murène.

Ultro istunc qui exossat homines! perii si me adspexerit.
MERCURIUS.
Olet homo quidam malo suo.
SOSIA.
Hei! numnam ego obolui?
MERCURIUS.
Atque haud longe abesse oportet; verum longe hinc abfuit.
SOSIA.
Illic homo superstitiosu'st.
MERCURIUS.
Gestiunt pugni mihi.
SOSIA.
Si in me exerciturus, quæso in parietem ut primum domes.
MERCURIUS.
Vox mi ad aureis advolavit.
SOSIA.
Næ ego homo infelix fui,
Qui non alas intervelli; volucrem vocem gestito?
MERCURIUS.
Illic homo a me sibi malam rem arcessit jumento suo.
SOSIA.
Non equidem ullum habeo jumentum.
MERCURIUS.
Onerandu'st pugnis probe.
SOSIA.
Lassus sum, hercle, e navi, ut vectus huc sum; etiam nunc nauseo.
Vix incedo inanis; ne ire posse cum onere existumes.
MERCURIUS.
Certe enim hic nescio quis loquitur.
SOSIA.
Salvos sum, non me videt.
Nescio quem loqui autumat; mihi certo nomen Sosia 'st.
MERCURIUS.
Hinc enim mihi dextera vox aureis, ut videtur, verberat.

Va-t'en, vilain désosseur d'hommes. C'est fait de moi s'il m'aperçoit.

MERCURE, à part.

Ne sens-je pas ici quelqu'un? C'est tant pis pour lui.

SOSIE, à part.

O ciel! est-ce que j'ai de l'odeur?

MERCURE.

Il ne peut pas être éloigné. (Avec une ironie menaçante.) Mais il faut qu'il revienne de loin.

SOSIE, à part.

C'est un sorcier.

MERCURE, à part.

Les poings me grillent.

SOSIE, à part.

Si tu les apprêtes pour moi, attendris-les un peu contre la muraille.

MERCURE, à part.

Des paroles ont volé jusqu'à mes oreilles.

SOSIE, à part.

Que je suis malheureux d'avoir des paroles volantes! Il fallait leur couper les ailes.

MERCURE, à part.

Il vient au galop chercher sa ruine.

SOSIE, à part.

Je ne suis pas à cheval.

MERCURE, à part.

Allons! une bonne charge de coups.

SOSIE, à part.

La traversée m'a bien assez fatigué. J'ai encore mal au cœur. A peine si je puis marcher sans rien porter; comment veux-tu que j'aille avec ton fardeau?

MERCURE, à part.

Assurément, j'entends ici parler je ne sais qui.

SOSIE, à part.

Je suis sauvé. Il ne m'a pas vu. Il dit qu'il a entendu parler je ne sais qui; moi, je m'appelle Sosie.

MERCURE, à part.

Une voix, ce me semble, est venue de ce côté frapper mon oreille.

SOSIA.
Metuo vocis ne vice hodie heic vapulem, quæ hunc verberat.
MERCURIUS.
Optume, eccum, incedit ad me.
SOSIA.
Timeo, totus torpeo.
Non, edepol, nunc ubi terrarum sim scio, si quis roget,
Neque miser me conmovere possum præ formidine.
Ilicet, mandata heri perierunt una et Sosia.
Verum certum 'st confidenter hominem contra conloqui,
Qui possim videri huic fortis, igitur abstineat manum.
MERCURIUS.
Quo ambulas tu, qui Volcanum in cornu conclusum geris?
SOSIA.
Quid id exquiris tu, qui pugnis os exossas hominibus?
MERCURIUS.
Servos esne, an liber?
SOSIA.
Utcunque animo conlubitum 'st meo.
MERCURIUS.
Ain' vero?
SOSIA.
Aio enim vero.
MERCURIUS.
Verbero!
SOSIA.
Mentiri' nunc.
MERCURIUS.
At jam faciam ut verum dicas dicere.
SOSIA.
Quid eo 'st opus?
MERCURIUS.
Possum scire quo profectus, quojus sis, aut quid veneris?
SOSIA.
Huc eo; heri mei sum servos : numquid nunc es certior?
MERCURIUS.
Ego tibi istam hodie scelestam conprimam linguam.

SOSIE, à part.

J'ai peur de payer aujourd'hui pour ma voix qui le frappe.

MERCURE.

Le voici justement qui s'approche.

SOSIE, à part.

Je tremble de tout mon corps. Je ne saurais dire en quel lieu de la terre je suis dans ce moment. La terreur me rend perclus, immobile; c'en est fait de Sosie et du message de mon maître. Mais non, parlons-lui vertement, pour qu'il me croie homme de cœur; il n'osera pas me toucher.

MERCURE.

Où vas-tu, toi qui portes Vulcain dans cette prison de corne?

SOSIE.

Qu'est-ce que cela te fait, à toi qui brise les os des gens à coups de poing?

MERCURE.

Es-tu esclave ou libre?

SOSIE.

L'un ou l'autre, selon mon bon plaisir.

MERCURE.

Ah! çà, vraiment, répondras-tu?

SOSIE.

Je te réponds, vraiment.

MERCURE.

Enclume à coups de bâton.

SOSIE.

A l'instant tu mens.

MERCURE.

Je te ferai bientôt convenir que je dis vrai.

SOSIE.

Ce n'est pas nécessaire.

MERCURE.

Puis-je enfin apprendre où tu vas? à qui tu es? ce qui t'amène?

SOSIE.

Je vais là; j'appartiens à mon maître. Es-tu plus savant?

MERCURE.

Je contraindrai bien ta coquine de langue à me céder.

AMPHITRUO.

SOSIA.

Haud potes :
Bene pudiceque adservatur.

MERCURIUS.

Pergin' argutarier?
Quid apud hasce ædeis negotium 'st tibi?

SOSIA.

Imo quid tibi 'st?

MERCURIUS.

Rex Creo vigiles nocturnos singulos semper locat.

SOSIA.

Bene facit; quia nos eramus peregre, tutatu'st domum ;
At nunc abi sane, advenisse familiareis dicito.

MERCURIUS.

Nescio quam tu familiaris sis : nisi actutum hinc abis,
Familiaris adcipiere faxo haud familiariter.

SOSIA.

Heic, inquam, habito ego, atque horunc servos sum.

MERCURIUS.

At scin' quomodo?
Faciam ego hodie te superbum, nisi hinc abis.

SOSIA.

Quonam modo?

MERCURIUS.

Auferere, non abibis, si ego fustem sumsero.

SOSIA.

Quin, me esse hujus familiæ familiarem prædico.

MERCURIUS.

Vide, sis; quam mox vapulare vis, nisi actutum hinc abis!

SOSIA.

Tun' domo prohibere peregre me advenientem postulas?

MERCURIUS.

Hæccine tua domu'st?

SOSIA.

Ita, inquam.

SOSIE.

Ma langue est honnête fille, elle ne cède point aux hommes.

MERCURE.

Tu ne cesseras pas de faire le bel esprit ? Que cherches-tu auprès de cette demeure ?

SOSIE.

Qu'y cherches-tu toi-même ?

MERCURE.

Le roi Créon met ici toutes les nuits une sentinelle.

SOSIE.

Grand merci d'avoir protégé notre logis en notre absence; mais tu peux t'en aller à présent : dis-lui que les gens de la maison sont de retour.

MERCURE.

Je ne sais à quel titre tu peux en être; mais si tu ne t'éloignes au plus vite, notre ami, tu ne seras pas reçu en ami de la maison.

SOSIE.

Mais je demeure ici, te dis-je, et je suis serviteur des maîtres de ce logis.

MERCURE.

Sais-tu bien...? Je ferai de toi un personnage supérieur, si tu ne t'en vas.

SOSIE.

Comment cela ?

MERCURE.

Oui, on t'emportera : tu ne t'en iras pas, si je prends un bâton.

SOSIE.

Tu as beau dire, je soutiens que je suis un des serviteurs de cette maison.

MERCURE.

Prends garde, tu vas être battu; dépêche-toi de partir.

SOSIE.

Comment! tu voudrais, quand j'arrive, m'interdire l'entrée de chez nous?

MERCURE.

C'est ici ta demeure ?

SOSIE.

Je te dis que oui.

MERCURIUS.

                Quis herus est igitur tibi?

SOSIA.

Amphitruo, qui nunc præfectu 'st Thebanis legionibus;
Quicum nubta 'st Alcumena.

MERCURIUS.

             Quid ais? quid nomen tibi 'st?

SOSIA.

Sosiam vocant Thebani, Davo prognatum patre.

MERCURIUS.

Næ tu istic hodie malo tuo conpositis mendaciis
Advenisti, audaciæ columen, consutis dolis.

SOSIA.

Imo equidem tunicis consutis huc advenio, non dolis.

MERCURIUS.

At mentiris etiam : certo pedibus, non tunicis, venis.

SOSIA.

Ita profecto.

MERCURIUS.

     Nunc profecto vapula ob mendacium.

SOSIA.

Non, edepol, volo profecto.

MERCURIUS.

            At pol profecto ingratiis.
Hoc quidem profecto certum 'st, non est arbitrarium.

SOSIA.

Tuam fidem obsecro!

MERCURIUS.

         Tun' te audes Sosiam esse dicere,
Qui ego sum?

SOSIA.

    Perii!

MERCURIUS.

        Parum etiam, præut futurum 'st prædicas.
Quojus nunc es?

SOSIA.

      Tuus : nam pugnis usu fecisti tuum.
Proh! fidi Thebani civeis!

AMPHITRYON.

MERCURE.

Qui donc est ton maître?

SOSIE.

Amphitryon, maintenant général des Thébains, époux d'Alcmène.

MERCURE.

Dis-moi quel est ton nom?

SOSIE.

A Thèbes on m'appelle Sosie, fils de Dave.

MERCURE.

O comble de l'effronterie! tu te repentiras de venir avec un tissu de fourberies et de mensonges.

SOSIE.

Point du tout, je viens avec un tissu de laine et non de mensonges.

MERCURE.

C'est toi qui mens, car tu viens avec tes pieds et non avec un tissu de laine.

SOSIE.

Oui-dà.

MERCURE.

Oui-dà, tu mérites d'être rossé pour tes impostures.

SOSIE.

Oui-dà, je m'en passerai.

MERCURE.

Oui-dà, tu le seras malgré toi. Tiens, voilà qui est fait; on ne te demande pas ton avis. (Il le bat.)

SOSIE.

Grâce! par humanité!

MERCURE.

Oses-tu dire encore que tu es Sosie, quand c'est moi qui le suis?

SOSIE.

Je suis perdu!

MERCURE.

Tu n'y es pas encore : ce sera bien autre chose. A qui appartiens-tu maintenant?

SOSIE.

A toi, puisque ton poing t'a mis en possession de ma personne. O Thébains! citoyens! à l'aide!

AMPHITRUO.

MERCURIUS.
Etiam clamas, carnufex?
Loquere, quid venisti?

SOSIA.
Ut esset quem tu pugnis cæderes.

MERCURIUS.
Quojus es?

SOSIA.
Amphitruonis, inquam, Sosia.

MERCURIUS.
Ergo istoc magis,
Quia vaniloquos, vapulabis : ego sum, non tu, Sosia.

SOSIA.
Ita di faciant, ut tu potius sis, atque ego, te ut verberem.

MERCURIUS.
Etiam mutis?

SOSIA.
Jam tacebo.

MERCURIUS.
Quis tibi heru'st?

SOSIA.
Quem tu voles.

MERCURIUS.
Quid igitur? qui nunc vocare?

SOSIA.
Nemo; nisi quem jusseris.

MERCURIUS.
Amphitruonis ted esse aibas Sosiam.

SOSIA.
Peccaveram :
Nam Amphitruonis socium næ me esse volui dicere.

MERCURIUS.
Scibam equidem nullum esse nobis, nisi me servom Sosiam.
Fugit te ratio.

SOSIA.
Utinam istuc pugni fecissent tui!

MERCURIUS.
Ego sum Sosia ille, quem tu dudum esse aibas mihi.

MERCURE.

Tu cries, bourreau? Parle : pourquoi viens-tu?

SOSIE.

Pour exercer ton humeur battante.

MERCURE.

A qui appartiens-tu?

SOSIE.

A Amphitryon, te dis-je; moi, Sosie.

MERCURE.

Je t'assommerai pour mentir ainsi. C'est moi qui suis Sosie; ce n'est pas toi.

SOSIE, à part.

Plût aux dieux que tu le fusses au lieu de moi, comme je t'étrillerais!

MERCURE.

Tu murmures?

SOSIE.

Je me tais.

MERCURE.

Qui est ton maître?

SOSIE.

Qui tu voudras.

MERCURE.

Et ton nom?

SOSIE.

Aucun, que celui qu'il te plaira que je porte.

MERCURE.

Tu me disais que tu étais Sosie, à Amphitryon.

SOSIE.

Je me suis trompé; c'est associé à Amphitryon que je voulais dire.

MERCURE.

Je savais bien que nous n'avions pas d'autre esclave Sosie que moi. Tu as perdu l'esprit.

SOSIE, à part.

Que n'en as-tu fait autant de tes poings!

MERCURE.

C'est moi qui suis ce Sosie que tout à l'heure tu prétendais être.

AMPHITRUO.

SOSIA.

Obsecro, per pacem liceat te adloqui, ut ne vapulem.

MERCURIUS.

Imo induciæ parumper fiant, si quid vis loqui.

SOSIA.

Non loquar nisi pace facta, quando pugnis plus vales.

MERCURIUS.

Dicito quid vis, non nocebo.

SOSIA.

Tuæ fidei credo?

MERCURIUS.

Meæ.

SOSIA.

Quid, si falles?

MERCURIUS.

Tum Mercurius Sosiæ iratus siet.

SOSIA.

Animum advorte: nunc licet mihi libere quidvis loqui.
Amphitruonis ego sum servos Sosia.

MERCURIUS.

Etiam denuo?

SOSIA.

Pacem feci, fœdus feci, vera dico.

MERCURIUS.

Vapula.

SOSIA.

Ut lubet, quod tibi lubet fac, quoniam pugnis plus vales.
Verum, utut es facturus, hoc quidem, hercle, haud reticebo tamen.

MERCURIUS.

Tu me vivos hodie nunquam facies, quin sim Sosia.

SOSIA.

Certe, edepol, tu me alienabis nunquam, quin noster siem.
Nec nobis præter med alius quisquam 'st servos Sosia,
Qui cum Amphitruone hinc una iveram in exercitum.

MERCURIUS.

Hic homo sanus non est.

SOSIE.

Je t'en supplie, permets-moi de te parler en paix, et sans que les poings soient de la partie.

MERCURE.

Eh bien! faisons trêve pour un moment, et parle.

SOSIE.

Je ne parlerai pas que la paix ne soit conclue; tu es trop fort quand on en vient aux coups.

MERCURE.

Dis tout ce que tu voudras, je ne te ferai pas de mal.

SOSIE.

Tu me le promets?

MERCURE.

Oui.

SOSIE.

Et si tu me trompes?

MERCURE.

Qu'alors retombe sur Sosie la colère de Mercure.

SOSIE.

Écoute donc. A présent je peux parler librement sans rien déguiser. Je suis Sosie, esclave d'Amphitryon.

MERCURE.

Encore!

SOSIE.

J'ai fait la paix, j'ai fait un traité. Je dis la vérité.

MERCURE.

Mille soufflets!

SOSIE.

Ce que tu voudras, comme tu voudras; tu es le plus fort. Mais tu auras beau faire; par Hercule! je ne me renierai pas.

MERCURE.

Par la mort, tu ne m'empêcheras pas aujourd'hui d'être Sosie.

SOSIE.

Et toi, par Pollux, tu ne m'empêcheras pas d'être moi, et d'appartenir à mon maître. Il n'y a pas ici d'autre esclave nommé Sosie que moi, qui ai suivi Amphitryon à l'armée.

MERCURE.

Il est fou.

AMPHITRUO.

SOSIA.

Quod mihi prædicas vitium, id tibi 'st.
Quid, malum! nonne ego sum servos Amphitruonis Sosia?
Nonne hac noctu nostra navis huc ex portu Persico
Venit, quæ me advexit? nonne me huc herus misit meus?
Nonne ego nunc sto ante ædeis nostras? non mi 'st laterna in manu?
Non loquor? non vigilo? non hic homo modo me pugnis contudit?
Fecit, hercle, nam etiam misero [misere] nunc malæ dolent.
Quid igitur ego dubito? aut cur non introeo in nostram domum?

MERCURIUS.

Quid, domum vostram?

SOSIA.

Ita enimvero.

MERCURIUS.

Quin, quæ dixisti modo,
Omnia ementitu's : equidem Amphitruonis Sosia sum.
Nam noctu hac soluta 'st navis nostra e portu Persico;
Et, ubi Pterela rex regnavit, oppidum expugnavimus,
Et legiones Teleboarum vi pugnando cepimus,
Et ipsus Amphitruo obtruncavit regem Pterelam in prælio.

SOSIA.

Egomet mihi non credo, quum illæc autumare illum audio.
Hic quidem certe, quæ illeic sunt res gestæ, memorat memoriter.
Sed quid ais? quid Amphitruoni a Telebois datum hostibu'st?

MERCURIUS.

Pterela rex qui potitare solitus est, patera aurea.

SOSIA.

Elocutus est. Ubi patera nunc est?

MERCURIUS.

In cistula
Amphitruonis obsignata signo 'st.

SOSIA.

Signi dic quid est?

MERCURIUS.

Cum quadrigis Sol exoriens: quid me captas, carnufex?

SOSIA.

Argumentis vincit : aliud nomen quærundum 'st mihi.
Nescio unde hæc hic spectavit. Jam ego hunc decipiam probe;

SOSIE.

Tu me gratifies de ton propre mal. Quoi, diantre! est-ce que je ne suis pas Sosie, l'esclave d'Amphitryon? Notre vaisseau ne m'a-t-il pas conduit ici, cette nuit, du port Persique? Mon maître ne m'a-t-il pas envoyé ici? N'est-ce pas moi qui suis devant notre maison? N'ai-je pas une lanterne à la main? Ne parlé-je pas? Ne suis-je pas éveillé? Ne m'a-t-il pas tout à l'heure meurtri de coups? Vraiment, oui; ma pauvre mâchoire ne s'en ressent que trop. C'est trop tarder; entrons chez nous.

MERCURE.

Chez vous?

SOSIE.

Oui, sans doute.

MERCURE.

Non, tu n'as dit que des mensonges. C'est moi qui suis Sosie, esclave d'Amphitryon. Notre vaisseau est parti cette nuit du port Persique, et nous avons pris la ville où régna Ptérélas, et nous avons défait les légions des Téléboens, et mon maître a tué de sa propre main Ptérélas dans le combat.

SOSIE.

Je m'en crois à peine, quand je l'entends parler de la sorte. C'est qu'il dit tout, de point en point, exactement. Mais voyons. Sur le butin enlevé aux Téléboens, qu'a-t-on donné à Amphitryon?

MERCURE.

La coupe d'or qui servait au roi Ptérélas dans ses repas.

SOSIE.

C'est cela. Et où est-elle à présent?

MERCURE.

Dans un coffret scellé du cachet d'Amphitryon.

SOSIE.

Et quel signe porte le cachet?

MERCURE.

Un Soleil levant sur un quadrige. Pourquoi toutes ces questions insidieuses, bourreau?

SOSIE, à part.

Voilà des preuves convaincantes. Je n'ai plus qu'à trouver un autre nom. D'où a-t-il vu tout cela? Mais je vais bien l'attraper.

Nam quod egomet solus feci, nec quisquam alius adfuit
In tabernaculo, id quidem hodie nunquam poterit dicere.
Si tu Sosia es, legiones quom pugnabant maxume,
Quid in tabernaculo fecisti? Victus sum, si dixeris.

MERCURIUS.

Cadus erat vini; inde inplevi hirneam.

SOSIA.

Ingressu'st viam.

MERCURIUS.

Eam ego, ut matre fuerat natum, vini eduxi meri.

SOSIA.

Mira sunt, nisi latuit intus illic in illac hirnea
Factum 'st illud, ut ego illeic vini hirneam ebiberim meri.

MERCURIUS.

Quid nunc? vincon' argumentis, te non esse Sosiam?

SOSIA.

Tu negas me esse?

MERCURIUS.

Quid ego ni negem, qui egomet siem?

SOSIA.

Per Jovem juro me esse, neque me falsum dicere.

MERCURIUS.

At ego per Mercurium juro, tibi Jovem non credere;
Nam injurato, scio, plus credet mihi, quam jurato tibi.

SOSIA.

Quis ego sum saltem, si non sum Sosia? te interrogo.

MERCURIUS.

Ubi ego Sosia nolim esse, tu esto sane Sosia.
Nunc quando ego sum, vapulabis, ni hinc abis ingnobilis.

SOSIA.

Certe, edepol, quom illum contemplo, et formam congnosco meam,
Quemadmodum ego sæpe in speculum inspexi, nimis simili 'st mei.
Itidem habet petasum, ac vestitum: tam consimili 'st atque ego.
Sura, pes, statura, tonsus, oculi, nasum, vel labra,
Malæ, mentum, barba, collum: totus! quid verbis opu'st?
Si tergum cicatricosum, nihil hoc simili 'st similius.

Ce que j'ai fait tout seul, sans témoin, dans notre tente, c'est ce qu'il ne pourra pas me dire. (Haut.) Si tu es Sosie, pendant le fort de la bataille que faisais-tu dans la tente? Je m'avoue vaincu si tu le dis.

MERCURE.

Il y avait un tonneau de vin; je remplis de ce vin un grand flacon.

SOSIE.

L'y voilà.

MERCURE.

Et tel qu'il était sorti du sein maternel, je l'avalai tout pur.

SOSIE.

C'est merveille, s'il n'était caché dans le flacon. Le fait est vrai. J'ai bu un grand flacon de vin pur.

MERCURE.

Eh bien! t'ai-je convaincu que tu n'es pas Sosie?

SOSIE.

Tu prétends que je ne le suis pas?

MERCURE.

Oui, certes, puisque c'est moi qui le suis.

SOSIE.

J'atteste Jupiter que je n'en impose pas.

MERCURE.

Et moi, j'atteste Mercure que Jupiter ne te croit pas. Il s'en rapportera plus, j'en suis sûr, à ma simple parole qu'à tous tes serments.

SOSIE.

Qui suis-je donc, au moins, si je ne suis pas Sosie? je te le demande.

MERCURE.

Quand je ne voudrai plus être Sosie, alors tu pourras l'être. Mais à présent que je le suis, je t'assommerai si tu ne t'en vas, mortel sans nom.

SOSIE.

Par Pollux! plus je l'examine, et plus je reconnais ma figure. Voilà bien ma ressemblance, comme je me suis vu souvent dans un miroir. Il a le même chapeau, le même habit. Il me ressemble comme moi-même. Le pied, la jambe, la taille, les cheveux, les yeux, la bouche, les joues, le menton, le cou; tout enfin. Vraiment, s'il a le dos labouré de cicatrices, il n'y a pas de ressem-

Sed quom cogito, equidem certo idem sum qui semper fui.
Gnovi herum, gnovi ædeis nostras; sane sapio et sentio.
Non ego illi obtempero quod loquitur; pultabo foreis.

MERCURIUS.

Quo agis te?

SOSIA.

Domum.

MERCURIUS.

Quadrigas si nunc inscendas Jovis,
Atque hinc fugias, ita vix poteris ecfugere infortunium.

SOSIA.

Nonne heræ meæ nunciare, quod herus meus jussit, licet?

MERCURIUS.

Tuæ, si quid vis, nunciare; hanc nostram adire non sinam.
Nam, si me inritassis, hodie lumbifragium hinc abferes.

SOSIA.

Abeo potius. Di inmortales, obsecro vostram fidem!
Ubi ego perii? ubi inmutatus sum? ubi ego formam perdidi?
An egomet me illeic reliqui, si forte oblitus fui?
Nam hic quidem omnem imaginem meam, quæ antehac fuerat, possidet
Vivo fit, quod nunquam quisquam mortuo faciet mihi.
Ibo ad portum, atque, hæc uti sunt facta, hero dicam meo.
Nisi etiam is quoque me ingnorabit; quod ille faciat Juppiter
Ut ego hodie raso capite calvos capiam pileum.

MERCURIUS.

Bene prospereque hoc hodie processit mihi.
Abmovi a foribus maxumam molestiam,
Patri ut liceret tuto illam amplexarier.
Jam ille illuc ad herum quom Amphitruonem advenerit,
Narrabit servom hinc sese a foribus Sosiam

blance plus ressemblante. Cependant, quand j'y pense, je suis toujours ce que j'étais. Certes, je connais mon maître, je connais notre maison, j'ai l'usage de ma raison et de mes sens. Ne nous arrêtons pas à ce qu'il peut dire, frappons.

MERCURE.

Où vas-tu?

SOSIE.

A la maison.

MERCURE.

Quand tu monterais sur le char de Jupiter, pour t'enfuir au plus tôt, tu aurais peine encore à éviter l'orage qui te menace.

SOSIE.

Ne m'est-il pas permis de rapporter à ma maîtresse ce que mon maître m'a chargé de lui dire?

MERCURE.

A ta maîtresse, oui, tant que tu voudras; mais pour la nôtre, ici, je ne souffrirai pas que tu lui parles. Si tu m'irrites, tu n'emporteras d'ici que les débris de tes reins.

SOSIE.

J'aime mieux me retirer. O dieux immortels, secourez-moi! Que suis-je devenu? Où m'a-t-on changé? Comment ai-je perdu ma figure? Est-ce que je me serais laissé là-bas par mégarde? car il possède mon image, celle qui fut mienne jusqu'aujourd'hui. Vraiment on me fait de mon vivant un honneur qu'on ne me rendra pas après ma mort. Allons retrouver au port Amphitryon; je lui raconterai tout ce qui s'est passé, si toutefois il ne me méconnaît pas aussi. O Jupiter! fais-moi ce bonheur, et puissé-je aujourd'hui, devenu chauve par l'office du rasoir, me coiffer du chapeau d'affranchi. (Il sort.)

MERCURE[1].

Nos affaires vont le mieux du monde. J'ai éloigné de cette maison un fâcheux personnage. Mon père peut en toute sécurité embrasser la belle. Sosie va raconter à son maître qu'un autre Sosie l'a chassé quand il voulait entrer. Amphitryon criera au

1. Acte I, scène II.

Abmovisse; ille adeo illum mentiri sibi
Credet, neque credet huc profectum, ut jusserat.
Erroris ambo ego illos et dementiæ
Conplebo atque omnem Amphitruonis familiam :
Adeo usque satietatem dum capiet pater
Illius quam amat; igitur demum omneis scient,
Quæ facta. Denique Alcumenam Jupiter
Rediget antiquam conjugis in concordiam.
Nam Amphitruo actutum uxori turbas conciet,
Atque insimulabit eam probri : tum meus pater
Eam seditionem in tranquillum conferet.
Nunc de Alcumena dudum quod dixi minus,
Hodie illa pariet filios geminos duos :
Alter decumo post mense nascetur puer,
Quam seminatus: alter mense septumo.
Eorum Amphitruonis alter est, alter Jovis.
Verum minori puero major est pater,
Minor majori. Jamne hoc scitis, quid siet?
Sed, Alcumenæ hujus honoris gratia,
Pater curavit, uno ut fœtu fieret;
Uno ut labore absolvat ærumnas duas,
Et clandestina ut celetur subspicio.
Quamquam, ut jamdudum dixi, resciscet tamen
Amphitruo rem omnem. Quid igitur? nemo id probro
Profecto ducet Alcumenæ. Nam deum
Non par videtur facere, delictum suum
Suamque culpam expetere in mortalem ut sinat.
Orationem conprimam : crepuit foris.
Amphitruo subditivos, eccum, exit foras
Cum Alcumena uxore usuraria.

JUPITER, ALCUMENA, MERCURIUS.

JUPITER.

Bene vale, Alcumena; cura rem conmunem, quod facis.
Atque inparce, quæso; menseis jam tibi esse actos vides.
Mihi necesse 'st ire hinc; verum, quod erit gnatum, tollito.

mensonge, et ne voudra pas croire que son esclave soit venu ici, comme il le lui avait ordonné. Grâce à moi, ce sera pour tous deux et pour toute la maison une confusion à perdre la tête, cependant que mon père se rassasiera de plaisir dans les bras de celle qu'il aime. Ensuite tout s'éclaircira, et Jupiter à la fin réconciliera l'époux avec l'épouse: car Amphitryon va bientôt faire une grande querelle à sa femme; il l'accusera d'infidélité. Puis mon père fera succéder le calme à l'orage. Au sujet d'Alcmène, j'aurais dû tout à l'heure vous dire qu'elle donnera aujourd'hui la vie à deux fils jumeaux. Ils viendront au monde, l'un dix mois, l'autre sept après avoir été conçus. Le premier est d'Amphitryon, le second de Jupiter. Ainsi le cadet est plus grand par son père que l'aîné par le sien. Vous comprenez bien cela? Il n'y aura qu'un seul enfantement. Jupiter l'a voulu par intérêt pour Alcmène; ainsi elle se délivre d'un double mal par un seul travail, et elle est garantie du soupçon d'adultère; le mystère de leur union ne se trahit point. Cependant Amphitryon, comme je l'ai déjà dit, en sera instruit à la fin. Après tout, l'honneur d'Alcmène ne peut assurément pas souffrir d'un tel accident; et il serait injuste à un dieu de laisser peser sur une mortelle le blâme de sa propre faute. Trêve à mes discours, j'entends le bruit de la porte. Le faux Amphitryon sort avec son épouse d'emprunt.

JUPITER, ALCMÈNE, MERCURE[1].

JUPITER.

Adieu, Alcmène, continue à veiller pour le bien de notre maison. Mais ménage-toi, je t'en prie, car ton terme approche. Il faut que je parte. J'adopte d'avance l'enfant qui doit naître.

1. Acte I, scène III.

AMPHITRUO.

ALCUMENA.

Quid istud est, mi vir, negoti, quod tu tam subito domo
Abeas?

JUPITER.

Edepol, haud quod tui me, neque domi, distædeat :
Sed ubi summus inperator non adest ad exercitum,
Citius quod non facto 'st usus, fit, quam quod facto 'st opus.

MERCURIUS.

Nimis hic scitu 'st sycophanta, qui quidem sit meus pater.
Observatote, quam blande mulieri palpabitur.

ALCUMENA.

Ecastor, te experior, quanti facias uxorem tuam.

JUPITER.

Satin' habes, si feminarum nulla 'st, quam æque diligam?

MERCURIUS.

Edepol, næ illa si istis rebus te sciat operam dare,
Ego faxim te Amphitruonem esse malis, quam Jovem.

ALCUMENA.

Experiri istuc mavellem me, quam mi memorarier.
Prius abis, quam, ubi cubuisti, lectus concaluit locus.
Here venisti media nocte, nunc abis : hoccin' placet?

MERCURIUS.

Adcedam, atque hanc adpellabo, et subparasitabor patri.
Nunquam, edepol, quemquam mortalem credo ego uxorem suam
Sic ecflictim amare, proinde ut hic te ecflictim deperit.

JUPITER.

Carnufex, non ego te gnovi? abin' e conspectu meo?
Quid tibi hanc curatio est rem, verbero, aut mutitio?
Quoi ego jam hoc scipione...

ALCUMENA.

Ah! noli.

JUPITER.

Mutito modo.

MERCURIUS.

Nequiter pæne expedivit prima parasitatio.

ALCMÈNE.

Quel soin, cher époux, t'éloigne si tôt de ta demeure?

JUPITER.

Ah! ce n'est pas que le temps me semble long près de toi et au sein de mes foyers; mais dans une armée, en l'absence du chef, le mal arrive plus vite que le bien.

MERCURE, à part.

Le rusé trompeur que mon digne père! Voyez comme il va doucement la cajoler.

ALCMÈNE.

Certes, tu me montres le pouvoir qu'une épouse a sur ton cœur.

JUPITER.

Ne te suffit-il pas que tu sois pour moi la plus chère des femmes?

MERCURE, à part.

Par Pollux, si celle de là-haut te savait si galamment occupé, tu voudrais être Amphitryon plutôt que Jupiter.

ALCMÈNE.

J'aimerais mieux des preuves de tendresse que des protestations. A peine ton corps a-t-il échauffé la place que tu avais prise dans le lit conjugal; arrivé hier au milieu de la nuit, tu pars déjà. Est-ce ainsi que l'on se conduit?

MERCURE, à part.

Je vais m'approcher d'elle et lui parler, et servir mon père en adroit parasite. (Haut.) Par Pollux, je ne connais pas un mari qui crève d'amour pour sa femme autant que mon maître s'en meurt pour toi.

JUPITER.

Bourreau, ne te voilà-t-il pas? Va-t'en de ma présence! Pourquoi te mêles-tu de mes affaires? Oses-tu bien ouvrir la bouche? Ce bâton...

ALCMÈNE, l'arrêtant.

Ah! de grâce!

JUPITER.

Dis encore un mot.

MERCURE, à part.

Mon début a failli être malencontreux dans le métier de parasite.

JUPITER.

Verum quod tu dicis, mea uxor, non te mi irasci decet.
Clanculum abii a legione; operam hanc subripui tibi,
Ex me primo prima scires, rem ut gessissem publicam.
Ea tibi omnia enarravi : nisi te amarem plurimum,
Non facerem.

MERCURIUS.

Facitne ut dixi? timidam palpo percutit.

JUPITER.

Nunc, ne legio persentiscat, clam illuc redeundum 'st mihi;
Ne me uxorem prævortisse dicant præ republica.

ALCUMENA.

Lacrumantem ex abitu concinnas tu tuam uxorem.

JUPITER.

Tace.
Ne conrumpe oculos; redibo actutum.

ALCUMENA.

Id actutum diu 'st.

JUPITER.

Non ego te heic lubens relinquo, neque abeo abs te.

ALCUMENA.

Sentio:
Nam qua nocte ad me venisti, eadem abis.

JUPITER.

Cur me tenes?
Tempus est : exire ex urbe, priusquam luciscat, volo.
Nunc tibi hanc pateram, quæ dono mi illeic ob virtutem data 'st,
Pterela rex qui potitavit, quem ego mea obcidi manu,
Alcumena, tibi condono.

ALCUMENA.

Facis, ut alias res soles.
Ecastor, condignum donum, quali'st qui donum dedit

MERCURIUS.

Imo sic condignum donum, quali'st quoi dono datum 'st.

JUPITER.

Pergin' autem? nonne ego possum, furcifer, te perdere?

ALCUMENA.

Noli, amabo, Amphitruo, irasci Sosiæ causa mea.

JUPITER.

Tu as tort d'être fâchée, mon Alcmène. Je me suis absenté secrètement de l'armée. J'ai dérobé pour toi ces moments à mon devoir : je voulais que tu fusses la première instruite de mes succès, je voulais être le premier à te les apprendre. Si je ne t'aimais pas, aurais-je un tel empressement?

MERCURE, à part.

Que disais-je? elle s'est effarouchée; mais il sait l'adoucir.

JUPITER.

Maintenant je dois retourner en secret à l'armée, avant qu'on s'aperçoive de mon absence. Il ne faut pas qu'on me reproche d'avoir préféré ma femme au bien public.

ALCMÈNE.

Ton départ coûte des pleurs à ton épouse.

JUPITER.

Calme-toi. Ménage tes yeux. Je serai bientôt de retour.

ALCMÈNE.

Ce bientôt sera long encore.

JUPITER.

C'est à regret que je te laisse, à regret que je m'éloigne.

ALCMÈNE.

En effet, car la nuit même de ton arrivée tu me fuis.

JUPITER.

Ne me retiens plus. Le temps presse. Je veux sortir de la ville avant le jour. (Lui présentant un coffret.) Voici la coupe qui m'a été donnée comme prix de ma valeur. Elle appartenait au roi Ptérélas, que j'ai tué de ma main : chère Alcmène, je t'en fais don.

ALCMÈNE.

Cette générosité ne me surprend pas. Certes, le présent est digne de la main qui le donne.

MERCURE.

Dis plutôt de celle qui le reçoit.

JUPITER.

Encore! Est-ce que je ne t'assommerai pas, pendard?

ALCMÈNE.

Je t'en prie, Amphitryon, ne t'emporte pas contre Sosie, pour l'amour de moi!

JUPITER.

Faciam ita ut vis.

MERCURIUS.

Ex amore hic admodum quam sævos est?

JUPITER.

Numquid vis?

ALCUMENA.

Ut, quom absim, me ames, me tuam absentem tamen.

MERCURIUS.

Eamus, Amphitruo; luciscit hoc jam.

JUPITER.

Abi præ, Sosia,
Jam ego sequar : numquid vis?

ALCUMENA.

Etiam, ut actutum advenias.

JUPITER.

Licet.
Prius tua opinione heic adero; bonum animum habe.
Nunc te, Nox, quæ me mansisti, mitto ut cedas die,
Ut mortalibus inluciscat luce clara et candida.
Atque, quanto nox fuisti longior hac proxuma,
Tanto brevior dies ut fiat faciam, ut æque disparet,
Et dies e nocte adcedat : ibo, et Mercurium sequar.

AMPHITRUO SOSIA.

AMPHITRUO.

Age, i tu secundum.

SOSIA.

Sequor, subsequor te.

AMPHITRUO.

Scelestissumum te arbitror.

SOSIA.

Nam quamobrem?

AMPHITRUO.

Quia id, quod neque est, neque fuit, neque futurum 'st,
Mihi prædicas.

JUPITER.

Je t'obéirai.

MERCURE, à part.

Comme son amour le rend irritable!

JUPITER.

Tu ne me veux plus rien?

ALCMÈNE.

Si : qu'absent tu aimes toujours celle qui est toute à toi, quoique absent.

MERCURE.

Partons, Amphitryon; le jour paraît.

JUPITER.

Marche devant, Sosie; je te suis. (A Alcmène.) Adieu.

ALCMÈNE.

Adieu; mais un prompt retour.

JUPITER.

Oui. Tu me verras plus tôt que tu ne crois. Ne sois point en peine. (Alcmène sort.) Maintenant, ô Nuit, tu n'as plus à m'attendre; fais place au jour, et laisse briller sa vive et pure lumière sur les mortels. Tout ce que tu as eu d'excédant en durée sur la nuit prochaine sera ôté au jour, pour que les deux inégalités se compensent, et que l'ordre se maintienne entre les jours et les nuits. Je vais suivre Mercure. (Il sort)

AMPHITRYON, SOSIE[1].

AMPHITRYON.

Allons, marche, suis-moi.

SOSIE.

Je te suis, je marche sur tes pas.

AMPHITRYON.

Tu m'as l'air d'un grand malheureux.

SOSIE.

Et pourquoi?

AMPHITRYON.

Parce que tu me dis des choses qui ne sont point, qui n'ont jamais été, et qui ne seront jamais.

1. Acte II, scène I.

AMPHITRUO.

SOSIA.

Eccere, jam tuatim
Facis, ut tuis nulla apud te sit fides.

AMPHITRUO.

Quid est? quo modo? jam quidem, hercle, ego tibi istam
Scelestam, scelus, linguam abscindam.

SOSIA.

Tuus sum;
Proinde ut conmodum 'st et lubet, quidque facias :
Tamen, quin loquar hæc uti facta sunt heic,
Nunquam ullo modo me potes deterrere.

AMPHITRUO.

Scelestissume, audes mihi prædicare id,
Domi te esse nunc, qui heic ades?

SOSIA.

Vera dico.

AMPHITRUO.

Malum! quod tibi di dabunt, atque ego hodie dabo.

SOSIA.

Istuc tibi est in manu; nam tuus sum.

AMPHITRUO.

Tun' me, verbero, audes herum ludificari?
Tun' id dicere audes, quod nemo unquam homo antehac
Vidit, nec potest fieri, tempore uno
Homo idem duobus locis ut simul sit?

SOSIA.

Profecto, ut loquor, ita res est.

AMPHITRUO.

Jupiter te perdat!

SOSIA.

Quid mali sum, here, tua ex re promeritus?

AMPHITRUO.

Rogasne, inprobe, etiam qui ludos facis me?

SOSIA.

Merito maledicas mihi, si non id ita factum 'st.
Verum haud mentior, resque uti facta, dico.

AMPHITRUO.

Homo hic ebrius est, ut opinor.

SOSIE.

C'est cela, voilà ton habitude, jamais de confiance dans tes serviteurs.

AMPHITRYON.

Qu'est-ce à dire? Comment? par tous les dieux, coquin, je t'arracherai ta coquine de langue!

SOSIE.

Tu es mon maître. Fais de moi ce qu'il te plaira; mais tu auras beau faire, tu ne m'empêcheras pas de dire la chose comme elle est.

AMPHITRYON.

Oses-tu bien, malheureux, soutenir que tu es à la maison, quand tu es ici?

SOSIE.

C'est la vérité.

AMPHITRYON.

Malheur à toi, de par les dieux, et de par moi bientôt!

SOSIE.

Mon sort est en tes mains. Je t'appartiens.

AMPHITRYON.

Quoi! maraud, tu oses te railler de ton maître? Tu oses affirmer une chose impossible, inouïe! qu'un homme est en deux endroits en même temps!

SOSIE.

Je t'assure que je dis la pure vérité.

AMPHITRYON.

Jupiter te confonde!

SOSIE.

De quoi suis-je coupable envers toi, mon maître?

AMPHITRYON.

Tu le demandes, insolent, et tu te moques de moi!

SOSIE.

Tu aurais sujet de me traiter de la sorte si j'avais cette audace; mais je ne mens pas, et je te rapporte exactement le fait.

AMPHITRYON.

Il est ivre, je pense.

SOSIA.

Utinam ita essem

AMPHITRUO.

Optas quæ facta.

SOSIA.

Egone?

AMPHITRUO.

Tu istic : ubi bibisti?

SOSIA.

Nusquam equidem bibi.

AMPHITRUO.

Quid hoc sit hominis?

SOSIA.

Equidem decies dixi :
Domi ego sum, inquam;
Ecquid audis? et apud te adsum Sosia idem.
Satin' hoc plane,
Satin' diserte, here, nunc videor tibi locutus ?

AMPHITRUO.

Vah ! apage te a me.

SOSIA.

Quid est negoti?

AMPHITRUO.

Pestis te tenet.

SOSIA.

Nam cur istuc dicis?
Equidem valeo, et salvos sum recte, Amphitruo.

AMPHITRUO.

At te ego faciam hodie, proinde ac meritus es,
Ut minus valeas, et miser sis,
Salvos domum si rediero : jam
Sequere, sis, herum qui ludificas dictis delirantibus :
Qui quoniam, herus quod inperavit, neglexisti persequi,
Nunc venis etiam ultro inrisum dominum : quæ neque fieri
Possunt, neque fando unquam adcepit quisquam, profers, carnufex;
Quojus ego hodie in tergo faxo ista expetant mendacia.

SOSIA.

Amphitruo, miserruma istæc miseria est servo bono,
Apud herum qui vera loquitur, si id vi verum vincitur.

SOSIE.

Ma foi, je le voudrais.

AMPHITRYON.

Tu n'as pas besoin de le souhaiter.

SOSIE.

Moi?

AMPHITRYON.

Toi-même. Où as-tu bu?

SOSIE.

Nulle part.

AMPHITRYON.

Quel drôle est-ce là?

SOSIE.

Je te l'ai déjà répété dix fois. Je suis à la maison, m'entends-tu? et je suis auprès de toi, moi-même, Sosie. M'expliqué-je en termes assez intelligibles, assez clairs?

AMPHITRYON.

Ah! éloigne-toi d'ici.

SOSIE.

Qu'y a-t-il?

AMPHITRYON.

Je ne sais quel mal te possède.

SOSIE.

Comment cela? Je suis sain et d'esprit et de corps, Amphitryon.

AMPHITRYON.

Mais tu ne seras pas toujours si dispos. On te traitera selon tes mérites. Que je rentre chez moi sans encombre, et ton sort sera digne de pitié. Allons, suis-moi, toi qui abuses de la patience de ton maître par tes balivernes, et qui, non content d'avoir négligé ma commission, viens encore te moquer de moi en face... Le bourreau! me conter ce qu'on n'a jamais ouï, ce qui est impossible! Ton dos payera pour tous tes mensonges.

SOSIE.

Amphitryon, c'est une grande misère pour un misérable et bon serviteur, qui dit la vérité à son maître, d'avoir tort parce qu'il est le plus faible.

AMPHITRUO.

Quo id, malum, pacto potest (nam mecum argumentis puta)
Fieri, nunc uti tu heic sis et domi? Id dici volo.

SOSIA.

Sum profecto et heic et illeic : hoc quoivis mirari licet.
Neque tibi istuc mirum magi' videtur, quam mihi [Amphitruo].

AMPHITRUO.

Quo modo?

SOSIA.

Nihilo, inquam, mirum magi' tibi istuc, quam mihi.
Neque, ita me di ament, credebam primo mihimet Sosiæ,
Donec Sosia, ille egomet, fecit sibi uti crederem.
Ordine omne uti quidque actum 'st, dum apud hosteis sedimus,
Edissertavit : tum formam una abstulit cum nomine;
Neque lacte lacti magis est simile, quam ille ego simili'st mei.
Nam ut dudum ante lucem a portu me præmisisti domum...

AMPHITRUO.

Quid igitur?

SOSIA.

Prius multo ante ædeis stabam, quam illo adveneram.

AMPHITRUO.

Quas, malum, nugas! satin' tu sanus es?

SOSIA.

Sic sum, ut vides.

AMPHITRUO.

Huic homini nescio quid est mali mala objectum manu,
Postquam a me ab

SOSIA.

Fateor; nam sum obtusus pugnis pessume.

AMPHITRUO.

Quis te verberavit?

SOSIA.

Egomet memet, qui nunc sum domi.

AMPHITRUO.

Cave quidquam, nisi quod rogabo te, mihi responderis.
Omnium primum, iste qui sit Sosia, hoc dici volo.

AMPHITRYON.

Eh! que diantre! comment se fait-il (car je veux bien raisonner avec toi) que tu sois ici et à la maison? Voyons, dis-le-moi.

SOSIE.

Je t'assure que je suis ici et là. Qu'on s'en étonne tant qu'on voudra, on n'en sera pas plus étonné que moi.

AMPHITRYON.

Comment?

SOSIE.

Non, te dis-je, tu ne saurais être étonné plus que moi. Que les dieux me punissent si je m'en croyais d'abord, moi Sosie, jusqu'à ce que ce Sosie, l'autre moi, m'ait forcé de l'en croire. Il m'a dit en détail, de point en point, tout ce qui s'est passé pendant que nous étions chez les ennemis. Il m'a volé ma figure avec mon nom. Deux gouttes de lait ne se ressemblent pas plus qu'il ne me ressemble. Lorsque tu m'as dépêché en avant, du port à la maison...

AMPHITRYON.

Ensuite?

SOSIE.

J'étais en sentinelle à la porte, longtemps avant que je fusse arrivé.

AMPHITRYON.

Quelles impertinences! drôle! Es-tu dans ton bon sens?

SOSIE.

Comme tu vois.

AMPHITRYON.

Une main malfaisante lui aura jeté quelque maléfice, depuis que je l'ai fait partir.

SOSIE.

Maléfice! sans doute; car je suis terriblement maléficié de coups de poing.

AMPHITRYON.

Qui est-ce qui t'a frappé?

SOSIE.

Moi-même, moi qui suis maintenant à la maison.

AMPHITRYON.

Songe à répondre à toutes mes questions, mais sans divaguer. D'abord je veux savoir quel est ce Sosie.

SOSIA.

Tuus est servos.

AMPHITRUO.

Mihi quidem uno te plus etiam 'st quam volo :
Neque, postquam sum gnatus, habui, nisi te, servom Sosiam.

SOSIA.

At ego nunc, Amphitruo, dico; Sosiam servom tuum,
Præter me alterum, inquam, adveniens faciam ut obfendas domi,
Davo prognatum patre eodem quo ego sum, forma, ætate item
Qua ego sum : quid opu'st verbis? geminus Sosia heic factu'st tibi.

AMPHITRUO.

Nimia memoras mira : sed vidistin' uxorem meam?

SOSIA.

Quin, introire in ædeis nunquam licitum 'st.

AMPHITRUO.

Quis te prohibuit?

SOSIA.

Sosia ille, quem jamdudum dico, is qui me contudit.

AMPHITRUO.

Quis istic Sosia 'st?

SOSIA.

Ego, inquam : quoties dicundum 'st tibi?

AMPHITRUO.

Sed quid ais? num obdormivisti dudum?

SOSIA.

Nusquam gentium.

AMPHITRUO.

Ibi forte istum si vidisses quemdam in somnis Sosiam.

SOSIA.

Non soleo ego somniculose heri inperia persequi.
Vigilans vidi, vigilans nunc te video, vigilans fabulor,
Vigilantem ille me jamdudum vigilans pugnis contudit.

AMPHITRUO.

Quis homo?

SOSIA.

Sosia, inquam, ego ille : quæso, nonne intellegis!

SOSIE.

C'est ton esclave.

AMPHITRYON.

Ce m'est déjà trop d'un drôle comme toi : je n'eus jamais, depuis que j'existe, d'autre esclave que toi de ce nom.

SOSIE.

Et moi, je te dis, Amphitryon, que tu as un second Sosie avec moi; tu le trouveras en arrivant à la maison; fils de Dave; même père, même figure, même âge. Que te dirai-je? ton Sosie est devenu double.

AMPHITRYON.

Ce que tu dis est bien étrange. Mais as-tu vu ma femme?

SOSIE.

Bah! il ne m'a pas été permis de passer la porte.

AMPHITRYON.

Qui t'en a empêché?

SOSIE.

Ce Sosie dont je te parle, qui m'a battu.

AMPHITRYON.

Qui est ce Sosie?

SOSIE.

Moi, te dis-je. Combien de fois faut-il te le redire?

AMPHITRYON.

Ah! çà, ne t'es-tu pas endormi?

SOSIE.

Pas du tout.

AMPHITRYON.

Peut-être tu as vu ce Sosie en songe?

SOSIE.

Je ne m'endors jamais en exécutant les ordres de mon maître. Je l'ai vu bien éveillé, bien éveillé je te vois, bien éveillé je te parle; j'étais bien éveillé, comme il l'était aussi, quand il m'a rossé d'importance.

AMPHITRYON.

Qui donc?

SOSIE.

Sosie, dis-je, l'autre moi. Est-ce que tu ne me comprends pas?

AMPHITRUO.

Qui, malum, intellegere quisquam potis est? ita nugas blatis.

SOSIA.

Verum actutum gnosces?

AMPHITRUO.

Quem?

SOSIA.

Illum gnosces, servom Sosiam.

AMPHITRUO.

Sequere hac igitur me: nam mi istuc primum exquisito 'st opus.
Sed vide ex navi ecferantur, quæ inperavi, jam omnia.

SOSIA.

Et memor sum, et diligens, ut, quæ inperes, conpareant.
Non ego cum vino simitu ebibi inperium tuum.

AMPHITRUO.

Utinam di faxint, infecta dicta re eveniant tua!

ALCUMENA, AMPHITRUO, SOSIA, THESSALA.

ALCUMENA.

Satin' parva res est voluptatum in vita,
Atque in ætate agunda,
Præ quam quod molestum 'st? ita quoique conparatum
Est in ætate hominum,
Ita dis placitum, voluptatem ut mœror comes consequatur;
Quin, inconmodi plus malique inlico adsit, boni si obtigit quid.
Nam ego id nunc experior domo, atque ipsa de me scio, quoi voluptas
Parumper data 'st, dum viri mei mihi potestas vidundi fuit
Noctem unam modo; atque is repente abiit a me hinc ante lucem.
Sola heic mihi nunc videor, quia ille hinc abest, quem ego amo præter omneis
Plus ægri ex abitu viri, quam ex adventu voluptatis cepi.
Sed hoc me beat saltem, quod perduelleis vicit, et domum
Laudis conpos revenit : id solatio 'st. Absit, dummodo
Laude parta domum recipiat se : feram et perferam usque

AMPHITRYON.
Eh! qui peut rien comprendre, maraud, aux sottises que tu débites?
SOSIE.
Eh bien! tu vas le voir.
AMPHITRYON.
Qui?
SOSIE.
Ce Sosie, ton esclave.
AMPHITRYON.
Suis-moi, viens; je veux au plus vite pénétrer ce mystère. Aie soin de faire apporter à l'instant du vaisseau ce que j'ai commandé.
SOSIE.
Je ne manque ni de mémoire ni d'exactitude pour faire tout ce que tu commandes. Je n'ai pas mangé tes ordres avec mon souper.
AMPHITRYON.
Veuillent les dieux que les faits démentent tes paroles!

ALCMÈNE, AMPHITRYON, SOSIE, THESSALA[1].

ALCMÈNE, ne voyant ni Amphitryon, ni Sosie.
Hélas! que dans la vie les plaisirs sont courts en comparaison des chagrins! Telle est la condition humaine; ainsi en ont ordonné les dieux : au bonheur succède la peine, elle vient avec lui, et le mal dépasse toujours le bien, si l'on a pu avoir quelque jouissance. J'en fais moi-même l'épreuve. Je fus heureuse quelques instants de revoir mon époux; une seule nuit, et soudain il me quitte sans attendre le jour. Il me semble que je suis dans un désert, depuis le départ de ce que j'ai de plus cher au monde. Son absence me cause plus de douleur que sa présence ne me donnait de joie... Du moins sa gloire me console; sa victoire sur les ennemis de l'État charme mon âme. Qu'il s'éloigne de moi, pourvu qu'il rentre avec honneur dans ses foyers. J'aurai le cou-

---

1. Acte II, scène II.

Abitum ejus animo forti atque obfirmato, id modo si mercedis
Datur mihi, ut meus victor vir belli clueat; satis
Mihi esse ducam. Virtus præmium 'st optumum.
Virtus omnibus rebus anteit profecto.
Libertas, salus, vita, res, parenteis,
Patria et prognati tutantur, servantur;
Virtus omnia in se habet; omnia adsunt bona, quem penes est virtus.

AMPHITRUO.

Edepol, me uxori exoptatum credo adventurum domum,
Quæ me amat, quam contra amo; præsertim re gesta bene,
Victis hostibus, quos nemo posse superari ratu'st :
Eos auspicio meo atque ductu primo cœtu vicimus.
Certe enim me illi exspectatum optato venturum scio.

SOSIA.

Quid me non rere exspectatum amicæ venturum meæ?

ALCUMENA.

Meus vir hic quidem 'st.

AMPHITRUO.

Sequere hac tu me.

ALCUMENA.

Nam quid ille revortitur,
Qui dudum properare sese aibat? an ille me tentat sciens?
Atque si id volt experiri, suum abitum ut desiderem,
Ecastor, med haud invita se domum recipit suam.

SOSIA.

Amphitruo, redire ad navem meliu'st nos.

AMPHITRUO.

Qua gratia?

SOSIA.

Quia domi daturus nemo 'st prandium advenientibus.

AMPHITRUO.

Qui tibi istuc in mentem venit?

SOSIA.

Quia enim sero advenimus.

AMPHITRUO.

Qui?

rage, j'aurai la force de supporter cette séparation. Non, je ne me plaindrai pas, si l'on proclame mon époux vainqueur de l'ennemi. Je serai satisfaite. La valeur est un don céleste. Oui, la valeur est d'un prix à qui tout cède. Liberté, puissance, richesses, existence, famille, patrie, parents, tout est défendu, tout est conservé par la valeur. La valeur renferme en elle tout ce qu'on estime; c'est avoir tous les biens qu'avoir la valeur.

AMPHITRYON, sans apercevoir Alcmène.

Mon épouse m'aime comme je la chéris. Sans doute sa joie sera grande à me voir de retour, surtout après de tels succès, après cette victoire remportée sur des ennemis qu'on croyait invincibles. C'est sous mes auspices et sous mon commandement qu'ils ont été vaincus à la première rencontre. Mon arrivée, j'en suis sûr, comblera tous ses vœux.

SOSIE.

Et moi, penses-tu que je ne comblerai pas aussi les vœux de ma belle?

ALCMÈNE, apercevant Amphitryon.

C'est mon époux!

AMPHITRYON, à Sosie, sans voir Alcmène.

Viens, suis-moi.

ALCMÈNE.

Pourquoi revient-il? tout à l'heure il était si pressé de partir! Est-ce qu'il a dessein de me surprendre? Veut-il voir comme on le regrette ici? Assurément son retour ne me contrarie pas.

SOSIE, regardant Alcmène.

Amphitryon, si tu m'en crois, nous retournerons au vaisseau.

AMPHITRYON.

Pourquoi?

SOSIE.

Parce qu'il n'y a point de repas de bienvenue pour nous à la maison.

AMPHITRYON.

D'où te vient cette pensée?

SOSIE.

Nous arrivons trop tard.

AMPHITRYON.

Comment?

SOSIA.

Quia Alcumenam ante ædeis stare saturam intellego.

AMPHITRUO.

Gravidam ego illanc heic reliqui, quom abeo.

SOSIA.

Hei perii miser!

AMPHITRUO.

Quid tibi 'st?

SOSIA.

Ad aquam præbendam commodum adveni domum,
Decumo post mense, ut rationem te dictare intellego.

AMPHITRUO.

Bono animo es.

SOSIA.

Scin' quam bono animo sim? si situlam cepero,
Nunquam, edepol, tu mihi divini quidquam creduis post hunc diem,
Ni ego illi puteo, si obcepso, animam omnem intertraxero.

AMPHITRUO.

Sequere hac me modo. Alium ego isti rei adlegabo, ne time.

ALCUMENA.

Magis nunc meum obficium facere, si huic eam advorsum, arbitror.

AMPHITRUO.

Amphitruo uxorem salutat lætus speratam suam,
Quam omnium Thebis vir unam esse optumam dijudicat,
Quamque adeo civeis Thebani vero rumificant probam.
Valuistin' usque? exspectatusne advenio?

SOSIA.

Haud vidi magis
Exspectatum! eum salutat magis haud quisquam, quam canem.

AMPHITRUO.

Et quom te gravidam, et quom pulchre plenam adspicio, gaudeo.

ALCUMENA.

Obsecro, ecastor, quid tu me deridiculi gratia
Sic salutas atque adpellas, quasi dudum non videris,
Quasique nunc primum recipias te domum huc ex hostibus,
Atque me nunc proinde adpellas, quasi multo post videris?

SOSIE, montrant Alcmène enceinte.

Ne vois-tu pas Alcmène à la porte? Il me paraît qu'elle n'est pas à jeun.

AMPHITRYON.

Je l'ai laissée enceinte en partant.

SOSIE.

Ah! pauvre Sosie! que vas-tu devenir?

AMPHITRYON.

Qu'est-ce que tu as?

SOSIE.

Je vois, d'après ton compte, que j'arrive tout à point le dixième mois, pour tirer de l'eau.

AMPHITRYON.

Sois tranquille.

SOSIE.

Oui, sois tranquille! je vais avoir le seau en main, et me mettre à l'œuvre. Par Pollux! il me faudra tirer l'âme du puits. Tu verras si je mens.

AMPHITRYON.

Viens toujours. Je chargerai un autre de ce soin. Sois sans crainte.

ALCMÈNE, à part.

Le devoir n'exige pas que j'aille au-devant de lui.

AMPHITRYON.

Amphitryon salue avec joie son épouse, sa bien-aimée, celle que son mari estime par-dessus toutes les femmes de Thèbes, et à qui l'opinion commune rend pleine justice. T'es-tu bien portée? désirais-tu de me revoir?

SOSIE, à part.

Jamais on ne revint plus désiré. Personne ne le salue non plus que si c'était un chien.

AMPHITRYON.

Je me réjouis et de ta fécondité et de ton heureuse grossesse.

ALCMÈNE.

Par Castor! te moques-tu de m'aborder ainsi, et de me saluer comme si tu ne m'avais pas vue il n'y a qu'un moment? Il semblerait à tes discours que tu me rencontres pour la première fois depuis ton retour de la guerre, et qu'il y a longtemps que nous ne nous sommes vus.

AMPHITRUO.
Imo equidem te, nisi nunc hodie, nusquam vidi gentium.
ALCUMENA.
Cur negas?
AMPHITRUO.
Quia vera didici dicere.
ALCUMENA.
Haud æquom facit,
Qui, quod didicit, id dediscit. An periclitamini,
Quid animi habeam? sed quid huc vos revortimini tam cito?
An te auspicium conmoratum 'st? an tempestas continet,
Qui non abiisti ad legiones, ita uti dudum dixeras?
AMPHITRUO.
Dudum! quamdudum istuc factum 'st?
ALCUMENA.
Tentas; jam dudum, modo?
AMPHITRUO.
Qui istuc potis est fieri, quæso, ut dicis, jam dudum, modo?
ALCUMENA.
Quid enim censes? te ut deludam contra, lusorem meum,
Qui nunc primum te advenisse dicas, modo qui hinc abieris?
AMPHITRUO.
Hæc quidem deliramenta loquitur.
SOSIA.
Paulisper mane,
Dum edormiscat unum somnum.
AMPHITRUO.
Quæne vigilans somniat.
ALCUMENA.
Equidem, ecastor, vigilo, et vigilans id, quod factum 'st, fabulor.
Nam dudum ante lucem et istunc et te vidi.
AMPHITRUO.
Quo in loco?
ALCUMENA.
Heic, in ædibus, ubi tu habitas.
AMPHITRUO.
Nunquam factum 'st.

AMPHITRYON.

Sans doute, je te vois aujourd'hui, en ce moment, pour la première fois.

ALCMÈNE.

Pourquoi dire cela?

AMPHITRYON.

Parce que je ne sais dire que la vérité.

ALCMÈNE.

On a tort d'oublier ce qu'on sait si bien. Viens-tu éprouver mes sentiments? Pourquoi ce brusque retour? Sont-ce les auspices qui t'ont arrêté? Le mauvais temps t'aura-t-il empêché d'aller rejoindre tes légions, comme tu le disais tantôt?

AMPHITRYON.

Tantôt? et quand cela, s'il te plaît?

ALCMÈNE.

Tu t'amuses! oui, tantôt, tout à l'heure.

AMPHITRYON.

Comment expliquer ce langage : tantôt! tout à l'heure

ALCMÈNE.

A ton avis, ne puis-je pas me railler de qui se raille de moi? Tu me soutiens bien qu'on te revoit en ce moment pour la première fois, quand tu viens de me quitter!

AMPHITRYON.

Elle déraisonne.

SOSIE.

Attends un peu qu'elle ait fini son somme.

AMPHITRYON.

Oh! elle rêve tout éveillée.

ALCMÈNE.

Non, assurément, je ne rêve pas; je suis bien éveillée; je dis l'exacte vérité : je t'ai vu tantôt avant le jour, et Sosie t'accompagnait.

AMPHITRYON.

Où?

ALCMÈNE.

Ici même, dans ta propre demeure.

AMPHITRYON.

Jamais

SOSIA.
Non taces?
Quid si e portu navis huc nos dormienteis detulit?
AMPHITRUO.
Etiam tu quoque adsentaris huic?
SOSIA.
Quid vis fieri?
Non tu scis, Bacchæ bacchanti si velis advorsarier,
Ex insana insaniorem facies, feriet sæpius :
Si obsequare, una resolvas plaga.
AMPHITRUO.
At, pol, quin certa res
Hanc est objurgare, quæ me hodie advenientem domum
Noluerit salutare.
SOSIA.
Inritabis crabrones.
AMPHITRUO.
Tace.
Alcumena, unum rogare te volo.
ALCUMENA.
Quid vis rogare roga.
AMPHITRUO.
Num tibi aut stultitia adcessit, aut superat superbia?
ALCUMENA.
Qui istuc in mentem tibi, mi vir, percontarier?
AMPHITRUO.
Quia salutare advenientem me solebas antidhac,
Adpellare itidem, ut pudicæ suos viros, quæ sunt, solent.
Eo more expertem te factam adveniens obfendi domi.
ALCUMENA.
Ecastor, equidem te certo heri advenientem inlico
Et salutavi, et valuissesne usque, exquisivi simul,
Mi vir, et manum prehendi et osculum tetuli tibi.
SOSIA.
Tun' heri hunc salutavisti?
ALCUMENA.
Et te quoque etiam, Sosia.
SOSIA.
Amphitruo, speravi ego istam tibi parituram filium;
Verum non est puero gravida.

SOSIE, ironiquement.

Prends-y garde. Si le vaisseau nous avait transportés ici tout endormis?

AMPHITRYON.

Oui, flatte sa manie.

SOSIE.

Que veux-tu? Si l'on contrarie une bacchante qui fait ses Bacchanales, sa folie devient fureur : elle redouble les coups; si on lui cède, on en est quitte pour un seul.

AMPHITRYON.

Non, non, par Pollux! je ne souffrirai pas si patiemment son mauvais accueil.

SOSIE.

N'irrite pas les frelons.

AMPHITRYON, à Sosie.

Silence... (Se tournant vers son épouse.) Alcmène, une seule question.

ALCMÈNE.

Toutes celles que tu voudras.

AMPHITRYON.

As-tu perdu la raison? ou veux-tu m'insulter?

ALCMÈNE.

Amphitryon, comment peux-tu me faire une pareille demande?

AMPHITRYON.

Parce que tu avais coutume autrefois de me bien recevoir à mon arrivée, et de me parler comme une épouse fidèle qui revoit son mari. Mais aujourd'hui je te trouve bien changée.

ALCMÈNE.

Je te proteste qu'hier, à ton arrivée, je te dis bonjour, je te demandai des nouvelles de ta santé, je te pris la main et je t'embrassai.

SOSIE.

Tu lui as dit bonjour hier?

ALCMÈNE.

Et à toi aussi, Sosie.

SOSIE.

J'espérais que ta femme te donnerait un fils; mais ce n'est pas d'un enfant qu'elle est grosse.

AMPHITRUO.

Quid igitur?

SOSIA.

Insania.

ALCUMENA.

Equidem sana sum, et deos quæso ut salva pariam filium.
Verum tu magnum malum habebis, si hic suum opficium facit:
Ob istuc omen, ominator, capies quod te condecet.

SOSIA.

Enim vero prægnanti oportet et malum malum dari,
Ut, quod obrodat, sit, animo si male esse obcœperit.

AMPHITRUO.

Tu me heri heic vidisti?

ALCUMENA.

Ego, inquam, si vis decies dicere.

AMPHITRUO.

In somnis fortasse.

ALCUMENA.

Imo vigilans vigilantem.

AMPHITRUO.

Væ misero mihi!

SOSIA.

Quid tibi 'st?

AMPHITRUO.

Delirat uxor.

SOSIA.

Atra bili percita 'st.
Nulla res tam deliranteis homines concinnat cito.

AMPHITRUO.

Ubi primum tibi sensisti, mulier, inpliciscier?

ALCUMENA.

Equidem, ecastor, sana et salva sum.

AMPHITRUO.

Cur igitur prædicas
Te heri me vidisse, qui hac noctu in portum advecti sumus?
Ibi cœnavi, atque ibi quievi in navi noctem perpetem.
Neque meum pedem huc intuli etiam in ædeis, ut cum exercitu
Hinc profectus sum ad Teleboas hosteis, eosque ut vicimus.

AMPHITRYON.

Hé bien ! quoi ?

SOSIE.

C'est de folie.

ALCMÈNE.

Non, j'ai toute ma raison, et veuillent les dieux que j'accouche heureusement d'un fils ! Mais toi, tu auras ce que tu mérites, si Amphitryon fait ce qu'il doit; et tu recueilleras le fruit de tes sinistres paroles, sinistre discoureur.

SOSIE, faisant le geste d'un homme qui frappe.

C'est aux femmes en couche qu'il faut donner des fruits un peu durs à ronger, pour les ranimer si elles tombent en faiblesse.

AMPHITRYON.

Tu me vis hier ici ?

ALCMÈNE.

Oui ; faut-il le redire cent fois ?

AMPHITRYON.

Probablement en songe ?

ALCMÈNE.

Non, je ne dormais pas, non plus que toi.

AMPHITRYON.

Quel malheur !

SOSIE.

Qu'est-ce qui t'arrive ?

AMPHITRYON

Ma femme est en démence.

SOSIE.

Elle a des humeurs noires ; il n'y a rien qui trouble autant l'esprit.

AMPHITRYON.

Alcmène, quand as-tu ressenti les premières atteintes de ce mal ?

ALCMÈNE.

Vraiment, je ne me sens ni la tête ni le corps malades.

AMPHITRYON.

Pourquoi soutenir que tu me vis hier ici, quand nous sommes arrivés cette nuit dans le port ? J'ai soupé à bord, j'y ai passé la nuit entière, et je n'ai pas encore mis les pieds chez moi, depuis que je partis avec l'armée pour combattre les Téléboens, et depuis que nous les avons vaincus.

AMPHITRUO.

ALCUMENA.

Imo mecum cœnavisti, et mecum cubuisti.

AMPHITRUO.

Quid id est?

ALCUMENA.

Vera dico.

AMPHITRUO.

Non quidem, hercle, de hac re; de aliis nescio.

ALCUMENA.

Primulo diluculo abivisti ad legiones.

AMPHITRUO.

Quomodo?

SOSIA.

Recte dicit; ut conmeminit, somnium narrat tibi.
Sed, mulier, postquam experrecta 's, prodigiali Jovi
Aut mola salsa hodie, aut thure conprecatam oportuit.

ALCUMENA.

Væ capiti tuo!

SOSIA.

Tua istuc refert, si curaveris.

ALCUMENA.

Iterum jam hic in me inclementer dicit, atque id sine malo!

AMPHITRUO.

Tace tu. Tu dic: egone abs te abii hinc hodie cum diluculo?

ALCUMENA.

Quis igitur, nisi vos, narravit mi, illei ut fuerit prælium?

AMPHITRUO.

An et id tu scis?

ALCUMENA.

Quippe quæ ex te audivi: ut urbem maxumam
Expugnavisses; regemque Pterelam tute obcideris.

AMPHITRUO.

Egone istuc dixi?

ALCUMENA.

Tute istic, etiam adstante hoc Sosia.

ALCMÈNE.

Et moi, je te dis que tu as soupé avec moi, sur le même lit.

AMPHITRYON.

Que dis-tu là ?

ALCMÈNE.

La vérité.

AMPHITRYON.

Oh ! pour cela, non, certainement. Quant au reste, je n'en sais rien.

ALCMÈNE.

Tu es allé à la pointe du jour rejoindre tes légions.

AMPHITRYON.

Comment ?

SOSIE.

Elle a raison. Elle te raconte son rêve, comme il est resté dans sa mémoire. (A Alcmène.) Mais tu aurais dû, en t'éveillant, invoquer Jupiter qui détourne les prodiges, et lui offrir de l'encens ou l'orge avec le sel.

ALCMÈNE.

Misérable !

SOSIE.

C'est ton affaire, au surplus, de conjurer le mal.

ALCMÈNE.

Il m'outrage encore, et impunément !

AMPHITRYON, à Sosie.

Tais-toi. (A Alcmène.) Et toi, réponds-moi : je t'ai quittée ce matin, à la pointe du jour ?

ALCMÈNE.

Qui donc, si ce n'est vous deux, m'a raconté les détails de l'expédition ?

AMPHITRYON.

Tu les connais aussi ?

ALCMÈNE.

Puisque je les tiens de toi-même : tu as pris une ville très forte; tu as tué de ta main Ptérélas.

AMPHITRYON.

Moi, je t'ai dit tout cela ?

ALCMÈNE.

Toi même; et Sosie était présent.

AMPHITRUO.
Audivistin' tu me narrare hoc hodie?

SOSIA.
Ubi ego audiverim?

AMPHITRUO.
Hanc roga.

SOSIA.
Me quidem præsente nunquam factum 'st, quod sciam.

ALCUMENA.
Mirum, quin te advorsus dicat.

AMPHITRUO.
Sosia, age, me huc adspice.

SOSIA.
Specto.

AMPHITRUO.
Vera volo loqui te, nolo adsentari mihi.
Audivistin' tu hodie me illi dicere ea quæ illa autumat?

SOSIA.
Quæso, edepol, num tu quoque etiam insanis, quom id me interrogas,
Qui ipsus equidem nunc primum istanc tecum conspicio simul?

AMPHITRUO.
Quin nunc, mulier, audin' illum?

ALCUMENA.
Ego vero; ac falsum dicere.

AMPHITRUO.
Neque tu illi, neque mi viro ipsi credis?

ALCUMENA.
Eo fit, quia mihi
Plurimum credo, et scio istæc facta proinde ut proloquor.

AMPHITRUO.
Tun' me heri advenisse dicis?

ALCUMENA.
Tun' te abisse hodie hinc negas?

AMPHITRUO.
Nego enim vero; et me advenire nunc primum aio ad te domum.

AMPHITRYON, à Sosie.

Est-ce que tu m'as entendu faire ce récit aujourd'hui ?

SOSIE.

Et où veux-tu que je l'aie entendu ?

AMPHITRYON.

Demande-lui.

SOSIE.

Il n'y a pas eu de conversation pareille en ma présence, du moins que je sache.

ALCMÈNE.

Il est bien étonnant qu'il ne te démente pas !

AMPHITRYON.

Sosie, or çà, regarde-moi.

SOSIE.

Je te regarde.

AMPHITRYON.

Je veux que tu dises la vérité, sans aucune complaisance pour moi. M'as-tu entendu raconter aujourd'hui ce que dit Alcmène ?

SOSIE.

Par Pollux ! as-tu aussi perdu l'esprit, de me faire une pareille question, puisque je ne la vois que dans ce moment-ci, avec toi, pour la première fois ?

AMPHITRYON.

Tu l'entends, Alcmène.

ALCMÈNE.

Oui, j'entends un menteur.

AMPHITRYON.

Tu n'en crois ni lui, ni même ton époux ?

ALCMÈNE.

Non ; car je m'en crois davantage moi-même, et je sais que les choses sont comme je le dis.

AMPHITRYON.

Tu affirmes que je vins hier ?

ALCMÈNE.

Tu nies que tu m'as quittée ce matin ?

AMPHITRYON.

Sans doute, et j'assure que je reviens à présent seulement, et que je ne t'avais pas encore vue.

ALCUMENA.

Obsecro, etiamne hoc negabis, te auream pateram mihi
Dedisse dono hodie, qua te illeic donatum esse dixeras?

AMPHITRUO.

Neque, edepol, dedi, neque dixi; verum ita animatus fui,
Itaque nunc sum, ut ea te patera donem. Sed qui istuc tibi
Dixit?

ALCUMENA.

Ego quidem ex te audivi, et ex tua adcepi manu
Pateram.

AMPHITRUO.

Mane, mane, obsecro te. Nimis demiror, Sosia,
Qui illæc illeic me donatum esse aurea patera sciat,
Nisi tu dudum hanc convenisti, et narravisti hæc omnia.

SOSIA.

Neque, edepol, ego dixi, neque istam vidi, nisi tecum simul.

AMPHITRUO.

Quid hoc sit hominis?

ALCUMENA.

Vin' proferri pateram?

AMPHITRUO.

Proferri volo.

ALCUMENA.

Fiat. Tu, Thessala, intus pateram proferto foras,
Qua hodie meus vir donavit me.

AMPHITRUO.

Secede huc tu, Sosia.
Enim vero illud præter alia mira miror maxume,
Si hæc habet pateram illam.

SOSIA.

An etiam id credis, quæ in hac cistellula
Tuo signo obsignata fertur?

AMPHITRUO.

Salvom signum 'st?

SOSIA.

Inspice.

AMPHITRUO.

Recte ita 'st, ut obsignavi.

ALCMÈNE.

Nieras-tu aussi, je te prie, que tu m'as fait présent d'une coupe d'or qu'on t'avait donnée à l'armée comme récompense?

AMPHITRYON.

Je ne t'ai point fait ce présent, ni ne t'en ai parlé. J'en avais, il est vrai, l'intention, comme je l'ai encore. Mais qui te l'a dit?

ALCMÈNE.

Toi-même; et c'est de ta main que j'ai reçu la coupe.

AMPHITRYON.

Un moment, un moment, je te prie. Voilà qui me surprend, Sosie. Comment sait-elle qu'on m'a donné la coupe d'or là-bas, si tu ne l'as vue tantôt, et si tu ne lui as tout conté?

SOSIE.

Je jure que je n'ai rien dit, et que je ne l'ai pas vue sans toi.

AMPHITRYON.

Quel drôle est-ce là?

ALCMÈNE.

Veux-tu qu'on te montre la coupe?

AMPHITRYON.

Oui.

ALCMÈNE.

Eh bien! soit. Thessala, va chercher à la maison la coupe que mon mari m'a donnée aujourd'hui, et apporte-la.

AMPHITRYON.

Sosie, viens de ce côté; car si elle possède la coupe, c'est une merveille qui me surprend plus que toutes les autres.

SOSIE, montrant le coffret qu'il tient.

Est-ce que tu crois cela? Elle est dans ce coffret, scellé de ton cachet.

AMPHITRYON.

Le cachet n'est pas rompu?

SOSIE.

Vois.

AMPHITRYON.

Non, il est bien comme je l'ai mis.

AMPHITRUO.

SOSIA.

Quæso quin tu istanc jubes
Pro cerita circumferri!

AMPHITRUO.

Edepol, quin facto 'st opus.
Nam hæc quidem, edepol, larvarum plena 'st.

ALCUMENA.

Quid verbis opu'st?
Hem tibi pateram, eccam.

AMPHITRUO.

Cedo mi.

ALCUMENA.

Age, adspice huc, sis, nunc jam,
Tu, qui, quæ facta, infitiare; quem ego jam heic convincam palam.
Estne hæc patera, qua donatus illei?

AMPHITRUO.

Summe Jupiter,
Quid ego video! hæc ea 'st profecto patera : perii, Sosia.

SOSIA.

Aut, pol, hæc præstigiatrix mulier multo maxuma 'st,
Aut pateram heic inesse oportet.

AMPHITRUO.

Agedum, solve cistulam.

SOSIA.

Quid ego istam exsolvam? obsignata 'st recte : res gesta 'st bene;
Tu peperisti Amphitruonem; ego alium peperi Sosiam :
Nunc si pateram patera peperit, omneis congeminavimus.

AMPHITRUO.

Certum 'st aperire, atque inspicere.

SOSIA.

Vide, sis, signi quid siet :
Ne posterius in me culpam conferas.

AMPHITRUO.

Aperi modo :
Nam hæc quidem nos deliranteis facere dictis postulat.

ALCUMENA.

Unde hæc igitur est, nisi abs te, quæ mihi dono data 'st?

SOSIE.

Tu devrais lui faire administrer les purifications des ensorcelés.

AMPHITRYON.

Elle en a besoin. Sa tête est remplie de visions.

ALCMÈNE, prenant la coupe que Thessala lui apporte.

Sans plus discourir, voici la coupe; tiens.

AMPHITRYON, prenant la coupe des mains d'Alcmène.

Voyons.

ALCMÈNE.

Regarde, et cesse de nier des faits certains. Tu seras convaincu par l'évidence. Est-ce là la coupe qu'on t'a donnée?

AMPHITRYON.

O grand Jupiter! que vois-je? C'est bien elle. Sosie, je suis perdu.

SOSIE.

Ou c'est la plus fine sorcière, ou la coupe doit être ici. (Montrant le coffret.)

AMPHITRYON.

Vite, ouvre le coffret.

SOSIE.

A quoi bon l'ouvrir? Le sceau y est bien. Tout se passe dans l'ordre. Tu as fait un second Amphitryon, comme moi un second Sosie. Si la coupe a fait aussi une seconde coupe, nous sommes tous doublés.

AMPHITRYON.

Ouvre, je veux voir.

SOSIE.

Regarde bien en quel état est le cachet, pour que tu ne m'accuses pas ensuite.

AMPHITRYON.

Ouvre sans plus tarder : car elle prétend nous rendre fous avec ses discours.

ALCMÈNE.

D'où me peut venir cette coupe, si tu ne me l'as pas donnée?

AMPHITRUO.

Opus mi est istuc exquisito.

SOSIA.

Jupiter, proh Jupiter!

AMPHITRUO.

Quid tibi 'st?

SOSIA.

Heic patera nulla in cistula 'st.

AMPHITRUO.

Quid ego audio?

SOSIA.

Id quod verum 'st.

AMPHITRUO.

At cum cruciatu jam, ni adparet, tuo.

ALCUMENA.

Hæc quidem adparet.

AMPHITRUO.

Quis igitur tibi dedit?

ALCUMENA.

Qui me rogat.

SOSIA.

Me captas, quia tute ab navi clanculum huc alia via
Præcucurristi, atque hinc pateram tute exemisti, atque eam
Huic dedisti, posthac rursus obsignasti clanculum.

AMPHITRUO.

Hei mihi! jam tu quoque hujus adjuvas insaniam?
Ain' heri nos advenisse huc?

ALCUMENA.

Aio, adveniensque inlico
Me salutavisti, et ego te, et osculum tetuli tibi.

SOSIA.

Jam illud non placet principium de osculo.

AMPHITRUO.

Perge exsequi.

ALCUMENA.

Lavisti.

AMPHITRUO.

Quid, postquam lavi?

AMPHITRYON.

C'est ce que j'ai besoin d'examiner.

SOSIE, ouvrant le coffret

Jupiter! ô Jupiter!

AMPHITRYON.

Qu'est-ce?

SOSIE.

Il n'y a plus de coupe dans le coffret.

AMPHITRYON.

Qu'entends-je?

SOSIE.

La vérité.

AMPHITRYON.

Malheur à toi si elle ne se retrouve pas!

ALCMÈNE.

Mais elle n'est pas perdue.

AMPHITRYON, à Alcmène.

Qui te l'a donnée?

ALCMÈNE.

Celui qui me le demande.

SOSIE, à Amphitryon.

Allons, tu veux m'attraper. Tu seras venu ici secrètement par un autre chemin, et tu m'auras devancé; puis tu auras retiré la coupe du coffret, et, après la lui avoir donnée, tu auras reposé le cachet sans qu'on te voie.

AMPHITRYON.

O misère! tu encourages sa folie. (A Alcmène.) Et toi, tu soutiens que je vins hier ici?

ALCMÈNE.

Oui; et tu me saluas en arrivant; et j'en fis de même pour toi, et je t'embrassai.

SOSIE, à part.

Cet embrassement ne me plaît pas, pour commencer.

AMPHITRYON.

Que se passa-t-il ensuite?

ALCMÈNE.

Tu allas au bain.

AMPHITRYON.

Et après le bain?

AMPHITRUO.

ALCUMENA.
Adcubuisti.
SOSIA.
Euge! optume.
Nunc exquire.
AMPHITRUO.
Ne interpella. Perge porro dicere.
ALCUMENA.
Cœna adposita 'st : cœnavisti mecum ; ego adcubui simul.
AMPHITRUO.
In eodem lecto?
ALCUMENA.
In eodem.
SOSIA.
Hei! non placet convivium.
AMPHITRUO.
Sine modo argumenta dicat. Quid, postquam cœnavimus?
ALCUMENA.
Te dormitare aibas : mensa ablata 'st, cubitum hinc abiimus.
AMPHITRUO.
Ubi tu cubuisti?
ALCUMENA.
In eodem lecto tecum una in cubiculo.
AMPHITRUO.
Perdidisti!
SOSIA.
Quid tibi 'st?
AMPHITRUO.
Hæc me modo ad mortem dedit.
ALCUMENA.
Quid jam, amabo?
AMPHITRUO.
Ne me adpella.
SOSIA.
Quid tibi 'st ?
AMPHITRUO.
Perii miser!
Quia pudicitiæ hujus vitium me heic absente 'st additum.

ALCMÈNE.

Tu te mis à table.

SOSIE.

Très bien ! A merveille ! Poursuis l'interrogatoire.

AMPHITRYON.

Ne nous interromps pas. (A Alcmène.) Continue.

ALCMÈNE.

On servit le souper. Nous soupâmes ensemble; j'étais placée à côté de toi.

AMPHITRYON.

Sur le même lit ?

ALCMÈNE.

Oui.

SOSIE.

Aie ! mauvaise familiarité !

AMPHITRYON.

Laisse-la s'expliquer. Et le souper fini ?

ALCMÈNE.

Tu dis que tu avais sommeil; on enleva la table, et nous allâmes nous coucher.

AMPHITRYON.

Et toi, où as-tu couché ?

ALCMÈNE.

Dans notre appartement, dans le même lit que toi.

AMPHITRYON.

Je suis assassiné !

SOSIE.

Quoi donc ?

AMPHITRYON.

Elle m'a donné le coup de la mort.

ALCMÈNE.

Qu'est-ce donc, mon cher Amphitryon ?

AMPHITRYON.

Ne me parle pas.

SOSIE.

Qu'as-tu ?

AMPHITRYON.

Malheureux ! je suis perdu. On a séduit, déshonoré ma femme en mon absence.

AMPHITRUO.

ALCUMENA.
Obsecro, ecastor, cur istuc, mi vir, ex ted audio?
AMPHITRUO.
Vir ego tuus sim? ne me adpella falsa falso nomine.
SOSIA.
Hæret hæc res, siquidem hæc jam mulier facta 'st ex viro.
ALCUMENA.
Quid ego feci, qua istæc propter dicta dicantur mihi?
AMPHITRUO.
Tute edictas facta tua, ex me quæris quid deliqueris?
ALCUMENA.
Quid ego tibi deliqui, si, quoi nubta sum, tecum fui?
AMPHITRUO.
Tun' mecum fueris? quid illac inpudente audacius?
Saltem tute, si pudoris egeas, sumas mutuum.
ALCUMENA.
Istuc facinus, quod tu insimulas, nostro generi non decet.
Tu si me inpudicitiæ captas, capere non potes.
AMPHITRUO.
Proh di inmortaleis? congnoscin' tu me saltem, Sosia?
SOSIA.
Propemodum.
AMPHITRUO.
Cœnavin' ego heri in navi in portu Persico?
ALCUMENA.
Mihi quoque adsunt testeis, qui illud, quod ego dicam, adsentiant.
SOSIA.
Nescio quid istuc negoti dicam, nisi si quispiam est
Amphitruo alius, qui forte heic absente te tamen
Tuam rem curet, teque absente heic munus fungatur tuum:
Namque de illo subditivo Sosia mirum nimi 'st.
Certe de istoc Amphitruone jam alterum mirum 'st magis.
Nescio qui præstigiator hanc frustratur mulierem.
ALCUMENA.
Per supremi regis regnum juro, et matrem familias
Junonem, quam me vereri et metuere' st par maxume.

ALCMÈNE.

Par Castor! mon mari peut-il m'injurier de la sorte?

AMPHITRYON.

Moi, ton mari! ah! ne mens plus en me nommant ainsi d'un faux nom.

SOSIE, à part.

Voilà bien une autre enclouure! est-ce qu'il serait devenu la femme au lieu du mari?

ALCMÈNE.

Qu'ai-je fait pour m'attirer de pareils outrages?

AMPHITRYON.

Tu t'accuses toi-même, et tu demandes de quoi tu es coupable?

ALCMÈNE.

Quel crime est-ce à ta femme d'avoir passé la nuit avec toi?

AMPHITRYON.

Avec moi? Quelle effronterie! quelle audace! Si tu n'as pas de pudeur, tâche d'en emprunter.

ALCMÈNE.

La honte que tu me reproches est indigne de ma race. Moi infidèle! On peut me calomnier, on ne peut me convaincre.

AMPHITRYON.

O dieux immortels! et toi du moins, Sosie, me reconnais-tu?

SOSIE.

Je le crois.

AMPHITRYON.

N'ai-je pas soupé hier à bord dans le port Persique?

ALCMÈNE.

J'ai aussi des témoins pour prouver ce que je dis.

SOSIE.

Je n'y comprends rien, à moins qu'il n'y ait un autre Amphitryon qui fasse tes affaires ici en ton absence, et qui remplisse tes fonctions à ton défaut. Sosie l'intrus est fort étonnant; mais pour ton Amphitryon, c'est bien un autre prodige. Je ne sais quel enchanteur abuse ta femme.

ALCMÈNE.

J'en atteste le pouvoir suprême de Jupiter, et la chaste Junon que je révère et que j'honore autant que je le dois, le corps

AMPHITRUO.

Ut mi, extra unum te, mortalis nemo corpus corpore
Contigit, quo me inpudicam faceret.

AMPHITRUO.

Vera istæc velim.

ALCUMENA.

Vera dico, sed nequidquam, quoniam non vis credere.

AMPHITRUO.

Mulier es, audacter juras.

ALCUMENA.

Quæ non deliquit, decet
Audacem esse, confidenter pro se et proterve loqui.

AMPHITRUO.

Satis audacter.

ALCUMENA

Ut pudicam decet.

AMPHITRUO.

Tu verbis probas.

ALCUMENA.

Non ego illam mi dotem duco esse, quæ dos dicitur;
Sed pudicitiam, et pudorem, et sedatum cupidinem,
Deum metum, parentum amorem, et congnatum concordiam :
Tibi morigera, atque ut munifica sim bonis, prosim probis.

SOSIA.

Næ ista, edepol, si hæc vera loquitur, examussim'st optuma.

AMPHITRUO.

Delenitus sum profecto ita, ut me qui sim nesciam.

SOSIA.

Amphitruo es profecto : cave, sis, ne tu te usu perduis :
Ita nunc homines inmutantur, postquam peregre advenimus.

AMPHITRUO.

Mulier, istam rem inquisitam certum 'st non amittere.

ALCUMENA.

Edepol, me lubente facies.

AMPHITRUO.

Quid ais? responde mihi.
Quid si adduco tuum congnatum huc a navi Naucratem,

d'aucun mortel, excepté toi, n'a touché le mien, et ma pudeur n'a souffert aucune atteinte.

AMPHITRYON.

Puisses-tu dire la vérité!

ALCMÈNE.

Je la dis, mais en vain; tu ne veux pas me croire.

AMPHITRYON.

Tu es femme, les serments ne t'effrayent pas.

ALCMÈNE.

La hardiesse sied bien à qui n'a point failli. On peut alors se défendre sans timidité, sans faiblesse.

AMPHITRYON.

Tu es hardie, en effet.

ALCMÈNE.

Comme lorsqu'on est sans reproche.

AMPHITRYON.

Oui, si l'on en croit tes paroles.

ALCMÈNE.

Il est une dot que je me flatte d'avoir apportée, non pas celle qu'on entend ordinairement par ce mot, mais la chasteté, la modestie, la sage tempérance, la crainte des dieux, l'amour de mes parents, une humeur conciliante à l'égard de ma famille, la soumission à mon époux, une âme généreuse et bienveillante, selon les mérites de chacun.

SOSIE, à part.

Par ma foi, si elle ne ment pas, c'est une femme parfaite.

AMPHITRYON.

Quel prestige! c'est au point que je ne sais plus qui je suis.

SOSIE.

Tu es certainement Amphitryon. Prends garde qu'on ne te dépossède de toi-même, car on change étrangement les hommes, depuis notre retour.

AMPHITRYON.

Alcmène, je n'en resterai pas là; il faut que tout s'éclaircisse.

ALCMÈNE.

C'est ce que je souhaite.

AMPHITRYON.

Ah! çà, réponds-moi. Si ton parent Naucrate, que le même

Qui mecum una vectu'st una navi, atque is si denegat
Facta, quæ tu facta dicis, quid tibi æquom 'st fieri?
Numquid causam dicis, quin te hoc multem matrimonio?

ALCUMENA.

Si deliqui, nulla causa 'st.

AMPHITRUO.

Convenit. Tu, Sosia,
Duc hos intro : ego huc ab navi mecum adducam Naucratem.

SOSIA.

Nunc quidem præter nos nemo 'st : dic mihi verum serio,
Ecquis alius Sosia intu'st, qui mei similis siet?

ALCUMENA.

Abin' hinc a me dignus domino servos?

SOSIA.

Abeo, si jubes.

ALCUMENA.

Nimis, ecastor, facinus mirum 'st, qui illi conlubitum siet
Meo viro, sic me insimulare falsum facinus tam malum.
Quidquid est, jam ex Naucrate congnato id congnoscam meo.

JUPITER.

Ego sum ille Amphitruo, quoju'st servos Sosia,
Idem Mercurius qui fit, quando conmodum 'st,
In superiore qui habito cœnaculo,
Qui interdum fio Jupiter, quando lubet.
Huc autem quom extemplo adventum adporto, inlico
Amphitruo fio, et vestitum inmuto meum.
Nunc huc honoris vostri venio gratia,
Ne hanc inchoatam transigam comœdiam,
Simul Alcumenæ, quam vir insontem probri
Amphitruo adcusat, veni, ut auxilium feram :
Nam mea sit culpa, quod egomet contraxerim,
Si id Alcumenæ innocenti expetat.
Nunc Amphitruonem memet, ut obcœpi semel,
Esse adsimulabo, atque in horum familiam

vaisseau a conduit ici avec moi, vient dénier toutes tes assertions, que mérites-tu? Le divorce ne sera-t-il pas ta juste punition?

ALCMÈNE.

Si je suis coupable, rien de plus juste.

AMPHITRYON.

Voilà qui est convenu. Toi, Sosie, fais entrer ces captifs. Je vais au vaisseau, et je ramènerai Naucrate. (Il sort.)

SOSIE.

Maintenant nous sommes seuls. Dis-moi vrai, là, sérieusement, y a-t-il là-dedans un autre Sosie qui me ressemble?

ALCMÈNE.

Fuis de ma présence, digne serviteur de ton maître.

SOSIE.

Je m'enfuis, si tu l'ordonnes. (Il sort.)

ALCMÈNE, seule.

Je ne peux comprendre, en vérité, par quel caprice il m'accuse faussement d'une action si honteuse. Quoi qu'il en soit, je serai instruite de tout par mon parent Naucrate. (Elle sort.)

JUPITER[1].

Vous voyez cet Amphitryon, qui a pour valet Sosie, le Sosie qui devient, quand il faut, Mercure. J'habite les hauts étages, et je suis Jupiter lorsqu'il me plaît. Mais, en descendant ici, tout à coup je deviens Amphitryon, et je change de costume. Si je parais maintenant, c'est à cause de vous, pour que la comédie commencée ne se termine pas brusquement. Alcmène aussi, que son mari accuse injustement d'adultère, réclame mon secours. C'est moi qui ai tout fait; puis-je souffrir qu'elle en soit l'innocente victime? Je vais encore une fois me donner pour Amphi-

1. Acte III, scène I.

Frustrationem hodie injiciam maxumam :
Post igitur demum faciam res fiat palam,
Atque Alcumenæ in tempore auxilium feram,
Faciamque ut uno fœtu, et quod gravida 'st viro,
Et me quod gravida 'st, pariat sine doloribus.
Mercurium jussi me continuo consequi,
Si quid vellem inperare. Nunc hanc adloquar.

ALCUMENA, JUPITER.

ALCUMENA.

Durare nequeo in ædibus : ita me probri,
Stupri, dedecoris a viro argutam meo!
Ea quæ sunt facta, infecta esse adclamitat.
Quæ neque sunt facta, neque ego in me admisi, arguit :
Atque id me susque deque esse habituram putat.
Non, edepol, faciam, neque me perpetiar probri
Falso insimulatam, quin ego illum aut deseram,
Aut satisfaciat mihi, atque adjuret insuper,
Nolle esse dicta, quæ in me insontem protulit.

JUPITER.

Faciundum 'st mi illud, fieri quod illæc postulat,
Si me illam amantem ad sese studeam recipere :
Quando, ego quod feci, factum id Amphitruoni obfuit,
Atque illi dudum meus amor negotium
Insonti exhibuit; nunc autem insonti mihi
Illius ira in hanc et maledicta expetent.

ALCUMENA.

Et, eccum, video, qui me miseram arguit
Stupri, dedecoris.

JUPITER.

    Te volo, uxor, conloqui.
Quonam te avortisti?

ALCUMENA.

    Ita ingenium meum 'st :
Inimicos semper osa sum obtuerier.

JUPITER.

Heia autem inimicos!

tryon, et je répandrai dans leur maison la confusion la plus grande. A la fin, je dévoilerai le mystère, et j'assisterai Alcmène à son terme, en sorte qu'elle mettra au jour le fils qu'elle a de son mari, et celui qu'elle a de moi, par un seul enfantement sans douleur. J'ai dit à Mercure de me suivre à l'instant même, au cas que j'eusse des ordres à lui donner. Alcmène vient, je vais lui parler.

JUPITER, ALCMÈNE [1].

ALCMÈNE, se croyant seule.

Je ne puis rester dans cette maison. Quoi! me voir accusée d'infidélité, d'adultère, d'infamie, par mon mari! Il nie ce qui est, il s'emporte, il m'impute des crimes imaginaires, et il pense que je serai insensible à cet affront. Non, assurément, je ne me laisserai pas calomnier, outrager de la sorte. Je vais le quitter, ou il me fera réparation, et il désavouera par serment les injures qu'il m'a si gratuitement prodiguées.

JUPITER, à part.

Il me faudra faire ce qu'elle exige, si je veux que ma tendresse ne soit pas mal accueillie. Ce pauvre Amphitryon, qui n'en peut mais, souffre à cause de moi, et mon amour vient de le jeter dans de grands ennuis; à mon tour, quoique innocent de ses violences et de ses mauvais propos, j'en essuierai le reproche.

ALCMÈNE.

Le voici, je l'aperçois, celui qui me désespère par ses imputations d'adultère infâme.

JUPITER.

Alcmène, je veux te parler; pourquoi te détourner de moi?

ALCMÈNE.

Telle est mon humeur : il m'est insupportable de regarder en face mes ennemis.

JUPITER.

Ah! tes ennemis?

1. Acte III, scène II.

AMPHITRUO.

ALCUMENA.
Sic est, vera prædico :
Nisi etiam hoc falso dici insimulaturus es.
JUPITER.
Nimis verecunda 's.
ALCUMENA.
Potin' es ut abstineas manum?
Nam certo si sis sanus, aut sapias satis,
Quam tu inpudicam esse arbitrere et prædices,
Cum ea tu sermonem nec joco, nec serio
Tibi habeas, nisi sis stultior stultissumo.
JUPITER.
Si dixi, nihilo magis es, neque esse arbitror,
Et id huc revorti, uti me purgarem tibi.
Nam nunquam quidquam meo animo fuit ægrius,
Quam postquam audivi, te esse iratam mihi.
Cur dixisti? inquies : ego expediam tibi.
Non, edepol, quo te esse inpudicam crederem ;
Verum periclitatus animum sum tuum,
Quid faceres, et quo pacto id ferre induceres.
Equidem joco illa dixeram dudum tibi,
Ridiculi causa : vel rogato hunc Sosiam.
ALCUMENA.
Quin huc adducis meum congnatum Naucratem,
Testem quem dudum te adducturum dixeras,
Te huc non venisse?
JUPITER.
Si quid dictum 'st per jocum,
Non æquom 'st id te serio prævortier.
ALCUMENA.
Ego illud scio quam doluerit cordi meo.
JUPITER.
Per dexteram tuam te, Alcumena, oro, obsecro,
Da mihi hanc veniam, ingnosce ; irata ne sies.
ALCUMENA.
Ego istæc feci verba virtute inrita :
Nunc quando factis me inpudicis abstines,
Ab inpudicis dictis avorti volo.

ALCMÈNE.

Oui, mes ennemis. A moins que tu ne dises encore que je mens.

JUPITER, faisant un geste pour attirer vers lui Alcmène, qui détourne la tête.

Ne sois pas si timide.

ALCMÈNE.

Laisse-moi, ne me touche pas : pour peu que tu aies de sens et de raison, puisque je suis infidèle, comme tu le crois, comme tu le dis, tu ne dois avoir avec moi aucune conversation ou plaisante ou sérieuse. Tu serais le plus inconséquent des hommes.

JUPITER.

Quoi que j'aie pu dire, non, tu n'es pas coupable, je ne le crois pas, et je viens tout exprès pour m'excuser; rien ne pouvait m'être plus pénible que de te savoir fâchée contre moi. Mais pourquoi tenir un pareil langage? diras-tu. Je vais te l'expliquer. Assurément je ne te croyais pas coupable; mais j'ai voulu éprouver tes sentiments et voir ce que tu ferais, comment tu prendrais la chose. Tout cela n'est qu'un badinage, une plaisanterie. Demande plutôt à Sosie qui est là. (Montrant la maison).

ALCMÈNE.

Que n'amènes-tu mon parent Naucrate, pour attester que tu n'es point venu?

JUPITER.

Il ne faut pas faire d'un badinage une affaire sérieuse.

ALCMÈNE.

Mais je sais combien il m'a causé de chagrin.

JUPITER.

Par cette main si chère, Alcmène, je t'en prie, je t'en conjure, grâce! pardonne-moi, ne sois plus fâchée.

ALCMÈNE.

Ma vertu réfutait tes injures. Maintenant, tu ne me reproches plus de me déshonorer par ma conduite : moi, je ne veux plus m'exposer à entendre des discours qui me déshonorent. Adieu,

Valeas, tibi habeas res tuas, reddas meas.
Juben' mi ire comites?

JUPITER.

Sanan' es?

ALCUMENA.

Si non jubes,
Ibo ego, pudicitiam mi comitem duxero.

JUPITER.

Mane, arbitratu tuo jusjurandum dabo,
Me meam pudicam esse uxorem arbitrarier.
Id ego si fallo, tum te, summe Jupiter,
Quæso, Amphitruoni ut semper iratus sies.

ALCUMENA.

Ah! propitius sit potius.

JUPITER.

Confido fore :
Nam jusjurandum verum te advorsum dedi.
Jam nunc irata non es?

ALCUMENA.

Non sum.

JUPITER.

Bene facis.
Nam in hominum ætate multa eveniunt hujusmodi :
Capiunt voluptates, capiunt rursum miserias.
Iræ interveniunt; redeunt rursum in gratiam.
Verum iræ si quæ forte eveniunt hujusmodi
Inter eos, rursum si reventum in gratiam 'st,
Bis tanto amici sunt inter se, quam prius.

ALCUMENA.

Primum cavisse oportuit ne diceres;
Verum eadem si isdem purgas, mihi patiunda sunt.

JUPITER.

Jube vero vasa pura adornari mihi,
Quæ apud legionem vota vovi, si domum
Redissem salvos, ea ego exsolvam omnia.

ALCUMENA.

Ego istuc curabo.

reprends tes biens; rends-moi les miens, et donne-moi des femmes pour m'accompagner.

JUPITER, la prenant par la main.

Y penses-tu?

ALCMÈNE.

Tu ne le veux pas? je m'en irai accompagnée de ma vertu.

JUPITER.

Un moment; je vais, par tous les serments que tu voudras, te jurer que je te tiens pour une chaste épouse. Et si je mens, que Jupiter tout-puissant accable Amphitryon de son courroux.

ALCMÈNE.

Ah! plutôt qu'il le protège!

JUPITER.

Tu dois l'espérer, car mon serment n'est pas trompeur. Eh bien! tu ne m'en veux plus?

ALCMÈNE.

Non.

JUPITER.

Quelle bonté! Ainsi va le cours de la vie humaine : les plaisirs et les chagrins se succèdent. On se brouille, puis on se réconcilie. Survient-il quelque fâcherie, comme celle d'aujourd'hui, après le raccommodement on s'en aime une fois davantage.

ALCMÈNE.

Tu aurais mieux fait d'être plus réservé dans tes discours. Mais puisque tu les désavoues, je n'en ai pas de ressentiment.

JUPITER.

Fais préparer les vases purs. J'ai promis un sacrifice aux dieux pendant l'expédition, si je revenais heureusement; je veux m'acquitter.

ALCMÈNE.

Je vais tout préparer.

JUPITER.

Evocate huc Sosiam;
Gubernatorem, qui in mea navi fuit,
Blepharonem arcessat, qui nobiscum prandeat.
Is adeo inpransus ludificabitur, quom ego
Amphitruonem collo hinc obstricto traham.

ALCUMENA.

Mirum quid solus secum secreto ille agat?
Atque aperiuntur ædeis : exit Sosia.

SOSIA, JUPITER, ALCUMENA.

SOSIA.

Amphitruo, adsum; si quid opus est, inpera, inperium exsequar.

JUPITER.

Optume advenis.

SOSIA.

Jam pax est inter vos duos?
Nam quia vos tranquillos video, gaudeo et volupe 'st mihi.
Atque ita servom par videtur frugi sese instituere,
Proinde heri ut sint, ipse item sit, voltum e voltu conparet;
Tristis sit, si heri sint tristeis, hilarus sit, si gaudeant.
Sed age, responde : jam vos redistis in concordiam?

JUPITER.

Derides, qui scis jam dudum hæc me dixisse per jocum.

SOSIA.

An id joco dixisti? equidem serio ac vero ratus.

JUPITER.

Habui expurgationem; facta pax est.

SOSIA.

Optume 'st.

JUPITER.

Ego rem divinam intus faciam, vota quæ sunt.

SOSIA.

Censeo.

JUPITER.

Qu'on fasse venir Sosie, et qu'il aille inviter Blépharon, le pilote de mon vaisseau, à dîner avec nous. (A part.) Il dînera par cœur, et sera dans un risible embarras, quand il me verra prendre Amphitryon à la gorge, et le traîner hors d'ici.

ALCMÈNE.

Qu'a-t-il donc à parler seul? quel secret? On ouvre; c'est Sosie.

SOSIE, JUPITER, ALCMÈNE [1].

SOSIE.

Amphitryon, me voici. Ordonne, je suis tout prêt à exécuter tes ordres.

JUPITER.

Tu viens très à propos.

SOSIE.

Vous avez fait la paix? votre air me l'annonce. J'en suis content, ravi. Un bon serviteur doit avoir pour principe de régler ses sentiments sur les dispositions de ses maîtres, et de composer son visage sur le leur : triste, s'ils sont tristes; gai, s'ils se réjouissent. Mais, dis-moi, vous êtes donc remis en bonne intelligence?

JUPITER.

Tu te moques; comme si tu ne savais pas que j'avais plaisanté!

SOSIE.

Tu plaisantais? J'ai cru que c'était sérieux et tout de bon.

JUPITER.

J'ai donné satisfaction; la paix est faite.

SOSIE.

C'est très bien!

JUPITER.

Je vais rentrer, pour faire le sacrifice que j'ai promis.

SOSIE.

Tu as raison.

1. Acte III, scène III.

JUPITER.

Tu gubernatorem a navi huc evoca verbis meis
Blepharonem, ut, re divina facta, mecum prandeat.

SOSIA.

Jam heic ero, quum illeic censebis esse me.

JUPITER.

                                      Actutum huc redi.

ALCUMENA.

Numquid vis, quin abeam jam intro, ut adparentur quibus op'st?

JUPITER.

I sane, et, quantum pote'st, parata fac sint omnia.

ALCUMENA.

Quin venis, quando vis, intro? faxo haud quidquam sit moræ.

JUPITER.

Recte loquere, et proinde diligentem ut uxorem decet.
Jam hi ambo et servos et hera frustra sunt duo,
Qui me Amphitruonem rentur esse; errant probe.
Nunc tu divine fac huc adsis, Sosia.
Audis quæ dico, tametsi præsens non ades.
Fac Amphitruonem advenientem ab ædibus
Ut abigas quovis pacto; fac conmentus sies.
Volo deludi illum, dum cum hac usuraria
Uxore nunc mihi morigero. Hæc curata sint
Fac, sis, proinde adeo, ut me velle intellegis,
Atque ut ministres mihi, quom mihi sacruficem.

MERCURIUS.

Concedite atque abscedite omneis, de via decedite,
Nec quisquam tam audax fuat homo, qui obviam obsistat mihi.
Nam mihi quidem, hercle, qui minus liceat deo minitarier
Populo, ni decedat mihi, quam servolo in comœdiis?
Ille navem salvam nunciat, aut irati adventum senis:
Ego sum Jovi dicto audiens, ejus jussu nunc huc me adfero.

JUPITER.

Va à mon vaisseau inviter de ma part Blépharon; je veux qu'il dîne avec nous après le sacrifice.

SOSIE.

Je serai revenu, que tu me croiras encore bien loin.

JUPITER.

Dépêche-toi. (Sosie sort.)

ALCMÈNE.

Tu n'as plus rien à me dire? Je vais faire apprêter tout ce qui est nécessaire.

JUPITER.

Va, et aie soin qu'on fasse diligence le plus possible.

ALCMÈNE.

Tu peux venir quand tu voudras, tout sera prêt.

JUPITER.

Très bien, c'est parler en femme qui sait son devoir. (Alcmène sort.) La maîtresse et l'esclave sont tous deux abusés. Ils me prennent pour Amphitryon. L'erreur est bonne. Toi, maintenant, divin Sosie, arrive. Tu m'entends, quoique tu ne sois pas présent en ce lieu. Amphitryon va venir; il faut l'éconduire de chez lui, n'importe comment. Invente un moyen. Je veux qu'il soit bafoué, tandis que je passerai le temps à mon gré avec mon épouse d'emprunt. Songe à remplir mes intentions, que tu devines, et viens me servir pendant le sacrifice que je m'offrirai à moi-même. (Il sort.)

MERCURE [1].

Gare! place! que tout le monde se range sur ma route. Qu'il ne se rencontre pas de mortel assez audacieux pour gêner mon passage. Eh! mais, par Hercule! un dieu ne peut-il pas commander d'un ton menaçant qu'on se range devant lui, aussi bien qu'un chétif esclave de comédie? Cet esclave annonce l'heureuse arrivée d'un vaisseau ou la venue d'un vieillard grondeur, et moi j'obéis à Jupiter; c'est par son ordre que je me transporte ici.

1. Acte III, scène IV.

Quamobrem mi magis par est via decedere et concedere.
Pater vocat me, eum sequor, ejus dicto inperio sum audiens :
Ut filium bonum patri esse oportet, itidem ego sum patri.
Amanti subparasitor, hortor, adsto, admoneo, gaudeo.
Si quid patri volupe'st, voluptas ea mihi multo maxuma 'st.
Amat; sapit, recte facit, animo quando obsequitur suo :
Quod omneis homines facere oportet, dum id modo fiat bono.
Nunc Amphitruonem volt deludi meus pater; faxo probe.
Jam hic deludetur, spectatores, vobis spectantibus.
Capiam coronam mi in caput; adsimulabo me esse ebrium;
Atque illuc sursum ascendero : inde optume cispellam virum
De supero, quom huc adcesserit; faciam ut sit madidus sobrius.
Deinde illi actutum subferet suus servos pœnas Sosia :
Eum fecisse ille hodie arguet, quæ ego fecero heic : quid id mea ?
Meo me æquom 'st morigerum patri, ejus studio servire addecet.
Sed eccum Amphitruonem; advenit : jam ille heic deludetur probe,
Siquidem vos voltis auscultando operam dare.
Ibo intro, ornatum capiam, qui potis decet.
Dein sursum adscendam in tectum, ut illum hinc prohibeam.

AMPHITRUO.

Naucratem quem convenire volui, in navi non erat :
Neque domi, neque in urbe invenio quemquam qui illum viderit.
Nam omneis plateas perreptavi, gymnasia et myropolia;
Apud emporium, atque in macello; in palæstra atque in foro,
In medicinis, in tonstrinis, apud omneis ædeis sacras.
Sum defessus quæritando, nusquam invenio Naucratem.
Nunc domum ibo, atque ex uxore hanc rem pergam exquirere,
Quis fuerit, quem propter corpus suum stupri conpleverit.
Nam me, quam illam quæstionem inquisitam hodie amittere,
Mortuum satiu'st. Sed ædeis obcluserunt : eugepæ !
Pariter hoc fit, atque ut alia facta sunt. Feriam foreis.
Aperite hoc : heus, ecquis heic est ? ecquis hoc aperit ostium ?

Combien donc ai-je plus droit de faire ranger le peuple à mon passage! Mon père m'appelle; je suis là, empressé d'obéir, comme un bon fils doit agir avec son père. Je le sers dans ses amours en parasite alerte, de bonne humeur et de bon conseil. Est-il heureux, je suis au comble du bonheur. Il aime, il a raison : c'est très bien fait à lui de suivre son penchant. Tous les hommes doivent en faire de même, tant qu'ils ne vont pas toutefois à se compromettre. Maintenant il veut qu'on bafoue Amphitryon, je vais le satisfaire. Spectateurs, vous allez voir bafouer notre homme. Je me mets une couronne sur la tête, et je fais semblant d'être ivre. Mon poste est là sur la terrasse, d'où j'aurai belle à le repousser. Qu'il s'approche, je lui enverrai de là-haut de quoi l'humecter sans qu'il ait bu. Et puis son esclave Sosie portera la peine de mes incartades. Ce sera sur le pauvre Sosie que tombera sa colère; tant pis. Je dois obéissance à mon père, ses fantaisies sont ma loi. Mais voici venir Amphitryon; il sera bafoué de la bonne manière, si toutefois vous voulez nous prêter attention. J'entre, et je prends le costume des buveurs; puis, monté là-haut, sur la terrasse, je l'empêcherai bien d'approcher. (Il sort.)

AMPHITRYON[1].

J'espérais trouver Naucrate dans le vaisseau, il n'y est pas; et personne ni chez lui, ni dans la ville, ne l'a vu. Je me suis traîné dans les places, les gymnases, les parfumeries et le rendez-vous des négociants, et le marché, et la grande place; puis dans les boutiques des médecins et des barbiers, et dans tous les temples; je suis harassé à force de chercher, et sans pouvoir le trouver. Rentrons. J'interrogerai encore Alcmène. Je veux connaître enfin le séducteur qui l'a souillée d'un tel opprobre. Je mourrai plutôt aujourd'hui que de ne point pousser à bout cette enquête. Mais ma porte m'est fermée. A merveille! c'est pour répondre à tout le reste. Frappons. Ouvrez. Holà! quelqu'un. M'ouvrira-t-on?

---

1 Acte IV, scène I.

MERCURIUS, AMPHITRUO.

MERCURIUS.

Quis ad foreis est?

AMPHITRUO.

Ego sum.

MERCURIUS.

Quid ego sum?

AMPHITRUO.

Ita loquor.

MERCURIUS.

Tibi Jupiter
Dique omneis irati certo sunt, qui sic frangas foreis.

AMPHITRUO.

Quo modo?

MERCURIUS.

Eo modo, ut profecto vivas ætatem miser.

AMPHITRUO.

Sosia!

MERCURIUS.

Ita sum Sosia, nisi me esse oblitum existumas.
Quid nunc vis?

AMPHITRUO.

Sceleste, at etiam quid velim, id tu me rogas?

MERCURIUS.

Ita rogo : pene ecfregisti, fatue, foribus cardines.
An foreis censebas nobis poplicitus præberier?
Quid me adspectas, stolide? quid nunc vis tibi? aut quis tu es homo?

AMPHITRUO.

Verbero, etiam quis ego sim me rogitas, ulmorum acheruns?
Quem, pol, ego hodie ob istæc dicta faciam ferventem flagris.

MERCURIUS.

Prodigum te fuisse oportet olim in adulescentia.

AMPHITRUO.

Quidum?

MERCURE, AMPHITRYON[1].

MERCURE.

Qui est là?

AMPHITRYON.

C'est moi.

MERCURE.

C'est moi! qui?

AMPHITRYON.

C'est moi, te dis-je.

MERCURE.

Il faut, certes, que tu sois haï de Jupiter et de tous les dieux, toi qui viens briser notre porte.

AMPHITRYON.

Comment?

MERCURE.

Voici comme : ils t'apprêtent des misères à ne t'en relever jamais.

AMPHITRYON.

Sosie!

MERCURE.

Oui, je suis Sosie. Crains-tu pas que j'oublie mon nom? Que veux-tu?

AMPHITRYON.

Scélérat, tu me demandes ce que je veux?

MERCURE.

Oui, je te le demande. Maître fou, tu as failli briser les gonds de la porte. T'imagines-tu qu'on nous en fournisse aux frais de l'État? Qu'as-tu à me regarder, imbécile? que veux-tu? qui es-tu?

AMPHITRYON.

Pendard, tu me demandes qui je suis? fléau des étrivières! Par Pollux! les verges te brûleront le dos aujourd'hui pour toutes ces insolences.

MERCURE.

Il faut que tu aies été dissipateur dans ta jeunesse.

AMPHITRYON.

Pourquoi?

1. Acte IV, scène II.

AMPHITRUO.

MERCURIUS.

Quia senecta ætate a me mendicas malum.

AMPHITRUO.

Cum cruciatu tuo istæc hodie, verna, verba funditas.

MERCURIUS.

Sacrufico ego tibi.

AMPHITRUO.

Qui?

MERCURIUS.

Quia enim te macto infortunio.

(*Supposita.*)

AMPHITRUO.

[1] « Tun' me mactes, carnufex? nisi formam dii hodie meam perduint,
« Faxo ut bubulis coriis onustus sis, Saturni hostia.
« Ita ego te certo cruce et cruciatu mactabo : exi foras,
« Mastigia.

MERCURIUS.

Larva umbratilis, tu me minis territas?
« Nisi hinc actutum fugias, si denuo pultaveris,
« Si minusculo digito increpuerint foreis, hac tegula
« Tuum deminuam caput, ut cum dentibus linguam exscreas.

AMPHITRUO.

« Tun', furcifer, meis me procul prohibessis ædibus?
« Tun' meas pulsare foreis? hasce inlico toto demoliar cardine.

MERCURIUS.

« Pergin'?

AMPHITRUO.

Pergo.

MERCURIUS.

Adcipe.

AMPHITRUO.

Sceleste, in herum? si te hodie adprehendero,
« Ad id redigam miseriarum, ut semper sis miser.

MERCURIUS.

« Bacchanal te exercuisse oportuit, senex.

---

1. Les vers qui sont guillemetés sont de Hermolaüs Barbarus, savant humaniste du xve siècle, qui combla ainsi une lacune existant dans cette pièce.

MERCURE.

Parce que, dans ton âge mûr, tu viens quêter... des horions.

AMPHITRYON.

Ton supplice payera ces beaux discours, valet impertinent.

MERCURE.

Je t'offre un sacrifice.

AMPHITRYON.

Comment?

MERCURE.

Un sacrifice dont tu seras la victime.

(*Ces vers passent pour supposés.*)

AMPHITRYON.

Moi, ta victime, bourreau! Si les dieux ne dénaturent aujourd'hui ma personne, tu seras chargé de nerfs de bœuf, vraie oblation de Saturne, et je te ferai aussi un sacrifice de coups et de tortures. Sors, maraud!

MERCURE.

Vieux fantôme, tu voudrais m'effrayer par tes menaces! Si tu ne fuis sans plus tarder, si tu frappes encore, si tu fais craquer la porte du bout du doigt, cette tuile ira te casser la tête, et te fera cracher ta langue avec tes dents.

AMPHITRYON.

Coquin, tu m'interdiras l'entrée de ma maison? tu m'empêcheras de frapper à ma porte? Je vais la jeter hors des gonds.

MERCURE.

Essaye.

AMPHITRYON.

A l'instant.

MERCURE, lui jetant une tuile.

Tiens.

AMPHITRYON.

Scélérat, à ton maître! Si tu tombes aujourd'hui entre mes mains, je t'arrangerai si bien que tu t'en ressentiras toute ta vie.

MERCURE.

Tu viens de faire tes Bacchanales, bonhomme.

AMPHITRUO.

« Quando tu me tuum servom censes.

AMPHITRUO.

Quid? censeo?

MERCURIUS.

« Malum tibi : præter Amphitruonem, herum gnovi neminem.

AMPHITRUO.

« Num formam perdidi? mirum, quin me gnorit Sosia.
« Scrutabor : eho dic mihi, quis videor? num satis Amphitruo?

MERCURIUS.

« Amphitruo? sanusne es? nonne tibi prædictum, senex,
« Bacchanal te exercuisse, quom, qui sis, alium rogites?
« Abscede, moneo : molestus ne sies, dum Amphitruo
« Cum uxore, modo ex hostibus adveniens, voluptatem capit.

AMPHITRUO.

« Qua uxore?

MERCURIUS.

Alcumena.

AMPHITRUO.

Quis homo?

MERCURIUS.

Quotiens vis dictum? Amphitruo,
« Herus meus. Molestus ne sies.

AMPHITRUO.

Quicum cubat?

MERCURIUS.

« Vide, ne infortunium quæras, qui me sic ludifices?

AMPHITRUO.

« Dic, quæso, mi Sosia.

MERCURIUS.

Blandire! cum Alcumena.

AMPHITRUO.

In eodemne
« Cubiculo?

AMPHITRYON.

Comment?

MERCURE.

Oui, puisque tu me crois ton esclave.

AMPHITRYON.

Qu'est-ce à dire? je crois?

MERCURE.

Le ciel te confonde! Je ne connais pas d'autre maître qu'Amphitryon.

AMPHITRYON.

Est-ce que j'ai perdu ma figure? Quoi! Sosie ne me reconnaît pas? Interrogeons-le. Dis-moi, pour qui me prends-tu? Ne suis-je pas Amphitryon?

MERCURE.

Amphitryon? tu es fou. Ne disais-je pas bien que tu sortais des Bacchanales, bonhomme, puisque tu me demandes qui tu es? Va-t'en, je te le conseille; ne nous ennuie pas, tandis qu'Amphitryon, pour se délasser des travaux guerriers, goûte les plus doux plaisirs avec son épouse.

AMPHITRYON.

Avec quelle épouse?

MERCURE.

Avec Alcmène.

AMPHITRYON.

Qui donc?

MERCURE.

Combien de fois veux-tu que je le redise? Amphitryon, mon maître. Cesse de m'ennuyer.

AMPHITRYON.

Avec qui est-il couché?

MERCURE.

Tu veux qu'il t'arrive malheur de te jouer ainsi de moi.

AMPHITRYON.

Dis, mon cher Sosie.

MERCURE.

Ah! des douceurs! Eh bien! c'est avec Alcmène.

AMPHITRYON.

Dans la même chambre?

MERCURIUS.
Imo, ut arbitror, corpore corpus incubat.
AMPHITRUO.
Væ misero mihi!
MERCURIUS.
« Lucri 'st, quod miseriam deputat : nam uxorem usurariam
« Perinde est præbere, ac si agrum sterilem fodiendum loces.
AMPHITRUO.
« Sosia.
MERCURIUS.
Quid, malum, Sosia?
AMPHITRUO.
Non me gnovisti, verbero?
MERCURIUS.
« Gnovi te hominem molestum, qui ne emas litigium
AMPHITRUO.
Adhuc
« Amplius : nonne ego herus sum tuus Amphitruo?
MERCURIUS.
Tu Bacchus es,
« Haud Amphitruo : quotiens tibi dictum vis? num denuo?
« Meus Amphitruo uno cubiculo Alcumenam conplexu tenet.
« Si pergas, eum heic sistam, neque sine tuo magno malo.
AMPHITRUO.
« Cupio adcersi : utinam ne pro benefactis hodie patriam,
« Ædeis, uxorem, familiam cum forma una perduam!
MERCURIUS.
« Adcersam equidem : sed de foribus tu interea, sis, vide.
« Si molestus sis, evades nunquam, quin te sacruficem.

~~~~~~

AMPHITRUO, BLEPHARO, SOSIA.

AMPHITRUO.
« Di vostram fidem! quæ intemperiæ nostram agunt familiam! quæ mira
« Video, postquam advenio peregre! nam verum 'st, quod olim est auditum

MERCURE.

Mieux que cela, je pense : dans le même lit.

AMPHITRYON.

Ah! malheureux!

MERCURE, à part.

Il s'afflige de son bonheur. Prêter sa femme à un autre, c'est comme si on lui donnait un mauvais terrain à cultiver.

AMPHITRYON.

Sosie!

MERCURE.

Malepeste! Eh bien, Sosie?

AMPHITRYON.

Est-ce que tu ne me reconnais pas, pendard?

MERCURE.

Si, je te reconnais pour un ennuyeux personnage. Ne te fais pas de méchantes affaires.

AMPHITRYON.

Encore une fois, ne suis-je pas Amphitryon, ton maître?

MERCURE.

Tu es Bacchus en délire, et non pas Amphitryon. Faudra-t-il te le répéter cent fois? Amphitryon est à présent dans les bras d'Alcmène. Si tu continues, je le ferai venir, et tu t'en repentiras.

AMPHITRYON.

Oui, qu'il vienne. (A part.) Grands dieux! faut-il aujourd'hui que, pour prix de mes services, je perde patrie, maison, femme, esclaves, tout, jusqu'à ma figure?

MERCURE.

Je vais le chercher. En attendant, songe à ménager notre porte. Si tu nous importunes, tu ne m'échapperas pas, je t'immole.
(Il rentre dans l'intérieur de la maison.)

AMPHITRYON, BLÉPHARON, SOSIE[1].

AMPHITRYON, d'abord seul.

Justes dieux! quel délire trouble toute ma maison! Quels prodiges depuis mon retour! Ainsi se vérifierait ce que l'on

1. Acte IV, scène III.

« Fabularier, mutatos Atticos in Arcadia homines,
« Et sævas beluas mansitasse, nec unquam denuo parentibus
« Congnitos.

BLEPHARO.

Quid illuc Sosia? magna sunt, quæ mira prædicas.
« Ain' tu alterum te reperisse domi consimilem Sosiam?

SOSIA.

« Aio : sed heus tu, quom ego Sosiam, Amphitruonem Amphitruo, quid scis an
« Tu forte alium Blepharonem parias? o di faciant, ut tu quoque
« Concisus pugnis, et inlisis dentibus, id inpransus creduas.
« Nam ego, ille alter Sosia, qui illeic sum, me malis mulctavit modis.

BLEPHARO.

« Mira profecto : sed gradus condecet grandire : nam ut video,
« Exspectat Amphitruo, et vacuus mihi venter crepitat.

AMPHITRUO.

Et quid aliena
« Fabulor? in nostro olim Thebano genere plusquam mira memorant ;
« Martigenam ille adgressus beluam magnus Europæ quæstor, anguineo
« Repente hosteis peperit seminio; et, pugnata illac pugna,
« Frater trudebat fratrem hasta et galea : et nostræ auctorem gentis
« Cum Veneris filia angueis repsisse tellus Epirotica
« Vidit : de summo summus Jupiter sic statuit, sic fatum habet.
« Optumi omnes nostrateis, pro claris factis, diris aguntur malis.
« Fata istæc me premunt, pertolerarem vim tantam, cladeisque
« Exanclarem inpatibileis.

SOSIA.

Blepharo.

BLEPHARO.

Quid est?

SOSIA.

Nescio quid mali suspicor.

BLEPHARO.

« Quid ?

SOSIA.

Vide, sis, herus salutator obpessulatas ante foreis graditur.

raconte de ces Athéniens qui demeurèrent transformés en bêtes féroces dans l'Arcadie, et qui devinrent méconnaissables pour toujours à leurs parents.

BLÉPHARON, ne voyant pas Amphitryon.

Que me dis-tu là, Sosie? voilà une merveille étrange. Tu as trouvé chez vous un autre Sosie tout à fait semblable à toi?

SOSIE.

Oui. Ah! çà, et toi? puisque j'ai mon Sosie, et Amphitryon son Amphitryon, que sais-tu si tu n'auras pas fait aussi un autre Blépharon? Il faudrait encore que tu eusses le corps meurtri, les dents cassées, avec le ventre vide, pour être mieux convaincu; car cet autre moi, qui suis là-dedans, m'a battu d'une rude manière.

BLÉPHARON.

C'est étonnant! Mais allongeons le pas, car je vois Amphitryon qui attend, et mon estomac se plaint d'inanition.

AMPHITRYON, continuant à parler seul.

Mais pourquoi chercher ailleurs des exemples? Quels prodiges signalent l'origine des Thébains! Le héros qui cherchait Europe, vainqueur du serpent de Mars, fit naître soudain, d'une semence monstrueuse, une foule de guerriers qui se livrèrent combat; le frère égorgeait le frère dans cette mêlée sanglante. L'auteur de notre race, uni à la fille de Vénus, ne traîna-t-il pas dans les plaines de l'Épire un corps de serpent? Telle est la volonté suprême du grand Jupiter! ainsi l'ordonne la fatalité! Tous les héros thébains sont récompensés de leurs brillants exploits par les maux les plus cruels. Cette destinée s'étend sur moi; mon courage devait passer aussi par des épreuves affreuses, intolérables.

SOSIE.

Blépharon!

BLÉPHARON.

Qu'est-ce?

SOSIE.

J'augure mal de ce que je vois.

BLÉPHARON.

Comment?

SOSIE.

Il se promène, comme un client, devant la porte fermée.

AMPHITRUO.

BLEPHARO.

« Nihil est, famem exspectat obambulans.

SOSIA.

Curiose quidem : foreis enim
« Clausit, ne prævorteretur foras.

BLEPHARO.

Obgannis.

SOSIA.

Nec gannio, nec latro.
« Si me audias, observes. Nescio quid secum solus, puto,
« Rationes conligit : quid memoret, hinc excipiam ; ne propera.

AMPHITRUO.

« Ut metuo, ne, victis hostibus, di partam expungant gloriam.
« Totam miris modis nostram video turbatam familiam.
« Tum vero uxor vitio, stupro, dedecore me plena enicat.
« Sed de patera mirum 'st : erat tamen signum obsignatum probe.
« Quid enim? pugnas pugnatas prolocuta, et Pterelam obpugnatum,
« Nostris obcisum manibus fortiter : atat! gnovi jam ludum :
« Id Sosiæ factum 'st opera, qui me hodie quoque præsentem ausit
« Indigne prævortier.

SOSIA.

De me locutus, et quæ velim minus.
« Hominem ne congrediamur, quæso, priusquam stomachum detexerit.

BLEPHARO.

« Ut lubet.

AMPHITRUO.

Si illum datur hodie mastigiam adprehendere, ostendam quid :
« Herum fallere, minis et dolis incessere.

SOSIA.

Audin' tu illum ?

BLEPHARO.

Audio.

SOSIA.

« Illæc machina meas onerat scapulas : conpellemus, sis, hominem.
« Scin' quid vulgo dici solet?

BLEPHARO.

Quid dicturus sis nescio :
« Quid tibi patiundum, fere hariolor.

BLÉPHARON.

Ce n'est rien. Il fait de l'exercice en attendant que l'appétit vienne.

SOSIE.

Il s'y prend bien. Il a fermé la porte, de peur de le laisser échapper.

BLÉPHARON.

Qu'est-ce que tu chantes?

SOSIE.

Je ne chante ni n'aboie. Crois-moi, écoutons; je ne sais ce qu'il rumine à part lui. Attends un peu, je vais tâcher d'entendre ce qu'il dit.

AMPHITRYON, parlant toujours seul.

Je crains bien que les dieux ne veuillent abolir la gloire que mon triomphe m'avait acquise. Toute ma maison est étrangement bouleversée; ma femme séduite, flétrie, déshonorée. Cela me tue. Et cette coupe? je n'y conçois rien. Le cachet est demeuré intact. Et puis elle rapporte les détails du combat, la défaite de Ptérélas, qui a péri sous mes coups... Ah! j'y suis; c'est un jeu. Sosie a conduit la machine. N'a-t-il pas eu aussi l'insolence de m'arrêter à la porte?

SOSIE.

Il parle de moi, et pas très avantageusement. Ne l'abordons pas, je t'en prie, avant de savoir ce que médite sa colère.

BLÉPHARON.

Comme tu voudras.

AMPHITRYON.

Si je peux le tenir, ce vaurien, je lui montrerai ce que c'est que de s'attaquer à son maître, de le tromper, de le menacer.

SOSIE.

L'entends-tu?

BLÉPHARON.

Oui.

SOSIE.

Voilà une batterie dressée contre mes épaules. Allons le trouver. Tu sais ce qu'on a coutume de dire?

BLÉPHARON.

J'ignore ce que tu diras, mais je sais ce qui t'attend.

AMPHITRUO.

SOSIA.

Vetu'st adagium : Fames et mora
« Bilem in nasum conciunt.

BLEPHARO.

Verum quidem. E loco conpellemus
« Alacre. Amphitruo!

AMPHITRUO.

Blepharonem audio : mirum quid ad me veniat.
« Obportune tamen se obfert, ut uxoris facta convincam turpia.
« Quid huc ad me, Blepharo?

BLEPHARO.

Oblitus tam cito, quam diluculo
« Misisti ad navim Sosiam, ut hodie tecum conviverem?

AMPHITRUO.

« Nusquam factum gentium : sed ubi illic scelestus?

BLEPHARO.

Quis?

AMPHITRUO.

Sosia.

BLEPHARO.

« Eccum illum.

AMPHITRUO.

Ubi?

BLEPHARO.

Ante oculos : non vides?

AMPHITRUO.

Vix video præ ira, adeo me ist
« Hodie delirum fecit. Ne te sacruficem nunquam evades.
« Sine me, Blepharo.

BLEPHARO.

Ausculta, precor.

AMPHITRUO.

Dic, ausculto : tu vapula.

SOSIA.

« Qua de re? num satis tempori? non ocius quivi, si me
« Dædaleis tulissem remigiis.

BLEPHARO.

Abstine, quæso : non potuimus
« Nostros grandius grandire gradus.

SOSIE.

Il y a un vieux proverbe qui dit que la faim et l'impatience échauffent la bile.

BLÉPHARON.

C'est vrai. Ne tardons plus à le saluer. Amphitryon !

AMPHITRYON.

J'entends Blépharon. (A part.) Quel soin l'attire ici ? Mais il se présente à propos pour m'aider à confondre ma criminelle épouse. (A Blépharon.) Qu'est-ce qui t'amène, Blépharon ?

BLÉPHARON.

As-tu donc si tôt oublié que tu as envoyé de grand matin Sosie au vaisseau pour m'engager à dîner ?

AMPHITRYON.

Pas du tout. Mais où est-il, ce traître ?

BLÉPHARON.

Qui ?

AMPHITRYON.

Sosie.

BLÉPHARON.

Le voilà.

AMPHITRYON.

Où ?

BLÉPHARON.

Devant tes yeux. Tu ne le vois pas ?

AMPHITRYON.

J'y vois à peine, tant je suis en colère, tant il m'a mis hors de moi. (A Sosie.) Tu ne m'échapperas pas ; je t'immole. Ne me retiens pas, Blépharon.

BLÉPHARON.

Écoute-moi, je t'en prie.

AMPHITRYON.

Parle, je t'écoute. (A Sosie.) Et toi, cent coups de bâton.

SOSIE.

Pourquoi ? me suis-je fait attendre ? Je n'ai pas pu aller plus vite, quand même j'aurais eu la voiture de Dédale.

BLÉPHARON.

Ne le frappe pas, je te supplie. Nous n'avons pas pu marcher à plus grands pas.

AMPHITRUO.

Sive grallatorius, sive
« Testudineus fuerit, certum 'st mihi hunc scelestum perdere :
« En tectum ! en tegulas! en obductas foreis! en ludificatum herum!
« En verborum scelus !

BLEPHARO.

Quid mali fecit tibi?

AMPHITRUO.

Rogas? ex illo
« Tecto, exclusum foribus, me deturbavit ædibus.

SOSIA.

Egone ?

AMPHITRUO.

« Tu, quid minitabas te facturum, si istas pepulissem foreis?
« Negas, sceleste ?

SOSIA.

Quin negem? en testis ampliter, quicum venio :
« Missus sedulo, ut ad te vocatum ducerem.

AMPHITRUO.

Quis te misit,
« Furcifer ?

SOSIA.

Qui me rogat.

AMPHITRUO.

Quando gentium ?

SOSIA.

Dudum, modo,
« Ubi cum uxore domi redisti in gratiam.

AMPHITRUO.

Bacchus te inritassit !

SOSIA.

« Nec Bacchum salutem hodie, nec Cererem! Tu purgari jusseras
« Vasa, ut rem divinam faceres : et hunc me adcersitum mittis,
« Ut tecum prandeat.

AMPHITRUO.

Blepharo, dispeream, si aut intus adhuc fui,
« Aut si hunc miserim : dic, ubi me liquisti ?

AMPHITRYON.

Qu'il ait marché à pas de géant ou de tortue, je veux absolument l'exterminer, le scélérat! (Battant Sosie.) Voilà pour la terrasse! voilà pour les tuiles! voilà pour la porte fermée! voilà pour t'être moqué de ton maître! voilà pour tes insolentes paroles!

BLÉPHARON.

Quel mal t'a-t-il fait?

AMPHITRYON.

Ce qu'il m'a fait? Il était sur cette terrasse, et moi à la porte, et il m'a chassé de ma maison.

SOSIE.

Moi?

AMPHITRYON.

Toi. De quoi me menaçais-tu, si je frappais à cette porte? Le nieras-tu, scélérat?

SOSIE.

Assurément. Et Blépharon, que j'amène, pourra bien me servir de témoin. Tu m'as dépêché vers lui, pour l'inviter.

AMPHITRYON.

Qui t'a envoyé, coquin?

SOSIE.

Celui qui m'interroge.

AMPHITRYON.

Quand?

SOSIE.

Tantôt, tout à l'heure, après t'être réconcilié avec ta femme à la maison.

AMPHITRYON.

Que Bacchus te trouble le cerveau!

SOSIE.

Que je ne rencontre aujourd'hui ni Bacchus ni Cérès! Tu avais ordonné qu'on préparât les vases pour faire un sacrifice, et tu m'as envoyé chercher Blépharon pour qu'il dînât avec toi.

AMPHITRYON.

Blépharon, que je meure si je suis entré encore chez moi, ou si je lui ai donné cette commission! (A Sosie.) Dis, où m'as-tu laissé?

SOSIA.

Domi cum Alcumena conjuge.
« Ego a te abiens portum vorsus volito, hunc tuis verbis voco.
« Venimus, nec te, nisi nunc, video postea.

AMPHITRUO.

Scelestum caput! cum uxo
« Nunquam abis, quin vapules.

SOSIA.

Blepharo.

BLEPHARO.

Amphitruo, mitte hunc mea gra·
« Et me audias.

AMPHITRUO.

En mitto; quid vis, loquere.

BLEPHARO.

Istic jam dudum mihi
« Maxuma memoravit mira : præstigiator forte, aut veneficus
« Hanc excantat tibi familiam : inquire aliunde, vide quid siet.
« Nec ante hunc excruciatum miserum facias, quam rem intellegas.

AMPHITRUO.

« Recte mones; eamus, te advorsum uxori etiam advocatum volo.

~~~~~

JUPITER, AMPHITRUO, SOSIA, BLEPHARO.

JUPITER.

« Quis tam vasto impete has forcis toto convolsit cardine?
« Quis ante ædeis tantas tamdiu turbas concitat? quem conperero,
« Telebois sacruficabo manibus. Nihil est, ut dici solet,
« Quod hodie bene subcedat mihi : deserui Blepharonem et Sosiam,
« Ut congnatum Naucratem convenirem : hunc non reperi, et illos perdid
« Sed eos video : ibo advorsum, ut si quid habent, scisciter.

SOSIA.

Blepharo, illic q
« Ex ædibus, heru'st; hic vero veneficus.

SOSIE.

Chez toi, avec Alcmène. En te quittant, j'ai volé au port, et j'ai invité Blépharon de ta part. Nous voici ; je ne t'avais pas vu depuis.

AMPHITRYON.

Maudit vaurien ! j'étais avec ma femme ? Je t'assommerai sur la place.

SOSIE.

Blépharon !

BLÉPHARON.

Amphitryon, laisse-le, pour l'amour de moi, et veuille m'écouter.

AMPHITRYON, lâchant Sosie.

Je le laisse, et je t'écoute.

BLÉPHARON.

Il me racontait tout à l'heure des choses surprenantes. Peut-être un magicien, un enchanteur a-t-il ensorcelé tout ton monde. Prends d'autres informations. Vois ce que c'est, et n'inflige pas de châtiment à ce pauvre malheureux avant d'être assuré du fait.

AMPHITRYON.

Tu as raison. Allons ; tu me serviras de témoin contre mon épouse.

JUPITER, AMPHITRYON, SOSIE, BLÉPHARON[1].

JUPITER, feignant de ne pas voir les autres personnages.

Quel est le brutal dont la violence arrache ainsi ma porte des gonds, et qui fait tout ce vacarme devant ma demeure ? Si je l'y prends, je le sacrifie aux mânes des Téléboens. Rien ne me réussit aujourd'hui. J'ai quitté Blépharon et Sosie pour chercher Naucrate, et sans trouver l'un je me suis privé des autres ; mais je les aperçois. Allons leur demander ce qui les retient.

SOSIE.

Blépharon, voilà mon maître qui sort de chez nous. Celui-ci est un sorcier.

---

1. Acte IV, scène IV.

BLEPHARO.

Proh Jupiter!
« Quid intueor? hic non est, sed ille, Amphitruo : istic si fuat,
« Illum sane non esse oportuit, nisi quidem sit geminus.

JUPITER.

« Eccum cum Blepharone Sosiam : conpellabo hos prius. Sosia,
« Tandem ad nos? esurio.

SOSIA.

Dixin' tibi hunc veneficum?

AMPHITRUO.

« Imo ego hunc, Thebani civeis, qui domi uxorem meam
« Inpudicitia inpetivit, per quem teneo thesaurum stupri.

SOSIA.

« Here, si tu nunc esuris, ego satur pugnis ad te volito.

AMPHITRUO.

« Pergin', mastigia?

SOSIA.

Abi ad Acheruntem, venefice.

AMPHITRUO.

Men' veneficum?
« Vapula.

JUPITER.

Quæ, hospes, intemperiæ, ut tu meum verberes?

AMPHITRUO.

Tuum?

JUPITER.

Meum.

AMPHITRUO.

« Mentiris.

JUPITER.

« Sosia, i intro : dum hunc sacrufico, fac paretur prandium.

SOSIA.

« Ibo. Amphitruonem, arbitror, ita comiter Amphitruo
« Adcipiet, ut dudum memet ego ille alter Sosia Sosiam.
« Interea dum isti certant, in popinam devortundum 'st mihi
« Lanceis detergam omneis, omneisque trullas hauriam.

BLÉPHARON.

O Jupiter! que vois-je? c'est là Amphitryon! Ce n'est donc pas celui-ci? ce ne peut pas être lui (montrant Amphitryon) et lui (montrant Jupiter), à moins qu'il ne soit double.

JUPITER.

Voici Blépharon avec Sosie; il faut leur parler. M'as-tu fait assez attendre, Sosie? j'ai faim.

SOSIE, montrant Amphitryon.

Ne te le disais-je pas, que celui-ci n'était qu'un fourbe?

AMPHITRYON.

Non, Thébains, c'est lui (montrant Jupiter), ce traître qui a séduit ma femme, et qui a fait de ma maison un trésor d'adultère.

SOSIE, à Jupiter.

Mon maître, si tu as faim, moi j'ai tout mon soûl de coups de poing.

AMPHITRYON.

Tu continues, pendard?

SOSIE.

Va-t'en aux enfers, vilain sorcier.

AMPHITRYON.

Moi, sorcier! voilà pour toi. (Il le frappe.)

JUPITER.

Étranger, quel est cet emportement? frapper mon esclave!

AMPHITRYON.

Ton esclave?

JUPITER.

Oui.

AMPHITRYON.

Tu mens!

JUPITER.

Sosie, rentre; et tandis que j'immole cet impertinent, fais préparer le dîner.

SOSIE.

J'y vais. (A part.) Amphitryon, je pense, traitera civilement Amphitryon, comme l'autre moi m'a traité ce matin. Tandis qu'on se bat, courons au cabaret; je vais nettoyer tous les plats et vider tous les pots. (Il sort.)

JUPITER.

« Mentiri ais? Tun' me

AMPHITRUO.

Mentiris, inquam, meæ conruptor familiæ!

JUPITER.

« Ob istuc indignum dictum, te obstricto collo hac adripiam.

AMPHITRUO.

« Væ misero mihi!

JUPITER.

At id præcavisse oportuit.

AMPHITRUO.

Blepharo, subpetias mihi.

BLEPHARO.

« Consimeleis sunt adeo, ut utri adsim, nesciam : rixam tamen,
« Ut pote 'st, dirimam. Amphitruo, noli Amphitruonem duello perdere;
« Linque collum, precor.

JUPITER.

Hunc tu Amphitruonem dictitas?

BLEPHARO.

« Quid ni? unus olim; nunc vero partus est geminus.
« Dum tu vis esse, alter quoque esse forma non desinit.
« Interea, quæso, collum linque.

JUPITER.

Linquo : sed dic mihi, videturne tibi
« Istic Amphitruo?

BLEPHARO.

Uterque quidem.

AMPHITRUO.

Proh summe Jupiter! ubi hodie
« Mihi formam adimis! pergo quærere : tune Amphitruo?

JUPITER.

Tu negas?

AMPHITRUO.

« Pernego, quando Thebis, præter me, nemo 'st alter Amphitruo.

JUPITER.

Ah! je mens, à ce que tu dis?

AMPHITRYON.

Oui, tu mens, perturbateur de ma maison!

JUPITER.

Pour cet indigne propos, je vais te serrer à la gorge, et te forcer à me suivre.

AMPHITRYON.

Hélas! hélas!

JUPITER.

Il fallait être plus réservé.

AMPHITRYON.

Blépharon, à l'aide!

BLÉPHARON.

Ils se ressemblent tant, que je ne sais de quel côté me ranger. Cependant je tâcherai de les séparer. (A Jupiter.) Amphitryon, n'étrangle pas Amphitryon. Ne vous battez pas. Lâche-le, je t'en prie.

JUPITER.

Tu l'appelles toujours Amphitryon!

BLÉPHARON.

Eh! oui. Il n'y en avait qu'un, maintenant il est doublé. Si tu prétends l'être, il n'en a pas moins la même figure. Lâche-lui le cou, je t'en conjure.

JUPITER.

J'y consens; mais dis-moi, tu crois que c'est là Amphitryon?

BLÉPHARON.

Vous semblez l'être tous les deux.

AMPHITRYON.

O grand Jupiter! comment m'as-tu dérobé aujourd'hui ma figure? (S'adressant au faux Amphitryon.) Je te le demande encore : oses-tu dire que tu es Amphitryon?

JUPITER.

Oses-tu le nier?

AMPHITRYON.

Si je le nie! puisqu'il n'y a pas à Thèbes d'autre Amphitryon que moi.

AMPHITRUO.

JUPITER.

« Imo, præter me, nemo; atque adeo tu, Blepharo, judex sies.

BLEPHARO.

« Faciam id, si queo, signis palam : tu responde prius.

AMPHITRUO.

Lubens.

BLEPHARO.

« Antequam cum Taphiis a te pugna sit inita, quid mandasti mihi?

AMPHITRUO.

« Parata navi, clavo hæreres sedulo.

JUPITER.

« Ut si nostri fugam facerent, illuc me tuto reciperem.

BLEPHARO.

« Item aliud?

AMPHITRUO.

Ut bene nummatum servaretur marsupium.

JUPITER.

« Quæ pecuniæ?

BLEPHARO.

Tace, sis, tu; meum 'st quærere : scisti numerum?

JUPITER.

« Talenta quinquaginta attica.

BLEPHARO.

Hic ex amussim rem enarrat; et tu,

« Quot philippei?

AMPHITRUO.

Duo millia.

JUPITER.

Oboli vero bis totidem.

BLEPHARO.

Uterque
« Rem tenet probe, intus in crumena clausum alterum esse oportuit.

JUPITER.

« Attende, sis: hac dextera, ut gnosti, regem mactavi Pterelam;
« Spolia ademi; et pateram, qua ille potare solitu'st, in cistella

JUPITER.

Ce n'est pas vrai; il n'y en a pas d'autre que moi. Et je veux que Blépharon soit notre juge.

BLÉPHARON.

Je vais tâcher de découvrir la vérité par quelque épreuve. (A Amphitryon.) Réponds-moi le premier.

AMPHITRYON.

Soit.

BLÉPHARON.

Avant de livrer bataille aux Taphiens, que m'ordonnas-tu?

AMPHITRYON.

De tenir le vaisseau tout prêt, et de ne pas quitter un moment le gouvernail.

JUPITER.

Afin que si les nôtres étaient mis en fuite, j'y trouvasse un asile sûr.

BLÉPHARON.

Et puis?

AMPHITRYON.

Qu'on eût soin de garder ma bourse bien garnie.

JUPITER.

Combien contenait-elle d'argent?

BLÉPHARON.

Tais-toi; c'est à moi d'interroger. Combien y avait-il?

JUPITER.

Cinquante talents attiques.

BLÉPHARON.

C'est cela même. (A Amphitryon.) Et toi, combien de philippes?

AMPHITRYON.

Deux mille.

JUPITER.

Avec deux fois autant d'oboles.

BLÉPHARON.

L'un et l'autre savent parfaitement le compte; il fallait qu'un des deux fût caché dans la bourse.

JUPITER.

Fais attention. Tu sais que ce bras a donné la mort à Ptérélas, et que j'ai enlevé au vaincu ses dépouilles; j'ai apporté ici dans

« Pertuli, dono uxori meæ dedi, quicum hodie domi lavi,
« Sacruficavi, cubui.

AMPHITRUO.

Hei mihi! quid audio? vix apud me sum :
« Vigilans quippe dormio, vigilans somnio, vivos et sanus intereo.
« Ego idem ille sum Amphitruo, Gorgophones nepos, inperator Thebanorum,
« Et Creontis unicus, Teleboarum perduellis, qui Acarnanes
« Et Taphios vi vici, et summa regem virtute bellica.
« Illisce præfeci Cephalum, magni Deionei filium.

JUPITER.

« Ego idem latrones hosteis bello et virtute contudi.
« Electryonem perdiderant, nostræ et germanos conjugis;
« Achaiam, Ætoliam, Phocidem, per freta Ionium et Ægeum et Creticum
« Vagati, vi vortebant piratica.

AMPHITRUO.

Di inmortales! mihimet
« Non credo, ita omnia, quæ facta illeic, ex amussim loquitur. Vide,
« Blepharo.

BLEPHARO.

Unum superest : id si fuat, Amphitruones ſtote gemini.

JUPITER.

« Quid dicas, gnovi : cicatricem in dextro musculo ex illoc volnere
« Quod mihi inpegit Pterela.

BLEPHARO.

Eam quidem.

AMPHITRUO.

Adposite.

JUPITER.

Viden'? en adspice.

BLEPHARO.

« Detegite, adspiciam.

JUPITER.

Deteximus, vide.

BLEPHARO.

Supreme Jupiter,
« Quid intueor? utrique in musculo dextero, eodem in loco,

un coffret la coupe qui lui servait à table, et je l'ai donnée à ma femme, qui a pris le bain avec moi, m'a assisté pendant le sacrifice, et m'a reçu ensuite dans son lit.

AMPHITRYON.

O ciel! qu'entends-je? Je ne me connais plus. Je dors les yeux ouverts; je rêve tout éveillé; je meurs tout vivant. C'est moi cependant, moi-même qui suis Amphitryon, petit-fils de Gorgophone, général des Thébains, l'ami le plus cher de Créon, le vainqueur des Téléboens, dont la haute valeur a mis en déroute les Acarnaniens et les Taphiens avec leur roi, et qui leur ai imposé, pour les gouverner, Céphale, fils du grand Déionée.

JUPITER.

C'est moi qui ai réduit par la force des armes les ennemis, meurtriers d'Électryon et des frères de ma femme, et dont les brigandages et les pirateries dévastaient l'Achaïe, l'Étolie, la Phocide et la mer Égée, et les rivages de Crète et d'Ionie.

AMPHITRYON.

Dieux immortels! je m'en crois à peine. Avec quelle exactitude il rapporte toutes les circonstances! Examine, Blépharon.

BLÉPHARON.

Il n'y a plus qu'un seul signe à vérifier : si vous l'avez tous deux, vous serez deux Amphitryons.

JUPITER.

Je sais ce que tu veux dire, la cicatrice de la blessure que me fit Ptérélas au bras droit.

BLÉPHARON.

C'est cela même.

AMPHITRYON.

Très bien.

JUPITER.

Tiens, regarde.

BLÉPHARON.

Découvrez vos bras, que je voie.

JUPITER.

Ils sont découverts, regarde.

BLÉPHARON.

O Jupiter souverain! que vois-je? Tous deux au bras droit, à la même place, le même signe!... Voilà bien la cicatrice qui vient

« Signo eodem adparet probe, ut primum coivit, cicatrix rufula,
« Sublurida. Rationes jacent, judicium silet, quid agam nescio. »

[1] BLEPHARO, AMPHITRUO, JUPITER.

BLEPHARO.

Vos inter vos [istæc] partite : ego abeo, mi negotium 'st.
Neque ego unquam tanta mira me vidisse censeo.

AMPHITRUO.

Blepharo, quæso, ut advocatus mihi adsis, neve abeas.

BLEPHARO.

                                                               Vale.

Quid opu'st me advocato, qui, utri sim advocatus, nescio?

JUPITER.

Intro ego hinc eo; Alcumena parturit.

AMPHITRUO.

                              Perii miser!
Quid ego? quem advocati jam atque amici deserunt.
Nunquam, edepol, me inultus istic ludificabit, quisquis est.
Nam jam ad regem recta me ducam, resque ut facta 'st, eloquar.
Ego, pol, illum ulciscar hodie Thessalum veneficum,
Qui pervorse perturbavit familiæ mentem meæ.
Sed ubi ille 'st? intro, edepol, abiit, credo, ad uxorem meam.
Qui me Thebis alter vivit miserior? quid nunc agam?
Quem omneis mortaleis ingnorant, et ludificant, ut lubet.
Certum 'st, introrumpam in ædibus; ubi quemque hominem adspexero,
Sive ancillam, sive servom, si uxorem, si adulterum,
Si patrem, si avom videbo, obtruncabo in ædibus.
Neque me Jupiter, neque di omneis id prohibebunt, si volent,
Quin sic faciam uti constitui. Pergam in ædibus nunc jam.

1. Le texte reconnu authentique reprend ici.

de se fermer, encore un peu rouge et jaunâtre. Tous mes raisonnements sont déroutés, mon jugement confondu. Je ne sais que dire.

BLÉPHARON, AMPHITRYON, JUPITER[1].

BLÉPHARON.

Arrangez-vous ensemble; moi, je me retire, j'ai affaire. Jamais je ne vis un prodige pareil.

AMPHITRYON.

Blépharon, je t'en prie, sois mon défenseur, ne m'abandonne pas.

BLÉPHARON.

Adieu. Ton défenseur? à quoi bon? je ne sais de quel côté me ranger. (Il sort.)

JUPITER, à part.

Je rentre. Alcmène est en mal d'enfant. (Il sort.)

AMPHITRYON.

Malheureux! je suis perdu! Que faire, quand mes défenseurs et mes amis me désertent? Non, par Pollux! il ne se jouera pas de moi impunément, quel qu'il soit. Je cours tout droit à Créon. Je lui dirai ce qui s'est passé. Je tirerai vengeance de cet enchanteur thessalien, qui a mis sens dessus dessous l'esprit de tous mes gens. Mais où est-il? Il est retourné, je pense, là-dedans, auprès de ma femme. Y a-t-il à Thèbes un mortel plus à plaindre que moi? Que devenir? Personne ne me reconnaît; tout le monde se moque de moi et s'en fait un plaisir. Ne délibérons plus Je forcerai l'entrée de ma maison; et le premier que j'aperçois, valet, servante, femme, séducteur, père, aïeul, n'importe, je le tue sur la place. Jupiter et tous les dieux tâcheraient en vain de me retenir. La résolution en est prise, il faut agir. Courons. (On entend gronder la foudre, Amphitryon tombe évanoui.)

1. Acte IV, scène v.

BROMIA, AMPHITRUO.

BROMIA.

Spes atque opes vitæ meæ jacent sepultæ in pectore,
Neque ulla 'st confidentia jam in corde, quin amiserim;
Ita mihi videntur omnia, mare, terra, cœlum, consequi,
Jam ut obprimar, ut enicer : me miseram! quid agam nescio.
Ita tanta mira in ædibus sunt facta : væ miseræ mihi!
Animo male 'st : aquam velim! conrupta sum, atque absumta sum.
Caput dolet, neque audio, neque oculis prospicio satis.
Nec me miserior femina 'st, neque ulla videatur magis.
Ita heræ meæ hodie contigit : nam ubi parturit, deos sibi invocat.
Strepitus, crepitus, sonitus, tonitrus :
Ut subito, ut propere, ut valide tonuit!
Ubi quisque institerat, concidit crepitu. Ibi nescio quis maxuma
Voce exclamat : « Alcumena, adest auxilium, ne time :
Et tibi, et tuis propitius cœli cultor advenit.
Exsurgite, inquit, qui terrore meo obcidistis præ metu. »
Ut jacui, exsurgo. Ardere censui ædeis, ita tum confulgebant.
Ibi me inclamat Alcumena ; jam ea res me horrore adficit.
Herilis prævortit metus ; ocius adcurro, ut sciam quid velit :
Atque illam geminos filios pueros peperisse conspicor ;
Neque nostrum quisquam sensimus, quom peperit, neque prævidimus.
Sed quid hoc? quis is est senex,
Qui ante ædeis nostras sic jacet? numnam hunc percussit Jupiter?
Credo, edepol : nam, proh Jupiter! sepultu 'st, quasi sit mortuus.
Ibo et congnoscam, quisquis est. Amphitruo hic quidem 'st herus meus
Amphitruo!

AMPHITRUO.

Perii!

BROMIA.

Surge.

AMPHITRUO.

Interii!

BROMIA.

Cedo manum.

BROMIA, AMPHITRYON[1].

BROMIA.

O désolation ! Ma force est éteinte ! Je suis morte ! Je ne sais plus à quel dieu me vouer : la mer, la terre, le ciel, semblent s'ébranler et fondre sur moi pour m'écraser. Pauvre Bromia ! où te cacher ? Quels prodiges arrivés dans notre maison ! C'est fait de moi ! Le cœur me manque. Si l'on me donnait un peu d'eau fraîche. Je suis toute bouleversée, anéantie. La tête me fait mal, mes oreilles n'entendent plus, mes yeux ne voient plus. Dans quel état je suis ! Y a-t-il un trouble égal au mien ? Qu'ai-je vu ? Ma chère maîtresse ! Quand elle a senti son travail commencer, elle implora les dieux. Quel bruit soudain ! quel fracas ! quels éclats redoublés ! quels tonnerres ! A ces coups effroyables chacun tombe immobile. Alors on entend une voix imposante : « Alcmène, il t'arrive un protecteur : sois sans crainte. C'est un habitant des cieux, propice à toi et à ta famille. Et vous, que la terreur a jetés par terre, levez-vous. » Je me relève en place ; la maison me parut toute en feu, tant elle brillait de lumière. En ce moment, Alcmène m'appelle. Sa voix me fait frissonner. La crainte de ma maîtresse l'emporte. J'accours pour savoir ce qu'elle veut, et je vois qu'elle a mis au monde deux jumeaux, sans que pas un de nous se fût aperçu de l'enfantement, ou même s'en fût douté. (Apercevant Amphitryon.) Mais qu'est-ce que ceci ? Quel est ce vieillard étendu par terre devant notre maison ? Jupiter l'a-t-il frappé ? En vérité, je le crois. Il est gisant comme s'il était mort. Voyons qui ce peut être. Ciel ! c'est Amphitryon, mon maître. Amphitryon !

AMPHITRYON.

Je n'existe plus !

BROMIA.

Lève-toi.

AMPHITRYON.

Je suis trépassé !

BROMIA.

Donne-moi la main.

1. Acte V, scène I.

AMPHITRUO.

Quis me tenet?

BROMIA.

Tua Bromia ancilla.

AMPHITRUO.

Totus timeo, ita me increpuit Jupiter.
Nec secus est, quam si ab Acherunte veniam. Sed quid tu foras
Egressa 's?

BROMIA.

Eadem nos formido timidas terrore inpulit :
In aedibus, ubi tu habitas, nimia mira vidi. Væ mihi,
Amphitruo; ita mihi animus etiam nunc abest.

AMPHITRUO.

Agedum, expedi :
Scin' me tuum esse herum Amphitruonem?

BROMIA.

Scio.

AMPHITRUO.

Viden' etiam nunc?

BROMIA.

Scio

AMPHITRUO.

Hæc sola sanam mentem gestat meorum familiarium.

BROMIA.

Imo omneis sani sunt profecto.

AMPHITRUO.

At me uxor insanum facit
Suis fœdis factis.

BROMIA.

At ego faciam, tu idem ut aliter prædices,
Amphitruo, piam et pudicam esse tuam uxorem ut scias.
De ea re signa atque argumenta paucis verbis eloquar.
Omnium primum Alcumena geminos peperit filios.

AMPHITRUO.

Ain' tu geminos?

BROMIA.

Geminos.

AMPHITRYON.

Qui est-ce qui me prend?

BROMIA.

Bromia, ton esclave.

AMPHITRYON.

Je tremble de tout mon corps. Jupiter m'a foudroyé. Il me semble que je reviens des bords de l'Achéron. Mais pourquoi es-tu sortie?

BROMIA.

La même épouvante nous a consternées. Nous venons de voir de grands prodiges s'opérer chez toi. O dieux, je n'ai pas encore repris l'usage de mes sens.

AMPHITRYON.

D'abord tire-moi d'un doute. Reconnais-tu bien ton maître, Amphitryon?

BROMIA.

Oui.

AMPHITRYON.

Regarde encore.

BROMIA.

Oui, c'est toi.

AMPHITRYON.

Cette fille est la seule de tous mes gens qui n'ait pas perdu l'esprit.

BROMIA.

Aucun ne l'a perdu, je t'assure.

AMPHITRYON.

Mais moi, j'ai la tête tournée de la conduite infâme d'Alcmène.

BROMIA.

Si tu veux m'entendre, Amphitryon, tu changeras de langage, et tu verras par des preuves évidentes qu'elle est honnête et vertueuse. D'abord, il faut que tu saches qu'elle vient d'accoucher de deux fils.

AMPHITRYON.

Vraiment! deux fils?

BROMIA.

Oui.

AMPHITRUO.
Di me servant.

BROMIA.
Sine me dicere,
Ut scias tibi tuæque uxori deos esse omneis propitios.

AMPHITRUO.
Loquere.

BROMIA.
Postquam parturire hodie uxor obcœpit tua,
Ubi utero exorti dolores, ut solent puerperæ,
Invocat deos inmortaleis, ut sibi auxilium ferant,
Manibus puris, capite operto. Ibi continuo contonat
Sonitu maxumo; ædeis primo ruere rebamur tuas.
Ædeis totæ confulgebant tuæ, quasi essent aureæ.

AMPHITRUO.
Quæso, absolvito hinc me extemplo, quando satis deluseris.
Quid fit deinde?

BROMIA.
Dum hæc aguntur, interea uxorem tuam
Neque gementem, neque plorantem nostrum quisquam audivimus:
Ita profecto sine dolore peperit.

AMPHITRUO.
Jam istuc gaudeo,
Utut erga me merita 'st.

BROMIA.
Mitte istæc, atque hæc, quæ dicam, adcipe.
Postquam peperit, pueros lavere jussit nos : obcœpimus.
Sed puer ille, quem ego lavi, ut magnu'st, et multum valet!
Neque eum quisquam conligare quivit incunabulis.

AMPHITRUO.
Nimia mira memoras ; si istæc vera sunt, divinitus
Non metuo quin meæ uxori latæ subpetiæ sient.

BROMIA.
Magi' jam, faxo, mira dices : postquam in cunas conditu'st,
Devolant angueis jubati deorsum in inpluvium duo
Maxumi; continuo extollunt ambo capita.

AMPHITRUO.
Hei mihi!

AMPHITRYON.

Les dieux me sont en aide.

BROMIA.

Laisse-moi parler, je t'apprendrai à quel point les dieux te favorisent ainsi que ton épouse.

AMPHITRYON.

Je t'écoute.

BROMIA.

Lorsque le travail de l'enfantement commença, et qu'elle sentit les douleurs que les femmes éprouvent en pareil cas, elle invoqua le secours des dieux immortels, non sans avoir les mains purifiées et la tête voilée. Aussitôt il s'est fait un grand bruit de tonnerre. Il nous semblait que la maison allait s'écrouler, et elle devint si resplendissante qu'on eût dit qu'elle était d'or.

AMPHITRYON.

Quel ennui! Au fait, promptement. C'est assez t'amuser à mes dépens. Qu'arriva-t-il alors?

BROMIA.

Pendant tout ce tumulte, sans faire entendre aucun gémissement, aucun cri, ton épouse est accouchée; elle n'avait point eu de douleurs.

AMPHITRYON.

J'en suis bien aise, quelle qu'ait été sa conduite envers moi.

BROMIA.

Cesse tes plaintes, et écoute la fin de mon récit. Elle nous ordonne de laver les deux nouveau-nés. Nous nous empressons d'obéir. Dieux! que celui que j'ai lavé est grand et robuste! Jamais il n'a été possible de l'envelopper dans les langes.

AMPHITRYON.

Que tout cela me surprend! Si tu dis vrai, je ne doute pas que les dieux ne soient venus au secours de ma femme.

BROMIA.

Tu vas être bien plus émerveillé. Lorsque nous eûmes placé cet enfant dans son berceau, voici que du haut de l'air volent dans la cour deux serpents énormes, dressant leur tête menaçante.

AMPHITRYON.

Je frémis.

AMPHITRUO.

BROMIA.

Ne pave : sed angueis oculis omneis circumvisere.
Postquam pueros conspicati, pergunt ad cunas citi.
Ego cunas recessim rursum prorsum trahere et ducere,
Metuens pueris, mihi formidans : tantoque angueis acrius
Persequi. Postquam conspexit angueis ille alter puer,
Citus e cunis exsilit, facit recta in angueis inpetum;
Alterum altera adprehendit eos manu perniciter.

AMPHITRUO.

Mira memoras! nimis formidolosum facinus prædicas.
Nam mihi horror membra misero percipit dictis tuis.
Quid fit deinde? porro loquere.

BROMIA.

     Puer ambo angueis enicat.
Dum hæc aguntur, voce clara exclamat uxorem tuam...

AMPHITRUO.

Quis homo?

BROMIA.

   Summus inperator divom atque hominum, Jupiter.
Is se dixit cum Alcumena clam consuetum cubilibus,
Eumque filium suum esse, qui illos angueis vicerit :
Alterum tuum esse dixit puerum.

AMPHITRUO.

      Pol, me haud pœnitet,
Scilicet boni dimidium mihi dividere cum Jove.
Abi domum, jube vasa pura actutum adornari mihi,
Ut Jovis supremi multis hostiis pacem expetam.
Ego Tiresiam conjectorem advocabo, et consulam,
Quid faciendum censeat; simul hanc rem, ut facta 'st, eloquar.
Sed quid hoc? quam valide tonuit! Di, obsecro vostram fidem.

JUPITER.

Bono animo es, adsum auxilio, Amphitruo, tibi et tuis
Nihil est quod timeas : hariolos, haruspices

BROMIA.

Tranquillise-toi. Ces deux serpents nous parcourent des yeux tous; puis, apercevant les deux jumeaux, ils vont droit à eux. Moi de tirer le berceau en avant, en arrière, de ci, de là, craignant pour les enfants, et très effrayée pour mon propre compte. Les serpents n'en sont que plus acharnés à nous poursuivre. Mais le plus fort des jumeaux, voyant les deux monstres, s'élance de son berceau, se précipite sur eux, et en saisit un de chaque main aussi vite que l'éclair.

AMPHITRYON.

Quelles merveilles! Je tremble d'épouvante à les entendre seulement raconter. Et après, qu'arriva-t-il? dis-moi.

BROMIA.

L'enfant étouffa les deux serpents. Cependant une voix sonore appelle Alcmène.

AMPHITRYON.

Quelle voix?

BROMIA.

Celle du souverain des dieux et des hommes, Jupiter. Il déclare qu'il a eu commerce avec Alcmène mystérieusement, et que l'enfant vainqueur des serpents est son fils, et que l'autre t'appartient.

AMPHITRYON.

Par Pollux! ce m'est un grand honneur d'être commun en biens avec Jupiter. Cours à la maison, fais préparer les vases sacrés; je veux que des victimes nombreuses m'obtiennent sa faveur. On ira chercher le devin Tirésias, et je le consulterai sur ce que je dois faire, après lui avoir conté ce qui vient de se passer. Mais qu'entends-je? Quels éclats de tonnerre! Justes dieux, ayez pitié de moi.

JUPITER, dans les nuages[1].

Rassure-toi, Amphitryon; je viens te protéger avec tous les tiens. Tu n'as rien à redouter. Laisse là les devins et les

---

1. Acte V, scène II.

Mitte omneis; quæ futura et quæ facta, eloquar.
Multo adeo melius, quam illi, quom sim Jupiter.
Primum omnium Alcumenæ usuram corporis
Cepi, et concubitu gravidam feci filio.
Tu gravidam item fecisti, quom in exercitum
Profectus: uno partu duos peperit simul.
Eorum alter, nostro qui est susceptus semine,
Suis factis te inmortali adficiet gloria.
Tu cum Alcumena uxore antiquam in gratiam
Redi; haud promeruit, quamobrem vitio vorteres;
Mea vi subacta 'st facere. Ego in cœlum migro.

AMPHITRUO.

Faciam ita, ut jubes, et te oro, promissa ut serves tua.
Ibo ad uxorem intro; missum facio Tiresiam senem.
Nunc, spectatores, Jovis summi causa clare plaudite.

FINIS.

aruspices. Je t'instruirai, mieux qu'ils ne pourraient le faire, et du passé et de l'avenir, car je suis Jupiter. D'abord, j'ai joui des embrassements d'Alcmène; et de cette union elle a conçu un fils. Toi aussi, tu la rendis mère, lorsque tu partis pour l'armée. Les deux enfants sont nés en même temps. Celui qui est formé de mon sang te couronnera d'une gloire immortelle. Rends à ton épouse ton affection première; elle ne mérite point tes reproches; elle a cédé à ma puissance. Je remonte dans les cieux.

AMPHITRYON[1].

J'obéirai; accomplis, je te prie, ta promesse. Allons revoir ma femme; le vieux Tirésias peut rester chez lui.

Maintenant, spectateurs, en considération du grand Jupiter, faites retentir vos applaudissements.

1. Acte V, scène III.

FIN DE L'AMPHITRYON DE PLAUTE.

TABLE

DU TOME HUITIÈME.

Le Médecin malgré lui, comédie en trois actes, 6 août 1666. . 1
   Notice préliminaire 3
   Le Médecin malgré lui 13
   Ci du Vilain Mire (le Vilain médecin) 83

Mélicerte, comédie pastorale héroïque, 2 décembre 1666 93
   Notice préliminaire. 95
   Mélicerte 105
   Ballet des Muses dansé par Sa Majesté en son château de Saint-
      Germain-en-Laye, le 2 décembre 1666. 141

Pastorale comique 147
   Le Ballet des Muses (suite) 159

Le Sicilien ou l'Amour peintre, comédie en un acte,
   février 1667 183
   Notice préliminaire 185
   Le Sicilien ou l'Amour peintre 195
   Ballet des Muses (fin) 233

AMPHITRYON, comédie en trois actes, 13 janvier 1668	239
Notice préliminaire	241
A Son Altesse sérénissime monseigneur le Prince.	259
Amphitryon.	261
Amphitruo (texte et traduction).	365

FIN DE LA TABLE DU TOME VIII.

PARIS. — Impr. J. CLAYE. — A. QUANTIN et Cᵉ, rue St-Benoît.

CHEFS-D'ŒUVRE DE LA LITTÉRATURE FRANCAISE

Format in-8° cavalier, imprimés avec luxe par M. J. Claye, sur très beau papier fabriqué spécialement pour cette collection, et ornés de gravures sur acier par les meilleurs artistes. 49 volumes sont en vente à 7 fr. 50 le volume. On tire, pour chacun des ouvrages de la collection, 150 exemplaires numérotés sur papier de Hollande, à 15 fr. le volume.

ŒUVRES COMPLÈTES DE MOLIÈRE
Avec un nouveau travail de critique et d'érudition, par M. Louis Moland. 7 volumes. *(Première édition épuisée.)*

ŒUVRES COMPLÈTES DE RACINE
Avec un travail nouveau par M. Saint-Marc Girardin, de l'Académie française, et M. Louis Moland; ouvrage complet en 8 volumes.

ŒUVRES COMPLÈTES DE LA FONTAINE
Avec un nouveau travail de critique et d'érudition, par M. Louis Moland; 7 volumes ornés de gravures sur acier d'après les dessins de Staal.

ŒUVRES COMPLÈTES DE MONTESQUIEU
Avec les variantes des premières éditions, un choix des meilleurs commentaires et des notes nouvelles, par M. Édouard Laboulaye, de l'Institut, avec un beau portrait de Montesquieu; 7 volumes.

ESSAIS DE MICHEL DE MONTAIGNE
Nouvelle édition, avec les notes de tous les commentateurs, choisies et complétées par M. J.-V. Le Clerc, précédée d'une nouvelle Étude sur Montaigne par M. Prévost-Paradol, de l'Académie française. 4 volumes, avec portrait.

ŒUVRES COMPLÈTES DE BOILEAU
Avec un travail nouveau, par M. Gidel, professeur de rhétorique au lycée Bonaparte: 4 volumes ornés de gravures sur acier d'après les dessins de Staal.

HISTOIRE DE GIL BLAS DE SANTILLANE
Par Le Sage, précédée d'une notice par Sainte-Beuve, de l'Académie française, les jugements et témoignages sur Le Sage et sur Gil Blas, suivie de *Turcaret* et de *Crispin rival de son maître*. 2 volumes illustrés de six belles gravures sur acier d'après les dessins de Staal.

ŒUVRES DE J.-B. ROUSSEAU
Avec une introduction sur sa vie et ses ouvrages et un nouveau commentaire par Antoine de La Tour. 1 volume avec portrait de l'auteur.

CHEFS-D'ŒUVRE LITTÉRAIRES DE BUFFON
Avec une Introduction par M. Flourens, membre de l'Académie française, 2 volumes. Un beau portrait de Buffon est joint au tome Ier.

ŒUVRES DE CLÉMENT MAROT
Annotées, revues sur les éditions originales et précédées de la vie de Clément Marot, par Charles d'Héricault. 1 volume orné du portrait de l'auteur d'après une peinture du temps.

L'IMITATION DE JÉSUS-CHRIST
Traduction nouvelle avec des réflexions à la fin de chaque chapitre par M. l'abbé F. de Lamennais; volume orné de 4 gravures sur acier.

ŒUVRES CHOISIES DE MASSILLON
Précédées d'une notice biographique et littéraire par M. Godefroy. 2 volumes, avec un beau portrait de Massillon.

ŒUVRES COMPLÈTES DE J. DE LA BRUYÈRE
Nouvelle édition avec une notice sur la vie et les écrits de La Bruyère, une bibliographie, des notes, une table analytique des matières et un lexique, par A. Chassang, inspecteur général de l'instruction publique, lauréat de l'Académie française. 2 volumes, avec un beau portrait de La Bruyère.

ŒUVRES CHOISIES DE RONSARD
Avec notice, notes et commentaires, par C.-A. Sainte-Beuve; nouvelle édition, revue et augmentée, par M. L. Moland. 1 vol. avec un beau portrait de Ronsard.

EN COURS D'EXÉCUTION

Œuvres complètes de P. Corneille.
Œuvres de La Rochefoucauld.
Œuvres d'André Chénier.

www.ingramcontent.com/pod-product-compliance
Lightning Source LLC
Chambersburg PA
CBHW071419230426
43669CB00010B/1597